ANGEFOCHTENE ZUVERSICHT

ROMANO GUARDINI LESEBUCH

Angefochtene Zuversicht

Romano Guardini Lesebuch

Ausgewählt von
INGEBORG KLIMMER

MATTHIAS-GRÜNEWALD-VERLAG · MAINZ

CIP-Kurztitelaufnahme der Deutschen Bibliothek

Guardini, Romano:
Angefochtene Zuversicht : Romano-Guardini-Lesebuch /
ausgew. von Ingeborg Klimmer. —
Mainz : Matthias-Grünewald-Verlag, 1985.
ISBN 3-7867-1148-8

© 1985 Matthias-Grünewald-Verlag, Mainz
Alle Autorenrechte liegen bei der Katholischen Akademie in Bayern
Umschlag: Gemälde Romano Guardinis;
mit freundlicher Genehmigung von Maria Elisabeth Stapp, Bildhauer, Mooshausen
(Aufnahme: Hans S. Lampe)
Satz: Roddert Fotosatz, Mainz
Druck und Bindung: Echter Würzburg,
Fränkische Gesellschaftsdruckerei und Verlag GmbH

INHALT

Vorbemerkung   9

Teil 1
Einheit in der Vielfalt

»Europa« und »Christliche Weltanschauung« (1955)   13
Der Friede und der Dialog (1952)   18
Das Konkret-Lebendige, und wie es erkennend gefaßt werden
könne (1925)   22
Person   27
   Person im eigentlichen Sinn (1939)   27
   Person als Gemeinschaftsbeziehung (1925)   32
   Die Erschaffung der Personalität im Anruf (1976)   35
Existentielles Denken (1976)   37
Die Lebensalter und die Philosophie (1955)   40

Teil 2
Das gläubige Selbst und die Welt

Die Welt ist nicht fertig (1928)   45
Angerufen von dem, was noch nicht ist (1939)   46
Der Sinn der Macht (1948)   47
Das Ende der Neuzeit (1950)   49
Die Verantwortung des Menschen (1951)   55

Teil 3
Nur wer Gott kennt, kennt den Menschen

Nur wer Gott kennt, kennt den Menschen (1952)   60
Zwei Kapitel zur Gotteslehre (1936)   63
   Die Menschlichkeit Gottes   63
   Die Unbekanntheit Gottes   69
Der Ort Gottes: Die innere Transzendenz (1926)   76
Vom lebendigen Gott: Die Vorsehung (1936)   78
Gottes Nähe und Ferne (1960; 1952)   82
Mystik (1932)   83
Religiöse Erfahrung — Gottverlassenheit (1963)   84
Der angefochtene Glaube (1961)   86

Teil 4
Das Zentrum der menschlichen Existenz

Die Annahme seiner selbst (1953) 97
Das Zentrum der menschlichen Existenz (1976) 100
Die Sammlung (1943) 102
   Der Raum des Gebetes 107
   Gottes Angesicht 109
Das Wesen der Meditation (1933) 110
Christliche Innerlichkeit (1933) 115
Das Einverständnis mit Gott im Gewissen (1928) 119

Teil 5
Begegnung mit der Liturgie

Die epiphanische Bedeutung der Liturgie (1941) 124
Vom liturgischen Mysterium (1925) 128
Der Primat des Logos über das Ethos (1918) 134
Liturgie als Spiel (1918) 140
Der Kultakt und die gegenwärtige Aufgabe der liturgischen Bildung (1964) 148

Teil 6
Jesus Christus, Heilbringer und Epiphanie Gottes

Das Wesen des Christentums (1929) 154
Der Heilbringer (1946) 157
Die Daseinsgestalt Jesu (1941) 161
Das Hindurchgehen (1930) 169
Der Herr (1937) 172
   Der Ablauf des Lebens Jesu 172
   Der Tod Jesu 173
Des Vaters Epiphanie in Christus (1962) 175

Teil 7
Kirche als Weg in die Freiheit

Kirche und Dogma — Weg in die Freiheit (1963) 179
Das Erwachen der Kirche in der Seele (1922) 187
Zwischen zwei Büchern (1965) 191

Teil 8
Die Aufgabe der Bildung

Die Glaubwürdigkeit des Erziehers (1929) 197
Thule oder Hellas? Klassische oder deutsche Bildung? (1920) . 206
Briefe über Selbstbildung: Staat in uns (1924) 211
Liturgische Bildung: Die Aufgabe (1923) 213
Burg Rothenfels — Rückblick und Vorschau (1949) 224
Begegnung (1954) 230
Grundlegung der Bildungslehre (1928) 231

Teil 9
Interpretation

Was ist denn ein Wort? (1951) 238
Über das Wesen des Kunstwerks (1947) 239
Sinn und Weise des Interpretierens (1957) 241
Die religiöse Sprache (1962) 252

Teil 10
Epilog

Wahrheit und Ironie (1965) 254
Autobiographie (1961) 258

Quellennachweis 261

VORBEMERKUNG

Es gehört zur Eigenart von Romano Guardini, daß seine Bücher auch heute noch, an seinem hundertsten Geburtstag, nicht rein historisch gelesen werden sollten. Natürlich haben diese Bücher, wie alles Geschriebene und Gedachte, einen in Geschichte, in seiner eigenen wie in der seiner Zeit, begründeten Sitz im Leben. Das geht so weit, daß Guardini selbst seine Bücher Gelegenheitsschriften[1] genannt hat, allerdings nicht im Sinne eines wendigen Tagesjournalismus, sondern er empfand seine geistige Arbeit als ein Schreiben, »das aus dem Zusammenhang des Lebens heraus zur Sprache drängte«. Nie ist er von Programmen und vorgefaßten Absichten ausgegangen, er hat sich seine Themen »in immer neuer Begegnung des Glaubens mit den Wirklichkeiten der Welt« nicht selbst gesucht, sondern geben lassen von der Zeit. Diese Zeitverbundenheit spiegelt der Stil seiner frühen Schriften aus den Jahren um 1920, als er die Jugendbewegung entdeckte und sie ihn, aber auch noch das würdevolle nachgelassene Spätwerk des nach 1945 endlich von seinen Zeit- und Amtsgenossen angenommenen Professors, der nun in Vorlesungen in Tübingen und München vor allem seine christliche Anthropologie und Ethik in großen systematischen Zusammenhängen und persönliche Glaubenserfahrungen mit der Schwermut des Alters in Tagebuchnotizen und in Briefen an seinen Freund Josef Weiger formulierte. Aber selbst hier, und noch viel deutlicher in den berühmt gewordenen Predigten in der Ludwigskirche in München, bleibt Guardini zugleich zeitverbunden und zeitentrückt. Und das, so paradox es auch klingt, gerade weil er nie zeitenthoben allgemein und abstrakt geredet hat, sondern immer konkret, in ständigem Dialog mit seinen Zuhörern, in denen er den Partner sah und suchte, der mitgeht, seine Einsichten nachvollzieht und eben dadurch zum Letzten und Entscheidenden, nämlich zur Wahrheit findet und lernt, sie in seinem eigenen Leben zu verwirklichen. »Christliches Bewußtsein« und »Christliche Verwirklichung«, das sind große Stichworte im Werk Romano Guardinis und auch in seinem Leben, in dem der Eros der Wahrheitsfindung des Philosophen und Theologen verbunden war mit dem pädagogischen Eros, dem es um die Realisierung dieser Wahrheit in der Wirklichkeit geht, im Vollzug des Lebens; die platonische Orientierung bleibt in ihrer Doppelgestalt deutlich. Eben das jedoch macht Guardinis Bücher zu mehr als historischen Dokumenten, denn hier vermittelt nicht ein akademischer Lehrer das sachliche Wissen der Zeit auf seinem Fachgebiet, sondern ein lebendiger,

---

[1] Warum soviel Bücher? in: »Stationen und Rückblicke«, Würzburg 1965, S. 27 ff.

suchender, wissender und nicht wissender, glaubender und angefochtener Christ zieht seine Hörer und Leser ins Gespräch, nimmt sie mit hinein in das, was ihm selber aufgegeben und aufgegangen ist, er sät den Samen einer Wahrheit, die in ihm selbst und den anderen Frucht trägt.

Das literarische Werk von Romano Guardini ist umfangreich und vielfältig wie die »Welt«, die er mit den Augen des Glaubens »anschaut«. Leider liegen seine Schriften, abgesehen von den posthum herausgegebenen, zur Zeit nur zum Teil in Neuauflagen oder Taschenbüchern vor, sodaß der heutige Leser, der Guardini kennenlernen möchte, es nicht leicht hat. Dieses Lesebuch möchte ihm deshalb die Möglichkeit geben, sich in Guardini einzulesen, damit er dann vielleicht Lust und Mut bekommt, mehr von ihm zu lesen, das Ganze eines Buches oder seines Werkes kennenzulernen.

Das Lesebuch ist nicht chronologisch geplant, sondern orientiert sich an den Grundthemen des Werkes und berücksichtigt dabei besonders die mittlere und wohl reichste Schaffensperiode, wobei auf die großen Interpretationen leider nur im allgemeinen hingewiesen werden konnte und auch die späten Predigt-Zyklen fehlen. An einzelnen, besonders wichtigen Stellen, z.B. bei der Beschreibung dessen, was nach Guardini »Person« ist, wurden Formulierungen aus allen Schaffensperioden nebeneinandergestellt, um einen Eindruck von der Kontinuität und zugleich Entwicklung seiner Gedanken zu vermitteln. Die Kapitelfolge ergab sich von selbst, denn die Grundthemen Guardinis sind innerlich aufeinander bezogen[2]. Das erste Kapitel ist als eine Art Präludium gedacht, auch in methodischer Hinsicht, das Schlußkapitel als ein persönlicher Epilog, der den Menschen Guardini besser und genauer kennzeichnet als viele Worte es tun könnten.

Guardini ist sein Leben lang ein sokratischer Lehrer geblieben. Ihm war gegeben, über alle Unterscheidungen, Denkanstöße, Einsichten und Interpretationen hinaus, die Wahrheit, die sein eigenes Leben bestimmt und getragen hat, in anderen, vor allem aber in jungen Menschen wachzurufen. Das macht seine Bücher, die dazu »auf dem Wege« sind, »Versuche«, wie er immer wieder gesagt hat, so lebendig und unmittelbar zugänglich. Ja, Guardini wollte überhaupt nicht gelesen, sondern gehört werden, er war der Meinung, das richtige Lesen sei ein »Erwachenlassen des ursprünglichen Sprechens«.[3]

So bleibt zu hoffen, daß dieses Lesebuch helfen kann, Guardini nicht nur zur Kenntnis zu nehmen, sondern ihn tatsächlich neu zu hören,

---

[2] Vgl. hierzu und zum Ganzen: Hanna-Barbara Gerl, »Romano Guardini 1885—1968. Leben und Werk«. Matthias-Grünewald-Verlag, Mainz 1985.

[3] »Lob des Buches«, Mainz 1951, S. 22.

damit seine lebendige und klare Stimme auch den heutigen Leser noch genauso anspricht, wie das zu seinen Lebzeiten über Jahrzehnte geschehen ist. Vielleicht entsteht dann jene »Sympathie«, die Guardini sich gewünscht hat und von der er sagte, sie bestehe darin, daß ein anderer Mensch sein Leben dem unseren zur Verfügung stelle und wir nun nicht nur aus uns selbst, sondern auch aus ihm heraus zu blicken und zu lieben vermögen[4]. Das sokratische Geschäft vollzieht sich nicht abseits von Zeit und Welt, sondern mitten auf der Agora, zwischen den Auseinandersetzungen des Tages, aber es beruht darauf, daß einer dasteht und spricht, der an die Wahrheit glaubt und sich ihr bedingungslos verpflichtet hat, mit der »Hingabe seiner Seele«.

I. K.

---

[4] »Der Rosenkranz Unserer lieben Frau«, ⁵Würzburg 1956, S. 33.

TEIL 1

EINHEIT IN DER VIELFALT

»Europa« und »Christliche Weltanschauung« (1955)

Ich bin in Italien geboren, in Verona, und zwar, wenn ich das hinzufügen darf, in der Nähe der Arena, deren gewaltiges Oval ebensoviel von langem geschichtlichen Zusammenhang wie von antiker Formkraft spricht.

Wir Heutige legen Wert darauf, durch Bewußtheit und Kritik aufgeklärt zu sein; so steht es uns nicht recht an, von Vorzeichen zu sprechen. Manchmal kann man aber doch nicht umhin, solche zu empfinden. Über Verona führt die alte Straße vom Norden nach Italien hinein, und Straßen sind Bahnen des Lebens, auf denen man hergehen kann, aber auch hin. Dazu kommt, als ganz persönliches Omen, daß der Name »Guardini« doch wohl vom deutschen »Wardein« stammt, und es also nicht grundlos wäre, zu denken, auf irgend einem Heereszug von Deutschland her sei einer dieses Namens — oder Amtes — in Verona hängen geblieben. Dann wäre es nicht nur möglich, sondern sogar vorbedeutet gewesen, daß ein Nachkomme von ihm eines Tages den umgekehrten Weg gehen würde — und das ist denn auch geschehen.

Aus beruflichen Gründen siedelte meine Familie nach Deutschland über; und während man zu Hause italienisch sprach und dachte, wuchs ich geistig in die deutsche Sprache und Kultur hinein.

Was sollte aber nun werden? Sie sehen, ich bediene mich der präsumierten Erlaubnis, von mir selbst zu sprechen, und hoffe, Sie nicht zu langweilen. Ich fühlte mich innerlich dem deutschen Wesen zugehörig. Also hätte die damals gebotene Lösung einfach sein müssen: das deutsche Staatsbürgerrecht und damit auch die äußere Gemeinschaft des Lebens und Werkes zu gewinnen. So zu tun, war aber in Wahrheit durchaus nicht einfach, denn ich konnte den Zusammenhang mit Italien nicht aufgeben.

Das machte einmal die Lebensluft, die ich von Kind auf eingeatmet hatte. Mein Vater hatte das *Risorgimento* — er gehörte geistig der Schule Cavours an — leidenschaftlich nach- und miterlebt. So war ihm

13

der Gedanke, sein ältester Sohn könne die staatliche Gemeinschaft seines Landes aufgeben, schwer zu fassen. Abgesehen davon liegt aber auch das, wovon ich spreche, ein halbes Jahrhundert zurück, und damals waren Volk und Staat stärker empfundene Realitäten als heute. Der Nationalismus hat gewiß Unheil genug angerichtet; doch es ist sehr die Frage, ob mit seinem Verschwinden nicht auch die Verbundenheit mit dem eigenen Volk und Staat schwächer — vielleicht sagen wir besser: ob sie nicht unsicherer, abstrakter zu werden drohe? Was wird aber dann aus den Werten, die sich früher, wenn auch oft in enger und gewalttätiger Form, an die Nation knüpften? Die Unbedingtheit einer aus Wesen und Schicksal kommenden Liebe und die sittliche Bereitschaft, für sie einzustehen? Welche Möglichkeiten der Umformung und neuen Einwurzelung bestehen hier, und welche Aufgaben entstehen daraus?
Jedenfalls war diese Unbedingtheit damals sehr lebendig empfunden; so schien der Schritt, zu dem meine geistige Bildung drängte, nicht leicht zu vollziehen. Ja, es schien sogar fraglich, ob er erlaubt sei.

Da ist mir aus persönlichster Beanspruchung heraus jene Realität deutlich geworden, deren Name heute in aller Munde ist, von der man aber damals kaum sprach: das Faktum »Europa«. Ich erkannte es als die Basis, auf der allein ich existieren könne: hineingewandt in das deutsche Wesen, aber in Treue festhaltend die erste Heimat; und beides nicht als bloßes Nebeneinander, sondern eins in der Realität »Europa«, die wohl aus geschichtlichen Notwendigkeiten, aber auch aus dem Leben derer geboren wird, die sie im eigenen Leben erfahren.
Noch etwas anderes wurde mir deutlich. Zwischen Frankreich auf der einen und Deutschland auf der anderen Seite war, trotz aller politischen Verhängnisse, »Europa« schon lang im Werden, wenn auch mehr vom Osten nach Westen als in umgekehrter Richtung. Zwischen Italien und Deutschland aber schien es anders zu stehen. Gewiß war von je das Verlangen des Deutschen nach dem Süden wirksam gewesen; doch meistens in einer eigentümlich irrealen, ästhetisch-lyrischen Weise, die sich im Bereich von Kunst und Landschaft hielt, von der politisch-geschichtlichen Wirklichkeit hingegen nicht viel Notiz nahm. Auch antwortete der Beziehung vom Norden nach dem Süden keine entsprechende von drunten herauf. Dafür gab es nur solche, die aus der Lebensnotdurft erwuchsen. Schon seit langem kam der italienische Arbeiter in das industriell aufblühende Deutschland; wenn er sich aber, oft in harter Entsagung, das Nötige erspart hatte, ging er wieder zurück und kaufte sich in seiner Heimat ein Stückchen Land. Innerlich herübergekommen waren nur sehr wenige. Ich habe daher Anlaß, hervorzuheben, daß ich schon sehr früh den Drang nach dem Norden

14

empfunden habe — manchmal stärker, als mir lieb sein konnte. Und wenn ich recht sehe, ist das ein Impuls, der sich heute weiterhin zu rühren beginnt.

So erwachte das Bewußtsein von »Europa« als Antwort auf eine höchst persönliche Frage. Immer noch berührt es mich — falls Sie den etwas sentimentalen Ausdruck gestatten — im Herzen, wenn ich auf der Landkarte sein Bild sehe: das kleine, zierliche — weiß nicht mehr, wer das gesagt hat —, wie von einem Goldschmied gegliederte Gebilde zwischen den Kolossen Asien, Amerika, Afrika. Die Fülle seiner Formen, das Ineinander von Meer und Land, die Mannigfaltigkeit seiner volklichen Verhältnisse von den Hochalpen bis zur Tiefebene — das alles erscheint wie eine Zubereitung für das Erwachen hellsten Geistes, für großes Werk und kühne Unternehmung.
Und man empfindet die Sorge, was Europa groß gemacht hat, könne ihm zum Verhängnis werden — so wie einst Hellas an seiner eigenen Differenzierung und Spannungsfülle zu Grunde gegangen ist. Ich habe mich immer gewundert, wie wenig die Hellenophilen auch unserer Zeit die Tatsache würdigen, daß Griechenland vor der höchsten ihm geschichtlich gestellten Aufgabe, nämlich zu einer echten nationalen Gemeinschaft zusammenzuwachsen, versagt hat. Das wird weder durch Kunst noch durch Dichtung oder Philosophie aufgewogen; denn darin offenbart sich eine Schwäche im personalen Kern — eine Schwäche, die sich auf breiterer Ebene heute wieder zu zeigen scheint.

War ich so schon durch persönliches Lebensschicksal darauf hingeleitet, nach der Einheit weit auseinanderliegender Wirklichkeiten zu suchen, so wurde mir die gleiche Aufgabe auch auf meinem eigenen Arbeitsgebiet zugewiesen.
Der Titel meiner Münchener Lehraufgabe lautet: »Religionsphilosophie und christliche Weltanschauung«. Die gleiche Bezeichnung trug jene, die mir durch sechzehn Jahre hindurch in Berlin gestellt war; ebenso wie die, welche mir nach sechsjähriger erzwungener Pause 1945 in Tübingen übertragen wurde. Zu einem Lehrstuhl gehört nach Regel und Recht ein Fach; wie steht es aber damit?
Bei meiner Berufung nach Berlin schien darüber nicht viel Klarheit zu herrschen; man schien an eine Professur für Apologetik oder ähnliches zu denken. Jedenfalls richtete sich der Auftrag, der mir da — nach bloß zwei Semestern Lehrerfahrung — übertragen wurde, auf etwas, das es im Grunde noch nicht gab. Denn es ging ja nicht um die Untersuchung, was das Phänomen der Weltanschauung im Zusammenhang der Geistesgeschichte bedeute; welche Weltanschauungen es gegeben habe; welche Strukturen in ihnen wirksam gewesen seien und welche

überhaupt wirksam werden könnten — um Probleme also, wie sie Wilhelm Dilthey, Karl Jaspers, Eduard Spranger und andere aufgenommen hatten. Es sollte vielmehr von einer bestimmten Weltanschauung gehandelt werden, nämlich der christlichen... Anderseits konnte es sich aber auch nicht um das handeln, dem sich die Theologie in ihren verschiedenen Disziplinen widmete, nämlich um die Untersuchung der christlichen Offenbarung und ihres Inhaltes. Vielmehr um etwas Eigenes, wie das besonders in Tübingen und hier in München deutlich werden sollte, wo altberühmte theologische Fakultäten ihre wissenschaftliche Arbeit tun. So war die Frage, was christliche Weltanschauung als Lehrfach sei, sehr dringlich.

Vor allem damals für mich selbst. Heute darf ich sagen, daß mir die Entscheidung über Annahme oder Ablehnung des Rufes schwer geworden ist. Ich empfand, daß hier etwas sowohl von der Sache selbst wie vom geistigen Gesamtleben her Wichtiges angefaßt sein wollte. Anderseits scheue ich mich aber nicht, zu bekennen, daß ich mir über die Antwort auf die Frage, wie das zu geschehen habe, sehr unklar war.

Verzeihen Sie das Persönliche dieses Berichtes; ich spreche aber davon, weil darin, wie ich glaube, ein Problem durchdrang, das der allgemeinen geistigen Situation angehörte. Jedenfalls nahm ich den Ruf an, und hatte nun die Aufgabe, in der scharfen Luft der Berliner Universität — mehr als nur scharf in den Jahren 1933 bis 39 — zu sagen, was »christliche Weltanschauung« sei, und zu zeigen, daß sie wirklich den Inhalt eines Lehrstuhls bilden könne.

Das war nicht leicht; auch deshalb nicht, weil ich mich ja erst drei Semester vorher in Bonn habilitiert hatte, und zwar in systematischer Theologie. So möchte ich mit Dankbarkeit den Namen des einzigen nennen, der mir etwas wirklich Richtungweisendes gesagt hat, den von Max Scheler. In einem für mich sehr folgenreichen Gespräch sagte er zu mir: »Sie müßten tun, was im Wort ›Weltanschauung‹ liegt: die Welt betrachten, die Dinge, den Menschen, die Werke, aber als verantwortungsbewußter Christ, und auf wissenschaftlicher Ebene sagen, was Sie sehen.« Und ich entsinne mich noch, wie er detaillierte: »Untersuchen Sie doch zum Beispiel die Romane von Dostojewski, und nehmen Sie von Ihrem christlichen Standpunkt her dazu Stellung, um so einerseits das betrachtete Werk, anderseits den Ausgangspunkt selbst zu erhellen.«

Das habe ich, *mutatis mutandis,* getan, und dabei ist mir klar geworden, was christliche Weltanschauungslehre besagt: die beständige, sozusagen methodische Begegnung zwischen dem Glauben und der Welt.

Und nicht nur der Welt im allgemeinen, so, wie das auch die Theologie in verschiedenen Fragestellungen tut, sondern im Konkreten: der Kultur und ihrer Erscheinungen, der Geschichte, des Soziallebens und so fort. Besonders wichtig ist mir die Dichtung geworden.

So sind meine Bücher über Gestalten der Geistes- und Literaturgeschichte, von Platon über Dante und Pascal zu Hölderlin, Mörike und Rilke entstanden, die weder Literaturwissenschaft noch Theologie sein wollen, sondern Begegnung, Blick vom einen auf das andere.

Innerhalb meiner geistigen Arbeit hat sich so wiederholt, was in meiner persönlichen Lebensgeschichte geschehen war: daß ich eines verließ, um zu etwas anderem zu gehen; das erste aber nicht aufgeben konnte und daher gezwungen war, eine Einheit zu suchen, in der beides verbunden war. Was ich hier verließ, war die systematische Theologie; was ich suchte, war »die Welt«. Das erste durfte aber nicht verlassen werden; so entstand die Einheit jenes Blickes, der vom Glauben her die lebendige Wirklichkeit der Welt erfaßt.

Wenn »Existenz« etwas meint, dann auf jeden Fall Einheit; die Tatsache, daß das viele, was ein Mensch ist und kann und hat, was er tut und was an ihn kommt, die beständige Wechsel-Interpretation von Selbst und Welt in jedem Augenblick der Begegnung — daß die unheimliche Vielheit von alledem zusammengefaßt sei durch die Bildkraft der Individualität, und, tiefer noch, durch die Verantwortungskraft der Person. So darf es nicht sein, daß der Mensch die Welt erfahre und dann noch, außerdem, gläubig sei; ebensowenig aber, daß er glaube, und die Welt nur nebenher als nun einmal nicht erläßliches Realisationsfeld des Gläubigseins sehe. Sondern es soll Begegnung geschehen, des Gläubigseins, wie es in diesem bestimmten Menschen lebt, mit der Welt, wie sie jeweils auf ihn zukommt. In dieser Begegnung soll der Glaube Rede und Antwort stehen; Kräfte der Wahrheit aktuieren, die sonst geschlafen hätten — ebenso wie umgekehrt die Welt sich im Raum des Glaubens den entscheidenen Fragen stellen und die letzte Aufhellung erfahren soll.

Das aus kritischer Verantwortung und in methodischem Verfahren zu tun, ist die Aufgabe der christlichen Weltanschauungslehre.

Daß dadurch die Aufgabe der Theologie in keiner Weise beeinträchtigt wird, braucht wohl nicht betont zu werden; und ebensowenig, daß Kulturwissenschaft und Philosophie ihre ganze, durch nichts ersetzbare Funktion behalten. Hier geht es um anderes: um die Frage, wie die Welt sich von der Glaubenswahrheit her zeige. Und nicht die Welt im allgemeinen, sondern die konkrete — zum Beispiel die Dichtung, ja das Werk eines bestimmten Dichters, Hölderlins, oder Rilkes, mit ihren Aussagen und Sinngebungen.

Hier sehe ich den Kern der Aufgabe, um die ich mich seit nun über dreißig Jahren bemühe: die Erkenntnis dessen, was in der Begegnung des christlichen Glaubens, sagen wir richtiger, des glaubenden Menschen mit der wirklichen Welt deutlich wird.

Dazwischen liegen die Jahre, lang und kurz zugleich, wie in der Perspektive des Vergangenseins Menschenjahre eben zu sein pflegen. Sie haben mir gezeigt, wie wichtig diese Arbeit ist, wie ertragreich sie sein kann — und auch, was geschieht, wenn sie nicht getan wird.

Der Friede und der Dialog (1952)

Immer hat mich ... das Problem beschäftigt, wie derart unterschiedliche Stellungnahmen der Menschen zu den Fragen des Daseins entstehen können — und ob es nicht möglich sei, dieser Verschiedenheit eine aufbauende Kraft abzugewinnen. Aus solchen Überlegungen ist seinerzeit mein Buch über den »Gegensatz« hervorgegangen, und sie sind auch für meine übrigen Schriften wichtig geworden ...

Wir fühlen, wie sehr das Problem von Krieg und Frieden uns ans Leben dringt. Und nicht nur als eines offenen Ausbruchs von Gewalt; sondern die Wurzeln des Krieges gehen ja viel tiefer hinab. Der äußere Krieg kann nur entstehen, weil der innere da ist. Worin besteht aber dieser?

Darin, daß in einem begrenzten Bereich verschiedene Initiativen wirksam sind; und nicht nur verschiedene, sondern einander widersprechende. Wie kann aber dergleichen sein? Bleiben wir bei dem Gebiet, das den Philosophen besonders angeht, beim Erkennen — wie ist es möglich, daß Menschen über die Dinge des gemeinsamen Daseins wider einander denken? Es ist doch die gleiche Wirklichkeit, über die sie denken; ihr Geist ist letztlich von der gleichen Logik regiert und in ihnen — das ist allerdings zögernder gesagt — lebt doch der gleiche Wille zur Wahrheit!

Vielleicht klingt die Frage töricht. Gegenwart wie Vergangenheit sind so tief vom Kampf bestimmt, daß unser Gefühl sich darin eingerichtet hat und ihn als »normal« empfindet. Es ist aber gut, hin und wieder den Schein des Normalen abzustreifen; dann zeigen sich die Dinge in ihrer Erstaunlichkeit.

Wie kann also das Denken des einen dem des anderen zuwiderlaufen? Der Grund ist der gleiche, aus dem auch die Größe des Verhältnisses hervorgeht: nämlich die Freiheit.

Der Naturalismus findet den Zustand selbstverständlich. Es sei der gleiche, der überall in der Natur herrsche: der Kampf aller gegen alle.

18

Aber unter den Tieren herrscht durchaus nicht der Kampf aller gegen alle, sondern da bestehen genaue Zu-Ordnungen. Sobald diese nicht wirksam werden, laufen die Tiere in den Gefügen ihrer Lebensvorgänge und stören einander nicht. Die Möglichkeit eines freiwaltenden, man möchte fast sagen, absoluten Kampfes eröffnet sich erst beim Menschen; und es ist ein Zeichen großer Phänomenblindheit, ihn mit dem zu verwechseln, was im Tierreich vor sich geht. Der Mensch steht unter Beeinflussungen verschiedenster Art und Mächtigkeit; es gehört aber zu seinem Wesen, daß er aus den naturhaften Zusammenhängen heraustreten, Distanz nehmen und von da aus den Gegenstand — das Ding wie auch sich selbst — betrachten, verstehen, beurteilen kann.

Diese Tatsache gibt dem Kampf des Menschen einen durchaus anderen Charakter, als der des Tieres ihn hat: sie öffnet den Raum, in dem es Entscheidung und damit Verantwortung gibt.

Vielleicht erwidert man: was soll das in den Dingen der Erkenntnis bedeuten? Was kann Entscheidung heißen, wenn es um Wahrheit geht? Ihr gegenüber gibt es doch weder ein Rechts noch ein Links, sondern nur das Ja zu ihrem Sinn!

Das ist richtig — und doch wieder nicht; denn die Wahrheit ist selbst auf die Freiheit bezogen. Wahrheit gibt es nur in dem Raum, den die Freiheit schafft; und das Gefühl für sie verdirbt im gleichen Maße, als das für die Freiheit verloren geht. Was die Erkenntnis sucht, ist die Sinngestalt eines Dings oder eines Geschehens. Diese hat über den Geist eine große Macht; es ist aber die Macht eben des Sinnes, nicht die der Gewalt. Sie leuchtet auf; sie trifft in jener bedingungslosen Weise, die jeder kennt, der sein geistiges Leben nicht zerstört hat; aber sie zwingt nicht. Der Geist muß sich ihr öffnen. Er muß ihr erlauben, daß sie in ihm zur Geltung komme. Das kann er tun — er kann es aber auch verweigern. Um ein Wort Nietzsches abzuwandeln: es kann durchaus geschehen, daß der Verstand sagt: »so ist es«; der Wille aber antwortet: »so darf es nicht sein«, und der Verstand nachgibt. Dann hat sich etwas vollzogen, das wie Erkenntnis aussieht; in Wahrheit hat nur ein Wille sich selbst bestätigt.

Hinter dem scheinbar rein objektiven Verfahren des Verstandes wirken Motive, die alles andere als objektiv sind: Wünsche und Befürchtungen, Zu- und Abneigungen, Absichten in allen Graden der Offenheit und Entschiedenheit. So ist das Feld der Denkvorgänge, die sich den Anschein geben, nichts als Feststellung und Durchdringung von Tatsachen zu sein, zugleich ein Schlachtfeld, auf welchem Initiativen einander gegenübertreten.

Ist das so, dann wäre aber auch im Geistigen der Kampf unvermeidlich — sagen wir genauer: der Kampf der Gewalt. So wäre es, wenn es eben das nicht gäbe, was diese ganze Situation möglich macht, nämlich die Freiheit.

Sobald Raub- und Beutetier aufeinandertreffen, muß der Gewaltkampf entstehen — der Mensch kann den Zusammenstoß der Motive auf eine höhere Ebene heben und schöpferisch werden lassen. Das heißt: er vermag ins Gespräch zu treten.

Gespräch zu führen ist etwas, was wir immerfort tun, oder doch zu tun glauben. Aber die Dinge des Alltags sind durch eben ihre Alltäglichkeit verhüllt; so lohnt es sich, über sie nachzudenken. Das Gespräch ruht auf dem Wort; auf dem erstaunlichen Akt, durch den der Mensch das innerlich Erkannte in das äußere Gebilde aus Lauten hineingibt und es dem anderen zuspricht, wodurch für einen kurzen Augenblick sein Inneres im Raum zwischen beiden offensteht. Dann verklingt das Wort, lebt aber nun lautlos im Innern dessen, der es gehört hat. Der bildet an ihm das Gegen-Wort und sendet es zurück. Wieder wird es im personalen Raum offen, und so baut sich, über die Grenze der beiden Innerlichkeiten hinweg, die Brücke des Gesprächs, reiner Ausdruck des Menschseins.

Damit es aber zustandekomme, müssen die Sprechenden in einem Einvernehmen stehen. Jeder der beiden muß überzeugt sein, daß es eine Wahrheit gibt, die gilt. Jeder muß den anderen achten, weil auch er auf diese Wahrheit bezogen ist. Und jeder muß die Hoffnung haben, mit dem anderen zusammen mehr von ihr zu sehen, als er allein zu sehen imstande ist.

Von hier aus vermag auch jeder die Gedanken des anderen zu verstehen und an ihnen die eigenen zu berichtigen und auszuweiten. Ist das aber möglich, wenn zwischen beiden solche Unterschiede bestehen wie die, von denen wir gesprochen haben? Wieder müssen wir antworten: es ist möglich aus der Freiheit heraus. Denn frei sein heißt, über die eigene so vielfältig gebundene Individualität hinausgehen zu können auf die des anderen zu; verstehen, wie er in seinen Anschauungen existiert.

Und nun merken wir, daß in den bisher genannten Vorbedingungen des Gesprächs noch eine fehlt: die Sympathie. Schon Augustinus hat gesehen, daß sie die Voraussetzung für jede lebendige Erkenntnis ist. Wirklich erkennen können wir nur, was wir in irgendeinem Sinne lieben; sparsamer gesagt: dem wir wohlwollen. Da heraus können wir die Persönlichkeit des anderen mitvollziehen: sehen, worin ihr Wesen besteht; was sie erkennend sucht; wie sie zu den Gedanken kommt, die sie ausspricht, und was diese Gedanken, über vielleicht unzulängliche oder sogar falsche Äußerungsformen hinaus, eigentlich meinen.

Was aber das Wort selbst angeht, so ist es nicht nur Signal von Gemeintem, sondern Verleiblichung von Geist. In ihm wird die Wahrheit menschlich. So hat das herkommende Wort des anderen über die bloße

Mitteilung des Gemeinten hinaus eine lebendige Macht. Es rührt an jene innere Mitte, die leicht zu fühlen, aber schwer durch Begriffe zu bestimmen ist: wo Geist und Stoff, Seele und Blut einander durchdringen; wo das Menschsein beginnt. Diese Mitte bringt es in Bewegung und macht, daß aus bloßem Feststellen und Bezeichnen lebendiges Wissen und Bilden wird.

So ist der Ertrag solchen Gesprächs »Friede«. Denn es entsteht aus dem Einvernehmen in der Wahrheitssorge und wechselseitiger Ehrfurcht; und mit jedem neuen, gemeinsam in die Wahrheit getanen Schritt wird das Einvernehmen tiefer.

Wie aber, wenn die beiden einander nicht verstehen?

Das wird oft der Fall sein, denn wirkliches Verstehen ist schwer. Ja, man kann zweifeln, ob es überhaupt je vollkommen gelinge; ob der eine je ganz über jene Schranke, welche das Selbst-Sein bildet, hinaus zum anderen hingelange; ob nicht alles Sprechen letztlich ein Sich-Verhalten auf ein Verborgenes hin sei? Doch das sind Schranken, die sich jedem Verstehen, auch dem wirklich gelingenden, entgegenstellen — wie ist es aber, wenn überhaupt keines zustandekommt? Wenn die Meinungen unversöhnt gegeneinanderstehen?

Dann bleibt das Vertrauen auf die Wahrheit und die Bereitschaft, das Gespräch fortzusetzen — eine Form jener großen Tugend, ohne die nichts Menschliches reift: der Geduld.

Und auch das ist Friede.

Wir müssen aber noch einmal fragen: wie, wenn ich zur Einsicht komme, daß die Gedanken des anderen falsch sind? Daß er irrt? Dann stehe ich vor einer Grenze, die um so empfindlicher ist, als sie nicht sein muß, aber ist. Ich kann sie aufzulockern suchen, indem ich mich bemühe, dem anderen seinen Irrtum zu zeigen — was nur möglich ist, wenn ich gleichzeitig meine eigene Meinung überprüfe und zur Korrektur bereit bin. Gelingt das aber nicht, dann ist die Grenze endgültig. Denn die gleiche Wahrheit, der wir beide verpflichtet sind, verbietet mir zu sagen: »was du meinst, ist auch wahr«.

Es gibt keine »Auch-Wahrheiten«. Was es gibt, ist die Verschiedenheit der Gesichtspunkte; die Dialektik von Aussagen, die von vornherein aufeinander bezogen sind und daher nicht in ausschließendem Widerspruch, sondern in fruchtbarem Gegensatz stehen. Da kann ich sagen: »Auch du siehst Richtiges«, und Synthese wird möglich. Sobald sich aber nicht Gegensatz, sondern Widerspruch zeigt, sobald der eine ja sagt, wo der andere verneinen muß, oder der eine als gut bezeichnet, was der andere als böse erkennt, dann ist keine Synthese mehr möglich, sondern nur das Entweder-Oder, und das heißt Kampf.

Doch auch noch hierherein wirkt die Gesinnung des echten Dialogs, nämlich in der Achtung vor der Meinung des anderen. Nicht vor dem

Inhalt, den sie vertritt; dem, was ich als falsch erkenne, darf ich nie die Ehre der Wahrheit erweisen. Wohl aber vor der Person, die sie trägt, und vor der Tatsache, daß es Menschenmeinung ist. Und wenn dann Kampf geschieht, hat er einen anderen Charakter.

Dieser beständige Dialog ist eines der Grundphänomene, die unsere Arbeit tragen.

DAS KONKRET-LEBENDIGE,
UND WIE ES ERKENNEND GEFASST WERDEN KÖNNE (1925)

Wenn wir auf uns, in uns schauen, so finden wir leibliche Gestalt, Glieder und Organe, seelische Gebilde und Ordnungen; finden Vorgänge äußerer oder innerer Art, Antriebe, Akte, Zustandsänderungen. Was alles da ist und geschieht, sehen wir als Einheit. Es erscheint uns nicht nur als solche, es ist's. Wir müßten jeglicher Wahrnehmung mißtrauen, wenn wir bezweifeln wollten, daß wir wirklich leib-seelische Einheit sind. Wir sind es; und wir können gar nicht anders, als alles einzelne, was wir sind, was an uns und durch uns geschieht, auf diese Einheit zu beziehen: als Baustück, das sie aufrichtet, oder als Wirkung, die von ihr ausgeht.

Diese Einheit liegt nicht in nur einer einzigen Beziehungsordnung, etwa wie die einer Maschine. In dieser stehen die Teile nur mechanisch neben-, hinter- oder übereinander. Hier aber, in mir, kann ich gar nicht anders, als zum Neben-, Hinter- und Übereinander noch Tiefe hinzuzusehen. Hier finde ich ein »Außen« und »Innen«. Das liegt schon darin, wie anatomisch-innere Organe oder Teile zu äußeren stehen; dann in den Tatsachen der Empfindung und Bewegung; darin, wie sich die Vorgänge des Bewußtseins zu körperlichen verhalten; oder innerlicheres seelisches Geschehen zu oberflächlicherem. Es ist ein Verhältnis, dem ich nur so gerecht werden kann, daß ich ein Innen auf ein Außen bezogen sehe. Ein Äußeres verläuft in ein Inneres, bis zu einem letzten Tiefenpunkt; und ein Inneres geht ins Äußere, bis zu einer letzten Grenze. Bei der Maschine finde ich dies Verhältnis nicht. Da liegen alle Teile bloß neben- oder hinter- oder übereinander. Die Einheit des Lebendigen enthält wohl auch diese maschinelle Ordnung; sie erschöpft sich aber nicht darin. Sie ist nicht bloß aus Teilen zusammengefügt, sondern besitzt dazu noch Tiefenrichtung, und zwar zeigt die flüchtigste Beobachtung, wie das lebendige Ganze von außen nach innen hereinnimmt: es nährt sich mit Stoffen und Kräften; und sich von innen nach außen aufbaut: es wächst.

Diese Einheit ist gebaut. Wiederum zeigt die nächste Beobachtung, daß sie nach einem Plan gebaut ist. Nicht so, daß sich zufällig allerlei

Stoffe aneinander lagerten, oder äußere Kräfte und Einflüsse sich kreuzten, obwohl auch dieses geschieht. Im Wesentlichen handelt es sich um ein geordnetes, von einem Bauplan, von einer innerlich gegenwärtigen und wirksamen Gestalt beherrschtes Geschehen.

Alles Einzelne zur Einheit geschlossen; das Ganze von innen her und auf Grund eines ordnenden Planes aufgebaut — ich finde in mir noch mehr. Ich erfahre mich nicht nur als Durchgangspunkt durchgehender Vorgänge, sondern auch und vor allem als Ursprung. In mir — dieses »in« schillert vieldeutig; nehmen wir es einstweilen noch so hin — entspringen Antriebe. In mir beginnen Akte. Ich stehe statisch in mir als geschlossener Bau; aber auch dynamisch als eigenständige Wirkeinheit. Noch manches ließe sich über diese Tatsache sagen: daß ich mich selbst nicht als einen Fetzen Dasein erfahre, sondern als von innen heraus gebautes Ganzes; nicht als eigenen Sinnes bares Geschehen, sondern als geschlossene Werdelinie; nicht als zufälliges Anschwemmsel von Eigenschaften, sondern als eigenwesenhafte Gestalt. Das alles aber bedeutet: ich erfahre mich als Konkretes. Und dieses Konkrete steht in sich; von außen nach innen, von innen nach außen; baut sich selbst auf, und wirkt aus eigenem Ursprung heraus. Das bedeutet: es ist lebendig.

So viel mag für die Frage genügen, die uns hier zunächst beschäftigt: kann dieses Konkret-Lebendige erkenntnismäßig gefaßt werden? Man hat sie in verschiedener Weise beantwortet.

Dem mittelalterlichen Denken galt das Individuum als wissenschaftlich nicht faßbar, das Lebendige als nicht aussprechbar, was für unsere Frage gleich viel bedeutet. Zur einseitig-letzten Folgerung geführt hat diesen Standpunkt erst das rationalistisch-mechanische Denken. Dem hieß wirkliches Erkennen so viel wie wissenschaftliches Erkennen. Wissenschaftlich aber ist nur jenes Erkennen, das sich in Begriffen vollzieht. (Als Urbild alles begrifflichen Erkennens erschien das mathematische. So lag es nahe, Erkennen überhaupt mit mathematischem gleichzusetzen). Sobald Erkennen in dieser Weise verstanden wurde, mußte das Lebendig-Konkrete aus dessen Gegenstandsbereich ausscheiden. Denn das Lebendig-Konkrete als solches kann mit Begriffen nicht gefaßt werden. Der Begriff richtet sich wesensgemäß auf das rein-Allgemeine, das Abstrakte, Formale. Wohl als Erfassung von konkreten Wirklichkeiten, aber durch das ihnen gemeinsame Allgemeine. Das Individuelle hingegen steht wohl auf das Allgemeine bezogen, bedeutet aber mehr als nur dieses Allgemeine; ist mehr als bloß dessen »Fall«. So muß sich ihm gegenüber das bloß begriffliche, formalistische Denken unsicher fühlen. Das Lebendig-Konkrete kann diesem nur Ausgangspunkt für den Weg ins Abstrakte sein; Material, daraus die Formalien der Begriffe herauszulösen. Das Lebendige selbst, als solches, bleibt ihm unzugänglich. Nun kann es trotzdem sein, das so geartete Denken sucht das Lebendig-Konkrete wirklich zu erfassen. Dann aber muß dieses sich dem Mittel fügen, das von jenem Denken allein anerkannt wird: dem abstrakt-formalen Begriff. So entsteht analytische Seelenlehre, analytische Wissenschaft vom Menschen, von der Geschichte. Darin zergeht das Lebendig-Konkrete. Die geschlossene leib-seelische Einheit wird in ein Bündel physiologischer oder psychologischer Vorgänge aufgelöst. Ein Rest von Einheit muß wohl noch gewahrt werden: eine noch irgendwie unter die Einzeldinge und Vorgänge hingedachte Ebene, darauf sie sich abspielen; ein undeutlicher Sammelpunkt, an den die vielfältigen physikalischen, chemischen, biologischen Tatsachen und Geschehnisse anschließen. Allein das ist ein Hilfsbegriff, oder ein noch nicht ganz abgestreifter Rest. Ebenso zergeht die historische Gestalt in ein Gewebe einander durchwirkender Kräfte. Die entwicklungsgeschichtliche Betrachtung macht sie zu einer zerrinnenden Welle im Strom der Stammesgeschichte; zu einem vorübergleitenden Zustand in der Linie des Gattungswandels. Die Milieubetrachtung löst die dastehende Gestalt, ihr Handeln und das um sie gesammelte Geschehen in ein Geflecht klimatischer, volksbiologischer, wirtschaftlicher, soziologischer Kraftwirkungen auf.

Solche Einseitigkeit ruft notwendig die entgegengesetzte. Das Lebendig-Konkrete wird diesem zerstörenden, rationalistischen Wissenschaftsverfahren entzogen und einem besonderen Erkenntnisorgan zugewiesen: dem irrationalen Erkennen. Darunter wird mehr oder weniger klar eine Erkenntnisweise verstanden, die dem Leben näher steht als der begrifflich arbeitende Verstand. Ja, ihm nicht nur näher steht, sondern wesensgleich ist. Die Verstandesarbeit der Wissenschaft wird als tot oder tötend empfunden. Ihr gegenüber sieht man in jener andern Erkenntnisweise etwas Lebensnahes, ja selbst Lebendiges. Und zwar wird mit diesem Willen zur Lebendigkeit in verschiedenem Maße ernst gemacht. Die schärfste Auffassung sucht jenen Erkenntnisakt vom Verstandesmäßigen ganz abzurücken, sie nimmt ihn als »Gefühl«; als »Instinkt«. Dem liegt die Vorstellung zugrunde, es handle sich um unmittelbare Verbundenheit mit dem Gegenstand; um eine Art Berühren, Tasten, Fassen. Von dieser, dem Rationalen am fernsten Auffassung formt die leitende Grundvorstellung sich weg; sie hellt sich schrittweise auf. Aus einem Berühren und Greifen wird ein »Schauen«. Der Gegenstand wird nicht durch Begriff, Urteil und Schluß erfaßt; darin bleibt die Grundrichtung die gleiche. Aber auch nicht durch vitales Spüren, sondern durch einen bildhaften Akt; eine Anschauung, die nicht durch Gründe, sondern durch innere Echtheit und Klarheit einleuchtet. Dieser Akt, dessen Beschreibung sich vom Endpunkt unmittelbaren, vitalen Spürens bis zu dem »geistiger Anschauung« verschiebt, wird vom Irrationalisten dem Lebendig-Konkreten zugeordnet.

In alledem liegt viel Richtiges. Offenbar gibt es jenen Erkenntnisvorgang, der hier als »Gefühl« bezeichnet wird. (Das Wort freilich führt irre. Denn Fühlen ist ein Zustand der Spannung und Entspannung, der Schwingung und des Schlaffseins; Erkennen hingegen ein Akt). Aber das Gemeinte ist ganz ungenau gefaßt; es schillert in vielerlei Form und Sinn. Offenbar gibt es auch jenen Erkenntnisvorgang, der mit »Schauen« bezeichnet wurde. Doch müßte gesagt werden, worin das Wesen solcher Schau besteht, worin sie sich von sinnlicher Anschauung unterscheidet; ferner, worin vom Begriff auf der einen und von jenem »Gefühl« auf der anderen Seite. Solange aber diese Erkenntnisakte zu Begriff, Urteil und Beweis, also zum rationalen Erkennen, in Widerspruch gestellt werden; solange sie dem unprüfbaren Kommen und Gehen des Lebensflusses, oder aber der inneren Eingebung überlassen, und damit bewußter Vollzug, vernünftige Prüfung, logischer Zusammenhang als wesensfremd abgelehnt werden, haben jene Erkenntnisorgane für die Wissenschaft nur die Bedeutung von psychologischen oder denkgeschichtlichen Erscheinungen. Als Erkenntnisquellen hingegen, als »gebende Akte« bleiben sie wertlos.

Wir fragen nun: steht noch ein anderer Weg offen?
Der über-rationale Charakter des Lebendig-Konkreten muß gewahrt bleiben. Also kann der besondere, das Konkrete als solches fassende Erkenntnisakt nicht abstrahierende Begriffsbildung sein. Er muß selbst lebendige Konkretheit haben, Ganzheit, Rundheit. Er darf nicht bloß formal bzw. auf das Formale gerichtet, wie das Begriffsdenken, sondern muß in seiner Struktur selbst lebendig-konkret und wesenhaft auf diese Konkretheit gerichtet sein. Er muß offenbar mit dem zusammenhängen, was unter »Fühlen« oder »Schauen« gemeint war. Andrerseits aber gehört zur Wissenschaft nur, was mit Begriffen arbeitet. Wissenschaft ist begriffliche Erfassung von Gegenständen, in Urteilen und Schlüssen. Darin beruht ihr besonderer Charakter: daß alles deutlich zutage liege; daß jede Denkbewegung und jeder Einzelvorgang darin bewußt und willkürlich durchgeführt werden; daß jederzeit Rechenschaft abgelegt und Zustimmung erzwungen werden könne. Wissenschaft ist Verstandesarbeit.
So wären wir in der schlimmen Lage, vom nämlichen Akt Widersprechendes verlangen zu müssen.
Oder sollten die zu erhebenden Forderungen einander doch nicht widersprechen? Sollten intuitive und rationale Erkenntnis, richtig gesehen, sich gegenseitig doch nicht ausschließen? Vielleicht sogar irgendwie fordern, voraussetzen?...

Rationalismus, wie Intuitionismus, sein Gegenstück, scheinen spezifisch moderne Haltungen. Sie entspringen dem Kernvorgang der Neu-

zeit: der Sonderung und Eigenbegründung der einzelnen Lebensberei-
che. Altertum und Mittelalter wissen von ihnen noch nichts. Es muß
zu sehr schiefen Urteilen über Antike und Mittelalter führen, wenn
man dies übersieht. In unserem Falle: wenn man den antiken und mittelalterlichen Begriff mit dem heutigen gleichsetzt. Intellektuell war
jenes Denken; rationalistisch nicht. Es bejahte Gedanken und Begriff,
fühlte sich aber darin mit dem Leben, mit Schau- und Bildkraft verbunden. Ebenso wie Bild und Schau bejaht wurden, ohne zu intuitionisti-
scher Begriffsscheu zu führen; vielmehr stand solches Schauen der
Klarheit des Begriffs offen.
Es könnte also wohl sein, daß, wesenhaft gesehen, Begriff und Anschauung in tiefer Beziehung zueinander stünden. Daß jenes »Entweder-Oder«, dem die Aporie im Erkenntnisproblem des Konkreten ent-
sprang, nicht hoffnungslos wäre. Sie würde dann nur bedeuten, daß im
Vorgang der neuzeitlichen Kulturkrisis — wie überall, so auch hier —
die tragenden Grundakte sich aus der ersten, vorkritischen Einheit lö-
sten, ihres Sonderwesens und ihrer Sonderaufgabe bewußt wurden und
sich in »kritischer Reinheit« begründeten. Damit wäre die Einheit des
lebendigen Subjekts der Kultur, wie die der Ordnung einander wechselseitig tragender Werte verloren gegangen. Aus wesensgemäßer,
ganzheitsbezogener Autonomie wäre absolute geworden: Autonomismus. Die Richtung unseres geistigen Weges aber wiese in eine neue
Einheit. Darin, zwischen wesensgemäß gestellten Grundkräften, Kulturbereichen und Werten, bestünde wohl Spannung, nicht aber Widerspruch.
Vielleicht kann also dem Lebendig-Konkreten gegenüber doch eine
»Schau« als zuständig erkannt werden? Aber so, daß diese nicht, wie
etwa in der bloßen Lebens-Intuition, oder in der Kunst, ihrem Eigen-
gang überlassen bleibt, sondern mit begrifflich-wissenschaftlichen Mitteln eingefangen, und so in den Dienst der Wissenschaft gestellt wird?
Anders ausgedrückt: vielleicht ist es möglich, den Intuitionsakt in seinem Wesen unangetastet zu lassen, ihm aber durch eindeutige, wissenschaftlich geschärfte Begriffe den Weg vorzuschreiben? Und so Begriff
wie Intuition auf ein letztes Eigentliches zu beziehen? ...

Tatsächlich scheint es ein bestimmtes Begriffsgefüge zu geben, das
hierzu führt: den Begriffsgegensatz; genauer: die im Gegensatzverhält-
nis stehenden Begriffe. Versuchen wir, diesen »Gegensatz« in einer
vorläufigen Weise zu Gesicht zu bekommen.
Bekannt ist er natürlich schon lange. Daß es Gegensätze gebe, wurde
schon früher ausgesprochen, und die Idee des Gegensatzes spekulativ
verwendet, wie auch empirisch ausgenutzt. So hat ihn die neuplatoni-
sche Philosophie und Religionslehre gekannt; ebenso die von ihr

abhängige gnostische Gedankenwelt. Der Gedanke der Gegensätzlichkeit oder Polarität scheint zum Grundbestand des »platonisch« gerichteten Denkens zu gehören. Man kann die Probleme bezeichnen, bei denen in diesem Denken, sobald es sich frei bewegt, der Gegensatzgedanke auftaucht. So wird er auch in der Geschichte vor allem dann lebendig, wenn die platonische Denkweise wieder auflebt. Das geschah z. B. in der romantischen Periode mit solcher Fülle von Beobachtungen und intuitiver Kraft, daß man die Idee des Gegensatzes — übrigens sehr zu Unrecht — geradezu den romantischen Gedanken genannt hat. In der Philosophie und Wissenschaftslehre Goethes hat der Gegensatzgedanke große Bedeutung. Und im Denken der letzten ... Jahre tritt er wieder stärker hervor; steht er doch in besonderer Beziehung zur geistigen Situation unserer Zeit.

Es handelt sich also um nichts Neues. Ich glaube aber zu sehen, daß dieser Gedanke zumeist entweder in Gestalt geistreicher Einfälle und psychologischer Beobachtungen auftritt, oder aber in einer geheimnismäßig oder phantastisch gefärbten Spekulation, zuweilen fragwürdigster Art. Daß ferner Momente als »Gegensätze« bezeichnet werden, die überhaupt nicht unter diesen Begriff fallen, wie Geist und Materie. Endlich und vor allem, daß diese Überlegungen oft am entscheidenden Punkt versagen und »Gegensatz« mit »Widerspruch« vermengen. Damit verfallen sie einer nicht nur gedanklichen, sondern bis ins Menschliche hinein wirkenden Unklarheit ...

Das eigentümliche Verhältnis, in dem jeweils zwei Momente einander ausschließen, und doch wieder verbunden sind, ja, ... einander geradezu voraussetzen; dieses Verhältnis, das innerhalb der jeweiligen quantitativen, qualitativen und gestaltmäßigen Bestimmtheiten auftritt, nenne ich Gegensatz.

PERSON

Person im eigentlichen Sinn (1939)

Gestalt, Individualität, Persönlichkeit — was Person im letzten Sinn bedeutet, ist damit noch nicht gesagt, wohl aber in etwa vorbereitet. Der bisherigen Erörterung lag die Frage zu Grunde: Was ist das da? Darauf lautete die Antwort: »Ein gestaltetes, in Innerlichkeit begründetes, geistig bestimmtes und schaffendes Wesen«. Anders die Frage: Wer ist dieser da? Darauf lautet die Antwort: »Ich« — oder, in der Form des Berichtes: »er«. Jetzt erst ist die Person berührt. Und zwar ist sie das gestalthafte, innerliche, geistig-schöpferische Wesen, sofern es

— mit den Einschränkungen, von welchen noch die Rede sein wird — in sich selbst steht und über sich selbst verfügt. »Person« bedeutet, daß ich in meinem Selbstsein letztlich von keiner anderen Instanz besessen werden kann, sondern mir gehöre. Ich kann zu einer Zeit leben, in der es die Sklaverei gibt, also ein Mensch einen anderen kauft und über ihn verfügt. Diese Macht übt der Kaufende aber nicht über die Person, sondern über das psychophysische Wesen — und auch das unter einer falschen Kategorie, nämlich so, daß er es dem Tier angleicht. Die Person selbst entzieht sich dem Eigentumsverhältnis[1]. Person bedeutet, daß ich von keinem anderen gebraucht werden kann, sondern Selbstzweck bin. Wohl kann ich in einem Arbeitssystem stehen, dessen Leiter mich als ein Element in einem maschinellen Ganzen behandelt. Dann ist es aber nur meine Leistung, die er gebraucht, nicht mich als ich. Auch vollzieht sich dieses Gebrauchen auf Grund einer Auffassungsweise, welche zwar Kraft spart und bis zu einem gewissen Punkt praktisch richtig ist, in Wahrheit aber an Stelle des Menschen eine hochentwickelte Maschine setzt. Dieser Fehler rächt sich dann auch in folgenschwerer Weise. Die so angelegte Rechnung geht nicht auf, und die auf ihr aufgeführte wirtschaftliche und gesellschaftliche Konstruktion arbeitet im Letzten nicht richtig, denn das, worum es sich handelt, sind eben doch Menschen und nicht Apparate[2]. Person bedeutet, daß ich von keinem anderen durchwohnt werden kann, sondern im Verhältnis zu mir selbst mit mir allein bin; von keinem anderen vertreten werden kann, sondern einzig bin — was alles bestehen bleibt, auch wenn die Sphäre der Vorbehaltenheit durch Eingriff und Veröffentlichung noch so tiefgreifend gestört wird. Immer ist es nur der psychologische Zustand der Geachtetheit und des Friedens, der verloren geht, nicht die Einsamkeit der Person an sich …

Wenn ich recht sehe, hat der antike Mensch den echten Begriff der Person noch nicht gehabt — ja er scheint sich außerhalb des Offenbarungsbereiches überhaupt nicht zu finden. Die neuzeitliche Geistesentwicklung aber neigt dazu, den Begriff der Person aufzulösen, bzw. ihn mit dem der Gestalt, oder der Individualität, oder der Persönlichkeit gleichzusetzen — oder aber die Endlichkeit der Person zu über-

---

[1] Eine andere Frage ist, was in solchen Zuständen mit dem konkreten Menschen vor sich geht; welchen Einfluß sie auf dessen personale Haltung ausüben; wie weit diese unterdrückt oder verfälscht wird; welche Veränderungen das Besitzverhältnis tatsächlich doch durch die nie auslöschbare Personalität erfährt; wie weit der Mensch sich auch in dieser Versachlichung einen Raum personalen Existierens schaffen kann usw.

[2] Zur Bedeutung des Personalen für die Soziologie siehe meinen Versuch »Über Sozialwissenschaft und Ordnung unter Personen« in dem Sammelband »Unterscheidung des Christlichen« (1935) S. 23ff.

schwingen und von ihr in einer Weise zu reden, die nur vor der absoluten Person zulässig ist.

Damit taucht aber aufs neue die Frage auf, ob die Person nicht doch
gefährdet werden könne. Das kann sie denn auch tatsächlich, aber nur
von dort her, wo die Wesensgewähr der Person liegt ... Schicken wir
eine andere Frage voraus: Kann der Geist erkranken? Sicher nicht an
dem, was die Umgangssprache unter »Geisteskrankheit« versteht.
Dabei handelt es sich in der Wahrheit um Störungen der Gehirnfunk-
tionen, des Trieblebens, des Vorstellungsablaufes, der Wirklichkeits-
erfahrung usw. Solche Störungen treffen nicht den Geist als solchen,
sondern nur seine organischen und psychischen Grundlagen. Sie hem-
men seine Akte; werden ihm aber auch zur Probe, durch deren Bewäl-
tigung er wächst. Doch existiert der Geist nicht einfachhin, unabhängig von seinen Inhalten. Er kann sein Leben nicht beliebig führen, ohne
daß es auf sein Sein selbst zurückwirkte. Das Leben des Geistes ist —
und darin charakterisiert sich sein Wesen — nicht nur vom Seienden,
sondern auch und endgültigerweise vom Gültigen her gewährleistet:
durch die Wahrheit, durch das Gute. Wenn er davon abgleitet, wird er
als Geist in Frage gestellt. Die Einfachheit und Unzerstörbarkeit,
durch deren Begriff man das Wesen des Geistes zu bestimmen pflegt,
entzieht ihn wohl solchen Schädigungen, wie sie den zusammengesetz-
ten Körper treffen können, nicht aber den Folgen der Stellungnahme
zum Wert. Wenn er von der Wahrheit abfällt, wird er krank[3]. Dieser
Abfall ist nicht schon gegeben, wenn der Mensch irrt, sondern wenn er
die Wahrheit aufgibt; nicht schon, wenn er lügt, sogar häufig lügt,

[3] Diesem Gedanken liegt die augustinische Definition des Geistes zugrunde, die vom
Inhalt seines Aktes ausgeht. Nach ihr ist der Geist jenes Wesen, das die Wahrheit, das
Gute, letztlich Gott zum Inhalt seines Aktes haben soll ... Dazu kommt der andere,
ebenfalls augustinische Satz, wonach die Wirklichkeit nicht die bloße Tatsache des
Vorhandenseins bedeutet, das überall gleich ist, was sein Inhalt auch sein möge, vielmehr unendlicher Abstufung fähig, und zwar danach, welchen Rang der verwirklichte
Wert hat ... Während aber die Wertzuweisung sonst überall im Geschaffen- und Bewußtsein selbst liegt, ist dem Geiste der Wert ausdrücklich in die Hand gegeben, Inhalt
seines in der Freiheit entspringenden Aktes. So bestimmt sich der Wertrang des Geistes
immerfort aus seiner eigenen Freiheit — damit aber auch sein Wirklichkeitsgrad, seine
Wirklichkeitssicherheit und -gefährdung, seine Gesundheit und Krankheit ... Doch hat
der Geist sein Dasein nicht selbst bewirkt, sondern es empfangen. So kann jene Wirk-
lichkeitsminderung, die aus dem wertverneinenden Akt kommt, nicht das Sein überhaupt aufgeben. Der Geist kann, indem er böse wird, sich nicht selbst vernichten, sondern nur auf das Nichts zustürzen, ohne es doch je erreichen zu können. Jenes Maß an
Wert, das durch den Akt des Schöpfers selbst im ersten Sein des Geistes an sich inve-
stiert ist und dessen Dasein überhaupt gewährleistet, bleibt seinem Willen entzogen. Er
kann sich nicht durch böses Wollen vernichten. Wohl aber kann er jenes Sein durch
den wertverneinenden Akt derart in Frage stellen, daß es nur noch den Träger der Ver-
fehltheit, d. h. der Verdammnis und Verzweiflung bildet. Zum Ganzen siehe Guardini
»Die Bekehrung des Heiligen Aurelius Augustinus« (1933) S. 86 ff.

sondern wenn er die Wahrheit als solche nicht mehr für verpflichtend nimmt; nicht, wenn er den anderen täuscht, sondern wenn er sein Leben darauf richtet, die Wahrheit zu zerstören. Dann erkrankt er im Geiste. Das braucht wohl nicht notwendig auch psycho-pathologische Wirkungen zu haben; ein solcher Mensch könnte sogar sehr kräftig und erfolgreich sein. Trotzdem wäre er krank, und ein nicht nur psychisch, sondern auch geistig sehfähiger Beobachter würde es wahrnehmen. Der Sachverhalt könnte sich aber auch ins Psychische fortsetzen und klinisch feststellbare Störungen bewirken. Von dieser Krankheit würde ihn dann keine bloße Psychiatrie heilen können, sondern er müßte sich bekehren. Freilich wäre die Bekehrung nicht mit einem einfachen Willensakt zu vollziehen. Sie müßte in einer wirklichen Sinnesumkehr bestehen und wäre schwerer als jede therapeutische Behandlung.

Von solchen Überlegungen aus scheint es auch möglich, daß die Person als solche gefährdet werde — dann nämlich, wenn der Mensch sich von jenen Wirklichkeiten und Normen löst, welche die Person gewährleisten: der Gerechtigkeit und der Liebe. Die Person erkrankt, wenn sie von der Gerechtigkeit abfällt. Nicht schon, wenn sie Ungerechtigkeit begeht, selbst häufig begeht, sondern wenn sie die Gerechtigkeit aufgibt. Diese bedeutet die Anerkenntnis, daß die Dinge ihre Wesenheit haben, und die Bereitschaft, das Recht des Wesens und die daraus entspringenden Ordnungen zu wahren. Als Person ist der Mensch in Eigenständigkeit des Seins und Anfangsmächtigkeit des Handelns freigegeben, ohne daß er Gott wäre; die Bedingung für die Sinnhaftigkeit dieser Seinsweise ist, daß er sich in die Ordnung, welche durch die Wahrheit begründet wird, das heißt eben in die Gerechtigkeit, stelle, ja daß er die Gerechtigkeit zu seiner eigentlichen Aufgabe mache[4]. Die endliche Person ist nur auf die Gerechtigkeit hin sinnvoll; fällt sie von

---

[4] Vielleicht liegt hier der tiefste Sinn des Auftrages, den Gott dem Menschen gibt, nachdem alles geschaffen und durch sein eigenes Zeugnis — »und Gott sah alles, was er geschaffen, und siehe, es war sehr gut« (Gen 1,31) — als sinngültig und seinswürdig erklärt ist: »Da schuf Gott den Menschen nach seinem Bilde, nach dem Bilde Gottes schuf er ihn: als Mann und Weib schuf er sie. Gott segnete sie dann und sprach zu ihnen: › Seid fruchtbar und mehret euch. Füllet die Erde und macht sie euch untertan und herrschet über die Fische im Meer und über die Vögel des Himmels und über die Tiere, die sich auf der Erde regen! ‹ Dann fuhr Gott fort: › So übergebe ich euch alle samentragenden Pflanzen, die auf der ganzen Erde wachsen, und alle Bäume mit samentragenden Früchten; die sollen euch zur Nahrung dienen. Aber allen Tieren der Erde und allen Vögeln des Himmels und allem, was auf der Erde kriecht, was Lebensodem in sich hat, weise ich alles Gras und Kraut zur Nahrung an. ‹ Und es geschah so.« (Gen 1,27—30.) Dem Menschen ist »alles übergeben«; nicht als Gegenstand seines Beliebens, sondern als wesenshaltiges Gotteswerk zu treuen Händen seiner Erkenntnis und Ehrfurcht. Das zu sehen und zu bejahen, ist Gerechtigkeit; die erste und alle anderen grundlegende sittliche Haltung.

dieser ab, dann wird sie gefährdet und gefährlich: zu einer Macht ohne Ordnung. Ebendadurch wird sie auch als Person krank. Sie steht nicht mehr richtig in sich selbst... Ebenso entscheidend für das Heilsein der Person ist die Liebe. Lieben bedeutet, die Wertgestalt im fremden — vor allem im personalen — Seienden zu erblicken; deren Gültigkeit zu spüren; zu fühlen, es sei wichtig, daß sie bestehe und sich entfalte; von der Sorge um diese Verwirklichung als wie um Eigenes erfaßt zu werden. Wer liebt, geht immerfort in die Freiheit hinüber; in die Freiheit von seiner eigentlichen Fessel, nämlich seiner selbst. Ebendarin aber, daß er sich selbst aus Blick und Gefühl hinaustut, erfüllt er sich. Es wird offen um ihn, und sein Eigenstes erhält Raum. Jeder, der um die Liebe weiß, weiß um dieses Gesetz: daß erst im Weggehen von sich selbst die Offenheit entsteht, worin das Eigene wirklich und alles blühend wird. In diesem Raume vollzieht sich auch das echte Schaffen und die reine Tat; alles das, was bezeugt, daß die Welt des Seins würdig ist. Sobald die Person diese Liebe aufgibt, wird sie krank. Nicht schon, wenn der Mensch gegen sie fehlt, sie verletzt, in Selbstsucht und Haß fällt, wohl aber, wenn er sie zu etwas Unernstem macht und sein Leben nur auf Rechnung, Gewalt und List stellt. Dann wird aus dem Dasein ein Kerker. Alles verschließt sich. Die Dinge bedrängen. Jedes wird zuinnerst fremd und feind. Der letzte, einleuchtende Sinn verschwindet. Das Sein blüht nicht mehr.

Das Grauen, von dem wir sprachen, zeigt an, worin das Wesentliche der Person besteht: daß ich mit mir selbst einig bin, in mir stehe, mich in der Hand habe. Diese Tatsache entfaltet sich in den dargelegten Zusammenhängen: der Geschlossenheit der Gestalt, der Innerlichkeit des Lebens, dem geistbegründeten Wissen und Wollen, Handeln und Schaffen. Das alles ist noch nicht die Person; Person bedeutet vielmehr, daß in alledem der Mensch in sich selbst steht[5]. Etwas Formales also?

[5] Damit ist aufs nachdrücklichste die jeweilige Einzigkeit der Person ausgesprochen. Den jeweils »Ich« Sprechenden gibt es nur einmal. Diese Tatsache ist derart radikal, daß die Frage entsteht, ob die Person als solche überhaupt in Ordnungen gestellt werden könne; bzw. wie die Ordnungen sein müssen, damit der Mensch in ihnen als Person zu stehen vermöge. Kann man, um eine elementare Form des Ordnungsvollzugs zu nennen, Personen zählen? Man kann Gestalten zählen, Individuen, Persönlichkeiten — kann man aber, dabei vollziehend, was Person ist, sinnvoll sagen »zwei Personen«? Man kann sagen »eine Freundschaft«, eine »Ehe«; dann ist personale Zweiheit gemeint, die in einer übergreifenden, von vornherein personal gemeinten Gestalt steht — aber »zwei Personen«? Das Denken stockt hier. Nach dieser Richtung liegen die Aufgaben, welche die menschliche Würde stellt. Sie fordern so große geistige Anstrengung, sittliche Vertiefung und existentiellen Ernst, daß der Mensch ausweicht. Er macht sich die Sache leicht; sieht von der Person ab und verhält sich so, als habe er nur mit Individuen, oft sogar nur mit materiellen Einheiten umzugehen. Entsprechendes gilt für das Handeln.

Allerdings, aber nicht etwas »Nur-Formales«, denn es entscheidet. Daher die eigentümliche Unfaßbarkeit der Person. Sie entgleitet der inhaltlichen Aussage. Auf die Frage: »was ist Deine Person?« — kann ich nicht antworten: »mein Körper, meine Seele, mein Verstand, mein Wille, meine Freiheit, mein Geist«. Das alles ist noch nicht die Person, sondern gleichsam erst deren Stoff; sie selbst ist die Tatsache, daß es in der Form der Selbstgehörigkeit besteht. Andererseits aber besteht dieser »Stoff« wirklich in dieser Form und steht also ganz in ihrem Charakter. Die ganze Wirklichkeit des Menschen, nicht etwa nur Bewußtheit oder Freiheit, gehört zum Bereich der Person, wird von ihr verantwortet und mit dem Charakter der Würde bestimmt — was natürlich noch nichts darüber sagt, wie weit sie auch tatsächlich in echte personale Haltung gelangt sei.

Jenes Formale kommt im Vollzug des ganzen Lebens zur Geltung. Die Gestalthaftigkeit des personalen Menschen ist eine andere als die des Kristalls; seine Individualität eine andere als die des Tieres; seine Persönlichkeit etwas anderes, als was die geistes-wissenschaftliche Betrachtung unter dem Worte versteht — dadurch anders, daß in alledem eben »Person« realisiert wird: die Tatsache, in sich selbst stehen zu können und zu sollen. Die vorausgehenden Überlegungen haben die verschiedenen »Schichten« voneinander getrennt, um sie schärfer unterscheiden zu können; in Wahrheit liegen sie ineinander, jede jeweils in den höheren Sinnverhalt aufgenommen. Die Gestalt ist nur als lebendige[6], das Individuum nur als vom konkreten Geist durchwohntes da; alles zusammen aber unaufhebbar von der Tatsache charakterisiert, daß es in der Eigenständigkeit und Anfangshaftigkeit der Personalität steht. Die menschliche Daseinsfülle und -form ist nur so weit verwirklicht, als die Personalität zur Geltung kommt[7].

Person als Gemeinschaftsbeziehung (1925)

Person ist von vornherein kein bloß individuales Faktum, kein bloßes Privatum. Vielmehr liegt im Phänomen der Person wesentlich außer der individuellen Eigenständigkeit auch die Gemeinschaftsbeziehung.

[6] Gewisse Formen des menschlich-sittlichen Versagens und zugleich der Krankheit bestehen in der Herauslösung jener »Schichten«. Daß der Mensch zum Mechanismus wird, ist ein Abfall von Würde und Pflicht, kann aber auch Ausdruck eines Erstarrens im Geiste und damit Krankheit sein. Entsprechendes gilt für das Hervortreten des Tiertypus im Menschen. Hierher gehört auch das Problem der Tiergestalt im Religiösen, der Tiergottheiten, des Idols usw. Siehe dazu die Schriften: Guardini »Religiöse Gestalten in Dostojewskijs Werk« (1939) S. 270 ff. und »Der Herr« (1938) S. 683 ff.

[7] Eine andere Frage ist, was für den Menschen der Bereich der unpersönlichen Natur bedeutet; inwiefern er darin untertauchen kann; wie weit seine »Gesundheit« dessen bedarf und worin zugleich die Gefahr dieser Angrenzung besteht.

Dem Glaubenden wird das schon dadurch nahegelegt, daß die eigentliche »Person«, von welcher der Mensch nur Spiegelbild ist, die göttliche, von vornherein individual und sozial ist. Die Personalität Gottes wird uns so geoffenbart, daß sein Person-Sein in der Weise seines Gemeinsam-Seins besteht. Die erste Person ist Person dadurch, daß sie »Vater«, d. h. also Gemeinschaftsglied ist; die zweite dadurch, daß sie »Sohn«; die dritte dadurch, daß sie Geist, gemeinschaftsbejahende Liebe ist. Die Gemeinsamkeitsfunktion ist der individuell-personalen nicht bloß angehängt, sondern die personale Eigenständigkeit wird in ihrer unverwechselbaren Eigenart begründet durch die Weise, wie sie in der Gemeinsamkeit steht. Letztere aber wird dadurch begründet, daß diese unverwechselbar eigenartigen Personen sie bilden. Die menschliche Person ist zwar für uns der erkenntnismäßige Ausgangspunkt, um zum Göttlichen zu gelangen. Seinsmäßig aber ist die göttliche Person das Erste, die menschliche nur Abbild. So wird für den Glaubenden die Selbstoffenbarung der göttlichen Personalitätsweise religiöse Grundlage für die Einsicht in das Wesen der Person überhaupt. Daraus ergibt sich, daß es den »isolierten Einzelnen« nicht gibt. Er ist nur ein Grenzfall, und hat die Bedeutung, die Tatsache des Individualen in ihrer Eigenart zu sichern. Ebensowenig gibt es die absolute Gemeinsamkeit, in welcher der einzelne nur Zelle wäre. Auch sie ist ein Grenzfall. Was es gibt, ist der gemeinsamkeitsbezogene Einzelne und die personbezogene Gemeinsamkeit.

Dennoch besteht die Frage, wie eine »Ordnung von Personen« möglich sei ... Dieses Problem setzt sich dann weiter durch all die verschiedenen Beziehungen hindurch fort, in welchen Personen zu Ordnungen verbunden werden können: naturhafte Beziehungen: Zeugung, Geburt, Ernährung, Aufziehung ...; Zweckbeziehungen: Vergesellschaftungen der Arbeit, des Kampfes, des Spieles ...; Kulturbeziehungen: Mitteilung, Unterweisung, Erziehung, geistiges Schenken und Empfangen ... Überall dieselbe Frage. Fassen wir, ganz oberflächlich formulierend, alle menschlichen Ordnungsformen der Gleichzeitigkeit zusammen im Begriff der »Gesellschaft« und alle Ordnungsformen des Nacheinander im Begriff der »Geschichte«, so lautet die Frage: können Personen, personale Akte und personale Schöpfungen überhaupt in wirklicher gesellschaftlicher und geschichtlicher Ordnung stehen? Wenn wir uns bewußt sind, daß diese Ordnung nicht etwa nur einen menschlichen Vitalbestand fassen soll dadurch, daß der Mensch Lebewesen ist, wie es im aristotelischen Wort vom *animal sociale* angedeutet ist, sondern auch und gerade die Person selbst? Das Problem scheint wenig gesehen zu werden, sonst könnte nicht so unbefangen von sozialer und historischer Ordnung die Rede sein. Sobald wir vom gewohnten Begriff der Ordnung kommen, scheinen Person und Ordnung einander in Frage zu stellen, so zwar, daß »Person« ausgeschaltet wird, wenn wirklich Ordnung vorliegt, also überhaupt nicht Person, sondern Unpersönliches darin gefaßt wird; oder aber »Ordnung« gesprengt wird, sobald wirklich Personen darin stehen.

Nun ist uns aber offenbar, daß es personale Ordnung gibt. Also können der Begriff der Ordnung und die Ordnung verwirklichende Haltung, die uns vor allem vertraut sind, nicht die einzigen sein. Wir müssen vielmehr neben jener als Sach-Ordnung noch eine besondere personale Ordnung annehmen. Worin diese spezifische Ordnung von Personen bestehe, worin der diese Ordnung verwirklichende Akt, das scheint weder theoretisch noch praktisch klar bewußt zu sein.

Ja vielleicht liegt hier die tiefste Ursache der gesellschaftlichen und geschichtlichen Krisis unserer Zeit. Die Person ist im Laufe der letzten drei Jahrhunderte zu großer Empfindlichkeit für ihr Spezifisches erwacht. Dies Gefühl ist wohl sogar stark überreizt, eben weil es sich um etwas noch Gefährdetes handelt. Sie spürt, daß sie als Un-Person behandelt wird. Und zwar nicht deshalb, weil ihr überhaupt Ordnung zugemutet wird, sondern weil die Ordnungsform, die an sie herangetragen, und die Form des Ordnung-verwirklichenden Aktes, der auf sie gerichtet wird, vom Sachhaften kommt und so qualitativ zu ihrem Wesen in Widerspruch tritt. (Im Staatlichen z. B. liegt der allgemein herrschenden Ordnungshaltung die Vorstellung eines Apparates zugrunde, der eine Masse zusammenhält, formt und auf den gewollten Effekt hin zusammenfaßt. In der Geschichte die Vorstellung der Evolution, die nur auf unpersönliche Lebewesen paßt, weil sie auf die Gattung bezogen ist, und das Einzelwesen nur als Gattungsträger nimmt. Beide Vorstellungen sind vom Unpersönlichen genommen und werden ohne weiteres auf Personen übertragen. Dadurch wird aber tatsächlich Person ignoriert bzw. der Versuch gemacht, sie auszulöschen, indem man sie als Un-Person behandelt.) Der heutige Mensch fühlt ein tiefes Mißtrauen, ja einen Widerstand gegen die Ordnungsforderungen des Staates, der Familie, der Schule, der Wirtschaft, der Technik usf. Allein dieser Widerstand richtet sich im Grunde — was an Anarchie in der neuzeitlichen Haltung liegt, soll hiermit nicht übersehen sein — nicht gegen die Ordnungsforderung an sich; nicht gegen Autorität und Gehorsam selbst. Ja nicht einmal gegen ein scharfes und entschiedenes Anspannen dieser Forderung; verlangt doch gerade unsere Zeit nach der Autorität. Es ist im Letzten auch ein Mißverständnis, zu meinen, wirkliche, autoritative Ordnung, wirkliches, rechtliches Gesetz werde abgelehnt und an dessen Stelle eine Ordnung der Leistung, des Ranges und des persönlichen Vertrauens gefordert, z. B. der »Führer« im Unterschiede zum »Amtsträger«. Dieser Widerstand richtet sich vielmehr zutiefst gegen die Qualität der Ordnungsforderung, gegen ihre Sachhaftigkeit. Dagegen, daß Autorität und Tradition nach Qualität, Maßstab, Geist und Haltung Person ignorieren und im Grunde einer Sache gelten.

Es geht also darum, jene Ordnungsweise zu Gesicht zu bekommen, die spezifisch auf Person gerichtet ist. Und es geht darum, jenen Akt und jene Haltung der Ordnungsverwirklichung zu gewinnen, der spezifisch der Person gerecht wird. Geschieht dies, dann darf der Ordnungsgedanke theoretisch zur äußersten Konsequenz und darf die Ordnungsforderung praktisch zur äußersten Schärfe geführt werden. Das sind dann Fragen des sachgebotenen Maßes. Entscheidend ist das Qualitative, daß Personenordnung sei.

Dann werden sich auch die Probleme entwirren, die, vom Begriff der Sach-Ordnung her gesehen, hoffnungslos sind. Zunächst freilich werden diese Probleme in ihrer Dynamik überhaupt erst hervorgetrieben werden: so das Problem des Staates als Ordnung von Personen, das Problem der Geschichte als Zusammenhangsordnung aufeinanderfolgender personaler Gestalten, Taten und Schicksale, das Problem von Autorität und Eigenständigkeit, von Erziehung und Eigenwuchs, von Schuld und Strafe usf. (Vielleicht wird auch von hier aus die spezifische Kategorie des Rechts deutlich: der Wert der rechten objektiven Ordnung unter Personen.) — Diese Fragen sind unter der Herrschaft des Sach-Ordnungsbegriffes gewaltsam vereinfacht und so zu scheinbaren Lösungen geführt worden. Daher aber auch die Unzulänglichkeit dieser theoretischen und praktischen Lösungen und das tiefe Mißtrauen der lebendigen Person gegen sie; daher die einander korrespondierenden Extremismen der Autoritätsüberspannung und des Autonomismus, der Diktatur und der Rebellion. Das sind Anzeichen dafür, daß Lösungen auf falscher Ebene gesucht wurden.

Hier liegt einer der Punkte, an denen die Lösung nicht auf der bisherigen Ebene gesucht werden darf, wenn wir der verwickelten Lage der Gegenwart gerecht werden wollen. Vielmehr muß zu einer neuen Tiefe durchgestoßen werden.[8]

Die Erschaffung der Personalität im Anruf (1976)

Der schöpferische Akt, den die Offenbarung uns als Grund dafür nahelegt, daß überhaupt Person sei und daß diese Person mitten in der nichtpersonalen Welt erstehe, setzt ein Du-Sprechen voraus, das Gott

[8] Vgl. Romano Guardini »Briefe vom Comer See«, 9. Brief, Mainz ⁶1965, neu erschienen unter dem Titel »Die Technik und der Mensch« Topos Taschenbuch 108, und die Studie: »Über Sozialwissenschaft und Ordnung unter Personen« in: »Unterscheidung des Christlichen«, Mainz ²1963, S. 34 ff; ferner: »Welt und Person«, Würzburg ⁴1955. A. d. H.

selbst spricht. Die Genesis redet in Bildern. Sie ist keine wissenschaftliche Darlegung, sondern Verkündigung aus dem Walten des Geistes heraus. Wenn wir die Aussagen, die vom Werden der Welt reden, genauer bedenken, sehen wir, wie das Erschaffen der unpersönlichen Dinge — Erde, Meer, Licht, Pflanzen, Tiere — das Bild des handwerklichen Gestaltens verwendet. Gott »macht« die Dinge, indem er befiehlt, sie sollen sein. Auch beim Werden des Menschen erscheint ein solches Bild: die Gestaltung des Menschenleibes aus Erde, so wie der Töpfer auf seiner Scheibe Gefäße formt. Was aber den Menschen erst zum Menschen macht, das Leben aus der Seele heraus, die Innerlichkeit des Geistes, die Freiheit der Person, ersteht durch den Hauch aus Gottes Brust und das Nennen seines Namens, »Adam«, vielleicht »Mann aus Erde«. Hier bekommt der schöpferische Akt selbst personalen Charakter, so daß wir sagen dürfen, die Personalität des Menschen werde im Anruf geschaffen. Gott spricht »Du«, und der Mensch erwidert mit der Antwort des Wirklichwerdens. Die Person des Menschen ist ihrem tiefsten Sinne nach die Antwort auf den Du-Ruf Gottes.

Wenn dann weiter gesagt ist, der Mensch solle »Ebenbild Gottes« sein, dann ist wohl anzunehmen, diese Ebenbildlichkeit sei im Grunde die Tatsache seiner Personalität; die Tatsache, daß er nicht nur auf den Du-Ruf Gottes antworten kann, sondern daß er selbst, in seiner Existenz, Antwort ist. Der Mensch existiert in der Ich-Du-Beziehung zu Gott. Sie ist die ontologische Ordnung, in der er lebt — wieder ein Anlaß, des Widersinns bewußt zu werden, der sich in der Leugnung Gottes vollzieht.

Die Erfahrung dieser Tatsache bildet die Grundlage für das, was religiöses Leben heißt. Sie kann an den verschiedensten Wirklichkeiten erwachen. Immer bedeutet sie das Innewerden, daß Gott »ist«, und daß er den Erfahrenden »meint«. Beides gehört zusammen.

Das kann an einer Begegnung mit der Natur geschehen: mit ihrer Schönheit, ihrer Größe, ihrer Einsamkeit, ihrer Gefahr. Der Erfahrende fühlt dann etwas von dem, was um so stärker wird, je weiter man in der Geschichte zurückgeht. Für den frühen Menschen war alles von göttlicher Mächtigkeit erfüllt und durchwirkt, und verdichtete sich in den Gestalten und Schicksalen der Götter (Mythen). Wie es im Bereich der Offenbarung zur Geltung kommt, zeigen die Psalmen. Es kann auch auf Grund von Vorgängen des menschlichen Lebens geschehen: von Geburt, Vermählung, Krankheit, Tod, von Schicksalsvorgängen, Verlusten oder Erfüllungen, Bedrängnissen oder Rettungen. Es kann aus ethischen Konflikten hervortreten, in denen der Mensch sich vor die höchste Instanz gestellt fühlt, aus jenem Zusammenhang zwischen äußeren Geschehnissen und eigenem Leben, den die religiöse Sprache

»Vorsehung« nennt, wenn dieser Zusammenhang nicht nur als empirische Verknüpfung, sondern als Fügung und Führung auf persönliches Heil hin erfahren wird. Es hat Menschen gegeben, in denen das Gefühl, in jedem Geschehen gemeint zu sein, Wink, Hinweis, Mahnung, Warnung zu empfangen, sehr intensiv war ...

Solche Erfahrungen können auch aus jener ethischen Mitte im Menschen aufsteigen, die wir »Gewissen« nennen. Seine sittliche Mahnung kann als bloße Erinnerung des sittlichen Bewußtseins oder als Deutlichwerden einer in der Natur der Dinge liegenden Forderung usw. empfunden werden; aber auch, wie das der volkstümliche Ausdruck meint, als »Stimme Gottes im Herzen«.

EXISTENTIELLES DENKEN (1976)

In unseren Überlegungen ist ein Wort aufgetaucht, dem wir im heutigen Denken oft begegnen: das Wort »*Existenz*«. Oft ist es bloß Gerede; ihm liegt aber etwas Wesentliches zu Grunde, und wir müssen uns darüber klar werden, in welchem Sinne wir es brauchen wollen. Wie Sie wissen, hat das Problem der Existenz eine intensive philosophische Behandlung erfahren. Diese beginnt mit der Arbeit des dänischen Denkers Sören Kierkegaard; ist später von den deutschen Philosophen Karl Jaspers, Martin Heidegger und anderen neu aufgenommen worden und hat dann auf die allgemeine Art der Weltbetrachtung Einfluß gewonnen. Einen besonders heftigen Charakter hat die Frage nach der Existenz in Frankreich durch Jean Paul Sartre angenommen. Durch ihn ist sie bis in ihre letzten Konsequenzen, man muß wohl sagen, bis in den Unsinn vorgetrieben worden.

Der Begriff der Existenz und des Existentiellen hat sehr tiefe Schichten. In ihnen gewinnt er eine Bedeutung, welche auf das Verständnis des Seins überhaupt übergreift ... Von »Existenz« ... kann nur beim Menschen die Rede sein. Der Kristall, die Pflanze, das Tier sind wohl da, aber sie existieren nicht. Existenz setzt voraus, daß das betreffende Seiende Bewußtsein habe; nicht bloß sei, sondern sich als seiend wisse; nicht bloß sein Wesen lebe, sondern dieses Wesen erkenne.

Weiter: daß es sich verstehe; will sagen, daß es frage, warum es da sei, wie es ist; woher es komme und worauf jene Bewegung, die wir »Leben« nennen, zugehe. Existieren bedeutet, daß dieses Lebendige sich selbst beurteile; also sich bewußt sei, daß es den Unterschied von richtiger und falscher Lebensbewegung gebe; dieser Unterschied aber nicht bloß darin bestehe, ob dem Leben Schaden oder Nutzen erwachse, sondern von dem her bestimmt sei, was »Norm« und »Wert« heißt; dem, worauf sich das unmittelbare Gefühl bezieht, die betreffende Verhaltensweise sei recht oder unrecht, gut oder böse, edel oder gemein.

Existenz bedeutet endlich, daß dieses Verständnis seiner selbst mit der Fähigkeit zusammengehe, über sich zu verfügen; jener inneren Ursprungskraft, jener Fähigkeit der Selbstbewegung, die wir »Freiheit« nennen und die aus der gewonnenen Erkenntnis heraus aktiv wird. Bei genauerer Überlegung wird deutlich, daß schon jene Erkenntnis selbst nur möglich wird, wenn Freiheit ist. Denn verstehen kann ich etwas nur dann, wenn ich zu ihm Beziehung und Abstand zugleich gewinne, ihm gegenübertrete — was selbst schon Freiheit ist, weil der Akt, in welchem ich mich selbst verstehe, in seiner Wurzel mit jenem identisch ist, in welchem ich über mich verfüge, über mein Handeln entscheide. Das Tier hat keine Freiheit. Es ist in den Zusammenhang durchgehender Wirkungsketten eingefügt, welche Wirkungsketten sich in ihm jeweils nach einer hier nicht besonders zu erörternden Weise verdichten. Ebendeshalb hat es keine Distanz zu sich selbst, weiß nicht um sich, verfügt nicht über sich, sondern empfängt Einwirkung und leitet sie weiter.

Existieren meint also eine besondere Weise, wie ein Seiendes ist, welche Weise wir nur beim Menschen antreffen. Es bedeutet, daß er im Zusammenhang der Natur — jener der Dinge wie der eigenen — steht, zugleich aber fähig ist, aus diesem Zusammenhang herauszutreten und zu ihm Abstand zu gewinnen. Wobei natürlich dahingestellt bleibt, wieweit er von dieser Möglichkeit Gebrauch macht; ob er sie entwickelt oder verkommen läßt; menschliches Sein realisiert oder in den Zustand des Tieres abgleitet usw. Dieses Abgleiten würde natürlich niemals ganz zustande kommen; denn der Mensch ist unaufhebbar so geartet, daß in ihm die Möglichkeit der Distanz, des Heraustretens, des In-sich-selber-Tretens besteht. So ist selbst die scheinbare »Tierhaftigkeit« dessen, der sich in sie abgleiten läßt, in Wahrheit etwas anderes, als was beim Tier vorliegt: sie hat den Charakter des Abfalls und der Schuld.

Von diesem Begriff der Existenz her wird auch deutlich, was gemeint ist, wenn wir von »existentiellem Denken« sprechen. Existentiell sind der Gedanke, die Bewußtwerdung einer Tatsache, die denkende Durchdringung eines Sinnverhaltes, die in jenes Verstehen einmünden, worin der Mensch sich selbst und die Welt in Bezug auf ihn und er sich selbst in seiner Beziehung zur Welt deutlich wird.

Natürlich gibt es auch ein legitimes nicht-existentielles Denken. Die Naturwissenschaft zum Beispiel ist in ihrem breitesten Bereich darauf gerichtet, experimentell festzustellen und theoretisch zu durchdringen, was sich in der Welt vorfindet; die Mathematik darauf, das, was wir in einem allgemeinen Sinne »Größe« nennen, nach seinen verschiedenen Strukturen zu erfassen. So wäre vieles zu nennen. Es bildet den Großteil dessen, was die Wissenschaft tut. Was da als richtig festgestellt und in seiner Struktur verstanden wird, kann festgestellt und verstanden werden, ohne daß der Forschende es in Beziehung zur eigenen Existenz stellt. Sieht man allerdings schärfer zu, dann bemerkt man, daß jede, auch die objektivste Forschung letztlich auf Voraussetzungen ruht, die mit menschlichen Grundgegebenheiten zusammenhängen. Es ist bezeichnend, wenn zum Beispiel die exakteste aller Naturwissenschaften, die Physik, sagt, den letzten »sachlichen« Bestimmungen des Seienden liege eine Wahl des Standortes von seiten des Beobachtenden zu Grunde.

Wenn wir hier vom existentiellen Denken sprechen — existentieller Wahrheit und Wahrheitsaussage —, dann meinen wir also eine Erkenntnishaltung, in welcher die betreffende Einsicht aus dem eigenen Dasein hervorgeht und wieder in es einmündet.
Damit ist nichts Subjektivistisches gemeint... Die Existentialität, von der wir sprechen, ist etwas Wesentliches. Sie meint, der Erkennende werde sich über den Sinn seines Gegenstandes in dem Maße klar, als es ihm damit »ernst« sei. Und umgekehrt: die Aussage, die er macht, erschließe ihm ihren Sinn in dem Maße, als er sie in sein Leben einlasse, seine Gesinnung, sein Verhalten, sein Tun von ihr bestimmt werden.
Jemand kann zum Beispiel über Platons Lehre von der Idee — samt alledem, was von ihr abhängt, vor allem dem Begriff der Geistigkeit des Menschen — genau Bescheid wissen. Er kann die Texte kennen; die historischen Abhängigkeiten durchschauen; die Entwicklungen überblicken, welche die Theorie im Laufe der platonischen Denkgeschichte nimmt; dennoch kann sein Wissen objektivistisch sein, wenn er imstande ist, mit genau der gleichen Exaktheit über die Anschauung des Aristoteles Auskunft zu geben, der das Wesentliche von Platons Ideenlehre ablehnt, weil ihm die aristotelische Philosophie im Grunde ebenso gleichgültig ist wie die platonische. Was er sagt, ist un-existentiell und kann durch eine beliebige Person gesagt werden. Ihm fehlt der »Ernst«, der Ernst der Wahrheit. Genauer: der Ernst der Person, welche weiß, daß sie in der Wahrheit ihre Ehre hat.
Sieht man genauer zu, dann bemerkt man aber, daß hier von einem bestimmten Punkt ab auch die objektive Richtigkeit des Gedankens fraglich wird. Was Platon unter der »Idee« versteht, ist aus einer tiefen Beanspruchung seiner Person hervorgegangen. Er hat darin jenes »Heil« gesehen, das allein aus der im Ernst vertretenen Wahrheit kommt. Von dorther hat seine Lehre eine Tiefenschichtung, eine Energie und einen Glanz, die verloren gehen, wenn jener Ernst fehlt.

Die Kindheit hat mit Philosophieren nichts zu tun; zu ihrem Glück, ... das Kind darf einfachhin da sein, leben und wachsen. Aber auch es erfährt, immerfort, mit seinem ganzen Sein und mit einer nicht mehr wiederkehrenden Intensität. Man könnte, glaube ich, feststellen, ob ein Philosoph eine wirkliche Kindheit gehabt hat, oder nicht; denn in ihr bilden sich Voraussetzungen, die sich in allem Späteren auswirken.

Mit einiger Richtigkeit darf man sagen, der einzelne wiederhole in seiner Kindheit die mythische Epoche der Gesamtgeschichte. Seelenbereich innen und Dingbereich draußen, lebendige Wesen und lebloses Spielzeug. Zeremonie und Wirklichkeit, Phantasie und Schicksal gehen da ineinander. Die Verwandtschaft aller Dinge wird erlebt, die Nähe trotz aller Scheidungen, das Ganze, auf den Menschen zu und vom Menschen hinaus. Aber auch, in alledem, der Geheimnisgrund alles Seins und, wenn die Umgebung sie nicht übertönt, die Stimme Gottes. Was wirkliche Erzieher und wissende Dichter über das Seherische im Kinde sagen, gehört hierher. Diese Erfahrungen gehören in den Grundbestand des philosophischen Geistes hinein. Hat die Kindheit sie nicht gebracht, dann werden sie nicht mehr nachgeholt; und es fehlt etwas Wichtiges, wenn sie fehlen.

In die gleiche Zeit fallen die frühesten Erfahrungen des Wachens und Schlafens, des Hungers und der Speise, des Schmerzes und des Wohlseins, der Angst und der Geborgenheit, des Gebens und Nehmens, des Spielzeugs und des Gegenstandes. Eben dahinein auch die Erfahrung der unmittelbarsten menschlichen Beziehungen: das Leben im mütterlichen Schoß, das Ereignis der Geburt, die Beziehung zu Mutter und Vater; nicht zu vergessen das Zusammensein mit jenen Wesen, durch die, mitten in der Vertrautheit des gleichen Blutes, die Fremdheit »des anderen Menschen« an das Kind herantritt, nämlich den Geschwistern. Die Einheit in allem wird erlebt — und zugleich die durchdringenden Scheidungen. Es ist die erste Einübung in jenes Gefüge, das sich aus der Vielheit der Einzelmenschen bildet.

Sind das aber nicht die Grunderfahrungen, auf denen alles Denken ruht? Und liegen daher in ihnen nicht auch die Wurzeln der Philosophie?

Dann zergeht der Zustand des Kindtums — auch er durchaus nicht nur »selig«, sondern bereits ein Gewebe von Lust und Leid, von Unschuld und Schuld, wie alles Menschliche — und es kommt, durch die Krise der Pubertät hindurch, die Zeit des jungen Menschen.

Auch sie hat eine besondere Bedeutung. In ihr erlebt nämlich der einzelne einen Charakter im Dasein, ohne dessen echte und tiefe Aneignung kein Philosophieren gelingt; den des Unbedingten, Absoluten. Wo der sich im einzelnen bezeugt, können wir hier nicht darstellen: in der Idee, in der sittlichen Forderung, in der Wesensnorm, nach welcher das Leben gedeiht, und so fort. Hier gewinnt, wenn es ihm nicht von außen her unmöglich gemacht wird, das junge Denken die für alle spätere Arbeit entscheidende Haltung der Ehrfurcht vor dem Absoluten und des Vertrauens zu ihm; den Glauben, daß es eine Richtigkeit der Dinge gebe, und die Zuversicht, daß man sie verwirklichen könne; das Leiden an der Ungerechtigkeit und die Reinheit, welche Kompromisse ablehnt.

Später kommen dann die Einschränkungen und Verflechtungen, sicher; es braucht aber nicht besonders bewiesen zu werden, was es bedeutet, wenn der Denkende einmal das Bewußtsein des Unbedingten gewonnen hat; jenes Unangreifbaren, Leuchtenden, Mächtigen, das in so wesenhafter Beziehung zu Geist und Person steht: als Sein, als Wahrheit, als Norm, als Ordnung. Ein Geist, dem es fehlt, ist ein Invalide. Er sollte das Philosophieren lassen.

Ich sagte soeben, dann komme die Zeit, in welcher das Leben selbst seine Korrekturen an der Vorstellung vom Unbedingten vornimmt. Vorher hat der Mensch mit Vorliebe Prinzipien gedacht; jetzt lernt er, Fakten zu sehen. Vorher hat er Programme für das Dasein aufgestellt; jetzt wird ihm deutlich, wie es ist, und er beginnt, das Recht des Seienden anzuerkennen. Vorher war seine eigentlichste Denkform das Entweder-Oder; jetzt beginnt er zu verstehen, abzustufen, zu verzeihen, sich mit dem Möglichen abzufinden.
Wichtige Dinge für den philosophierenden Geist: zu erkennen, daß das Absolute nicht einfach und scharf umrissen im Dasein steht, sondern in Bedingtheiten eingeflochten und von Schwankendem umgeben. Und die Aufgabe aufzunehmen, die daraus kommt: das Unbedingte mitten in den Abhängigkeiten, das Gültig-Ewige im Strömenden und Sich-Verändernden aufrechtzuerhalten.
Daraus ergeben sich aber auch tiefe Krisen. Es ist die Zeit, in welcher die Gefahr des Positivismus wirksam wird: daß die Leidenschaft der Unterscheidung zwischen Wahr und Falsch, zwischen Gut und Böse, zwischen Recht und Unrecht verloren gehe; das sich an die Stelle der objektiv gültigen Wahrheit die subjektive Echtheit eindränge, oder die bloße Tatsächlichkeit, vielleicht gar nur die Brauchbarkeit; daß die Abhängigkeiten und Funktionen überall das entscheidende Ja oder Nein auflösen, und alles seinen letzten Ernst verliere ... In dieser Gefahr wird der Ernst des Philosophen aufs strengste angerufen. Er hat

die Verantwortung dafür, daß die Ordnung des Denkens und Lebens aufrecht bleibe. So muß er unterscheiden, die Zweideutigkeiten durchdringen, die Schärfe des Entweder-Oder aufrechthalten. Hier, wo es den Kern des Daseins gilt, muß er jene Härte lernen, welche Wahrheit, Treue und Mut in einem ist. Den Charakter im Philosophieren; eine der seltensten Eigenschaften in der heutigen Aufweichung alles Gültigen, durch die jener leere Raum entsteht, in welchen die Gewalt eindringen und ihre Herrschaft aufrichten kann.

Das Leben geht weiter, und die Schule, in die es den philosophierenden Geist nimmt, wird strenger — vorausgesetzt natürlich, daß er bleibe, was er zu sein beansprucht, und weder auf den Weg des geringsten Widerstandes gerate, noch bloß gefundene Gedanken wiederhole, noch gar, statt selbst zu denken, nur sage, was andere gedacht haben.
Er ist reif geworden. Er hat Wahrheitsverantwortung nicht nur für sich, sondern auch für andere übernommen. Auf ihm liegt die Last des philosophischen Alltags, und das ist eine seltsame Last. Denn sollte Philosophieren nicht etwas sein, das den Charakter des Ungemeinen hat? Hat uns Platon nicht gelehrt, daß es von jener Bewegung getragen sei, welche die hohen Sinngestalten, die Ideen, im Herzen des Geistes wecken, mächtig und festlich zugleich? Manchmal ist es ja auch so. Jeder, der philosophiert, hat Stunden erlebt, in denen Wahrheit und Sinn heller leuchteten, als ihr platonisches Symbol, die Sonne. Für die Regel aber bedeutet es Suche und Arbeit; oft Mühsal und Kampf; manchmal graue, unlohnende Plage.
Und nun kann es sein, daß er erfährt, was schlimmer ist als die Macht der Fakten und Abhängigkeiten, nämlich das Verblassen des Sinnes. Das hängt mit der Ermüdung zusammen, die sich in dieser Lebensphase leicht einstellt, wenn Aufgabe und Amt drückend werden, weil sich das Neue, Spannende aus ihnen wegverloren hat und sie aus Pflicht getan werden müssen; wenn der Mensch zu viel zu arbeiten, zu viel zu verantworten hat und doch aushalten muß; wenn von den seit langem bestehenden menschlichen Beziehungen die Frische abgefallen ist, und die Treue des Charakters für sie einzustehen hat.
Dann werden die Gedanken sinn-matt. Die Worte verlieren ihre Kraft, das Herz klopfen zu machen. Reden und Hören und Schreiben und Lesen — die Frage drängt sich auf, ob das alles denn lohne? Ob es wirklich gebe, worum der Philosoph sich bemüht: die Wahrheit? Ob mit Fug von gültigen Werten gesprochen werden könne? Ob die menschlichen Dinge einen Sinn haben? Ob nicht alles Routine sei und graues Einerlei? Die Gefahr der wirklichen Skepsis wird dringlich; jener Haltung, der ein Michel Montaigne den klassischen Ausdruck verliehen hat, als er vor seine Essais den Satz setzte: »Que sais-je«?

Nicht nur: »ich weiß nichts«, was die Antwort wecken könnte: »also lerne!« Sondern: »Was weiß ich?« Weiß ich überhaupt etwas? Gibt es überhaupt ein Wissen im Unterschied zur Ungewißheit oder zur Unwissenheit? Ist echte Stellungnahme möglich? Gibt es das, was Sinnverwirklichung heißt? ... In irgendeiner Weise macht wohl jeder, der philosophiert, diese Erfahrung, um so andringender, wenn noch persönliche Enttäuschung, Mißlingen im Werk, Sorge und Krankheit hinzukommen — und zu wem kämen die düsteren Besucher nicht? Auch das aber ist Schule. Die Möglichkeit der Sinnzerstörung gehört zum Dasein. Das Dasein ist so, daß vieles in ihm wirklich keinen Sinn mehr hat, wenigstens keinen, der dem Gemüt deutlich wäre. Vom mündigen Alter sagten wir, in ihm bestehe die Aufgabe darin, das Absolute im Gewebe der Bedingtheiten zu erkennen — jetzt ist verlangt, den Sinn mitten in den Zerfallsvorgängen aufrechtzuhalten, die ihn entmutigen und schwächen. Und keine Philosophie ist in Ordnung, welche dieser Gefahr nicht standgehalten hat.

Wenn der Philosoph redlich bleibt und den Problemen nicht ausweicht, zugleich aber den Mut behält, der an den Sinn glaubt, auch wenn noch so viel dagegen zu sprechen scheint, dann dringt er in die eigentlichen Schichten des Daseins ein. Die Illusionen werden weggeätzt, und das Gültige hebt sich heraus.
Doch soll damit nicht gesagt sein, alle Probleme würden gelöst. Nicht einmal, sie würden leichter. Vielleicht muß man sogar von etwas sprechen, das wie ein Gegenteil dazu klingt, nämlich von der Erfahrung, daß alles rätselhaft wird. Damit sind nicht besonders schwierige Einzelfragen gemeint, sondern ein allgemeiner Charakter der Dinge. Nachdem man erkannt hat: eins ist so, weil ein anderes so ist, und dieses wiederum auf Vorhergehendes zurückgeht — dann merkt man, daß mit diesen Sätzen wohl etwas, aber nicht sehr viel gesagt ist, auf jeden Fall nicht das Eigentliche. Vielleicht sogar, daß das, was man sagen müßte, außerhalb der Sagbarkeit liegt.
Das Dasein gewinnt jenen Charakter, den es — sagen wir — auf einem Stilleben von Cézanne hat. Da ist ein Tisch; auf dem Tisch steht ein Teller; auf dem Teller sind ein paar Äpfel. Sonst nichts. Alles ist da, wohl beleuchtet und deutlich. Nichts mehr zu fragen, noch zu antworten. Und dennoch alles geheimnisvoll. Alles mehr als sein nächstes Es-selbst. Man kommt auf den Gedanken, das Geheimnis gehöre zur Klarheit hinzu. Es bilde den Tiefgang, den das Seiende haben müsse, wenn es nicht zur Attrappe werden solle. Vielleicht sogar, das Sein sei aus Geheimnis gemacht: die Dinge, die Vorgänge, das ganze Geschehen, welches »Leben« heißt.
Da kann der Philosoph eigentümliche Erfahrungen machen. Etwa wenn er abends im Zimmer sitzt, und ringsum die lang bekannten

Bücher, die Möbel, das Bild an der Wand und die Figur auf dem Tisch ihre Vertrautheit verlieren, seltsam werden, fern und andringend zugleich — daß ihm der Gedanke komme: wie merkwürdig, daß du hier sitzest! Daß du der bist, der du bist, und tust, was deine Tage von dir verlangen! Daß du überhaupt da bist! Was ist das? Was steht hinter den Dingen? Was hinter dir selbst? Da können ihm Worte verständlich werden, wie das des Prospero aus Shakespeares »Sturm«:

»Wir sind aus solchem Stoff,
wie der, aus dem die Träume sind,
und unser kleines Leben ist umringt
von einem Schlaf.«   (IV. 1)

Aber so ist's doch wieder nicht. Keine Träume; keine Scheinbilder, die durch einen Schlaf ziehen; vielmehr Geheimnis, von dem man ahnt, es sei der uns erreichende Wink der eigentlichen Wirklichkeit.

Ein schlechter Philosoph, der diese Geheimnisschwingung des Daseins mit irgendwelchen Verstandeskünsten zum Verschwinden brächte! Im Gegenteil, er soll sie deutlich fühlen. Er soll erleben, wie sie sich beständig verdichtet. Dann erfährt er auch, wie sich etwas ändert: das Geheimnis wird bewohnbar. Es offenbart sich als die Tatsache des Geschaffenseins, das aus der Freiheit Gottes hervorgegangen ist.

In dieser Atmosphäre gewinnen die Aussagen des Glaubens: das Wort von Gott, von der Schöpfung, von der Gnade, von der Führung der Dinge, das Wort von der eigentlichen und ewigen Klarwerdung eine neue Eindringlichkeit.

Und nun wäre noch von einer letzten Erfahrung zu sprechen, nämlich der des Sterbens; die geht aber in kein Philosophieren mehr ein. Manchmal mag das Leben hart an den Tod hingelangen; etwa in einer großen Gefahr, oder wenn ein Mensch stirbt, der einem sehr nahe steht. Trotzdem ist es nicht der wirkliche, nämlich der eigene Tod. Wer den erfahren hat, philosophiert nicht mehr, sondern gibt Rechenschaft über alles Philosophieren vor dem Herrn der Wahrheit.

Etwas anderes aber ist wichtig, nämlich die wirkliche Annäherung an das Ende. Wenn dieses also nicht mehr nur die Möglichkeit bedeutet, die in allem Leben selbst liegt, aber von dessen Strömung überspült wird, sondern wenn seine Nähe im Gefühl durchzudringen beginnt. Das zu erfahren, bedeutet für die philosophische Haltung sehr viel. Davon, ob der Erfahrende ihm standhält, oder es wegschiebt und wegredet; ob er den Tod als den Schritt ins Eigentliche versteht, oder als das nackte Ende von allem; ob er im christlichen Protest gegen ihn verharrt und ihn dennoch als Sühne für das Unrecht des Daseins annimmt, oder aber ihm verfällt, sei es dionysisch, sei es in Angst, sei es in stumpfem Sich-Abfinden, wie immer — davon hängt für das Verständnis des Daseins nicht nur viel, sondern Entscheidendes ab.

TEIL 2

DAS GLÄUBIGE SELBST UND DIE WELT

Die Welt ist nicht fertig (1928)

Die Welt ist nicht fertig. Und nicht nur deshalb, weil sie sich noch weiterentwickeln, dieses und jenes werden müßte. Es ist tiefer gemeint. »Die Welt« sind nicht die Dinge draußen für sich allein, sondern das, was in der Begegnung zwischen dem Menschen und ihnen wird. Wenn der Mensch die Dinge sieht und empfindet; wenn sie an ihn heran und in ihn hineinkommen; er wiederum in die Dinge dringt, in ihnen weilt und lebt — was da wird, ist erst die eigentliche Welt. Es ist nicht nur draußen und auch nicht nur drinnen; vielmehr innerlich werdendes Außen, und hinausgetragene Innerlichkeit. Es ist gesehener Gegenstand und mit empfangenen Gestalten erfüllter Blick; vom Herzen gefühlte Form und von den Gestalten der Wirklichkeit aufgerufenes Gefühl. Ist Hand, die erst ganz sie selbst wird an der Frucht, die sie greift; Boden, der erst zum Acker wird, wenn der Mensch ihn pflügt und besät. Das erst ist jene Welt, die Gott gemeint hat, als er das Ding und den Menschen schuf.

Und auch nicht nur »das Ding« und »den Menschen«; die gibt es ja nicht. Es gibt diese Zypresse, wie sie da gewachsen ist; an dieser Stelle am Hang, wo der Windstrom, der immer abends herabkommt, sie von der Seite trifft. Und es gibt diesen Menschen, mich, der ich meinen Weg daherkomme, und mein Leben, wie es bis hierher gewesen ist, und das Erbe der voraufgehenden Vergangenheit in mir trage. Hier komme ich, sehe die Zypresse, und zwischen uns beiden begibt sich die Begegnung. Und wenn ich recht zu ihr komme und sie sehe — wer aber weiß, was sie dabei tut? ob es nur »ein Märchen« ist, wenn die Märchen sagen, auch die Zypresse sehe und spreche? — dann wird aus ihr und mir, in diesem unserem Gegenüber, in dieser Stunde, »Welt«.

So wird, wo immer ein Mensch einem Ding begegnet, jene Welt, die Gott gemeint hat. Immer neu. Und sie wird, was Gott gemeint hat, in dem Maße, als der Mensch den Dingen recht begegnet: rein, ohne Selbstsucht, mit offenen Augen und empfänglichem Herzen; so, wie es die Meinung des Augenblicks fordert.

Hierin besteht der Schöpferdienst, zu dem Gott den Menschen gerufen hat: daß immerfort, in seiner Begegnung mit den Dingen, die eigentliche Welt werde. Daß er selber erst werde, indem er an die Dinge gerät; schaut, versteht, liebt, an sich zieht und abwehrt, schafft und gestaltet. Daß die Dinge sie selbst erst ganz werden, wenn sie in den Bereich des Menschengeistes, seines Herzens und seiner Hand gelangen. Diese Welt wird immerfort; leuchtet auf und erlischt wieder.

ANGERUFEN VON DEM, WAS NOCH NICHT IST (1939)

Während einst die Welt auch außerhalb des Klosters durch die Ordnung des Glaubens und des Tuns, durch gültige Gestalten und Symbole durchwaltet war, und also der Mensch im freien Raum der Dinge und Geschehnisse überall auf den Anruf der Offenbarung stieß, hat sich seit der Renaissance immer schärfer eine Welt herausgebildet, die sich überhaupt nicht mehr christlich versteht und in deren Gefüge der objektive Anruf der Offenbarung nicht mehr vernommen wird ... Nur noch selten erscheint eine konkrete Autorität und spricht: tu das, oder laß jenes. In der Regel steht der Christ allein. Dieser neuen und entscheidenden Tatsache: der Einsamkeit des Christen in einer aus den christlichen Ordnungen herausgelösten Welt, geschieht ihr Recht nicht, wenn sie einfach als falsch angesehen und der frühere Zustand als Ideal aufgerichtet wird. Dadurch wird der Christ zu etwas verpflichtet, was nicht mehr möglich ist, und das, was ist, zu einem nur noch mit Geduld zu ertragenden Übel gemacht. So liegen aber die Dinge nicht. Aus der Botschaft der Vorsehung folgt, daß alles Seiende und Geschehende — mag es auch aus noch so großem Irrtum und noch so schlimmer Schuld hervorgegangen sein — für den einzelnen, dem es entgegentritt, zum Gegebenen und damit zum Inhalt der Vorsehung und zum Element der Situation wird. Die Aufgabe besteht dann nicht nur darin, das, was nun einmal ist, hinzunehmen, sondern es zur Voraussetzung des eigenen Handelns zu machen. In dieser Aufgabe steht aber der, den sie trifft, sehr allein.

Ja, noch mehr. Es gibt die Frage, ob eine Entwicklung, welche die Breite von Weltgeschehen angenommen und die Gestalt des Daseins nach allen Seiten bestimmt hat, vollkommen falsch sein könne; ob ihr nicht unter allen Umständen ein wahrer Kern innewohnen müsse, der freilich mit Falschem verwoben und durch Unheil bezahlt worden ist. Die Frage gehört wohl zu den schwersten, welche die Geschichtsphilosophie stellen kann, und wir werden hier gewiß keine Antwort versuchen. Jedenfalls muß die Möglichkeit festgehalten werden, daß auch das fragwürdigste Geschehen der mit Unrecht und Irrtum beladene Durchbruch einer neuen Existenzgestalt sein kann. Das ist um so wichtiger, als der Radikalismus in diesen Dingen kaum einmal aus echter Glaubenskonsequenz, in der Regel aus genau angebbaren psychologischen Motiven stammt. Wenn aber jede Zeit wenigstens die Möglichkeit christlich-positiven Werdens enthält, dann gewinnt die Verantwortung des einzelnen eine neue und größere Bedeutung: von dem angerufen zu sein, was noch nicht ist. ... Dem Christen in der heutigen Welt bringt (das) die Erkenntnis, daß seine Aufgabe nur zu einem gewissen Teil durch Autorität und Gebot geregelt ist, weil deren Ordnung die im Chaos des Werdens stehende Welt nicht mehr durchdringt. So ist er in einem ganz anderen Maße aufgefordert, selber zu erkennen, was geschehen soll. Wenn in der kirchlichen Pädagogik von der Mündigkeit des Christen und der Verantwortung des Laien gesprochen wurde, dann geschah das oft in einer nicht nur einschränkenden, sondern uneigentlichen Weise. Es wurde von Verantwortung und Mündigkeit geredet, gemeint schien aber oft nur die Entschlossenheit des Gehorsams. Der gilt natürlich nach wie vor, ist aber nicht das Ganze und — in der heranreifenden Weltstunde — vielleicht nicht einmal das gerade jetzt Dringliche. Was jetzt gefordert wird, scheint mehr und anderes zu sein: das zu Tuende zu entdecken, für das es noch keine Ordnung gibt, und ihm zur Verwirklichung zu helfen.

Nun bekommt das, was Situation heißt ... eine ganz neue Spannung. Darin steht auf der einen Seite die Botschaft des Evangeliums und das innere Drängen des heiligen Geistes, auf der andern die erschütterte, bis auf den Grund in Umformung begriffene Welt, wie sie gerade jetzt und hier und um diesen einzelnen herum ist. Die Aufgabe aber lautet, aus der Weisung und Kraft des ersten zu tun, was die zweite verlangt ...

DER SINN DER MACHT (1948)

Seit dem Beginn der Neuzeit ist (die) Macht (des Menschen) über die Natur wie über das Menschenwesen selbst immer rascher gewachsen. Diese Macht hat bereits ungeheure Maße erreicht, und fürs erste ist keine Grenze abzusehen. Auch hat sich von Nietzsche her eine Bewertung der Macht herausgebildet, die schon eine Art Religion darstellt, denn sie wird darin zum Ein-und-Alles, das sich über Wahrheit, Gerechtigkeit und Menschlichkeit stellt und eine absolute Souveränität beansprucht. Das veranlaßt zu einer Frage, der das allgemeine Bewußtsein lange aus dem Wege gegangen ist, nämlich welchen Sinn die Macht habe? Die Antwort kann nur lauten, daß sie in sich zweideutig ist. Es war der Irrtum eines primitiven Fortschrittglaubens, zu meinen, dadurch, daß der Mensch mehr Herrschaft über die Natur gewinne und sie zu neuen technischen Leistungen zwinge, nehme der Wert seines Daseins ohne weiteres zu. In Wahrheit empfängt die Macht ihre Bestimmung erst durch den Wert, dem sie dient. So bedeutet zunehmende Macht eine beständig wachsende Gefahr. Angesichts der dem Menschen zu Gebote stehenden Energien ist es keine Utopie, zu denken, sie könnte nicht nur seinen physischen Bestand, sondern auch die Ordnung seines seelisch geistigen Lebens in Frage stellen.

Macht ist in dem Maße gut, als sie durch sittlichen Charakter verantwortet, durch Urteilsfähigkeit und Selbstbeherrschung gesichert wird. Die erste Voraussetzung dafür ist aber, daß der Mensch sich in die Daseinsführung des Herrn der Welt einfüge. Andererseits vergißt der Christ sehr leicht, daß er für die Welt verantwortlich ist. Und zwar positiv; er soll nicht nur sorgen, daß in seinem Bereich kein Unrecht geschehe, sondern auch, daß die Dinge der Welt in Ordnung seien. So muß er sehen, daß die neuzeitliche wissenschaftlich-technische Entwicklung Probleme heraufgeführt hat, die es früher nicht gab. Wenn nicht unabsehliches Unheil eintreten soll, müssen sie gelöst werden — vor allem dadurch, daß eine sittlich-geistige Haltung entwickelt wird, welche den ungeheuren, zur Verfügung kommenden Kräften gewachsen ist. ...

Der Gläubige hat das Maß der ihm von Gott verliehenen Herrschaft bisher offenbar viel zu gering, die Größe, nein die Art seiner Verantwortung viel zu harmlos gedacht. Er hat sich das Ganze etwa unter dem Bilde eines gütigen Vaters vorgestellt, der seinem Sohne eine Stätte der Arbeit schafft und ihm Stoffe und Werkzeuge in die Hand gibt, damit er gute Dinge hervorbringe, während er selbst darüber wacht, daß alles in der rechten Ordnung bleibt. Dieser Sohn kann wohl das Werkzeug verderben, Material vergeuden, allerlei Unheil anrichten, aber nicht über gewisse Grenzen hinaus, weil ihm die Ordnung seines Daseins selbst entzogen bleibt. Das Bild traf auf jener Stufe der Geschichte zu, die man mit einem ungenauen Wort die organische nennen kann, als nämlich die Initiative des Menschen über gewisse, durch die unmittelbaren Gestalten der Natur gezogene Grenzen nicht hinausging. Jetzt trifft es nicht mehr zu, und es hat wenig Sinn, zu sagen, das sei gefährlich. Gewiß ist es gefährlich; wir haben aber keinen Anlaß anzunehmen, der Auftrag Gottes beschränke sich auf ein ungefährliches Verhältnis zur Welt. Wir werden vielmehr aus der Wahrheit, daß Gott ein freies Geschöpf geschaffen und ihm die Welt in die Hand gegeben hat, weiter gehende Konsequenzen ziehen müssen als bisher, sowohl für den Ernst seiner Zumutung, wie auch für die Gefährlichkeit der dem Menschen anvertrauten Macht. Wir dürfen die Weltregierung Gottes nicht mehr als eine Behütungsordnung ansehen, in welcher der Mensch fromm und sicher existiert, sonst überlassen wir die Größe des menschlichen Daseins den Händen des Unglaubens, und das Glauben wird zu einer Sache der Furchtsamen. In Wahrheit gehört alle Größe Gott, und das Schreckliche ist nur ein Bild dessen, der, sooft er an den Menschen herantritt, als Erstes ihm die Worte zuspricht: »Fürchte dich nicht!« So ist auch das Wagnis der mit Wissenschaft und Technik gegebenen Weltgestaltung ein Teil seiner Weltregierung, und der Christ muß dazu bereit sein ...

So muß aus dem christlichen Glauben heraus eine Ethik der Selbständigkeit, ein Bewußtsein von den Pflichten und Rechten des mit dem Weltwerk Beauftragten und eine Kraft des Handelns entwickelt werden, welche dem Auftrag entsprechen.

Es muß gezeigt werden, daß nur der Glaube fähig macht, in der Ungeheuerlichkeit der Macht wahr, ruhig und stark zu bleiben.

Das Ende der Neuzeit (1950)

Wir haben gesehen, daß sich vom Beginn der Neuzeit an eine nichtchristliche Kultur herausarbeitet. Die Negation richtet sich lange Zeit hindurch nur auf den Offenbarungsgehalt selbst; nicht auf die ethischen, sei es individuellen, sei es sozialen Werte, die sich unter seinem Einfluß entwickelt haben. Im Gegenteil, die neuzeitliche Kultur behauptet, gerade auf diesen Werten zu ruhen. Dieser weithin von der Geschichtsbetrachtung angenommenen Ansicht nach sind z. B. die Werte der Personalität, der individuellen Freiheit, Verantwortung und Würde, der gegenseitigen Achtung und Hilfsbereitschaft im Menschen angelegte Möglichkeiten, welche von der Neuzeit entdeckt und entwickelt worden sind. Wohl habe die Menschenbildung der christlichen Frühzeit ihr Keimen gefördert, ebenso wie die religiöse Pflege des Innenlebens und der Liebestätigkeit während des Mittelalters sie weiter entwickelt habe. Dann aber sei die personale Autonomie ins Bewußtsein getreten und zu einer vom Christentum unabhängigen, natürlichen Errungenschaft geworden. Diese Ansicht findet vielfachen Ausdruck; einen besonders repräsentativen in den Menschenrechten der französischen Revolution.

In Wahrheit sind diese Werte und Haltungen an die Offenbarung gebunden. Letztere steht nämlich zum Unmittelbar-Menschlichen in einem eigentümlichen Verhältnis. Sie kommt aus der Gnadenfreiheit Gottes, zieht aber das Menschliche in ihren Zusammenhang, und es entsteht die christliche Lebensordnung. Dadurch werden im Menschen Kräfte frei, die an sich »natürlich« sind, sich aber außerhalb jenes Zusammenhanges nicht entwickeln würden. Werte treten ins Bewußtsein, die an sich evident sind, aber nur unter jener Überwölbung sichtbar werden. Die Meinung, diese Werte und Haltungen gehörten einfachhin der sich entwickelnden Menschennatur an, verkennt also den wirklichen Sinnverhalt; ja, sie führt — man muß es geradeheraus sagen dürfen — zu einer Unredlichkeit, die denn auch für den genauer Blickenden zum Bilde der Neuzeit gehört.

Die Personalität ist dem Menschen wesentlich; sie wird aber dem Blick erst deutlich und dem sittlichen Willen bejahbar, wenn sich durch die Offenbarung in Gotteskindschaft und Vorsehung das Verhältnis zum lebendig-personalen Gott erschließt. Geschieht das nicht, dann gibt es wohl ein Bewußtsein vom wohlgeratenen, vornehmen, schöpferischen Individuum, nicht aber von der eigentlichen Person, die eine absolute Bestimmung jedes Menschen jenseits aller psychologischen oder kulturellen Qualitäten ist. So bleibt das Wissen um die Person mit dem christlichen Glauben verbunden. Ihre Bejahung und ihre Pflege überdauern wohl eine Weile das Erlöschen dieses Glaubens, gehen aber dann allmählich verloren.

Entsprechendes gilt von den Werten, in denen sich das Personbewußtsein entfaltet. So z. B. von jener Ehrfurcht, die sich nicht auf besondere Begabung oder soziale Stellung, sondern auf die Tatsache der Person als solche richtet: auf ihre qualitative Einzigkeit, Unvertretbarkeit und Unverdrängbarkeit in jedem Menschen, er sei im übrigen geartet und gemessen wie immer ... Oder von jener Freiheit, welche nicht die Möglichkeit bedeutet, sich zu entwickeln und auszuleben, und daher dem seinsmäßig oder sozial Bevorzugten vorbehalten ist, sondern die Fähigkeit jedes Menschen, sich zu entscheiden, und darin seine Tat und in der Tat sich selbst zu besitzen ... Oder von jener Liebe zum anderen Menschen, welche nicht Mitgefühl, Hilfsbereitschaft, soziale Verpflichtung oder was immer, sondern die Fähigkeit bedeutet, im andern das »Du« zu bejahen und darin »Ich« zu sein. Das alles bleibt nur so lange wach, als das Wissen um die Person lebendig bleibt. Sobald das aber mit dem Glauben an die christliche Gottesbeziehung verblaßt, verschwinden auch jene Werte und Haltungen. Daß dieses Verhältnis nicht anerkannt wurde; daß die Neuzeit Personalität und personale Wertwelt für sich in Anspruch genommen, aber deren Garanten, die christliche Offenbarung, weggetan hat, hat jene innere Unredlichkeit erzeugt, von welcher die Rede war. Der Zusammenhang hat sich denn auch allmählich enthüllt. Die deutsche Klassik wird von Werten und

Haltungen getragen, welche sich bereits in der Schwebe befinden. Ihre edle Menschlichkeit ist schön, aber ohne die letzte Wahrheitswurzel, denn sie lehnt die Offenbarung ab, von deren Wirkung sie überall zehrt. So beginnt denn auch ihre menschliche Haltung schon in der nächsten Generation zu verblassen. Und nicht, weil diese weniger hoch stünde, sondern weil dem durchbrechenden Positivismus gegenüber die von ihren Wurzeln gelöste Personalkultur sich als ohnmächtig erweist.

Der Vorgang hat sich weiter fortgesetzt; und wenn dann plötzlich das aller neuzeitlichen Kulturtradition so schroff widersprechende Wertbild der letzten beiden Jahrzehnte hervorbrach, so waren Plötzlichkeit wie Widerspruch nur scheinbar: in Wahrheit hat sich da eine Leere kundgetan, die schon lange vorher bestanden hatte. Die echte Personalität mitsamt ihrer Welt von Werten und Haltungen war mit der Absage an die Offenbarung aus dem Bewußtsein verschwunden.

Die kommende Zeit wird in diesen Dingen eine furchtbare, aber heilende Klarheit schaffen. Kein Christ kann sich freuen, wenn die radikale Unchristlichkeit hervortritt. Denn die Offenbarung ist ja kein subjektives Erlebnis, sondern die Wahrheit einfachhin, kundgetan durch den, der auch die Welt geschaffen hat; und jede Stunde der Geschichte, welche die Möglichkeit des Einflusses dieser Wahrheit ausschließt, ist im Innersten bedroht. Aber es ist gut, daß jene Unredlichkeit enthüllt werde. Dann wird sich zeigen, wie das in Wirklichkeit aussieht, wenn der Mensch sich von der Offenbarung gelöst hat, und die Nutznießungen aufhören.

Immer noch bleibt aber die Frage zu beantworten, von welcher Art die Religiosität der kommenden Zeit sein werde? Nicht ihr offenbarter Inhalt, der ist ewig; aber seine geschichtliche Verwirklichungsform, seine menschliche Struktur?

Wichtig wird vor allem sein, worauf zuletzt hingewiesen wurde: das scharfe Hervortreten der nicht-christlichen Existenz. Je entschiedener der Nicht-Glaubende seine Absage an die Offenbarung vollzieht und je konsequenter er sie praktisch durchführt, desto deutlicher wird daran, was das Christliche ist. Der Nicht-Glaubende muß aus dem Nebel der Säkularisationen heraus. Er muß das Nutznießertum aufgeben, welches die Offenbarung verneint, sich aber die von ihr entwickelten Werte und Kräfte angeeignet hat. Er muß das Dasein ohne Christus und ohne den durch ihn offenbarten Gott ehrlich vollziehen und erfahren, was das heißt. Schon Nietzsche hat geahnt, der neuzeitliche Nicht-Christ habe noch gar nicht erkannt, was es in Wahrheit bedeute, ein solcher zu sein. Die vergangenen Jahrzehnte haben eine Ahnung davon vermittelt, und sie waren erst der Anfang.

Ein neues Heidentum wird sich entwickeln, aber von anderer Art als das erste. Auch hier besteht eine Unklarheit, die sich unter anderem im Verhältnis zur Antike zeigt. Der heutige Nicht-Christ ist vielfach der Meinung, er könne das Christentum ausstreichen und von der Antike aus einen neuen religiösen Weg suchen. Darin irrt er aber. Man kann die Geschichte nicht zurückdrehen. Als Form des Existierens ist die Antike endgültig vorbei. Wenn der heutige Mensch Heide wird, wird er es in einem ganz anderen Sinne, als der Mensch vor Christus es war. Dessen religiöse Haltung hatte, bei aller Größe des Lebens wie des Werkes, etwas Jugendlich-Naives. Er stand noch vor jener Entscheidung, die sich an Christus vollzieht. Durch diese — sie mag ausfallen, wie sie will — tritt der Mensch auf eine andere existentielle Ebene; Sören Kierkegaard hat das ein für allemal klargestellt. Sein Dasein gewinnt einen Ernst, den die Antike nicht gekannt hat, weil sie ihn nicht kennen konnte. Er stammt nicht aus einer eigenmenschlichen Reife, sondern aus dem Anruf, den die Person durch Christus von Gott her erfährt: sie schlägt die Augen auf und ist nun wach, ob sie will oder nicht. Er stammt aus dem jahrhundertelangen Mitvollzug der Christus-Existenz; aus dem Miterleben jener furchtbaren Klarheit, mit welcher er »gewußt hat, was im Menschen ist« und jenes übermenschlichen Mutes, womit er das Dasein durchgestanden hat. Daher der seltsame Eindruck von Unerwachsensein, der einen so oft angesichts antichristlicher Antike-Gläubigkeit überkommt.

Von der Erneuerung des nordischen Mythos gilt das gleiche. Sofern sie nicht, wie im Nationalsozialismus, nur Tarnung reiner Machtziele war, ist sie ebenso wesenlos wie jene des antiken Mythos. Auch das nordische Heidentum stand noch vor jener Entscheidung, die es zwang, aus dem geborgenen und zugleich gebannten Leben des unmittelbaren Daseins mit seinen Rhythmen und Bildern in den Ernst der Person zu treten — wie immer auch die Entscheidung ausfallen mochte.

Abermals das gleiche ist von all den Versuchen zu sagen, durch Säkularisierung christlicher Gedanken und Haltungen einen neuen Mythus hervorzubringen, wie das etwa in der Dichtung des späten Rilke geschieht. Was aber darin ursprünglich ist, nämlich der Wille, die Jenseitigkeit der Offenbarung abzustreifen und das Dasein rein auf die Erde zu begründen, zeigt seine Ohnmacht schon an der Unfähigkeit, sich in das neu Anbrechende hineinzustellen. Die Versuche, welche etwa die »Sonette an Orpheus« nach dieser Richtung machen, sind von einer rührenden und, bei dem Anspruch der »Elegien«, befremdenden Hilflosigkeit.

Was endlich Anschauungen, wie die des französischen Existentialismus betrifft, so ist deren Verneinung des Daseinssinnes derart gewaltsam, daß man sich fragt, ob sie nicht eine besonders verzweifelte Art von Romantik bilden, welche durch die Erschütterungen der letzten Jahrzehnte möglich geworden sei.

Ein Versuch, das Dasein nicht nur in Widerspruch zur christlichen Offenbarung zu bringen, sondern es auf eine von ihr wirklich unabhängige, welt-eigene Grundlage zu stellen, müßte einen ganz anderen Realismus haben. Es bleibt abzuwarten, wie weit der Osten ihn aufbringt, und was dabei aus dem Menschen wird.

Der christliche Glaube selbst aber wird eine neue Entschiedenheit gewinnen müssen. Auch er muß aus den Säkularisationen, den Ähnlichkeiten, Halbheiten und Vermengungen heraus. Und hier ist, scheint mir, ein starkes Vertrauen erlaubt.

Es ist dem Christen immer eigentümlich schwer gefallen, sich mit der Neuzeit abzufinden. Die Erinnerung an ihre Auflehnung gegen Gott war zu lebendig; die Art, wie sie alle Bereiche des kulturellen Schaffens in Widerspruch zum Glauben gebracht, und diesen selbst in eine Situation der Minderwertigkeit gedrängt hat, war zu fragwürdig. Außerdem gab es das, was wir die neuzeitliche Unredlichkeit genannt haben: jenes Doppelspiel, welches auf der einen Seite die christliche Lehre und Lebensordnung ablehnte, auf der anderen aber deren menschlich-kulturelle Wirkungen für sich in Anspruch nahm. Das hat den Christen in seinem Verhältnis zur Neuzeit unsicher gemacht. Überall fand er in ihr Ideen und Werte, deren christliche Herkunft deutlich war, die aber für allgemeines Eigentum erklärt wurden. Überall stieß er auf Christlich-Eigenes, das aber gegen ihn gekehrt wurde. Wie hätte er da vertrauen sollen? Diese Undurchsichtigkeiten werden aufhören. Wo die kommende Zeit sich gegen das Christentum stellt, wird sie damit ernst machen. Sie wird die säkularisierten Christlichkeiten für Sentimentalitäten erklären, und die Luft wird klar werden. Voll Feindschaft und Gefahr, aber sauber und offen.

Nach der gleichen Richtung wird auch das wirken, was über das Nachlassen der unmittelbaren religiösen Kräfte, der Fähigkeit religiöser Erfahrung und Gestaltung gesagt worden ist. Die religiöse Fülle hilft glauben; sie kann aber auch den Inhalt dieses Glaubens verschleiern und verweltlichen. Nimmt sie ab, dann wird der Glaube karger, dafür aber reiner und kräftiger. Er bekommt einen offeneren Blick für das, was wirklich ist, und der Schwerpunkt rückt tiefer in das Personale: in Entscheidung, Treue und Überwindung.

Was oben über die Situation der Gefahr gesagt worden ist, gilt auch für die christliche Haltung. Sie wird in besonderer Weise den Charakter des Vertrauens und der Tapferkeit tragen müssen.

Man hat dem Christentum oft vorgeworfen, in ihm berge sich der Mensch vor der Ausgesetztheit der modernen Situation. Daran war manches richtig — und nicht nur deshalb, weil das Dogma in seiner Objektivität eine feste Ordnung des Denkens und Lebens schafft, sondern auch, weil in der Kirche noch eine Fülle kultureller Traditionen lebt, die sonst weggestorben sind. Der Vorwurf wird in der kommenden Zeit immer weniger Anlaß haben.

Der Kulturbesitz der Kirche wird sich dem allgemeinen Zerfall des Überlieferten nicht entziehen können, und wo er noch fortdauert, wird er von vielen Problemen erschüttert sein. Was aber das Dogma angeht, so liegt es zwar in seinem Wesen, jede Zeitwende zu überdauern, da es ja im Überzeitlichen begründet ist; doch darf man vermuten, an ihm werde der Charakter der Lebensweisung besonders deutlich empfunden werden. Je genauer das Christentum sich wieder als das Nicht-Selbstverständliche bezeugt; je schärfer es sich von einer herrschenden nicht-christlichen Anschauung unterscheiden muß, desto stärker wird im Dogma neben dem theoretischen das praktisch-existentielle Moment hervortreten.

Ich brauche wohl nicht zu betonen, daß damit keine »Modernisierung« gemeint ist; keinerlei Abschwächung weder des Inhalts noch der Geltung. Im Gegenteil, der Charakter der Absolutheit, die Unbedingtheit der Aussage wie der Forderung werden sich schärfer betonen. Aber in dieser Absolutheit wird, vermute ich, die Definition der Existenz und die Orientierung des Verhaltens besonders fühlbar werden.

So wird der Glaube fähig, in der Gefahr zu bestehen. Im Verhältnis zu Gott wird das Element des Gehorsams stark hervortreten. Reiner Gehorsam, wissend, daß es um jenes Letzte geht, das nur durch ihn verwirklicht werden kann. Nicht, weil der Mensch »heteronom« wäre, sondern weil Gott heilig-absolut ist. Eine ganz unliberale Haltung also, mit Unbedingtheit auf das Unbedingte gerichtet, aber — und hier zeigt sich der Unterschied gegen alles Gewaltwesen — in Freiheit. Diese Unbedingtheit ist keine Preisgabe an die physische und psychische Macht des Befehls; sondern der Mensch nimmt durch sie die Qualität der Gottesforderung in seinen Akt auf. Das aber setzt Mündigkeit des Urteils und Freiheit der Entscheidung voraus.

Und ein nur hier mögliches Vertrauen. Nicht auf eine allgemeine Vernunftordnung, oder auf ein optimistisches Prinzip des Wohlmeinens, sondern auf Gott, der wirklich und wirkend ist; nein, mehr, der am Werk ist und handelt ...

Alles Gesagte führt zu einem letzten Ergebnis: zum Bewußtsein von der Verantwortung des Menschen.

Hinter dem neuzeitlichen Naturbegriff liegen komplizierte Motive. Zunächst ein Wille, für autonome Weltherrschaft frei zu werden; was dann sinngemäß weiter bedeuten würde, daß der selbstherrliche Mensch auch eine wirkliche Verantwortung für sein Tun übernähme. Eine autonome Verantwortung eines endlichen Wesens gibt es aber nicht; damit nimmt der Mensch etwas in Anspruch, das nur Gott zukommt. Daher wird sie denn auch nur scheinbar verwirklicht, so lange, als im Verhältnis zur Welt noch die christliche Botschaft von Gottes Schöpfung und Regierung nachklingt. In Wahrheit steht schon die Vorstellung bereit, welche die eigentliche Weltverantwortung aufsaugt, nämlich die von der Natur, die alles in allem ist, unendlich und ewig, und also auch den Menschen umfaßt. Jetzt hat der Mensch, wenn auch auf allerlei empirischen oder metaphysischen Umwegen, nur eins zu tun: sich in sie einzufügen; und die verschiedenen rationalistischen, evolutionistischen, soziologistischen Theorien bilden den mehr oder weniger wissenschaftlichen Unterbau dieses Grundwillens.

Freiheit im echten Sinne ist nur durch das Gegenüber zum souveränen und personalen Gott gewährleistet; ebenso wie echte Verantwortung nur auf ihn hin möglich und verpflichtend wird. Eine All-Natur hingegen saugt Freiheit wie Verantwortung auf. Trotz aller scheinbaren Eigenständigkeit des Geistes ist sie es, welche die Geschichte bestimmt, eben damit aber auch gewährleistet.

Das enthüllt sich immer mehr als falsch. Nicht die Natur, sondern der Mensch bestimmt die Dinge. Und das nicht aus Notwendigkeiten, die ihn zu einer Art zweiten Natur machen würden, sondern aus Freiheit. Das Bewußtsein davon dringt denn auch an den verschiedensten Stellen durch. Ein charakteristisches Beispiel dafür ist der extreme Existentialismus, welcher die frühere All-Determination in eine radikale Freiheit umschlagen läßt, ebenso wirklichkeitsfremd wie jene. Dabei ist denn auch alle Wahrheitssubstanz aufgezehrt, und der Mensch steht in der baren Willkür; das heißt, alles wird sinnlos.

Es hilft dem Menschen nichts; er muß wieder zur Wahrheit zurück — oder vorwärts, wie man die Richtung bestimmen mag, in welcher die rettende *Metanoia* zu verwirklichen ist. Er kann sich in keine Gesetzlichkeiten zurückziehen, weder der Natur noch der Geschichte, sondern muß selbst einstehen, und darin liegt die Chance der Zukunft. Theorien verschiedenster Art scheinen dem zu widersprechen; Weltformeln und Geschichtsdialektiken. Es liegt aber an den Wissenden und Bereiten, sich der Tatsache zu öffnen, welche alles Kommende trägt: daß der Mensch selbst dafür verantwortlich ist, wie die Geschichte geht, und was aus Welt- und Menschendasein wird. Er kann es richtig und kann es falsch machen. Um es aber richtig machen zu können, muß er wieder zu jener Haltung bereit sein, die schon Platon als den Inbegriff menschlicher Verpflichtung erkannt hat, nämlich der »Gerechtigkeit«, das heißt, dem Willen, das Wesen der Dinge zu sehen und zu tun, was von dorther das Richtige ist.

Im bisher Gesagten ist schon mehrmals der Begriff des »Regierens« aufgetaucht. Wenn ich recht sehe, bildet er geradezu den praktischen Beziehungspunkt, auf welchen die Linien des kommenden Weltbildes hinführen. Versuchen wir, ihn klarer ins Licht zu stellen.

Dieses Bild zeigt eine Welt, die nicht aus sich selber läuft, sondern geführt werden muß. In ihr ist der Mensch nicht geborgen, sondern er muß es mit seiner Initiative wagen. So fordert diese Welt als lebendiges Korrelat den Menschen, der fähig ist, zu »regieren«.

Der Begriff ist verdorben, wie so viele andere lebenswichtige Begriffe auch. Wenn der heutige Mensch das Wort hört, dann denkt er wahrscheinlich an einen Beamten, der ihn hindert; an einen Vertreter totalitärer Staatlichkeit, der ihn beleidigt; an einen Fachmann, der irgendeine im Zusammenhang des wirtschaftlich-sozialen Ganzen notwendige Leistung vollbringt, von der er selbst nichts versteht und gegen die er ebendeshalb Mißtrauen hat. Von fernher wirkt endlich aus der geschichtlichen Erinnerung das fremd gewordene Bild des einstigen Herrschers herein, der eine göttlich begründete Autorität hatte, aber auch mit seiner Verantwortung für Recht und Wohlfahrt einstand; ein Bild, von welchem dann ein höchst fragwürdiger Abstieg zu den verschiedenen Formen geführt hat, wie nach neuzeitlicher Theorie »das Volk« in eigenem »Namen« seine eigenen Schicksale bestimmt.

Die Erziehung des heutigen Menschen für seine politische Aufgabe — das Wort im alten Sinne der Beziehung auf die »res publica« verstanden — muß diese Vorstellungen überwinden. Was hier mit »Regieren« gemeint wird, ist eine menschliche, sittlich-geistige Haltung. Sie enthält vor allem das Bewußtsein, wie die heraufkommende Welt geartet, und wie sie dem Menschen, jedem Menschen an seiner Stelle, in die Hand gegeben ist. Damit kommt das Wissen, welche Ungeheuerlichkeit an Macht zur Verfügung steht. Und das Bewußtsein, daß diese Macht nur in der Verantwortung gebunden werden kann. Kein Verfassungsparagraph, kein höchster Gerichtshof, keine Behörde, kein Vertrag hilft, wenn nicht der durchschnittliche Mensch fühlt, daß die »res publica«, die gemeinsame Sache der menschlichen Existenz in Freiheit und Würde, in seine Hand gegeben ist. Daraus folgt weiter die

Sachgerechtigkeit: die Erkenntnis, welcher Frevel es ist, wenn die Aufgaben unter Gesichtspunkten des Ehrgeizes, des Vorteils, der Parteitaktik zugewiesen werden; während es nur auf die Frage ankommt, was zu leisten ist, und wer es leisten kann, damit der richtige Mann an die richtige Stelle gelangt. Regieren zu können, heißt also überlegen sein; die Vielfältigkeit und wechselseitige Abhängigkeit der wirksamen Momente sehen; immer aufs neue jenes so sehr bedrohte Maß zu finden, auf welchem nicht nur die Wohlfahrt, sondern einfachhin der Bestand aller ruhen wird.[1]

Die Weltgestalt, die werden soll, und von der wir einige — sehr allgemeine — Züge zu zeichnen versuchten, entsteht nicht auf Grund objektiver Notwendigkeiten, in einer Art kosmisch-geschichtlichem Prozeß, sondern wird vom Menschen geschaffen. Ein solches Schaffen geht aber nicht nur aus rationaler Überlegung und willentlicher Zwecksetzung hervor, sondern das im Objektiven Gewollte muß auch im Werkenden selbst wirksam sein.
Richtiger gesagt: ein wirkliches Weltbild muß draußen und drinnen zugleich wirksam sein, Werkbild und Menschenbild in einem. So erhebt sich die Frage nach dem letzteren: wie ist der Mensch geartet, der die kommende Epoche bestimmen wird? Was treibt ihn, und wie hält er sich?
Kann man darüber etwas sagen?

Sehen wir von Leuten ab, die aus glücklicher Vitalität oder aus festgelegter Ideologie Optimisten sind, so treffen wir überall auf eine tiefe Sorge. Sie richtet sich zunächst auf konkrete politisch-geschichtliche Möglichkeiten; darüber hinaus meint sie aber etwas Grundsätzliches: ob nämlich der Mensch seinem eigenen Werk noch gewachsen sei? Er hat im Laufe der letzten hundert Jahre ein Maß von Macht entwickelt, das über alles vorher zu Ahnende hinausgeht. Diese Macht hat sich weithin objektiviert: in wissenschaftlichen Einsichten und Arbeitsgefügen, die immer neue Probleme aus sich heraustreiben; in politischen Strukturen, die auf Künftiges hin in Bewegung sind; in technischen Gestaltungen, die wie aus eigener Dynamik weiterdrängen; endlich und vor allem in seelisch-geistigen Haltungen des Menschen selbst, die ihre eigene Logik haben. Die Sorge, von welcher die Rede ist, fragt, ob der Mensch fähig sei, das alles so zu bewältigen, daß er in Ehren bestehen, fruchtbar sein und Freude haben könne? Sie verdichtet sich zum Gefühl, der Mensch, wie er heute ist, sei dazu nicht mehr imstande. Werk

---

[1] Nur in dieser Haltung, nicht in irgendwelchen Dogmen der Gleichheit liegt auch das, was sinnvoll »Demokratie« genannt werden kann.

und Wirkung seien über ihn hinausgegangen und haben sich selbständig gemacht. Sie seien zu etwas von außermenschlichem, kosmischem, um nicht zu sagen dämonischem Charakter geworden, das nicht mehr menschlich angeeignet und gelenkt werden könne ... Bedeutet vielleicht die Entwicklung der menschlichen Macht mit ihren Objektivationen, daß der Mensch aufgehört hat, als Subjekt in der Geschichte zu stehen und nur noch Durchgangsstelle von Vorgängen ist, welche sich seiner Reichweite entziehen? Daß nicht mehr er die Macht, sondern die Macht ihn regiert?

Wenn der Mensch überhaupt mit den heute lebenden Menschen gleichgesetzt werden müßte, wäre die Antwort auf diese Frage zum mindesten sehr zweifelhaft. Demgegenüber meldet sich aber eine Hoffnung, deren Inhalt nicht leicht zu bestimmen ist.

Sie hat einmal eine rein religiöse Form und drückt sich im Vertrauen aus, Gott sei größer als alle Weltprozesse. Er habe sie in seiner Hand; so könne seine Gnade jederzeit in eine Welt einwirken, deren Normbild nicht das Funktionieren der Maschine, sondern das Schaffen des lebendigen Geistes sei.

Eine andere Hoffnung richtet sich auf die Schoßtiefe der Geschichte. Wir haben ja wohl eingesehen, daß die mechanistische Deutung des Daseins versagt. Gewiß ist alles Geschehen kausal bestimmt; es gibt aber nicht nur die mechanistische, sondern auch die schöpferische, nicht nur die in Notwendigkeiten verlaufende, sondern auch die spontane Kausalität.[2] Sie wirkt schon im Biologischen und Psychischen; im Geschichtlichen wird sie maßgebend. Nichts ist wirklichkeitsferner als der Begriff eines mit Notwendigkeit verlaufenden Geschichtsprozesses. Hinter ihm steht keine Erkenntnis, sondern ein Wille. Das dürfte wohl jedem klar geworden sein, der fähig ist, aus Geschehnissen zu lernen; denn dieser Wille hat sich in einer Weise gezeigt, welche metaphysische Ruchlosigkeit ist. In Wahrheit kann man den Fortgang der Geschichte nicht vorausberechnen, sondern muß ihn entgegennehmen, bzw. selbst bestimmen. Die Geschichte fängt in jedem Augenblick neu an, sofern sie in der Freiheit jedes Menschen immerfort neu entschieden wird — aber auch, sofern aus ihrem schöpferischen Grunde immer neue Gestalten und Geschehnisformen aufsteigen. So richtet jene Hoffnung sich darauf, es werde eine menschliche Wirklichkeit erstehen, welche der Ungeheuerlichkeit der vom bisherigen Menschen hervorgebrachten, aber nicht mehr gemeisterten Macht ebenbürtig sei.

Im Raum der neuzeitlichen Persönlichkeitsidee hätte man wohl gesagt, man hoffe auf den großen Menschen; auf ein Genie, das fähig sein

[2] Vgl. dazu Guardini, »Freiheit, Gnade, Schicksal«, ²1948, S. 113 ff.

würde, die Meisterung der Macht so zu vollbringen, daß sie für alle vorbildlich werden könne. Wir brauchen den Gedanken nur auszusprechen, um zu merken, wie romantisch er für uns wäre. Dem heutigen Zustand ist nicht der große Einzelne, sondern eine neue menschliche Struktur zugeordenet. Damit ist nichts Phantastisches, sondern etwas gemeint, das in der Geschichte immer wiederkehrt. Das Chaos der Völkerwanderung — welches ein halbes Jahrtausend gedauert hat — wurde durch einen Menschentypus gebändigt, von dem man ebensogut sagen kann, er sei der Schöpfer, wie er sei das Ergebnis des Mittelalters gewesen. Nachdem er seine Zeit gehabt und sein Werk getan hatte, erhob sich ein neuer. Dieser war es, der die Neuzeit getragen und jene Machtgrößen entbunden hat, welche uns heute zur Gefahr werden. Er hat sie aber nur entbunden; existentiell war er ihnen nicht gewachsen; das zeigt sich schon an der Art, wie er die Ungeheuerlichkeit seines Griffes nach Natur und Menschenwesen mit Nutzen und Wohlfahrt zu rechtfertigen suchte.

So geht die Hoffnung darauf, ein neuer Menschentyp sei im Werden, der den freigesetzten Mächten nicht verfällt, sondern sie zu ordnen vermag. Der fähig ist, nicht nur Macht auszuüben über die Natur, sondern auch Macht über seine eigene Macht; das heißt, sie dem Sinn des Menschenlebens und Menschenwerkes unterzuordnen, »Regent« zu sein in einer Weise, wie sie gelernt werden muß, soll nicht alles in Gewalt und Chaos zugrunde gehen.

Hier Genaueres zu sagen, ohne zu phantasieren, ist schwer. Man muß überall verstreute Anzeichen, Hoffnungen, Versuche, durch Fehlschläge durchkreuzte Entwicklungsrichtungen zusammenholen und aus ihnen ein Ganzes herausschauen.

Das Bild, das so entsteht, ist dann utopisch; aber es gibt ja zwei Arten von Utopien. Die einen sind müßige Spiele der Phantasie; die anderen hingegen Vorentwürfe von Kommendem. Sie haben in der Geschichte große Bedeutung gehabt. Ein bloßes, aus reinem Nicht-Wissen und Nicht-Haben sich vollziehendes Suchen ist unmöglich; man kann nur suchen, was man in irgendeiner Weise vorwegnehmend schon hat. Utopien sind Anstrengungen, das, was noch verborgen aus dem geschichtlichen Werdebereich heraufdrängt, in Bildern und Plänen offen hinzustellen, damit es wirksam gesucht werden könne.

TEIL 3

NUR WER GOTT KENNT, KENNT DEN MENSCHEN

Nur wer Gott kennt, kennt den Menschen (1952)

Ein Ding kann die Nachbildung eines anderen sein. Etwa sagt jemand einem Handwerker, er solle ihm einen Tisch machen, geradeso gestaltet wie jener, den er ihm zeigt. Das wäre eine einfache Ähnlichkeit, eine Kopie. Es gibt aber auch lebendigere Weisen. So kann man zum Beispiel sagen, ein Kind sei das Abbild seiner Eltern. Dann hat es Eigenschaften, die auch die Eltern haben; bei ihm sind sie aber in seine Persönlichkeit hinein übersetzt ... Wie ist es nun mit der Ähnlichkeit zu Gott?

Gott ist doch absolut; Sein einfachhin; Wesen, Leben, Wahrheit, Seligkeit. Und er ist in einer Weise, die alles Denken und Sagen übersteigt. Wie kann da der Mensch, der doch geschaffen und also endlich ist, Bild dieses Ungeheuren sein? ...

Von einer Nachbildung kann hier nicht gesprochen werden, denn von Gott gibt es keine Kopie. Näher kommen wir schon, wenn wir von dem ausgehen, was wir über das Verhältnis der Eltern zum Kinde gesehen haben. Da ist nicht Kopie, sondern Übersetzung. Die elterlichen Wesenszüge übersetzen sich in das Wesen des Kindes; so, daß sie diesem zu eigen, aus dessen Persönlichkeit neu geboren werden.

Noch einmal näher kommen wir durch folgende Überlegung: wenn wir das Antlitz eines Menschen anschauen, dann sehen wir darin, was in seiner Seele vor sich geht; den Respekt, die Zuneigung, den Haß, die Angst. Für sich kann man die Seele nicht sehen, denn sie ist ja Geist. Sie übersetzt sich aber in den Leib, und darin wird sie sichtbar. Der Menschenleib — Gestalt, Antlitz, Miene, Gebärde — ist die Erscheinung der Seelenwirklichkeit; das heißt aber, daß er, in all seiner Verschiedenheit, doch der Seele ähnlich ist.

Auf dieser Linie könnten wir noch weiter gehen; was wir hier meinen, ist aber wohl schon deutlich genug, das Unbegreifliche, das doch unser Wesen ausmacht; dem wir mit Scheu, aber auch mit Zuversicht nahen sollen: daß Gott, wenn es erlaubt ist, so zu sprechen, die unendliche Fülle und vollkommene Einfachheit seines Wesensbildes in die Endlichkeit und Gebrechlichkeit seines Geschöpfes übersetzt. ...

Und was da bei der Schöpfung geschieht, ist nur erst ein Vorentwurf. Es wird seine Erfüllung finden, wenn der ewige Sohn Gottes sich nicht nur im Menschen abbildet, sondern Mensch wird. Von Christus redend, sagt der Apostel: »Das Wort ist Fleisch geworden, und wir haben seine Herrlichkeit geschaut, die Herrlichkeit des Eingeborenen vom Vater« (Joh 1,14). Das heißt aber: wie im Antlitz eines Menschen dessen Seele, so konnte man im lebendigen Sein Jesu wirklich den ewigen Gottessohn schauen — vorausgesetzt freilich, daß die Augen dazu fähig, daß sie gläubig und liebend waren. Von diesem Geheimnis bildet jene Ebenbildlichkeit, die in der menschlichen Natur liegt, die erste Ahnung.

Ist das so, dann bedeutet das aber auch, daß diese Ebenbildlichkeit das ganze Sein des Menschen durchdringt. Daß sie etwas ebenso Genaues wie Geheimnisvolles ist: die Grundform, in der das Menschliche besteht; der Grundbegriff, aus welchem heraus es allein verstanden werden kann.

Augustinus findet dafür im Beginn seiner »Bekenntnisse« den für immer gültigen Ausdruck, wenn er sagt: »Zu Dir hin hast Du uns geschaffen, o Gott.« Das ist nicht enthusiastisch oder erbaulich gemeint, sondern genau. Gott hat den Menschen in eine Beziehung zu ihm gesetzt, ohne die er weder sein noch verstanden werden kann. Er hat einen Sinn; der aber liegt über ihm, in Gott. Man kann den Menschen nicht so verstehen, daß er als geschlossene Gestalt in sich bestünde und lebte, sondern er existiert in der Form einer Beziehung: von Gott her, auf Gott hin. Diese Beziehung kommt nicht erst als Zweites zu seinem Wesen hinzu, so, daß dieses auch abgesehen von ihr sein könnte, sondern in ihr hat das Wesen seinen Grund.

Der Mensch kann zu einem anderen Menschen in mannigfache Beziehungen treten: des Kennens, der Freundschaft, des Helfens oder Schadens usf. In ihnen entfaltet sich sein Wesen, aber es besteht nicht darin. Er bleibt Mensch, auch wenn er diesen oder jenen anderen nicht kennt, oder ihm nicht hilft. Die Beziehung hingegen, von der wir sprechen, ist anderer Art. Eine Brücke ist der Bogen, den der Baumeister von einem Ufer des Flusses auf das andere hinüberbaut. Ich kann nicht sagen: die Brücke kann auf dem anderen Ufer aufruhen oder auch nicht, und doch immer Brücke bleiben. Das wäre ein Unsinn, denn nur darin ist sie Brücke, daß sie sich von diesem Ufer erhebt und auf dem drüben aufruht. So etwa ist zu verstehen, worum es sich hier handelt. Der Mensch ist Mensch nur in der Beziehung zu Gott. Das »Von-Gott-Her« und »Auf-Gott-Hin« begründet sein Wesen.

Das wird noch deutlicher, wenn wir ins Auge fassen, was den Menschen von allen anderen irdischen Geschöpfen unterscheidet: seine Personalität. Daß er Person ist, bedeutet: er steht im eigenen Stand. Er vermag aus eigener Anfangskraft zu handeln; über sich und die Dinge zu verfügen. Auf die Frage: »wer hat das oder das getan?« kann er antworten: »ich«, und in Verantwortung dafür einstehen. Als solchen hat Gott ihn geschaffen. Das ist aber nicht nur so geschehen, daß er den Menschen geformt und in sich selbst gestellt hätte, sondern etwas von ganz anderem Rang hat sich ereignet: Gott hat den Menschen zu seinem Du gemacht und ihm gegeben, seinerseits in Gott sein Du, sein eigentliches Du zu haben. In diesem Ich-Du-Verhältnis beruht sein Wesen. Und nur deswegen, weil Gott ihn in die Beziehung des Ich-Du zu sich begründet hat, kann der Mensch auch zu anderen Menschen in personale Beziehung treten. Zu einem anderen zu sagen: »ich sehe Dich ... ich ehre Dich«, ist ihm nur möglich, weil Gott ihm gegeben hat, zu ihm, dem Herrn, zu sagen: »Du bist mein Schöpfer ... ich bete Dich an.«

In der für alles Folgende entscheidenden Offenbarung auf dem Berge Horeb (Exod 3) erscheint Gott dem Moses im brennenden Dornbusch. Wie dieser nach seinem Namen fragt, antwortet Gott: »Ich bin, der Ich bin.« Der Satz ist unausschöpfbar tief. Er sagt: »Ich bin jener, der in Macht hier ist und handeln wird.« Tiefer: »Ich bin jener, der keinen Namen von der Welt her annimmt, sondern nur aus ihm selbst heraus genannt werden kann.« Noch einmal tiefer: »Ich bin jener, der allein von Wesen her fähig und befugt ist, zu sprechen: »Ich.« Dem reinen Sinne nach ist nur Gott »Ich«, Er-selbst. Wenn wir sagen: »er«, dann können wir irgendeinen Menschen meinen; sprechen wir es aber einfachhin, aus der Tiefe des Geistes, dann meinen wir Gott. Wenn wir sagen: »Du«, dann können wir uns damit an einen Menschen wenden; sprechen wir es aber einfachhin, mit unserem ganzen Sein, ins Offene hinaus, dann rufen wir Gott ... Dieser Gott ist es, der den Menschen anruft. Und nicht nur so, daß der Mensch schon wäre, und er richtete nun sein Wort an ihn, damit er irgendetwas erfahre oder tue; sondern indem Gott den Menschen anruft, begründet er ihn im Sein, und dadurch wird er Person.

Der Mensch besteht nur im Angerufensein durch Gott. Abgesehen davon gibt es ihn überhaupt nicht. Könnte man den Menschen von diesem Angerufensein ablösen, dann würde er zum Gespenst — nein, er würde zu nichts. Der Versuch aber, ihn trotzdem zu denken, wäre Unsinn und Empörung.

Die Menschlichkeit Gottes

Das Evangelium des heiligen Lukas erzählt im elften Kapitel, ersten bis vierten Vers:»Es begab sich einmal, als Jesus an einem Orte betete, da sagte, wie er aufhörte, einer seiner Jünger zu ihm: Herr, lehre uns beten, wie auch Johannes seine Jünger beten gelehrt hat. Er antwortete ihnen: wenn ihr betet, so sprecht: Vater, geheiligt werde dein Name, dein Reich komme. Unser tägliches Brot gib uns heute, und vergib uns unsere Schuld, denn auch wir vergeben einem jeden unserer Schuldner. Und führe uns nicht in Versuchung.«

Dem entspricht bei Matthäus die Stelle im sechsten Kapitel, siebten bis dreizehnten Vers:»Wenn ihr betet, macht kein Geschwätz wie die Heiden. Die glauben mit ihrer Wortmacherei erhört zu werden. Macht euch denen nicht gleich, euer himmlischer Vater weiß doch, was euch not tut, ehe ihr ihn darum bittet. Ihr sollt so beten: Vater unser, der du bist im Himmel, geheiligt werde dein Name. Dein Reich komme, dein Wille geschehe wie im Himmel so auch auf Erden. Unser tägliches Brot gib uns heute. Und vergib uns unsere Schuld, wie auch wir vergeben unseren Schuldigern. Und führe uns nicht in Versuchung, sondern erlöse uns von dem Bösen.«

Wir sehen leicht, welche Bedeutung dieses Gebet im Gesamten der Verkündigung Christi hat. Das geht schon aus dem Umstand hervor, daß es das einzige Gebet ist, welches er uns lehrt, eingeleitet mit den Worten:»So sollt ihr beten«. Also nicht eines unter vielen, sondern die Grundgestalt des christlichen Betens überhaupt. Gewiß ist der Bewegung des christlichen Betens, das sich aus den Fügungen des Daseins heraus immer neu bestimmt, Freude, Leid, Schicksal vor Gott trägt, der Weg freigegeben. Die Schöpferkraft des betenden Wortes ist freigegeben — wie es ja denn auch ein echtes und großes Dichtertum des Gebetes gibt. Alles was der Mensch ist und ihm geschieht, die Welt und sein Leben in ihr, soll ins Gebet getragen und im Lob zu Gott zurückgebracht werden. Das alles bleibt aber nur dadurch christlich, daß es im Geist und Gesetz des Vaterunsers bleibt.

Wir haben also Veranlassung, es sorgsam zu betrachten. Nicht durch eine Erklärung der einzelnen Bitten; die ist in dem Büchlein vom »Gebet des Herrn« versucht worden, auf das hingewiesen sein mag[1]. Hier wollen wir uns an den Gesamtcharakter dieser heiligen »lex orandi« halten.

---

[1] Neuauflage Mainz 1978, Topos-Taschenbuch 75.

Wenn wir das Vaterunser auf uns wirken lassen; uns zu Bewußtsein bringen, wie da der Mensch Gott gegenübertreten, wie er ihn anreden soll, was hinüber und herüber geht ... und es mit einem Gebet vergleichen, das außerhalb der Offenbarung entstanden ist, einer altgriechischen Götterhymne etwa, einer ägyptischen Anrufung, oder einem Stück aus den indischen Veden, so kommt uns eine Frage, die wir nur recht herauslassen wollen: ist nicht die Haltung des Vaterunsers gar zu menschlich? Vermißt man in ihm nicht eine letzte Erhabenheit? Redet da nicht allzusehr das vertrauende Menschenkind? Ist es in Ordnung, daß in diesem Grundgesetz alles Betens Gott in dieser Weise gesehen wird? So — wir können nur wieder sagen, menschlich?

Um auf diese Frage zu antworten, müssen wir ein wenig ins Grundsätzliche gehen.

Die Religionsforschung spricht von der Mannigfaltigkeit des religiösen Lebens unter den verschiedenen Völkern und im Laufe der Geschichte. Dieses Leben entspringt zwei Ausgängen. Der eine liegt in der uns umgebenden Wirklichkeit, in der Welt. Die ist so, daß es in ihr außer dem, was man unmittelbar erfassen und benennen, einordnen und gebrauchen kann, auch noch ein Anderes gibt. Das ist da, auf Erden da, und doch unirdisch; deutlich, und doch geheimnisvoll. Das Dasein ist so, daß es, um ganz erfaßt zu werden, auch als religiöse Wirklichkeit erfaßt werden muß ... Der andere Ausgang liegt im Menschen. Er besitzt ein Organ, das gerade auf jenes Etwas im Dasein anspricht, welches noch bleibt, nachdem alles Sagbare erfaßt ist; auf den letzten Grund in der Fülle der Erscheinungen; auf das Geheimnis mitten im Deutlichen und Verstehbaren. Dieses Organ mögen wir Gefühl nennen, Herz, Gemüt, Grund der Seele, oder wie immer. Wenn wir verstehen wollen, wissen wir, was gemeint ist ... Aus diesen beiden Ausgängen steigt die Mannigfaltigkeit der religiösen Anschauungen auf.

Wie uns die Gelehrten sagen, begegnen uns in den frühesten Zeiten und bei den unentwickeltsten Völkern keine Götter oder auch nur höhere Wesen, sondern das Bewußtsein einer überall wirkenden geheimnisvollen Macht. Damit ist die Wirklichkeit der Dinge gemeint: der Sturm und der Blitz, das Wachstum der Pflanze, die Gesundheit, die Kraft im Kampf. — Das alles aber nicht naturwissenschaftlich, sondern als Ausdruck und Durchlaß eines hindurchwirkenden Anderen, welches mancherlei Namen trägt, »Mana«, oder »Orenda«, oder wie immer. So ist eigentlich alle Wirklichkeit religiöse Wirklichkeit. An bestimmten Punkten steigert sich diese Gestalt geheimnisvoller Macht: wenn ein Unglück droht, oder große Glücksfälle eintreten, bei der Geburt oder im Tod; in merkwürdig gestalteten Dingen, Bäumen, Felsen; im König, im Zauberer, in den Toten u.s.f. Wir wollen dahingestellt sein lassen, wie weit hier eine ferne Erinnerung an die Begegnung mit dem Lebendigen Gott des Paradieses nachwirkt. Jedenfalls finden wir an der frühesten Stelle der religiösen Entwicklung keine Götter, sondern die geheimnisvolle, berührende Macht.

Dann nimmt diese Macht genauere Gestalt an. Sie verdichtet sich zu geheimnisvollen Wesen, des Wachstums, der Krankheit, der atmosphärischen Erscheinungen. Die webende Göttlichkeit zieht sich zu Sinngestalten zusammen, wie sie sich aus dem Dasein selbst ergeben, so der des Oberen, Hellen, des Himmels, des Lichtes, der Sonne, der von dort herabwaltenden umfassenden Macht: wird sie in schöpferischer Eingebung von einem seherisch Veranlagten erlebt, einem Sänger oder Priester, dann ist die Vorstellung des waltenden Himmelsgottes geboren. Oder jene webende Göttlichkeit verbindet sich mit der Sinngestalt des Unteren, Dunklen, Empfangenden, Fruchtbaren, aus dem alles geboren wird, und das wieder alles verschlingt: so entstehen die Gottheiten der Erde. Oder mit der Sinngestalt der weisen, schaffenden Kraft, der Geschicklichkeit und Kunst, der Regierung und Gesetzgebung: Athene wird geboren u.s.f.

Hinter diesen besonderen Göttergestalten aber steht immer noch das dunkle Eine, das Schicksal.

Im Maße die Mannigfaltigkeit der Göttergestalten hervortritt, beginnt zugleich die Arbeit des Menschengeistes, welche sie in Frage stellt. Die verschiedenen Gestalten werden durchdacht und verglichen; sie nutzen sich ab, gehen ineinander über, gleichen sich an; Zwischengestalten entstehen; der Primat einer Gottheit tritt hervor, eines herrschenden obersten Gottes, und so fort. Das Bewußtsein dringt durch, es könne doch nur eine Gottheit geben; die vielen seien im Grunde nur Formen eines letzten, höchsten Wesens, das sich in ihnen allen ausdrückt — bis das Bekenntnis der einen und einzigen Gottheit geschichtsreif wird ... Freilich scheint es durch sich selbst nicht klar herauskommen zu können. Erst die Offenbarung schafft dafür den freien Raum und gibt die Kraft des Geistes und Herzens, die dazu nötig ist. Unter ihrem Einfluß und Schutz kommt im »natürlichen« Denken der Menschen der Gedanke des höchsten, einen Wesens, des Absoluten, des Inbegriffs alles Seins und aller Gültigkeit klar heraus, und wird von den Philosophen nach allen Seiten hin durchgedacht.

Ein langer Weg, vom Mana der Primitiven über die Göttergestalten der Inder und Griechen zur Weltseele, zum höchsten und einzigen Einen des späten Griechentums, zum Absoluten der Philosophen. Ein langer Weg, über tiefe geistige und sittliche Entscheidungen, mächtige Durchbrüche des Gedankens und des Empfindens. Dennoch sind diese Gestalten im Grunde voneinander nicht so sehr verschieden als es scheint.

Am Maßstab der Offenbarung gemessen, sind es doch nur verschiedene Formen des Gleichen, nämlich der religiösen Erfahrung, wie sie im Zusammenhang mit der Natur, der Geschichte, dem kulturellen Schaffen zum Durchbruch kommt, und durch Denken, Anschauen, sittliches Streben geklärt und entfaltet wird. Alle jene Göttlichkeiten gehören zur »Welt«.

In ihnen allen fehlt eines: der Charakter verpflichtender Wahrheit. So wird etwas Entscheidendes vor ihnen nicht möglich: der Glaube.

Nirgendwo in alledem ist Glaube im strengen biblischen Sinne. Religiöse Erfahrung, heilige Ergriffenheit, Sichverbinden, Überzeugung, Mitgehen auf Tod und Leben, alles — nicht Glaube. »Glaube« im eigentlichen Sinne ist kein allgemeiner Begriff, sondern ein Name für etwas, das es nur an einer Stelle gibt: dort, wo die Gottesgestalt nicht aus freien Erfahrungen und strömender Weltwirklichkeit, sondern aus der Offenbarung hervortritt.

Was dann geschieht, ist etwas grundsätzlich anderes, als in allem bisher Beschriebenem. Nicht aus menschlichem Erlebnis, nicht aus religiöser Genialität, sondern aus seinem eigenen souveränen Willen spricht Gott. Er ruft in die Geschichte hinein; ruft den Menschen an, den er will. Er enthüllt sich ihm als der, der er ist und trägt ihm auf, die Botschaft zu den Menschen zu bringen. Was sich daran entzündet, ist nicht »Religion«, sondern der Gehorsam des Geschöpfes gegen den Offenbarungsbefehl Gottes. Das erst ist Glaube. Von Abraham an, über Moses, durch die Propheten, bis zur persönlichen Selbstoffenbarung in Christus geschieht immer das gleiche: daß der Bann der Naturzusammenhänge, des kulturellen und geschichtlichen Kräftespiels durchdrungen wird. Durch alles das hindurch tritt vor den Menschen das offenbarte Wort und fordert ihn auf — nicht »zu erleben«, oder zu erdenken, oder zu erschauen, sondern zu gehorchen und zu glauben.

Hier vollzieht sich Entscheidung. Diese Gestalt wird nicht mehr vom kulturellen Weltgeschehen eingesogen, denn sie steht zu jeder möglichen Entwicklungsphase, zum primitiven wie zum hochentwickelten Bewußtsein quer. Ebensowenig kann sich echter Glaube — solange er echt, das heißt in Demut und Gehorsam verankert bleibt — jemals in irgendeine religiöse »Erfahrung« auflösen, denn er steht zu allem religiösen Erfahren quer und nimmt es unter Kritik.

Was nun dasteht, ist Er, der Herr, der lebendige Gott; der »Gott Abrahams, Isaaks und Jakobs«, der »Gott und Vater unseres Herrn Jesu Christi«. Was sich da verwirklicht, ist nicht »Religion«, sondern Glaube und Leben aus dem Glauben.

Dann freilich, wenn diese Gotteswirklichkeit dasteht und dieser Glaube sich ihr ergeben hat, kann auch alles, was es an religiöser Erfahrungsmöglichkeit gibt, in ihren Dienst treten; von ihr gebraucht und zugleich unter Kritik gestellt werden. Wohl entfaltet sich der Glaube in religiöser Erfahrung, bedarf ihrer aber im Letzten nicht. Er kann auch ohne sie bestehen.[2]

Dieser Gott der Offenbarung nun — wie ist das Verhältnis zu ihm? Es hat einen doppelten Charakter.

Er ist der Gott, der im Raum des Alten und Neuen Bundes hervortritt; fern, unerreichbar, unbekannt und verborgen.

Ist aber nicht auch die Gottheit Plotins so? Das von allem Weltlichen Unberührbare, Geistige, Einfache, jeder Bestimmung sich Entziehende? Jenseits von allem, was man unterscheiden und sagen kann, unaussprechbar, unauffaßbar, sodaß ihm gegenüber die einzige gültige Bekundung im verehrenden Schweigen liegt? Allerdings, dennoch kann der Fromme zu ihm gelangen, wenn er sich entsprechend bemüht: sich tief genug reinigt, sich vollkommen ablöst, sich sammelt, Schicht um Schicht seines Bewußtseins durchdringt. Dann, in den reinsten, stillsten, höchsten Erlebnissen, wird er dieses Gottes inne. Das ist beim Gott der Offenbarung nicht möglich. Die Entrücktheit des »Gottes Abrahams, Isaaks und Jakobs«, des »Gottes Jesu Christi« besteht nicht darin, daß der Mensch nicht geübt und geläutert genug; sein Denken nicht sublim, seine Intuition nicht kraftvoll genug ist. Der Gott der Offenbarung ist dem asketisch und kontemplativ Geübten genauso entrückt wie dem im Drang der Welt Stehenden; dem philosophischen und religiösen Genie genauso wie dem schlichten Mann. Die Entrücktheit des Gottes der Offenbarung liegt darin, daß er der Schöpfer ist, und das Geschöpf seiner nicht habhaft werden kann. Mehr: daß der Mensch in Sünde steht. Und nicht nur in einer Unreinheit, die er durch selbständige Entsagung und Übung überwinden kann, sondern in einer Schuld, die er begangen hat, als er noch in der Gottesgemeinschaft der Gnade lebte. Die Gnade aber hat er verloren; so ist die Ebene, auf der er sündigte, von ihm aus überhaupt nicht mehr erreichbar. An die Sünde, die ihm Gott verhüllt, kann er von sich aus nicht mehr herankommen.

Die Gottesferne, die sich in der Offenbarung enthüllt, hat eine Unerbittlichkeit, gegen welche die brahmanische oder platonische Verborgenheit ein Spiel ist, denn sie liegt in der heiligen, ihm selbst vorbehaltenen Freiheit Gottes. Gott aber kann diese Verborgenheit aufheben; nicht nur für den Großen, sondern auch, nein gerade für den Kleinen; nicht für den mystisch Geübten, sondern auch und gerade für den in der Not des täglichen Lebens Stehenden: durch die Offenbarung. Die

---

[2] Siehe dazu in: Guardini, Unterscheidung des Christlichen, Mainz 1935, das Kapitel: »Der Glaube in der Reflexion«.

Offenbarung aber richtet sich nicht an »religiöses Erfahren«, sondern an den Glauben.

Das Verhältnis hat noch einen zweiten Charakter, und der ist dem ersten entgegengesetzt: dieser gleiche Gott ist unsäglich nahe.

Wiederum nicht in der Weise nahe, wie dem indischen, oder persischen, oder nordischen Mystiker; auch nicht wie dem Primitiven, den von überallher das Göttliche anredet; das alles ist naturhaft nahe. Sondern daher, daß er in der Freiheit seiner Liebe zum Menschen gekommen ist: durch die Nähe der Offenbarung. Sie liegt im Gekommensein Gottes. Nicht in der Unmittelbarkeit der Erfahrung, sondern darin, daß er »zu uns gekommen« ist, in unsere Geschichte; eingetreten in die Nähe des Redendseins, »unser Gott« geworden. Und noch ist das erst Vorbereitung auf das Entscheidende, nämlich daß er Mensch geworden ist. Die Gottesnähe der Offenbarung liegt in der Menschwerdung. Die aber hat mit irgendwelcher religiösen Erreichungskraft des Menschen nichts mehr zu tun. Sie ist lauteres Geschenk; das Geschenk schlechthin.

Und nun sind wir, nach einem langen Umweg, bei der Frage angelangt, die wir zu Beginn gestellt haben. Der entrückte Gott; der ferne, vorbehaltene, freie, in nichts der Reichweite der Welt angehörende, kommt zu uns, weil er uns liebt. Er ist uns nahe, wie nichts nahe sein kann, was von der Welt her erfaßt wird. Gerade weil er nicht dem Bereich der religiösen Erfahrung angehört, kann er uns so nahe kommen. Seine Nähe ist die Liebe. Diese Liebe aber ist vollkommene Freiheit.

Daraus entspringt jener Charakter, der uns am Neuen Testament mit so tiefem Staunen erfüllt: die Menschlichkeit Gottes.

Nicht nur »Menschenfreundlichkeit«; nicht nur, daß er um uns besorgt, sondern daß er — wir können es nicht anders sagen — eben »menschlich« ist. Nicht vermenschlicht, auf unser Maß herabgezogen; das wäre Trug oder Überheblichkeit. Was wir meinen, ist nichts von uns her. Nichts, wodurch unsere Selbstbehauptung im Bilde Gottes zur Geltung käme. Hier ist etwas gemeint, das wir nur wissen, nein glauben können, da er es geoffenbart hat. Von dieser »Menschlichkeit« kann man erst sprechen, nachdem die erste Menschenmäßigkeit, jene der »religiösen Erfahrung«, überwunden und die Gottesbegriffe menschlichen Denkens dahintengelassen sind. Jetzt erst, nachdem Gott selbst »erschienen ist«, und »seinen Mund aufgetan und geredet hat«, durch Jesu Christi Gestalt und Wort und Tun, erfahren wir, daß er »menschlich« ist.

Es ist ein unsägliches Geheimnis, das man nur im Glauben und in der Anbetung auffassen kann. Aus der Menschwerdung redet es uns an:

was Gott sein muß, wenn es sein kann, göttlich sinnvoll sein kann, daß er Mensch wird? Wenn es sein kann, göttlich sinnvoll sein kann, daß nach jenem Augenblick in Nazareth für immer und ewig die Menschennatur in der Einheit der zweiten Person steht?

Gott ist fern, weil er Herr der Natur und Richter der Sünder ist; dem Menschen gegenüber unabhängig und von ihm durch keine Erfahrung oder Erdenkung zu erreichen. Er ist nahe, weil er aus seiner heiligen Freiheit zu uns kommt und bei uns ist. Vom Welthaften und Menschlichen her kann man ihn nicht benennen. Aus der Offenbarung aber erfahren wir, daß er — in einem nur zu lernenden, nur zu glaubenden, die ganze Fülle der Erlösung einschließenden Sinne — menschlich ist. Diese »Menschlichkeit« bildet den tiefsten Charakter des Neuen Testaments. Im Raum des Glaubens ist Gott nicht »das absolute Wesen«, sondern etwas anderes — wie auch im Raum des Glaubens, durch die Gabe der Gnade, der Mensch weder das Naturwesen noch das Kulturwesen ist, von dem die Wissenschaft oder das Umgangsbewußtsein reden, sondern etwas anderes.

Dieses Geheimnis bestimmt die christliche Haltung, und drückt sich aus in dem, was christlich richtig und falsch ist.

Wie das im unmittelbaren Gottesverkehr, im Gebet geschieht, sagt das Vaterunser. Das Vaterunser — zusammen mit der Bergpredigt und den Parabeln Jesu — ist der reinste und letzte Ausdruck dieses Geheimnisses.

Die Unbekanntheit Gottes

Man hört heute oft sagen, Gott sei der Unbekannte, und freut sich darüber. Es ist für die Frömmigkeit einer Zeit immer ein besseres Zeichen, wenn in ihrem Bewußtsein die Unbekanntheit Gottes hervortritt, als wenn sie gar so zuversichtlich von ihm sagt, er sei dieses oder jenes; so sei ihm gegenüber recht gehandelt oder falsch. Aber freilich, es macht einen großen Unterschied, wie von seiner Unbekanntheit gesprochen wird; ob fromm oder skeptisch, aus lebendiger Nähe oder aus dem Abstand der Begrifflichkeit.

Ist es aber auch richtig, Gott den Unbekannten zu nennen? Den Gott, von dem wir immerzu sprechen, auf den wir uns berufen, an den wir uns wenden?
Die Welt ist doch von ihm geschaffen! Es heißt doch, daß »die Himmel seine Ehre verkünden«, und daß man »aus der Sichtbarkeit der Welt erkennen könne, was unsichtbar ist an Gott«! Was aber Lob- und Schöpfungspsalmen immer wieder sagen, und der Römerbrief im ersten Kapitel lehrt, sind nicht nur philosophische Sätze, sondern

Mahnungen und Warnungen Gottes an den verblendeten und verhärteten Menschen. Sie sagen nicht nur: »Du kannst«, sondern »Du sollst« Gott erkennen; und wenn du es nicht tust, ist es Schuld. Das alles soll hier anerkannt und vorausgesetzt sein. In diesem Kapitel geht es uns aber um einen besonderen Zug im Gesamtbild der christlichen Erkenntnis. Es geht uns darum, zu sehen, wodurch diese von der Heiligen Schrift gemeinte Gotteserkenntnis sich vom sonstigen wissenschaftlichen oder philosophischen Erkennen unterscheidet. Also gleichsam um den Einschuß von Nicht-Erkennen im Erkennen, durch welchen dieses erst seinen besonderen Charakter erhält.

Im übrigen brauche ich wohl nicht darauf aufmerksam zu machen, daß es sich hier um etwas Tiefes und Vielverflochtenes handelt; und daß, wenn wir einen bestimmten Zusammenhang darin darstellen, es nur unvollständig und einseitig geschehen kann.

Wenn also einer allzu unbedenklich von der Erkennbarkeit Gottes spräche, würden wir ihn fragen:

Wo triffst Du in der Welt auf Gott? Ist da nicht alles zugestellt? Mit Bergen, mit Ebenen, mit Bäumen und Tieren, mit Häusern und Dingen und Luft und Licht? Ist da eine leere Stelle, »wo« Gott stünde?

Er würde wohl erwidern: »So kann man nicht sprechen. Gott ist ja doch überall!«

Überall, gewiß — aber wie komme ich an ihn? Wie merke ich, wer er ist?

»Die Dinge sind von ihm geschaffen, und ein Bild seiner Herrlichkeit. In ihnen offenbart er sich.«

Aber was sagen sie denn von ihm? Doch nur, was sie selbst sind. Der Baum kann sprechen: das Ragen meines Stammes, das Ausgreifen meiner Äste, die Wölbung meiner Krone, die Macht des treibenden Lebens in mir, das alles — ja, wird er sagen: ist Gott? Gewiß nicht. Sondern: es hat sein Urbild in Gott. Aber gleich dazu: natürlich ist es anders als Gott selbst, denn Gott ist unendlich und unbegreiflich. Also enthüllt es Gott und verdeckt ihn zugleich. Durch alles, was es ist, sagt es »Ja« von ihm, aber auch »Nein«.

»Aber eben dieses Geheimnis des Heilig-Andern wird doch auch an den Dingen deutlich! Man schaut es. Man ahnt es. Das Menschenherz empfindet es!«

Gewiß — wenn auch vieles von der behaupteten religiösen Erfahrung in der Natur nur nachgeredet oder anempfunden ist. Wer sich aber nicht täuschen läßt, merkt bald, wie zweideutig diese freischwebende Erfahrung ist. Berufen sich nicht alle Religionen darauf — sie, deren Durcheinander nicht nur soviel Widerspruchsvolles, sondern auch so Abgeschmacktes und Empörendes über Gott behauptet?

Oder blicken wir in die andere Welt, die innere. Es heißt ja, in ihr offenbare sich Gott. Was ist aber diese innere Welt? Wie sieht es darin aus? Ist nicht auch sie ganz erfüllt? Mit Gedanken und Vorstellungen, mit Begehren und Wollen, mit Freude und Not und Empfindung aller Art? Ist da eine Stelle, wo Gott gleichsam unmittelbar durchbräche? Ein leerer Ort, wo er stünde? Man behauptet ja wohl manchmal dergleichen, aber es ist nicht wahr. Die innere Welt hat ebensowenig Lücken wie die äußere. Auch sie ist von Endlichkeiten ganz erfüllt. Auch von ihr können wir nicht sagen, Gott sei irgendwo »besonders«, an Stelle eines Dinges. In allen diesen inneren Kräften, Vorgängen, Zuständen ist Gott und wirkt in ihnen. So tut er sich in ihnen kund — wird aber auch durch sie verhüllt. Die Freude im Herzen, die Tiefe eines Leidens, die Klarheit einer Erkenntnis sind Bilder von ihm, sicher; aber er ist doch wieder anders, unausprechlich anders als alles das: »So hoch der Himmel ist über der Erde, sind meine Gedanken über euren Gedanken.«

Nun reden nicht alle Dinge Gleiches von ihm. Manche sprechen vom Saum seines Gewandes. Manche von der Kraft seiner Hände. Manche lassen die Weisheit seiner Gedanken ahnen, oder die Tiefe seines Herzens. So gibt es Dinge, die von besonders Bedeutungsvollem in Gott reden — auch sie aber immer im Ja und Nein zugleich.

Da ist das Gewissen. Wir nennen es Gottes Stimme im Herzen. Aber redet es denn so, daß wir daraus unmittelbar erkennen könnten, wer da spricht? Im Gewissen drängt es, dieses zu tun, jenes zu meiden. Hemmungen melden sich darin, Widerstände, Antriebe, oft ein verwickeltes, ja widerspruchsvolles Geflecht. Zuweilen ist es schwer, auch nur zu erkennen, was da gefordert wird. Wieviel schwerer noch, den aufzufassen, der hinter dem Gewirre der inneren Stimmen als der Eigentlich-Redende steht.

Da ist das Herz. Es fühlt Gott. Aber wie fühlt es ihn?

Wenn man es fragte: wo ist er Dir? Dann könnte es nur antworten: »Hier, überall, nirgends ...«

Was ist er?

»Ich kann's nicht sagen.«

Wie ist er Dir?

»Ich weiß es nicht. Und doch weiß ich es. Wenn ich es ausdrücken soll, dann nehme ich die edelsten Worte, die es gibt, entsprungen aus dem innigsten Zueinandersein der Menschen, und lege es hinein. Aber wenn ich dann ehrlich sein will, so muß ich doch immer hinzufügen: es ist, › wie wenn ‹ ...«

Man sagt, im Laufe der Welt werde Gott kund. In der Fügung des Geschehens, in der Führung der Menschenschicksale, in der Geschichte zeige sich seine Hand. Das wird richtig sein — aber so ohne weiteres und einfachhin?

Wie geht es denn im Dasein zu? Wie sieht die Fügung der Menschenschicksale aus? Welchen Eindruck macht das Weltgeschehen?

Es ist »geordnet«, sagen die einen — und haben recht. In ihm zeigen sich starke, tragende Sinngefüge, in denen man sich geborgen fühlt, auf die man sich verlassen kann.

Es ist »furchtbar«, sagen andere — und auch sie haben recht. Seine Gewalten sind oft alles andere als wohltätig. Sie gehen über den Menschen, sein Wünschen und Schaffen hinweg! Willkür und Tücke scheint am Werke zu sein. Wie oft wird etwas zerstört, gerade als es blühen wollte.

»Sonderbar sieht's aus in der Welt«, sagen noch einmal andere. So, daß man lachen möchte und weinen zugleich; so, daß man sich nur durch den Humor helfen kann — und es ist nicht die schlechteste Antwort, die so spricht.

Wie ist also nun Gott, von dem behauptet wurde, er offenbare sich in diesem Lauf der Dinge?

Aber besinnen wir uns auf uns selbst, jeder mit seinem tiefsten Wissen auf sich. Wie steht's denn da?

Fühle ich nicht Gottes Hand unter meinem Sein? Ganz drinnen, wenn ich in mich hinabsteige und an die Stelle komme, wo ich inwendig an das Nichts grenze? Steht nicht da Er, und trägt mich? Gibt mir Ort und Sicherheit? Fühle ich nicht Gott an den feinen, vielverflochtenen Fäden meines Lebensgewebes, wie er ordnet, knüpft, löst, abreißt, weiterspinnt?

Sicher, sicher! Aber wie, als wen zeigt er sich denn? Was bekomme ich denn von ihm zu Gesicht?

Oder ich gehe den Lauf meines Lebens zurück, und gelange an den Ort, wo mein Sein beginnt: da steht doch Er!

Ja; aber sehe ich da ein Angesicht? Wohl fühle ich das Geheimnis, daß da mein Sein aus einem schaffenden Wort heraustrat — aber wo dieses Geheimnis webt, ist Dunkel.

Und nach vornhin: die Hoffnung sagt mir, ich gehe zu ihm. Einmal kommt ja die Stunde, da alles seine Türe ist, und hinter der Türe er steht. Manchmal erwacht der Gedanke daran, bang und doch seliger Erwartung voll; einst … wohl; aber er steht eben doch nur hinter der Türe.

Dazwischen mein Leben; verworren und ordnungsvoll zugleich; erfüllt vom Gefühl ruhigen Sinnes, und wieder von Ungewißheit, Sorge, Sehnsucht, Öde, Überdruß, Empörung … Kann ich da erklären: Gott, der sich offenbart, ist so oder so?

Wieder sagt man: Gott ist gut. Also ist da doch etwas über ihn behauptet.

Sicher — Gott ist gut — wenn du aber all den Schmerz in der Welt bedenkst, von der Qual der Tiere, bis zu den Tiefen der Menschennot; all das Schreckliche, das kein Warum findet — was bedeutet dann die Gutheit Gottes, wenn sie das alles erträgt und aufrechterhält?

Gott ist mächtig.

Wieder wahr. Aber Gott will doch, daß das Gute geschehe, das Edle herrsche, das Heilige maßgebend sei — und wie sieht es tatsächlich in der Welt aus? Hast du das furchtbare Gewebe des Gemeinen, des Niedrigen, des Bösen, des Häßlichen schon einmal wirklich in den Blick bekommen? Gott ist mächtig — und er duldet diese ständige Beiseitesetzung seines Willens? Man hat von dem Geheimnis der Ohnmacht Gottes in der Welt gesprochen; von dem Geheimnis, daß das Heilige in der Welt schwach sein müsse. Was bedeutet dann aber seine Allmacht?

All die Eigenschaften, mit denen man von Gott redet — was sagen sie von ihm? Daß er gerecht ist, langmütig, weise — was meint das? Was es bedeutet, wenn wir einen Menschen gerecht nennen, wissen wir. Wir fühlen, wie es schon ins Schweben gerät, sobald wir es auf einen ganz großen Menschen anwenden. Was aber vollends aus der Bedeutung »gerecht« wird, wenn wir sie von Gott aussagen — wird sie dann nicht in die Unbekanntheit verschlungen? Sind die Aussagen über Gott nicht Weisen, wie uns Menschenwort und Menschenbedeutung vom Abgrund der göttlichen Unbekanntheit aus der Hand gerissen werden?

Bis jetzt haben wir immer von der Offenbarung gesprochen, die durch das Sein der Welt geschieht — hat sich aber Gott nicht auch durch sein ausdrückliches Wort in die Geschichte hinein offenbart? In der lebendigen Gestalt Jesu Christi, so daß, »wer ihn sah, den Vater schaute«?

Ganz gewiß, und es ist die Offenbarung der Offenbarungen. Gott ist geworden, was wir sind, Mensch, damit wir von da aus ihn verstehen könnten, der über allem Menschsein ist. Er hat gleichsam sein Wesen in die Sprache unseres Seins übersetzt, damit wir, dieses Wort unseres Seins verstehend, sein ewiges Wesenswort vernehmen könnten, das er darin spricht. Das ist unendlich wahr. Aber hat er sich nicht eben dadurch tiefer verhüllt, als wenn er — nimm diese Rede als das, was sie ist, Notbehelf menschlichen Unvermögens — als wenn er »im Himmel geblieben« wäre? Ist er nicht dadurch, daß er so zu uns kam, tiefer zurückgewichen, als es vorher zu sein schien? Wäge doch den Gedanken! Empfinde das Gemeinte: »Gott ist Mensch geworden«. Was heißt denn das? Der ewige Gott — ein Geschöpf in der Zeit ... der unendliche Gott — ein Wesen im Raum ... der allmächtige Gott — ein Menschenwesen, dem Gewalt angetan, das gebunden und gequält wird und getötet wurde ... Fühlst Du nicht, wie gerade das, was uns Nähe ist, was wir verstehen, unser Menschliches, uns aufreizt zu sagen: so etwas ist nicht möglich?

Paulus spricht vom Gnadenwalten Gottes. Er sagt: dein ganzes Christsein ist Gnade. Alles ist dir geschenkt. Alles, was du tust, tust du aus geschenkter Kraft. All dein christliches Wirken und Schaffen steht schon innerhalb des Kreises, der als Ganzes Gottes Gabe ist.

»Aber bin ich es dann noch, der da lebt?«

Gerade dann bist du es!

»Ja, ist das Gewirkte dann mein?«

Je reiner Gottes Gabe, desto reiner dein.

»Kann ich denn einstehen dafür?«

Ebendas wird dir gegeben, daß du es bist, der hier verantwortlich ist; gerecht oder ungerecht ...

Alles das ist Offenbarung, Gotteswort. Wir ahnen die heilige Wahrheit, die darin liegt. Aber werden wir sagen, das sei nur ein Offenbarwerden? Nicht auch eine Verhüllung?

Wahrlich, was wir Offenbarung nennen, ist, von hier aus gesehen, wie das Tun eines Menschen, der von einem Bilde mit der einen Hand eine Hülle wegstreifte, und mit der andern zöge er ihr eine dichtere nach.

Es ist schon so: er ist der unbekannte Gott.

Thomas von Aquin hat in seiner »Summe wider die Heiden« über den Beginn der Gotteslehre den Satz geschrieben: »Das göttliche Wesen übersteigt in seiner Unermeßlichkeit jede Form, die unser Verstand zu berühren vermag. So können wir sie nicht so erfassen, daß wir erkennen, was es ist.« Der große Lehrer hat gewußt: die Frömmigkeit alles Sprechens über Gott beginnt damit, daß wir aus tiefstem Herzen erkennen: Er ist der Unbekannte.

Wenn Gott ganz »bekannt« wäre — wäre er uns dann das, was uns »Gott« ist? Nein. In irgendeinem Sinne würde er für uns nicht mehr in Betracht kommen. Er wäre unseres Maßes geworden. Wir fühlen genau: bekannt im eigentlichen Sinne des Wortes kann er uns gar nicht sein. Seine Göttlichkeit hängt daran, daß wir ihn nicht durchkennen, auskennen. Aber es ist kein solches Nicht-Kennen, wie wenn wir sagen: »Im Weltenraum sind Sterne, die uns unbekannt sind.« Dieses Nichtkennen bedeutet, daß das von ihm Verhüllte uns nichts angeht. Es ist für uns einfach nicht da. Hier wissen wir: Gott muß uns »unbekannt« sein — aber gerade seine Unbekanntheit geht uns an. Sie ist das Kostbarste. Sie verheißt uns Heimat. Unsere Seele wittert im Unbekannten das Eigentliche, woraus sie lebt, und den Ort, wo sie hingehört.

Es ist bekannte Unbekanntheit. Ich kenne ihn nicht, und weiß doch tief um ihn. Überall verhüllt er sich, aber aus allem tritt er hervor. Thomas von Aquin sagt: »Wir kennen Gott so, wie einen, der von fern daherkommt, von dem wir aber nicht wissen, wer er ist.« Wie einen aus dem Geheimnis Herkommenden, von dem aber das Herz doch weiß, daß er seine Seligkeit ist.

Ein seltsames Wort spricht Paulus, wenn er sagt: »Gott wohnt in dem Lichte, in das niemand hineingelangen kann«. Niemand kann hineingelangen. Es ist weglos. Weglos für das, was die Bahnen des Lichtes geht, also für den Blick. Das heißt aber doch wohl »dunkel«? Warum sagt Paulus nicht, er wohne im Dunkel? Aber es ist schon richtig: es ist ein »Dunkel«, das zugleich Licht ist, und eine Weglosigkeit, der man sich anvertrauen kann.

Ein Wissen, welches Nichtwissen ist; eine Nähe, aber entrückt; eine Gegenwärtigkeit, die sich enthebt ... und wir fühlen, das alles muß so sein, weil er Gott ist. Die Eindringlichkeit von alledem; die zarte und gewaltige Kraft, mit der er ans Gefühl geht — das ist die Lebendigkeit Gottes.

Er drängt heran ... er tut sich auf ... er durchwest alles ... er ist das eigentlich Wirkliche — aber gerade weil er das ist, ist er uns ferne. Warum? Was ihn verhüllt, ist unsere Endlichkeit. Wir sind es, die diese Schwebe, dieses Ja und Nein, diese Verhüllung im Offenbarsein vor ihn tragen. Unsere Endlichkeit tut so; unsere Kleinheit, und — vergessen wir nicht — unsere Sünde. Unser Auge ist nicht nur seiner unendlichen Sinn- und Wirklichkeitswucht gegenüber schwach, sondern auch vom innern bösen Wollen beherrscht, abgelenkt, falsch gestellt. Er ist aber der Heilige und läßt sich von einem solchen Auge nicht erblicken.

Je inbrünstiger wir nach ihm greifen und schmerzlich fühlen, daß er sich uns entzieht, Er, der Lebendige, desto lebendiger sind wir bei ihm. Je näher neben aller Aussage über ihn der Einspruch steht: »Und doch ist er nicht so; er ist ja anders«; je tiefer das Nahesein durch das Wissen um seine Entrücktheit in Sehnsucht verwandelt wird; je brennender das Glück, ihn zu besitzen, durch das Bewußtsein, daß er ja doch nur in der Hoffnung steht, zum Entbehren wird; je reiner und herzdurchgreifender die Reue über die Sünde, durch welche Gott uns ferngerückt wird — je reiner so das Wissen um seine Verborgenheit wird — desto reiner wissen wir um Gott.

Was heißt das: an Gott glauben? Doch nicht nur, daß ich das abstrakte Urteil vollziehe: »es gibt ihn«. Auch das; aber darüber hinaus eine Bewegung meines Seins zu ihm hin; einen Akt, durch den ich bei ihm Stand fasse und mich ihm in persönlicher Treue verbinde. Doch auch damit ist es noch nicht am Ende. Damit ist wohl der heilbegründende Kern des Glaubens gegeben: das Wagnis, die Hingabe, das »Herschenken der Seele«. Lebendiger Glaube aber will mehr sein: Bewußtsein von heiliger Wirklichkeit. Kardinal Newman braucht immer wieder das Wort »realisieren«. Wir sollen die Wahrheiten des Glaubens nicht nur mit Worten bezeichnen; nicht nur mit Begriffen meinen; wir sollen nicht nur mit unserer personalen Treue zu ihnen stehen, sondern sie als Inhalt und Wirklichkeit lebendig vollziehen. Dazu bedürfen wir aber der Kraft, das Gemeinte aufzurufen, seinen Inhalt in uns hinzustellen, ihm Wirklichkeitsgewicht zu geben. Das heißt natürlich nicht, der Glaubende hätte den Gegenstand zu »schaffen«; es handelt sich vielmehr um das, was beim Vollzug der Glaubenserkenntnis vorgeht. Und da bedeutet lebendiger Glaube nicht nur das Aussprechen eines Urteils; die Feststellung eines Tatbestandes; die Einsicht in die Richtigkeit eines Begriffsgefüges, sondern geistige »Realisation«, Vollzug und Vorsichhaben von Wesensinhalt, Wertgültigkeit, Wirklichkeitsgewicht ...

Einst war die Welt eine geschlossene Größe, ein Kosmos. Man empfand und dachte sie als etwas, was umgriffen werden kann; mit dem Gefühl, mit dem Auge, mit der Vorstellung, mit der Messung, auch wenn es praktisch nie gelang, weil Menschenkraft dafür immer zu klein war. Der »Ort«, das »Wo« Gottes war das Außerhalb dieser Welt — freilich auch, ihm gegenüber, das »Innen« der göttlichen Alldurchwohnung und Alldurchwirkung... Gott wurde als jener vorgestellt, der über der Welt wohnt, sie umfaßt, sie auf der Hand trägt, oder wie immer die Bilder lauten mögen. Das neuzeitliche Weltbild besitzt aber jenen Charakter der Umfaßbarkeit nicht mehr. Es ist mathematisch endlos. Die Welt ist so, daß man immer noch weiter denken muß; daß man nicht denken kann, irgendwo höre sie auf ... so gibt es für das Empfinden und Vorstellen Gottes den »Ort« des »Außerhalb der Welt« als etwas Lebendig-Vollziehbares nicht mehr. »Wo« ist dann Gott? Wir müssen eine neue Dimension erobern, eine neue Transzendenzvorstellung. Die aber liegt, glaube ich, in der Erfahrung der Grenze.

Auf Grenzen stoßen wir überall. Alle Dinge, Gestalten, Vorgänge und Beziehungen haben Maß; ein bestimmtes Maß. Das heißt aber, sie sind begrenzt. Doch so ist es zu äußerlich ausgedrückt. Es hieße bloß, daß sie nur »bis hierhin« gehen und dann aufhören. »Grenze« sitzt viel tiefer; sie sitzt »innen«. Was immer man von den Dingen sagen kann, kann man nur so sagen, daß man sie ebendamit von dem unterscheidet, was sie nicht sind. Wenn eine Frucht diese runde Gestalt hat, dann fasse ich sie so auf, daß ich sie ebendamit von anderen Gestalten unterscheide; durch Grenzsetzung also. Meine lebendige Gestalt ist mein Umriß; dieser Umriß bedeutet aber zugleich die Weise, wie mein Sein gegen den umgebenden Raum hin aufhört. Bestimmung ist Grenze, und Grenze ist Bestimmung. Wenn die Frucht rot ist, so und so schwer, diesen Duft und diesen Geschmack hat, dann ist erfaßt, was sie ist; aber in der Abgrenzung gegen das, was anders und was sie nicht ist. Die Weise, wie sie ist, ist zugleich das Nein von ihr gegen das andere und das Nein vom anderen gegen sie: 'Grenze. Mein lebendiges Wesen ist das mir Charakteristische; dieses Charakteristische bedeutet aber zugleich den Inbegriff der Unterscheidungen, mit denen ich mich gegen die anderen absetze.

Überall, wo es endliches Sein gibt, ist Grenze. Überall, wo es bestimmte Größe gibt, bestimmte Art und Eigenschaft, ist Grenze. Überall also, an jeder Stelle des Seienden, ist Grenze. An dieser Grenze entlang läuft jenes »Draußen«, jene Transzendenz, die wir Heutige vollziehen können. Was für das frühere Empfinden der Raum um die geschaffene Welt herum war, ist heute die andere Seite der Grenze. Dieser Grenze aber begegnen wir überall; an jedem Punkt unseres Seins und Denkens. Was ist und also ein Bestimmtes ist, ist mit Grenze gesättigt, grenzhaft durchaus. Und immer auf der »anderen Seite« dieser Grenze — »andere« Seite nicht gemeint als das »Umgebende«, sondern schlechthin — liegt die lebendig erfahrbare Transzendenz: der Ort Gottes.

Das bedeutet eine bestimmte Haltung, wie ich meine Wirklichkeit und die der Welt erfahre, nämlich als begrenzt. Nehme ich nun dieses Begrenztsein in Redlichkeit und Frömmigkeit an, dann erfahre ich auch die eigentümliche Bedeutung der Grenze: ihre Ausdruckskraft; ihre Fähigkeit, das, was auf der einen Seite liegt, hinüberzusprechen auf die andere — die schlechthin andere. Nun werden alle Grenzen redend. Sie reden mir, der diesseits steht von dem andern drüben. Das aber ist letztlich und eigentlich nicht ein Etwas, sondern ein Jemand: Gott.

Diese überall verlaufende »innere Transzendenz« zu gewinnen muß einer der entscheidenden religiösen Durchbrüche unserer Zeit sein. Gelingt er, dann werden wir der Welt tiefer gerecht. Dann haben wir auf alle falschen Verkleinerungen, die den Zweck hätten, einen Schein-Raum für Gott zu finden, verzichtet, dafür aber ein neues Element der Wirklichkeit und einen neuen, ihm zugeordneten Akt der Anschauung und des Erfahrens gewonnen. Von dort her wird die Welt, der zuerst ihre ganze Größe gegeben wurde, wiederum relativiert. Nicht so, daß man ihr vorschriebe: »hier hörst du auf«. Das geht nicht. Aber so, daß man zu ihr sagt: »in deiner Größe, und mag sie von solcher Art sein, daß sie es uns unmöglich macht, irgendwo aufzuhören, sitzt überall, an jeder Stelle und in jeder Bestimmtheit, die Grenze. Du magst endlos sein in den Vorstellungen, die du uns von deiner Ausdehnung gibst — sicher aber bist du grenzhaft in deinem Wesen«. Damit ist sie aber »in ihre Grenzen gewiesen«. Der Geist hat den Stand gewonnen, von dem aus er die Welt überwinden und Raum für Gott und Raum für die Freiheit der Person schaffen kann.

VOM LEBENDIGEN GOTT: DIE VORSEHUNG (1936)

Im Neuen Testament kehrt ein Gedanke immer wieder und drückt den Inbegriff dessen aus, was Christus uns gebracht hat: die Vorsehung. So manche Gleichnisse handeln davon: das vom Sperling, der nicht vom Dache fällt, ohne daß Gott es weiß; das von den Vögeln, die er nährt, und den Blumen, die er kleidet. Wir werden gemahnt, uns nicht ängstlich um Speise und Kleidung zu sorgen; um Brot für heute und morgen zu bitten, vertrauend, daß die Zukunft in des Vaters Hand liege. Und immer wieder klingt das Geheimnis durch in der Innigkeit des Wortes: »Euer Vater im Himmel ...«
In alledem ist gesagt: mit eurem Dasein und mit eurem Leben und mit allem, was zu euch gehört, seid ihr umgeben von einer unendlichen Güte. Was immer auch geschieht, kommt nicht von ungefähr, sondern es wirkt euer Wohl, denn der Lauf der Dinge ist von einer liebenden Sorge gelenkt, die auf euch gerichtet ist.

Wir dürfen das nicht leichthin nehmen. Blicken wir uns in der Welt um, dann sieht sie nicht gerade danach aus, als ob es sich wirklich so verhielte. In ihr geht das Ganze seinen unerbittlichen Gang — und wie oft über den einzelnen und sein Glück hinweg! Gute Menschen verkümmern, können sich nicht auswirken, und so vieles hätte ihrer hegenden, weckenden Hand bedurft. Schaffende Menschen sterben, bevor sie ihre Frucht getragen haben, und andere gedeihen, man weiß nicht, aus welcher Gerechtigkeit. Edlen Wesen, die sich nicht wehren können, wird Gewalt angetan. Reine Gedanken finden keinen Raum; kostbare Dinge gehen zugrunde, aber Niedriges, Durchschnittliches, Gemeines macht sich breit ...
Manchmal scheint sinnlose Willkür zu walten; zerstörender Zufall. Und zuweilen ist es, als ob etwas Tückisches am Werke sei, und gerade

dann, wenn etwas Schönes aufblühen, oder eine seltene Erfüllung reifen könnte, alles zerbräche.

Vielleicht erwidert jemand, es herrsche doch eine Ordnung in der Welt; alles gehe nach genauen Gesetzen! Allerdings, eine Ordnung ist da. Aber sie kümmert sich nicht um den Menschen. Sie geht ihren Gang über ihn hinweg. Scheint sie denn auf die Lebenserfüllung der Menschen angelegt? Oder auf Gerechtigkeit unter ihnen, und sei's auch nur im bescheidensten Maß? Der Menschen — dieses Menschen, müßten wir sagen, denn es gibt ja doch immer nur den lebendigen Einzelnen — Lebenserfüllung könnte doch nur bedeuten, daß sein Herzensverlangen erfüllt würde, sein Schaffenswille Raum fände, seine Sehnsucht nach Größe sich vollenden könnte. Aber das Weltall schaut ihn nicht an; es geht seinen Gang. Die Tiere kümmern sich nicht um uns. Sie sind eingefangen in die Notwendigkeiten ihres Daseins. Die Bäume merken nicht auf uns, auch wenn wir von ihnen essen. Sie wachsen und vergehen. Die Berge blicken uns nicht an. Sie stehen da.

Und da kommt nun einer und spricht von Vorsehung!

Was wäre denn Vorsehung?

Vorsehung wäre, wenn ich überzeugt sein dürfte: ich, mit meiner lebendigen Person, stehe in einer Ordnung, die mich nicht zwingt, wie ein Naturgesetz das Atom, oder mich braucht, wie die Fabrik ihre Arbeiter, sondern die auf mich gerichtet ist. Die Dinge müßten auf mich zukommen. Ich müßte gemeint sein von dem, was geschieht. Der Weltlauf müßte in einem Einvernehmen mit dem innersten Verlangen meines Wesens stehen ... Wenn wir aus unserer Erfahrung heraus und mit unserem Verstande die Welt betrachten, dann kommen wir zu einer blinden und kalten Ordnung. »Vorsehung« aber meint, daß in allem, was geschieht, ein Sehen sei; und was da gesehen wird, sei ich. Sie meint, daß da ein Voraussehen sei auf das hin, was gut für mich ist. Daß Augen in der Welt seien, auf alles achtende Augen, denen nichts entgehe, was mir schadet oder nützt. Daß »kein Haar von meinem Haupte falle«, ohne daß es bemerkt und gewogen worden sei und zwar auf mein Heil hin. Daß in allem Weltgeschehen ein Meinen sei, ein Herz, eine Sorge; und eine Macht, stärker als alle Weltmacht, die vermöge, was jenes Herz meint und was jene Sorge will.

Es ist nicht gut, wenn man das Geheimnis der Vorsehung zu billig nimmt. Wenn man von ihr spricht wie von einer natürlichen, ein wenig unwahrscheinlichen, ein wenig sentimentalen Weltordnung! Der ganze Glaube mit seiner Kühnheit steht hinter dem Gedanken. An die Vorsehung glauben, den lebendigen Glauben an die Vorsehung vollziehen, heißt das Bild der Welt verwandeln. Sie bleibt dann nicht die Welt der

Naturwissenschaft. Sie wird lebendig. Freilich ist das keine phantastische Lebendigkeit. Keine Märchenwelt, in welcher Merkwürdigkeiten passieren, und die aufhört, sobald man es mit dem Ernst der Wirklichkeit zu tun bekommt. Vorsehung bedeutet nicht, daß wir der Welt ihre Härte nehmen. Was sie ist, bleibt sie. Aber Vorsehung sagt, die Welt mitsamt ihren natürlichen Tatsachen und Notwendigkeiten sei nicht in sich abgeschlossen, sondern liege in einer Macht und diene einer Gesinnung, die höher sind als sie. Die Gesetze des toten Stoffes hören nicht auf zu gelten, wenn das Leben ihn ergreift; ebensowenig wie die des körperlichen Wachstums, wenn im Menschen Herz und Geist ihre Welt aufbauen. Sie bleiben; aber sie dienen einem Höheren. Und wer dieses Höhere sieht, der sieht den Dienst, den jene Kräfte und Gesetze in ihm tun. Vorsehung bedeutet, daß alles in der Welt sein Wesen und seine Wirklichkeit behält, aber einem über alle Welt hinaus Höchsten dient: dem Liebeswillen Gottes.

Diese Liebe Gottes zu seinem Geschöpf, das er sich zu seinem Kinde gemacht hat, ist aber lebendig, so wie die eines lieben Menschen zu dem, der ihm teuer ist. Sie folgt ihm in seiner Entwicklung, in seinen Schicksalen, in seinem immer neuen persönlichen Tun und Entscheiden. So ist auch Gottes Liebe zum Menschen lebendig und immer neu. Und sie zieht die ganze Welt in die stets neue Hinwendung Gottes zu ihm hinein. Von Mal zu Mal faßt sie die ganze Welt, Gegenwärtiges und Gewesenes, Sein und Geschehen zusammen in den Augenblick und wendet es dem Kinde Gottes zu.

So wird die Welt in jedem Augenblick neu. Jeder Augenblick ist nur einmal. Er war noch nicht da, und kommt nicht wieder. Er steigt aus Gottes Liebesewigkeit herauf und nimmt alles Sein und Geschehen in sich, auf das Kind Gottes hin. Was geschieht, kommt von Gott her, aus seiner Liebe, auf mich zu. Es ruft mich an. Es fordert mich auf. Darin soll ich leben und handeln und wachsen und der werden, der ich nach Gottes Willen sein soll. Und immer wieder soll darin die Welt vollendet werden zu dem, was sie nur durch den Menschen — nein, durch mich, werden kann.

Aber ob das nicht doch nur eine schöne Dichtung ist?

Oder etwas, das ich nur »glauben« kann, im verzweifelten Sinn des Wortes, ohne davon jemals irgendeine Erfahrung gewinnen zu können? Nein; es ist Wirklichkeit, und man kann ihrer inne werden. Es gibt eine Möglichkeit dazu, und die kommt immer wieder. Sie heißt: »das Jetzt«.

Man kann den Gedanken der Vorsehung bloß mit dem Verstande denken. Dann bleibt er Theorie. Man denkt dann eben, daß alles von Gott erschaffen ist, und alles, was geschieht, seinen Willen erfüllt. Wenn dann die Welt zu widersprechen scheint, so appelliert man daran, wie das Gesamte der wirkenden Kräfte so vielfältig, und das Gefüge der Zwecke so weitschichtig sei, daß wir es nicht durchdringen können; daran, daß wir noch weniger das Gewirr menschlicher Schicksale durchschauen können und uns also wohl bei dem Gedanken beruhigen dürfen, was im einzelnen vielleicht wie Sinnlosigkeit oder Zerstörung scheint, diene doch einem letzten Ziel. Das wäre schon viel; wäre schon eine Überwindung. Aber viel mehr ist möglich.

Die Vorsehung ist Wirklichkeit; und diese Wirklichkeit soll man vor allem nicht denken, sondern man soll sie tun ... Ja, dazu müßten wir jetzt eigentlich vom Papier weg ... Wie soll man sagen, was gemeint ist? Da kommt jetzt eine Nachricht: »das ist geschehen«. Nun stehen die Dinge so und so. Es schließt sich um Dich her, das Gefüge der Dinge und Ereignisse und Anforderungen, und schaut Dich an. »Es«, die Situation — nein, das ist nicht ein Es! Wecke Deinen tiefsten Sinn: *Er* ist's! Du sollst Dir da gewiß nichts einreden, sondern wahr bleiben. Aber wach sein, hörend, dann wird Dir eines Tages deutlich werden, daß Er da ist und Dich anschaut, und Du bist angeredet und aufgefordert. Und nun trittst Du lebendig in diese Einheit hinein und handelst aus ihr, aus jenem Angeredetsein und Aufgefordertsein — da ist Vorsehung! Da denkst Du nicht mehr bloß, sondern Du tust. Da gibt es Offensein und Bereitschaft, und dann — jetzt! Da begibt sich Vorsehung.

Was heißt das? Daß Vorsehung nicht ein fertiger Apparat ist, der funktioniert, sondern daß sie sich schöpferisch vollzieht aus dem Neuen der Freiheit Gottes heraus, und »auch« aus unserer kleinen Menschenfreiheit. Nicht irgendwo, sondern hier. Nicht überhaupt, sondern jetzt. Sie ist ein Geheimnis des Lebendigen Gottes, und in dem Maße erfährst Du es, als Du Dich selbst lebendig hineinstellst; es nicht über Dich hinweggehen läßt, sondern mittust. Du wirst angerufen. Du wirst von Gott in das Gewirke seines voraussehenden Schaffens hineingezogen. Dein Gewissen soll sehen, was es jetzt gilt. Deine Freiheit — von Gott Dir gewährt, von ihm Dir freigegeben — soll's aus sich herausheben. Deine Hände sollen zufassen. Als lebendiger Mensch sollst Du im lebendigen göttlichen Tun stehen.

Das Geheimnis der Vorsehung bleibt tot, sobald wir es nur denken. Es wird Wirklichkeit, wenn wir es tun.

Dann wirst Du inne, was das heißt »der Lebendige Gott«. Dann erfährst Du: dieser Augenblick ist neu. Diese Situation war noch nicht da. Aber sie steht nicht im Leeren, Phantastischen, sondern im Gefüge der Wirklichkeit. Und nun gilt es! Nun handle, wie gehandelt werden soll. Aber frei, Gott ist's, der handelt. Du bist und handelst — wenn es erlaubt ist, in der Demut des Geschöpfes so zu sprechen — im Einvernehmen mit ihm. Doch nein; lösch das aus. Er allein. Und doch, gerade dann erst recht Du ... Und das ist Vorsehung.

Es klingt zunächst seltsam, wenn mit Bezug auf Gott von Ferne oder Nähe gesprochen wird, da es ja doch für ihn weder das eine noch das andere gibt, sondern er einfachhin ist. Wenn wir fragen: was ist?, dann lautet die erste Antwort: Er, Gott. Dann erst, im Abstand der Anbetung, heißt es weiter: die Welt ist, und in ihr bin ich. Dieses aber, das Endliche, ist nur, weil er es im Sein hält. Er durchwaltet es, ist ihm inne, tiefer als es sich selbst je innewerden kann. Und dennoch spricht die Offenbarung von Ferne und Nähe.

Was zwischen Menschen geschieht, ereignet sich zwischen den beiden Polen der Nähe und Ferne: Finden und Verlieren, Erfüllung und Entbehrung, Liebe und Treue. So hat die Offenbarung jene Lebenspole zum Gleichnis genommen und die Kunde von dem, was zwischen Gott und dem Menschen geschieht, in sie hineingebettet.

Das Geheimnis von Gottes Ferne und Nähe wiederholt sich in der Erfahrung des einzelnen. Jeder wird wohl einmal inne, wie wunderbar es ist, wenn er nah, und wie schwer, wenn er fern ist. Was da freilich jenseits des Bildes, in Gottes Wirklichkeit vor sich geht, kann man nicht sagen; denn auch dann, wenn alles leer scheint, und der Geist Mühe hat, die Worte des Gebetes zusammenzubekommen, ist Gott da, bestehen wir doch nur dadurch, daß er da ist. Aus dem Leben der ägyptischen Wüsteneinsiedler wird erzählt, wie einer nach langer Prüfung der Ferne fragt: »Herr, wo warst Du doch in der schrecklichen Zeit?« Gott aber antwortet: »Dir näher als je!«

Immer ist er nahe, seiend an der Wurzel unseres Seins; redend in der Tiefe unseres Gewissens. Doch es ist offenbar so, daß wir unser Verhältnis zu Gott zwischen den Polen der Ferne und der Nähe erleben sollen. Durch die Nähe werden wir gestärkt, durch die Ferne geprüft. Wenn Gottes Nähe sich zu fühlen gibt, ist es leicht, gläubig zu sein; ist er aber fern, dann wird es Zeit für den nackten Glauben, der nichts hat als das Wort: »Ich lasse Dich nicht!«

Mit der großen Geschichte ist es nicht anders. In früheren Zeiten war, so scheint es, die Welt von Gott voll. Nicht, daß die Menschen besonders gut gewesen wären; es hat Unrecht und Sünde gegeben wie heute. Trotzdem war wohl etwas anders: das Gute ist aus der Nähe Gottes heraus geschehen, und das Böse wider diese Nähe, und deswegen waren auch Umkehr und Buße so tief. Im Lauf der Zeit wird aber das Herz immer kühler. Die Welt wird immer voller von Sachen; die Stunde bedrängt von immer heftigerem Geschehen — das Dasein aber in seiner Tiefe wird immer leerer. So leer, daß einer, der gescheit war wie wenige und im Innersten verworren wie kaum einer sonst, erklären

konnte, Gott sei »tot«. Ein furchtbares Wort! Wie es meistens nach-
gesagt wird, ist es ja nur Gerede; der es aber zuerst gesagt hat, hat
damit das Gefühl der Gottesleere, des Alleinseins im Ganz-Fremden
ausgesprochen. Nun spricht die halbe Welt es ihm nach. Wenn aber einmal die Zeit
kommt — und sie wird kommen, nachdem die Dunkelheit durchgestanden ist — und der Mensch Gott fragt: »Herr, wo warst Du doch
damals?«, dann wird er wieder die Antwort vernehmen: »Euch näher
als je!« Vielleicht ist Gott unserer frostigen Zeit näher als dem Barock
mit der Pracht seiner Kirchen, dem Mittelalter mit der Fülle seiner
Symbole, dem frühen Christentum mit seinem jungen Todesmut; nur
empfinden wir es nicht. Er aber erwartet, daß wir nicht sagen: »wir
fühlen keine Nähe, also ist kein Gott« — sondern daß wir ihm durch
die Ferne hin die Treue halten. Daraus könnte ein Glaube erwachsen,
nicht weniger gültig, ja reiner vielleicht, härter jedenfalls, als er in den
Zeiten des inneren Reichtums je gewesen ist.

MYSTIK (1932)

Man hat gelehrte Untersuchungen darüber angestellt, ob es die unmittelbare Gotteserfahrung gebe oder nicht; ob sie außergewöhnlich sei
oder zum recht gegangenen Weg des Glaubens gehöre ... Andere haben
aus der Mystik etwas Zweideutiges, der Reinheit und dem Charakter
des christlichen Glaubens Gefährliches gemacht ... Wieder andere
etwas psychologisch Interessantes, eine Sache der Literatur, etwas
Genießerisches, eine religiöse Spezialität oder was sonst ... Über alledem ist die christliche Selbstverständlichkeit vergessen worden, die aus
der Schrift, aus dem Leben der Heiligen, aus dem Bewußtsein des gläubigen Volkes hervorleuchtet: daß Gott der lebendige Gott ist, und in
Christus der Gott der Nähe. Daß wir »in ihm uns bewegen und Leben
haben und sind«. Daß er die Liebe ist und die Freiheit und die Gnade
— und daß keine Macht der Welt, keine Aufstellung der Wissenschaft
und keine Lehre eines Theologen ihn aufhalten kann, wenn es ihm ge-
fällt, die Seele zu berühren von Leben zu Leben. Glaube, der schlicht
und großmütig ernst machte; der von Gott die Sehnsucht nach der Unmittelbarkeit der Liebe empfing und diese Sehnsucht nicht verkommen
ließ, sondern unablässig um ihre Erfüllung betete, wenn er auch noch
so lang darauf warten mußte; der sich nicht mit Vorläufigkeiten ab-
speisen ließ, sondern demütig und mit der Zuversicht der Gotteskindschaft auf dem Letzten bestand — er ist wohl immer irgendwie in jenes

eingemündet, das mit dem fragwürdigen Wort »Mystik« bezeichnet wird, sobald man nicht vorzieht, es einfach den Glauben in seiner Fülle zu nennen.

Religiöse Erfahrung — Gottverlassenheit (1963)

Je weiter wir in die Geschichte zurückgehen, desto stärker wird das, was »religiöse Erfahrung« heißt. Das Wort meint jenes unmittelbare Empfinden, das in allen Dingen, allen Geschehnissen, allen Zusammenhängen unmittelbar ein numinoses Element fühlt. Danach ist alles Wirkliche mehr als das, was die von unserem heutigen Gefühl her so zu nennende »empirische« Erfahrung auffaßt. Jedes Wirkliche ist das, was darin gesehen, gemessen, gegriffen werden kann »plus« der Tatsache, daß es von Gott geschaffen ist und von ihm im Sein erhalten wird. Dieses Gefühl scheint immer schwächer zu werden.

Die heutige allgemeine Glaubenskrise besteht zu einem großen Teil darin, daß diese unmittelbare religiöse Erfahrung — wahrscheinlich unter dem Einfluß von dem, was Masse, rationale Wissenschaft und Technik heißt — abnimmt, vielleicht überhaupt verschwindet; daß die geschaffene Endlichkeit, die Welt und der Mensch selbst sich für das Gefühl sozusagen von Gott ablösen, »bloße« Welt, »bloßer« Mensch, »nackt« werden. Die Unnatur dieses Zustandes zeigt sich in alledem, was Philosophie, Kunst, ärztliche Erfahrung, Psychologie usw. die »Angst« des heutigen Menschen nennen, seine »Ortlosigkeit« und »Einsamkeit«, seinen Überdruß. Auf der anderen Seite wird die Welt im Großen wie im Kleinen als immer ungeheurer erkannt, die Bedeutung des Menschen, seine »Macht«, als immer größer werdend erfahren.

Ein Existenzbild arbeitet sich heraus, in welchem der Mensch als »bloßer«, nackter, aber beständig gewaltiger werdender, »titanischer« Mensch mit der bloßen, nackten, aber immer ungeheuerlicher werdenden Welt allein ist; in welchem er nach ihr greift und sie zum Material für ein Werk macht, dessen Grenzen ins Nicht-zu-Messende gehen. Im Maße das geschieht, werden Gott und alles Göttliche immer fremder und unwirklicher. Sie werden als Bezeichnung von Mächten und Möglichkeiten empfunden, die einst über den Möglichkeiten des Menschen lagen, die er aber nun selbst in die Hand nimmt. Soweit Gott und Religion im Gefühl von Menschen noch real sind, werden sie von den Andersdenkenden als Erfindungen sozialer Gruppen (Kirchen) empfunden, die ihn zur Erreichung ihrer Interessen oder zur Aufrechterhaltung ihrer weltfeindlichen Macht benutzen. Zwischen Gott und den Menschen wird jenes »entweder Er oder ich« gestellt, das Friedrich Nietzsche und, mit anderer Farbe, aber gleichem Sinn, Karl Marx aufgestellt haben. Es ist gesagt worden, dieser Zustand sei als »Gottesferne«, als »Gottverlassenheit«, als von Gott verhängte »Finsternis« zu verstehen. Mir scheint, der Gedanke ist irrig; er scheint selbst in den geschilderten Vorgang hineinzugehören. Ich glaube — das wird in derselben Behutsamkeit ausgesprochen wie alles, was hier gesagt wird —, diesen Zustand nimmt Gott selbst als eigenen Schmerz. Er duldet ihn als Teil jener Geschichte, die er in seiner Welt lebt.

Aus dem Gesagten entsteht die Frage: wenn die unmittelbare religiöse Erfahrung wirklich abnimmt, vielleicht eines Tages als allgemein wirksamer Faktor überhaupt verschwindet; wenn anderseits die Welt immer höheres Eigengewicht bekommt, der Mensch immer größere Macht gewinnt, der Weltreiz ihn immer stärker überflutet, die Weltaufgabe immer gewaltiger wird und ihn immer mehr in Anspruch nimmt — wie kann er dann zur Gotteserkenntnis, zum Glauben kommen, bzw. welchen Charakter wird der Glaube haben?

Mir scheint, Ausgangspunkt für die Gotteserkenntnis wird die genaue und redliche Analyse der Endlichkeit der Welt und des Menschen sein. Mit »Redlichkeit« ist gemeint, daß in der Erfahrung des Endlichen zwischen der Größe des Seienden und der Aufgabe auf der einen Seite und der Absolutheit Gottes auf der anderen genau unterschieden wird. Das Bewußtsein also, daß eine noch so gewaltige Steigerung der Endlichkeit, ihrer Wirklichkeit, ihrer Werte und Aufgaben nie mehr ergibt als größere Endlichkeit. Der Rausch des Quantitativen muß durchschaut und erkannt werden, wovon die Erfahrung der Leere, der Angst, der Ortlosigkeit, des Überdrusses usw. Symptome sind — nämlich davon, daß der heutige Mensch nur mit Endlichem umgeht. Das bedeutet zugleich den Nachweis, daß das Wert- und Sinnverlangen des Menschen nicht nur graduell Vieles und Großes, sondern Absolutes verlangt. Daß dieses Verlangen aber keine irgendwie geartete Selbstüberschätzung des Menschen noch eingeredete Illusion bedeutet, sondern kategorial genau ist und nur durch Techniken zugedeckt werden kann.

Ferner sind alle die Momente zu sammeln, welche die Endlichkeit als »Werk« und als »Bild« erkennen lassen. Sie mögen im einzelnen nicht fähig sein, Überzeugung zu begründen; mir scheint aber, der Gedanke Newmans ist wichtig, wonach das wirklich Tragende der Gotteserkenntnis nicht ein einfacher Syllogismus, sondern ein Bündel von Sinnlinien ist, die in einem Punkte konvergieren, welcher »Punkt« eben Gott ist.

Was aber das gläubige Verständnis der Welt angeht, so wird der Christ die Menschwerdung Gottes nicht nur als Offenbarung der Erlösung, sondern als Schlüssel für das Verständnis des Daseins überhaupt nehmen. Er wird das All und sein Werden, die menschliche Geschichte und ihren Fortgang als Ausdruck für das verstehen, was wir die Geschichte Gottes in seiner Schöpfung genannt haben. Anders ausgedrückt: er wird das Sein alles Endlichen als ein Mysterium verstehen, in welchem sich die ebenso unbegreifliche wie beseligende Gesinnung Gottes, das Geheimnis der Liebe ausdrückt — welche Liebe er aber nicht in einem anthropozentrischen, sondern in ihrem eigentlichen, theozentrischen Sinn verstehen muß. Dadurch bekommt alles eine Objektivität und Größe, die stärker zum heutigen Menschen spricht als alle Pragmatismen.

DER ANGEFOCHTENE GLAUBE (1961)

Worauf unsere Frage geht, sind die besonderen Voraussetzungen, hinderlicher oder förderlicher Art, die die christliche Botschaft beim heutigen Menschen findet — im Unterschied zu jenem der vorausgehenden Zeit.

Den am deutlichsten greifbaren Unterschied (zwischen heute und früher) bildet der Atheismus als Element der heutigen geistig-politischen Weltsituation. Das Wort meint die grundsätzliche Ablehnung des Gottes, der sich in der biblischen Offenbarung kundtut; darüber hinaus aber auch jeder irgendwie gearteten göttlichen Wirklichkeit. Der Atheismus ist nicht erst neuerdings entstanden, seine Geschichte reicht weit zurück. Während er aber noch um die Jahrhundertwende den, der sich zu ihm bekannte, in eine mehr oder weniger isolierte Position brachte, ist er nun, sagen wir, gesellschaftsfähig geworden. Er hat ein neues Selbstbewußtsein gewonnen. Ja, er hat sich im Kommunismus zu einer Weltmacht von heftigstem Angriffswillen entwickelt. Das hat den Bestand wie das Ansehen des Offenbarungsglaubens sehr beeinträchtigt; darüber hinaus aber auch die Entscheidung für diesen Glauben in weiten Bereichen der Erde mit den größten Gefahren belastet.

Auf der anderen Seite wird aber die christliche Deutung des Menschen und der Inhalt ihrer selbst viel sicherer. Wohl haben sich für die Theologie aus den Einsichten der naturwissenschaftlichen und historischen Forschung wie aus den Umlagerungen der wirtschaftlichen und politischen Wirklichkeit neue Probleme erhoben. Zugleich empfindet aber der bewußt Glaubende eine neue Freiheit. Die mechanistische Denkweise vor der Jahrhundertwende, die — bewußt oder unbewußt — als Schema für das Weltverständnis das Bild der Maschine verwendete, hat für das Denken des Glaubens ein großes Hindernis bedeutet; sie ist weithin verschwunden. Das heutige Denken weiß, daß Leben etwas anderes ist als nur differenzierte Materie; daß der Geist Wirklichkeit ist, daß die Person grundlegend ist für das Verständnis der Existenz, und so fort. Damit haben sich positive Beziehungen zum Inhalt der Offenbarung ergeben, deren Tragweite noch gar nicht abgesehen werden kann.

Auf Grund der vorausgegangenen Entwicklung ist der Atheismus in eine besondere Nähe zum aufsteigenden Typus des »technischen Menschen« gekommen. Die Meinung bildet sich, alles könne gemacht werden; überall »gehe es auch ohne Gott«; ja, die höchste Menschenleistung werde überhaupt erst dann gelingen, wenn einmal das Hindernis der transzendenten Bindungen beseitigt sei. Das stellt den Christen zweifellos vor eine schwere Erprobung; ebenso zweifellos ist aber auch, daß es eine Klärung der religiösen Gesamtposition bewirkt.

Nachdem alle äußeren Hindernisse von seiten christlich bestimmter Institutionen gefallen sind, nachdem riesenhafte politische Systeme jede Verantwortung gegenüber einer höheren Instanz abgeschüttelt und begonnen haben, die gesamte Existenz nach rein diesseitigen Gesichtspunkten zu formen, wird es sich zeigen, ob der Mensch wirklich ohne Gott Mensch sein kann. Es ist das furchtbarste Experiment, das je unternommen worden ist. Allein die Opfer, die es bis jetzt gekostet, und die Gewalt, die es dem Menschenwesen angetan hat, bilden ein Negativum, das durch keinen technisch-wirtschaftlichen Fortschritt je aufgewogen wird. Darüber hinaus aber: die Psychologie hat gezeigt, daß jede echte seelische Forderung, die keine Erfüllung findet, Krankheit erzeugt; es wird sich zeigen, was die Zerstörung des tiefsten Menschheitstriebes am Ende bewirken wird — und wir wollen nicht vergessen, daß das Experiment noch nicht weit über seinen Anfang hinaus ist.

Abgesehen davon aber bedeutet das Hervortreten des Atheismus auch eine entscheidende Klärung des religiösen Feldes selbst. Bisher war er eine Untergrundsmacht; verdeckt in der Gleichgültigkeit der sozial Benachteiligten oder der Skepsis der offiziellen Gesellschafts- und Kulturführung. Jetzt steht er im Offenen und zwingt zur Entscheidung, und die Christlichkeit, die aus dieser entsteht, weiß, welches ihre echten Gehalte und Maßstäbe sind. Das gleiche geschieht dadurch, daß der Atheismus den Synkretismus zum Zerfall bringt, den die neuzeitliche Säkularisation bewirkt hat. Durch ihn wurden die christlichen Wahrheiten verwaschen, die Werte verbogen, die Haltungen unecht gemacht. Auch das zwingt zu einer Entscheidung, in der die christliche Botschaft wieder ihren echten Sinn gewinnen wird.

Was die Situation des Glaubens weiter verändert, ist die Tatsache, daß im Bewußtsein des heutigen Menschen die Welt wieder endlich wird. Das ist etwas sehr Merkwürdiges. Zu Beginn der Neuzeit stellte die Forschung fest, die mittelalterlichen Ansichten über die Größe des Weltbaues wie der Geschichte seien irrig. Der Raum wie die Zeit, das astronomische System wie die Dauer des Weltgeschehens gewannen ungeheure Maße; ja, im Gefühl der damals lebenden Menschen nahm die Welt den Charakter der Grenzenlosigkeit an. Ein Unendlichkeitsrausch brach aus, der für den personalen Gott der Offenbarung keinen Raum, für das Gefühl einer Weltschöpfung keine Erfahrungsfreiheit mehr zu lassen schien. Heute erleben wir die überraschende Tatsache, daß unsere Wissenschaft, in Richtung auf das Große wie auf das Kleine, zwar noch ganz andere Dimensionen feststellt; unser Weltgefühl Räumen, Zeiten, Maßen, Geschwindigkeiten ausgesetzt ist, von denen die beginnende Neuzeit nichts ahnen konnte — und dennoch wir die Welt nicht als unendlich empfinden. Daß diese Welt endlich ist, wird nicht nur unserem Verstande durch wissenschaftliche Überlegungen aufgenötigt, sondern wir sind dessen unmittelbar inne. Um nur eins zu nennen: für die Entstehung besonders des französischen Existentialismus kann man vielerlei Ursachen anführen; sicher aber bildet er einen Versuch, mit diesem Endlichkeitsgefühl und den dadurch ausgelösten personellen Krisen fertig zu werden. Begriffe wie die des »aktiven Nichts«, des »radikalen Ausgesetztseins«, der »absoluten Freiheit« u. a. hätten sich aus der Daseinserfahrung vor der Jahrhundertwende nicht bilden können.

Dieser Sachverhalt öffnet eine Erlebnismöglichkeit für jene religiöse Aussage, die alle übrigen trägt: daß nämlich die Welt geschaffen ist und die schöpferische Macht »Gott« heißt. Die psychologische Chance, den Schöpfer der Welt zu erkennen und existentiell zu ihm in Beziehung zu treten, ist unvergleichbar größer als sie in der zweiten Hälfte des vergangenen und zu Beginn dieses Jahrhunderts war. Das weiß jeder, der jene Zeit noch erfahren hat.

Mit dieser Tatsache scheint eine andere in Beziehung zu stehen: durch ihre Lehre, daß der Mensch wohl in der Welt ist, zugleich aber und quer durch diese Welt hindurch als Person unmittelbar zu Gott steht, begegnet die Offenbarung einem lebendigen Element unserer heutigen Selbsterfahrung. Wenn das gläubige Denken sich heute der Geistigkeit der Seele vergewissert, so geht es dabei nicht vom Begriff einer immateriellen Substanz, sondern von dem der Personalität, das heißt der Freiheit und Verantwortung aus. In genauer Entsprechung zur Intensivierung der äußeren — materiellen und biologischen — vertieft sich auch die innere Welt. Ebenso evident wie die Mächtigkeit der Materie — zu Gefühl gebracht durch die Forschungen der Physik und die Eroberungen der Technik — wird, als deren Gegenspiel, die Seins- und Akt-dichte der Person.

Der Affekt der Auflösung ins All, mit dem das neuzeitliche Gefühl die Welt-Unendlichkeit beantwortet hat, gehört nicht mehr zum Selbsterlebnis unserer Zeit. Die Welt mag noch so groß, ihre Gesetze mögen noch so zwingend sein, die Person erfährt sich ihr gegenüber als frei — das aber durch ihre Beziehung zu Gott. Wie weit der einzelne sich dieser Beziehung bewußt wird, hängt von der Entschiedenheit seines Selbstgefühls und von der Aufmerksamkeit ab, die er seinem inneren Leben zuwendet. Allgemein gesprochen scheint aber in der religiösen Erfahrung das Ich-Du-Verhältnis zu Gott die Verschwommenheiten des Pantheismus wie die Abstraktionen des Idealismus zu verdrängen.

Dazu wird auch die Gewalttätigkeit des Atheismus beitragen. Wieviel religiöse Werte unter seinem Angriff zerfallen sind und weiter zerfallen können, braucht nicht betont zu werden. Er wird aber auch zu einer Besinnung auf die Kernwirklichkeiten der Existenz zwingen, deren tiefste eben die Ich-Du-Beziehung zu Gott ist — sei es auch nur durch die Erkenntnis, daß die Unmittelbarkeit zu ihm den entscheidenden Rückhalt für den Widerstand gegen die Verstaatlichung des Menschen bildet. Es gibt in der geistigen Geschichte nicht viele Phänomene, die so erregend sind wie dieser stille, durch die Welt gehende Kampf um die Unabhängigkeit der Person. Letztlich wird er im Kampf um Gott ausgetragen: der Glaubende gewinnt das Bewußtsein, daß er, glaubend, für die Freiheit und die Ehre des Menschen steht.

Mit alledem hängt weiter die Veränderung zusammen, die im Verhältnis der christlichen Bekenntnisse zueinander — aber auch des biblischen Glaubens überhaupt zur Religiosität der außerchristlichen Menschheit vor sich geht. Was die christlichen Bekenntnisse betrifft, so war, trotz aller einzelnen Fühlungnahmen, das Verhältnis zwischen ihnen bis an den ersten Weltkrieg heran einfachhin ablehnend. Das hat sich in einer Weise geändert, die als Symptom von weitgreifender Bedeutung angesehen werden muß. Ein im einzelnen verschieden starkes Interesse für den anderen erwacht. Eine Bereitschaft, zu verstehen; ein Wille, nicht das Trennende, sondern das Gemeinsame zum Ausgangspunkt der Erörterung zu machen. Weithin wird man sich bewußt, daß die Trennungen der Christenheit nicht nur ein Unheil, sondern eine Schuld sind, für die alle sich verantwortlich fühlen müssen. Die Dinge können nicht mehr damit erledigt werden, daß der erste sagt: die dort sind Ketzer — der zweite: die drüben sind halbe Heiden. In steigendem Maße wird die Situation nicht mehr durch die Anklage gegen den anderen, sondern durch das Gefühl eines für alle schuldvoll-tragischen

Geschichtsganges bestimmt, dessen Folgen gemeinsam aufgearbeitet werden müssen.

Wichtig ist dabei die Weise, wie das geschieht. Noch um die Jahrhundertwende hätten solche Bemühungen einen relativierenden Charakter gehabt. Man hätte die Annäherung so gesucht, daß man die Aussage der Offenbarung in einem subjektiven oder symbolistischen Sinn genommen und so die Unterschiede in ein unverbindliches Ungefähr aufgelöst hätte. Demgegenüber zeigt sich heute unverkennbar ein Wille, zur Substanz der eigenen Position vorzudringen; Gedanken, Werte, Motive in ihrer Wesentlichkeit zu erfassen. So wird deutlich, daß es nicht nur um eine bessere Form des Zusammenlebens geht, sondern auch und vor allem darum, gemeinsam in die Wahrheit zu gelangen. Dadurch gewinnt alles einen neuen Ernst.

Daß hierbei der Angriff des Atheismus einen Randdruck bewirkt, der den Vorgang fördert, liegt auf der Hand. Die sich zu Christus bekennen fühlen unmittelbar eine Verbundenheit in der Gefahr. Sie ist jener ähnlich, die in den braunen Jahren den verschiedenen christlichen Bekenntnissen das Bewußtsein gab, einen gemeinsamen — nicht Gegner, sondern Feind vor sich zu haben, dessen Bedrohung elementarer war als die inneren Gegensätze. Damals hat das Verhältnis der Konfessionen zueinander ihre erste geschichtlich spürbare Veränderung erfahren; die Situation kehrt nun in heftigerer, und zwar globaler Form wieder. Die Christusgläubigen wissen, sie haben einen gemeinsamen, zu jeder Gewalt entschlossenen, zu jeder Unredlichkeit fähigen Feind. Das zwingt sie, sich bewußt zu werden, was das sei, »Christentum«, und warum dafür gekämpft werden müsse. Ebendas veranlaßt aber auch, dieses Christliche in seiner Wesentlichkeit zu suchen; denn von verwaschenen Positionen aus ist kein Kampf zu führen.

Auch im Verhältnis, in welchem die christlichen Bekenntnisse zum jüdischen stehen, gehen geschichtliche Ereignisse mit innergeistigen Klärungen zusammen. Ohne die dunkel-verworrene Motivation untersuchen zu wollen, die zu dem grauenhaften Versuch geführt hat, das jüdische Volk als solches zu zerstören, ist jedenfalls so viel zu sagen, daß all das Unrecht, das im Laufe der Geschichte an diesem Volk begangen worden ist, im nationalsozialistischen Versuch zum gesammelten Ausbruch gekommen ist. Das muß jeden, der einer tieferen Besinnung fähig war, zur Frage veranlassen, wie er selbst zu den Gedanken und Motiven stehe, die den Wahnsinn trugen. Und die Gründung des Staates Israel erscheint als repräsentativer Ausdruck der neuen Situation.

Mit den genannten äußeren treffen aber auch Vorgänge im christlichen Bewußtsein selbst zusammen. Lange Zeit hindurch hat das Alte Testament in der Theologie keine wesentliche Rolle gespielt, wurde vielmehr als Vorstufe zum Neuen angesehen. Die Wirkung war, daß es oft zu einem Gegenstand der allgemeinen Religionsgeschichte geworden ist. Seit einiger Zeit zeigt sich aber eine Änderung. Es wird deutlich, von welcher Bedeutung das Alte Testament für das Verständnis des Neuen ist. So ruht z. b. die Freiheit der christlichen Haltung auf der inneren Überwindung des Mythos, der autonomen Metaphysik und der antiken Staatlichkeit; diese Überwindung aber hat sich grundsätzlich im Alten Testament vollzogen — ein mächtiger Vorgang. Ebenso wird die alttestamentliche Lehre von der Schöpfung, von Gottes Liebe zu ihr und von der Aufgabe, die sie dem Glaubenden stellt, in der kommenden Vertiefung des christlichen Verhältnisses zur Welt eine entscheidende Rolle spielen. So wäre noch manches zu sagen.

Das alles geht mit den vorgenannten äußeren Geschehnissen zusammen und bewirkt, daß der Christlich-Gläubige der alttestamentlichen Religiosität mit neuem Interesse gegenübertritt. Ein konkreter Beweis darf in der Bedeutung gesehen werden, welche Gestalt und Werk Martin Bubers gewonnen haben. Durch sie steht nicht nur eine große Persönlichkeit und ein starkes Denken, sondern die jüdische Daseinsdeutung als solche im europäischen Gespräch.

Der nämliche Zusammenhang führt aber noch einmal weiter. Wieder sind es politisch-geschichtliche Vorgänge, die sich mit geistigen verbinden, und zwar jene, die zur Veränderung des Verhältnisses zwischen dem biblischen Bewußtsein überhaupt und der aus anderen Quellen gespeisten Religiosität der Weltvölker führen.

Das allgemeingeschichtliche Moment liegt in den Umlagerungen, die in den früheren Kolonien vor sich gehen. Auch hier kommt uns lange angesammeltes Unrecht zu Bewußtsein, das weiße Völker an afrikanischen und asiatischen verübt haben — wobei freilich nicht, wie das durch die kommunistische Propaganda geschieht, das Positive übersehen oder geleugnet werden darf, das durch sie auch geleistet worden ist. Jenes Unrecht belastet unsere religiöse Verantwortung dadurch, daß es — gewiß nicht der Absicht nach, aber faktisch — mit der christlichen Verkündung zusammengehangen hat; denn mit den Eroberern sind eben doch die Missionare gekommen, und es war unvermeidlich, daß diese allein durch ihre Anwesenheit deren Tun stützten. Eine wirkliche Schuld der christlichen Verkündung selbst aber liegt darin, daß sie den Ernst und den Eigenwert der außerbiblischen Religiosität nicht genug gewertet hat, so daß sie in mancher Beziehung als eine Verkündung europäischer Kultur erschien.

Auch hier ändern sich die Dinge. Schon die Tatsache, daß die ehemaligen Kolonialvölker sich wie im Bruch eines Dammes freimachen, zwingt zu einer Revision. Nicht zu reden von der politischen Notwendigkeit, sich mit der Mentalität der außereuropäischen Völker in einer

Weise auseinanderzusetzen, die nicht vom Bewußtsein des Kulturbringers oder vom Interesse des Forschers, sondern von der Achtung für den Partner auf dem Feld des Erdgeschehens diktiert ist. Das gilt auch für das Religiöse. Hier geht es um ein Gespräch der Weltvölker über die Wahrheit. So ist der aus der biblischen Offenbarung lebende Gläubige aufgefordert, die aus anderen Quellen gespeiste Religiosität in einer neuen Weise ernst zu nehmen. Er ist dem Andringen der fremden, vor allem der asiatischen Gedankenwelt ausgesetzt und muß ihr Rede und Antwort stehen; er wird es nicht nur abwehrend oder diskutierend, sondern in wachsender Erkenntnis des Wahrheitsgehaltes tun, der in jener liegt.

Welche greifbaren Wirkungen dieses Gespräch haben wird, ist noch nicht abzusehen. Jedenfalls geht den Theologen die Frage sehr nahe an, was sich ergeben werde, wenn die Inhalte der christlichen Offenbarung von Geistern durchdacht werden, die durch religiöse Erfahrungen von solcher Tiefe getragen und in so alter Weisheit geformt sind. Wenn man behauptet, das Bewußtsein des Erdvolkes werde ein ungläubiges sein, so steht dieser Prognose eine ganz andere gegenüber: ein christliches Weltbewußtsein von neuer Tiefe und Weite werde erwachsen.

Was aber die zahlenmäßigen Verluste angeht, die das Christentum durch eigene Fehler und Unzulänglichkeiten wie durch feindliche Gewalt und Propaganda erlitten hat, so wird es den Sachverhalt, auch den seines Verschuldens, erkennen und die Konsequenzen auf sich nehmen. Doch dann werden die entstehenden leeren Räume zu Gebieten neuen Vordringens werden. Alle Diagnosen auf ein Sterben des Christentums machen den großen Fehler, daß sie Christus und sein Werk als bloße Kulturerscheinung nehmen und die Zeitspanne für die Beurteilung viel zu kurz ansetzen. Christus ist Gottes Sohn, und ihm gehören die Zeiten. Der Christ aber lernt, in Jahrhunderten zu denken.

Mit dem Gesagten hängt etwas zusammen, auf das ebenfalls hingewiesen werden soll. Der Christ vor der Jahrhundertwende hat einen Gedanken noch nicht ernsthaft gedacht, der ihm heute zu Bewußtsein kommt, nämlich den von der Verantwortung für die Welt. Sein Verpflichtungsgefühl richtete sich auf Werte innerhalb der Welt — gemeint durch jene Forderungen, die aus seinen menschlichen Beziehungen und beruflichen Aufgaben erwuchsen. Eine Verantwortung für die Welt als solche, für die Erde als Raum und Reichtum des Daseins empfand er nicht. Es ist eine wichtige Tatsache, daß eine solche sich jetzt regt. Ursache dafür ist die geradezu explosive Steigerung der Macht, welche Wissenschaft und Technik dem heutigen Menschen in die Hand geben. Es wird ihm deutlich, daß er die Welt in der ihm unmittelbar gegebenen Form, nämlich der Erde, beeinflussen — auch, daß er ihr Leben als Ganzes in Frage stellen kann. Andererseits wird ihm fraglich, ob die Mobilisierung bisher gebundener Energien durch Wissenschaft und Technik in lebbaren Maßen gehalten werden könne, oder ob sie auf Grund ihrer eigenen Sachlogik vorangehen und in einen Zwang geraten werde, der Weisheit und Vernunft überrennen müsse. Mehr als das: dem heutigen Menschen müßte nach all den Taten barbarischer Grausamkeit und pathologischer Hybris klarwerden, daß er selbst durchaus nicht jenes ordnungswillige, gute, zu immer Besserem bereite Wesen ist, als das der Optimismus des Fortschrittsglaubens ihn ansieht: daß vielmehr Tendenzen in ihm wirken, die zu jedem Mißbrauch der eigenen Macht treiben können. So erkennt er, daß die Erde nicht jene feste Grundlage seines Daseins bildet, als die er sie noch bis vor kurzem angesehen hat; daß vielmehr Dinge, Werte, Ordnungen in ihr, ja die Erdwelt selbst und als Ganzes angegriffen werden kann.

Aus alledem erwacht ein neues Gefühl: der Mensch erkennt, daß er für die Erde verantwortlich ist. Ja, daß er sie retten muß, weil jeder Zuwachs an wissenschaftlicher Erkenntnis und technischer Macht die Sicherheit verringert, und dieser Zuwachs beständig und immer schneller vor sich geht. So gerät die Existenz als Ganzes in eine seither unbekannte Schwebe: was sie zu festigen schien, enthüllt sich als das, was sie recht eigentlich und immer gründlicher in Frage stellt.

Was dem begegnen kann, sind nicht wieder Erwägungen des ordnenden Verstandes oder Erfindungen vorbeugender Technik. Hier gibt es kein »fool-proof«. Gegen diese aus dem Grundcharakter des Menschen erwachsende Gefahr kann nur eine Instanz angerufen werden, die selbst nicht im Zusammenhang der »Erde« aufgeht, sondern fähig ist, aus ihm herauszutreten, und das ist die Person in ihrer Unmittelbarkeit zu Gott — aber nicht als abstrakte Idee oder schwankendes Weltgeheimnis, sondern als wirklich, im ursprünglichsten Sinn selbst personaler Herr des Daseins, dem die Welt gehört, und der für das Verhalten ihr gegenüber Rechenschaft fordert.

Die Gefahr der wie im Zwang vorandrängenden wissenschaftlichtechnischen Kultur fordert den Menschen in einer Weise heraus, daß Elemente der christlichen Personalität, die vorher schliefen, sich nun rühren müssen. Wie das geschehen wird, in welcher Weise sie sich mit den anonymen Impulsen des Machtwillens, des Erwerbstriebs, des Alles-machen-Wollens auseinandersetzen werden, ist eine Frage für sich. Das ethische wie das pädagogische Problem der Macht sind noch kaum gestellt. Ebensowenig wie das einer Theologie der Macht. Diese für etwas einfachhin Böses zu erklären ist ein großer — in der gegenwärtigen Situation dazu sehr gefährlicher — Irrtum. In der Genesis wird der Mensch als Ebenbild Gottes, diese Ebenbildlichkeit aber als die Fähigkeit bestimmt, über die Welt zu herrschen. Gott ist der Herr über sie von Wesen, weil ihr Schöpfer; der Mensch Gottes Geschöpf und daher Herr von Gnaden. So ist sein Herrentum wesenhaft an das göttliche gebunden, und die Ursünde ist jener Frevel, der dieses Grundverhältnis angreift — ebendamit aber auch jene Unordnung, die das Wesen des Menschen zerstört. Von hierher erwächst die Aufgabe, Wesen und Verantwortung des Menschen in der Welt neu zu durchdenken und Pflichten zu formulieren, deren Größe noch nicht abzusehen ist.

Endlich noch einige Bemerkungen zu der Frage, welches der geistige Charakter, die seelische Farbe der kommenden Gläubigkeit sein werde — wobei es sich natürlich nur um eine vielfacher Korrektur bedürftige Skizze handeln kann.
Das Wesen des Glaubens ist stets das gleiche: der Mensch erkennt, daß Gott, der schlechthin Unabhängigige, seine Wahrheit in die Welt hineinspricht, und er antwortet mit dem Gehorsam des Geistes. Er erfährt, daß Werte sich anzeigen, die für die Sinnerfüllungen des Daseins wesenhaft sind, die Werte des Heils, und bejaht sie als Gnade und Verpflichtung. Er wird inne, daß der lebendige Gott ihn in seine Gemeinschaft ruft, und folgt dem Ruf in Vertrauen und Treue. Das alles bildet den Kern des Glaubensverhältnisses in jeder, sei's geschichtlicher, sei's individueller Situation. Eine andere Frage aber ist, in welcher geistig-seelischen Weise er vollzogen wird.
Die christliche Frühzeit antwortet auf die Offenbarung mit einem jugendlich-freudigen Mut, der alles auf sich nimmt, was aus der Entscheidung zum Glauben hervorgehen muß, zugleich aber in Wort und Haltung das antike Maß hält … Die großen Wüstenheiligen werfen in glühender Hingabe alles von sich, was nicht Gott ist, um den Bann der zerfallenden antiken Kultur zu durchbrechen und den Glauben mit dem ganzen Sein zu vollziehen … Das Mittelalter errichtet auf dem Grund der Offenbarungswahrheit, mit Hilfe von Ideen der Antike, Erfahrungen der großen Mystiker und einer unerschöpflichen Fähigkeit der Symbolbildung seine religiöse Weltgestalt … In der Renaissance werden die neuen Impulse zur Entfaltung der Persönlichkeit und zur Eroberung der Welt vom christlichen Bewußtsein aufgefangen und in die Ideen des Gesprächs mit Gott, des Berufs als göttlichen Auftrags und der weltweiten Glaubensverkündigung eingeschmolzen … Im Barock, der letzten europäischen Gesamtkultur, entfaltet sich der Glaube in triumphaler Form. Nicht nur in Architektur und bildender Kunst, sondern auch in der Haltung des Glaubens wirkt sich die barocke Geste aus … Der Glaubensakt der Aufklärung nimmt das Verlangen nach

rationaler Klarheit und sittlicher Lebensbewährung, das durch Europa geht, in sich auf und bringt eine Haltung hervor, die bei näherer Kenntnis immer mehr gewinnt … Den negativen Momenten dieser Haltung, der rationalen und moralisierenden Kühle, tritt die Romantik entgegen. In ihrer Religiosität wirken sich die Grundkräfte der Seele, das Gefühl für Geschichte und Symbol neu aus und geben dem Glauben Wärme wie Tiefe … Anders wieder die zweite Hälfte des neunzehnten Jahrhunderts, die vom Positivismus in Wissenschaft und Technik bestimmt ist. Ihr Glaube ist mühsam, da er sich gegen eine harte Kritik durchsetzen muß.

Einen neuen Charakter wird, so denke ich, der Glaube haben, der die nächste Zukunft zu tragen hat. Ihn zu beschreiben, ist nicht leicht. Vielleicht gelingt es am ehesten, wenn man von den negativen Momenten ausgeht, die er zu überwinden hat.

Das erste ist die Intensität des wissenschaftlichen Erkenntniswillens, der den Anspruch erhebt, die einzige Grundlage jeder ernstzunehmenden kulturellen Erscheinung zu bilden. Daraus ergibt sich eine Tendenz zur Relativierung und eine Skepsis gegen jede Aussage, die die unmittelbare Erfahrungwirklichkeit überschreitet — als Kehrseite freilich auch eine merkwürdige Neigung zum Aberglauben, zu pseudomystischen Weisheiten und Geheimlehren.

Der heute Glaubende weiß, daß jede christliche Aussage sich vor der wissenschaftlichen Befragung zu bewähren hat, und ist dazu bereit. Er kennt aber auch die Neigung der Wissenschaft, ihre Zuständigkeit zu überschreiten, und ist nicht bereit, ihr dort Autorität zuzubilligen, wo sie keine hat. Er spürt die relativierende Wirkung der Tatsache, daß es auf der Erde viele Formen religiöser Stellungnahme und Weltgestaltung gibt, und sieht die Aufgabe, diese Wirkung zu überwinden. Er ist sich bewußt, daß alle menschlichen Dinge geschichtlich sind, das heißt im Fluß stehen, unterscheidet aber um so schärfer den absoluten Charakter des Offenbarungskerns, und so fort.

So darf man sagen, der Glaube, der heute geleistet werden muß, sei unnaiv, reflektiert, beständiger kritischer Prüfung ausgesetzt. Ein »angefochtener Glaube«, der sich immerfort seines Zentrums vergewissern, manche schöne Mannigfaltigkeit wegschmelzen muß, um des Wesentlichen teilhaft zu bleiben. Ein Glaube, der sich immer wieder gegen die Bezweiflung aufrichtet — womit keine unechte Gläubigkeit gemeint ist, die sich über Fragen hinwegsetzte, sondern eine Struktur, wie sie Kardinal Newman charakterisiert hat, als er sagte, »Glauben« heiße, »Zweifel tragen zu können«.

Das gilt auch für das religiöse Gefühl. Der aufmerksame Beobachter bemerkt eine überall deutlich werdende Auskältung des Gefühls. Sie durchzieht unsere ganze kulturelle Situation. Welche Konsequenzen sie haben wird, ist noch nicht abzusehen; jedenfalls wird aber alles von ihr betroffen. Eine Zeit, die derart auf rationales Erkennen, kritisches Prüfen, technische Präzision ausgerichtet ist wie die unsrige, wird kühl. Auch sind die Katastrophen, denen sie ausgesetzt ist, so geartet, daß die innere Regulation der Geschichte wohl die Erlebnisfähigkeit in Grenzen halten muß, damit der Mensch bestehen könne.

Das gilt auch für das religiöse Gefühl. Weithin fehlt es an tragender Erfahrung. In der Erziehungsarbeit setzen Bemühungen ein, die Fähigkeit zum Erleben der religiösen Wirklichkeit zu entwickeln und zu bilden; was sich daraus ergeben wird, steht aber noch dahin. Doch ist zu vermuten, daß die entscheidenden Momente der Gläubigkeit nicht im Erlebnis, sondern in der geistigen Innewerdung und im personalen Engagement bestehen werden. Der Glaube wird in hohem Maße Treue sein. Die seelische Dürftigkeit, die er gegenüber der Religiosität früherer Zeiten hat, wird dafür eine größere Reinheit und Ernsthaftigkeit mit sich bringen.

Endlich noch ein Drittes: eines der beunruhigendsten Charakteristika unserer Zeit ist die Schwächung, welche die Standkraft der Person erleidet. Was entscheidet, sind weithin die kulturellen Feldwirkungen: die soziologischen Zusammenhänge, die Wellen von Mode und Propaganda, die großen Zahlen usf. Die Fähigkeit hingegen, in sich selbst und für die eigene Sache zu stehen, mit eigener Überzeugung Einsamkeit zu überwinden, nimmt ab. Nicht ohne Grund hat man von einem Jahrhundert des Verrats gesprochen.

Auch das wird sich im Religiösen auswirken. Nicht umsonst hat Kierkegaard, der so viel vorausgeahnt hat, als Zentralmoment der geforderten Glaubenshaltung die Entscheidung des »isolierten Einzelnen« aufgestellt, die gegen die Widerstände vollzogen und gegen alle Einflüsse festgehalten wird. Von hierher wird der Glaube mühsam werden. Sein Ja zu sprechen und aufrecht zu halten wird schwerer werden, als es je war, dafür aber auch edler und reiner.

TEIL 4

DAS ZENTRUM DER MENSCHLICHEN EXISTENZ

DIE ANNAHME SEINER SELBST (1953)

Es gibt die Auflehnung dagegen, man selber sein zu müssen: warum soll ich es denn? Habe ich denn verlangt, zu sein? ... Es gibt das Gefühl, es lohne nicht mehr, man selbst zu sein: was habe ich denn davon? Ich bin mir langweilig. Ich bin mir zuwider. Ich halte es mit mir selbst nicht mehr aus ...
Es gibt das Gefühl, mit sich selbst betrogen; in sich eingesperrt zu sein: nur so viel bin ich, und möchte doch mehr. Nur diese Begabung habe ich, und möchte doch größere, leuchtendere. Immer muß ich das gleiche. Immer stoße ich an die nämlichen Grenzen. Immer begehe ich dieselben Fehler, erfahre dasselbe Versagen ...
Aus alledem kann eine unendliche Monotonie kommen; ein furchtbarer Überdruß. Ganze Zeiten waren dadurch charakterisiert; und zwar solche von sehr hoher Kultur. Denken wir etwa an das französische 18. Jahrhundert, in welchem die Langeweile eine uns kaum noch verständliche Rolle spielte — so sehr, daß manche, umgeben von einer wunderbaren Verfeinerung der Form, des Verkehrs, der Kunst, des Lebensgenusses, wie Pascal gesagt hat, »vor Überdruß vertrockneten«.
So wird der Akt des Selbstseins in seiner Wurzel zu einer Askese: ich muß auf den Wunsch verzichten, anders zu sein als ich bin; gar ein anderer, als der, der ich bin. Wie drängend dieser Wunsch werden kann, mögen wir aus den Mythen und Märchen ersehen, die bei allen Völkern wiederkehren, und in denen ein Mensch in ein anderes Wesen verwandelt wird: auf die Höhe zu in ein Gestirn; nach der Tiefe hin in ein Tier, oder in ein Ungeheuer, oder in einen Stein ... Ich muß darauf verzichten, Begabungen zu haben, die mir versagt sind; meine Grenzen erkennen und sie einhalten. Das bedeutet nicht den Verzicht auf das Streben, aufzusteigen. Das darf ich und soll es; aber auf der Linie des mir Zugewiesenen ... Ich darf aber auch nicht dem Ressentiment verfallen; jener Haltung, die verrät, daß ich doch nicht wirklich angenommen, wirklich verzichtet habe, und darin besteht, das mir Versagte schlecht zu machen.

An der Wurzel von allem liegt der Akt, durch den ich mich selbst annehme. Ich soll damit einverstanden sein, der zu sein, der ich bin. Einverstanden, die Eigenschaften zu haben, die ich habe. Einverstanden, in den Grenzen zu stehen, die mir gezogen sind ... Ich kann nicht erklären, wie ich ich-selbst bin; ich kann nicht verstehen, warum ich so oder so sein muß; ich kann meine Existenz nicht in irgendeine naturhafte oder geschichtliche Gesetzmäßigkeit auflösen, denn sie ist keine Notwendigkeit, sondern eine Tatsache. Zugleich aber die für mich entscheidende, die Tatsache einfachhin. Sie ist, wie sie ist, und könnte auch anders sein. Sie ist, und könnte auch nicht sein. Und doch bestimmt sie vom Innersten her mein ganzes Dasein.

Das alles heißt: ich kann mich selbst nicht erklären, noch mich beweisen, sondern muß mich annehmen. Und die Klarheit und Tapferkeit dieser Annahme bildet die Grundlage alles Existierens.

Diese Forderung kann ich auf bloß ethischem Wege nicht erfüllen. Ich kann es nur von etwas Höherem her — und damit sind wir beim Glauben.

Glauben heißt hier, daß ich meine Endlichkeit aus der höchsten Instanz, aus dem Willen Gottes heraus verstehe.

Gott ist wirklich und notwendig. Er ist in sich begründet, sinnvoll und bedarf keiner Erklärung. Die Erklärung für Gott ist er selbst. Er ist so, weil er so ist. Und er ist überhaupt, weil er Gott ist. Er ist der absolut Selbst-Verständliche — wobei wir freilich hinzunehmen müssen, daß jenes »Selbst«, von dessen Verstehen hier gesprochen wird, das seine ist.

Dieser Gott ist der Herr; und er ist es von Wesen. Das bedeutet nicht nur, daß er Herr über die Welt, sondern auch und zuerst Herr über sich selbst ist. Er ruht in seinem eigenen Herrentum.

Dieser Gott ist es, der mich geschaffen hat. Bleiben wir in unsrer Rede: er ist der, der mich mir gegeben hat. Damit ist das Fragen am Ende. Darüber hinaus zu fragen, etwa: warum hat er mich mir gegeben, und als diesen gegeben, und heute und hier? — hat keinen Sinn, denn es würde nur zeigen, daß ich nicht gewürdigt habe, was das heißt: »Gott«. Zu antworten: er hat mich geschaffen, weil es so im Ganzen der Welt richtig ist; oder weil ich darin das und das leisten soll; oder weil es sinnvoll ist, daß personale Existenz sei, besagt nicht mehr, sondern weniger, als zu antworten: weil er es gewollt hat ...

Hier ist wohl auch der Ort, etwas über jenes Moment zu sagen, von dem heute so viel, ernst und unernst, gesprochen wird, nämlich der Angst. Wir meinen nicht jene, zu der nur allzu begründeter Anlaß besteht, nämlich das Gefühl einer Bedrohung durch die politische Situation, oder durch die kulturelle und soziale Entwicklung selbst.[1] Vielmehr die Angst, welche keinen bestimmten Anlaß hat, sondern aus dem immer gegebenen Zustand des Daseins hervorgeht. Die Philosophie der letzten Jahrzehnte sieht in ihr das Selbsterlebnis des endlichen Seins als solchen, das sich durch das Nichts bedrängt fühlt. Sie sei vom Seinsbewußtsein unablösbar, ja mit ihm identisch; Sein heiße In-Angst-sein. Es ist Zeit, daß hier widersprochen wird. Das Endlich-Seiende muß durchaus nicht in Angst, es könnte auch in Mut und Zuversicht existieren. Daß unsere Existenz den Charakter der Angst hat, bildet nicht das Erste, sondern das Zweite; denn die Endlichkeit, die sich hier ängstet, ist an ihrer Angst selber schuld. Sie ist die empörte Endlichkeit, die eben durch ihre Empörung in die Preisgegebenheit geraten ist. Die erste Endlichkeit, der Mensch in seinem Anfang, wußte sich geschaffen und ins Eigensein freigegeben durch Gott, welcher der Wahrhaftige und Gütige ist. Er wußte seine Freiheit im Willen Gottes begründet; daraus kam ihm Recht und Macht, ins eigene Dasein vorzugehen. Diese Endlichkeit wurde als Glück, als aller Erfüllung fähige Möglichkeit erlebt. In ihr war nicht Angst, sondern Mut und Vertrauen und Freude. Ihr Ausdruck war das Paradies.

Die Angst kam erst, als der Mensch sich dagegen empörte, endlich zu sein; nicht mehr Ebenbild, sondern Urbild, das heißt unendlich-absolut zu sein beanspruchte. Dabei blieb er zwar endlich, verlor aber den Zusammenhang mit seinem Ursprung. Nun verkehrte die Zuversicht sich in Hybris, und der Mut in Furcht. Die Endlichkeit, die vorher als Kostbarkeit erlebt wurde, kam nun als Fragwürdigkeit zu Bewußtsein; die unabmeßbare Weite des Möglichen wurde zur Ortlosigkeit. Bis schließlich die Gottesleugnung der Gegenwart um die eigene Endlichkeit herum die bedrohende Leere schuf, das bis zum Überdruß besprochene Nichts, das Gespenst des geleugneten Gottes. Der in diesem Verhältnis steht, hat allerdings Anlaß zur Angst; aber nicht deswegen, weil sie zum Wesen der Endlichkeit gehörte, sondern weil er, das Erbe der Urschuld vollstreckend, sich zu dem sinnlosen Dasein der bloßen Endlichkeit entschieden hat ...

Und weiter: wenn ich mir selbst gegeben bin, dann ist mir ebendarin auch meine Lebenschance gegeben; und wenn der, der mich mir gegeben hat, der Weise und Gütige ist, ja sogar, wie Christus sagt, mein Vater — dann will er doch, nach des gleichen Christus Wort, daß »ich lebe, und in Fülle lebe«. Diese Lebenserfüllung kann aber nur die meine sein; nicht die eines anderen. So führt der Weg zu allem Guten aus meinem Wesensansatz heraus — und die Tapferkeit der Selbstannahme bedeutet zugleich das Vertrauen auf diesen Weg.

[1] Vgl. dazu Guardini, »Die Macht«, Würzburg ⁴1957

99

Ich-Sein heißt geradezu einen Weg haben, jenen, der aus dem Ich der Anfänglichkeit in das der Vollendung führt. Der kann weit umführen, durch Bedrängnisse und Dunkelheiten. Er kann scheinbar verwehen und verschüttet werden. Immer ist er aber da, sogar wenn er durch den Untergang führt. Man sagt dergleichen nicht gern. Es klingt pathetisch; und außerdem wendet das Gewissen ein, ob der Redende denn selbst damit ernst mache. Aber schließlich muß er die Wahrheit doch sagen, auch wenn er selbst davor nicht bestehen kann. Der Tod ist nicht, was all das makabre Gerede in Philosophie und Dichtung und Kunst verkündet; der Weg geht durch ihn hindurch ...

Es gibt ein Buch des Philosophen Keyserling, in welchem er erzählt, wie er um die Welt gereist ist, um sich selber kennenzulernen. Hat man freilich das Buch gelesen, so fragt man sich, ob es ihm gelungen sei ... Doch gibt es noch eine andere Schilderung, eine hochberühmte, wie einer das Nächste, nämlich sich selbst einzuholen sucht auf dem weitesten Wege: Dantes »Göttliche Komödie«. Darin geht die Fahrt von der Erde weg durch die Hölle und alle ihre Tiefen; durch den Reinigungsort über alle seine Stufen; durch die Sphären der Himmel hinauf bis in die letzte Entrücktheit Gottes. Am Schluß aber liest man, wie dem Wanderer das Geheimnis Christi geoffenbart wird, durch den unser Menschenwesen in die Existenz des Sohnes Gottes aufgenommen ist. Da versteht er nicht nur, was über alles Irdische hinausliegt, sondern auch sich selbst. Nachdem er erkannt hat, wer Christus, weiß er auch, wer Dante ist, und nun ist wirklich alles gut.

Das ist sehr tief, aber auch, wenn man es richtig bedenkt, wahrhaft selbstverständlich.

Wer ich bin, verstehe ich nur in dem, was über mir ist. Nein: in dem, der mich mir gegeben hat. Der Mensch kann sich aus sich selbst heraus nicht verstehen. Die Fragen, in denen das Wort »warum« vorkommt und das Wort »ich«: warum bin ich so, wie ich bin? warum kann ich nur haben, was ich habe? warum bin ich überhaupt, statt nicht zu sein? — sind vom Menschen her nicht zu beantworten. Die Antwort auf sie gibt nur Gott.

DAS ZENTRUM DER MENSCHLICHEN EXISTENZ (1976)

Beten heißt zu Gott sprechen. Das macht aber die Voraussetzung, daß er ansprechbar sei. Man kann nicht ins Wirklich-Leere hinein beten; Gott muß da sein, und muß ein »Jemand« sein; kein bloßes »Es«.

Beten kann auch nicht in der Form autonomer Initiative geschehen, sondern Gott muß es möglich machen. Er ruft es, trägt und zieht es. Die Tatsache, daß Gebet überhaupt geschieht, ist schon Antwort auf etwas, was es möglich macht. Eine andere Frage ist, ob und wie das auch erfahren wird. Das Gebet kann auch in ein Dunkel, in eine scheinbare Leere gehen, getragen durch eine Gewißheit, die nicht weiter erklärbar ist. Dann bezieht es sich, um mit Pascal zu sprechen, auf einen »unendlich feinen Punkt«. Diese »Leere« ist nicht Null, sondern ein Gegenwert zur »Fülle«; das Dunkel keine Finsternis, sondern der Gegenwert zum Licht. So geschieht das Gebet daraufhin, daß diese Gegenwerte einmal offenbar werden. Das Gebetsleben vollzieht sich also wesentlicher Weise in der Form eines Gesprächs. Das aber wird dadurch möglich, daß Gott jener ist, als den er sich in der Horeb-Vision offenbart hat.

In Wahrheit liegt hier das Zentrum der menschlichen Existenz. Es ist nicht so, daß der Mensch als Mensch existieren und außerdem, wenn er so veranlagt ist oder wenn er das Bedürfnis danach empfindet, auch eine Gebetsbeziehung zu Gott suchen könnte, sondern diese Beziehung ist für das Mensch-Sein wesentlich. Er ist als Mensch unvollständig, wenn er sie nicht übt. In ihr, die quer durch alle Bedingtheiten der menschlichen Verhältnisse und Ereignisketten hindurchgeht, realisiert der Mensch die Tatsache, daß er er-selbst, weil er unaufhebbar, von Grund seiner Existenz her, auf Gott bezogen ist — auch wenn er das leugnet oder vernachlässigt. In diesem inneren Gegenüber vergewissert er sich nicht nur seiner Personalität, sondern er entwickelt sie. Sie gewinnt Zuversicht und wird fähig, den erstickenden Es-Mächten gegenüber standzuhalten, die unsere Zeit durchziehen.

Machen wir uns keine Illusionen über das furchtbare Paradox, das sich immerfort realisiert. Alles, was Erkenntnis, Wissenschaft, Sozialordnung, Kultur im weitesten Sinne; alles, was geschichtliches Handeln, Sich-Entfalten, Neuschaffen und Bewahren, Gründen und Kämpfen heißt — alles das ruht auf der Person. Einen Augenblick angenommen, die Person würde erlöschen; der Mensch würde aufhören, jenes schlechthin singuläre, vom Bloß-Naturwissenschaftlichen her nicht zu begreifende Wesen zu sein, das — wenigstens der Möglichkeit und der Aufgabe nach — frei und verantwortlich in sich steht, Person ist, er würde zu einem Naturwesen, das im Zusammenhang der Welt aufgeht. Die Kultur würde erlöschen und ein sinnloses Chaos entstehen. Diese gleiche Kultur aber entwickelt beständig Strukturen des Aufbaus, Tendenzen des Sich-Verhaltens, Nötigungen der Gesamtsituation, welche die Person schwächen, ja sie aufzuheben suchen. Auf Schritt und Tritt wird die Person mit ihrer Freiheit durch die kulturellen Gefüge und Mächte als Störung empfunden; deren Tendenz geht darauf, sie funktionell einzuordnen. Daraus entsteht ein Kampf auf Leben und Tod. Der Mensch, der nicht betet, unterliegt darin.

Wie er das im einzelnen tut, welche Formen des Gebets der gegebenen Situation am angemessensten sind, ist eine andere Frage. Sicher ist, daß die Existenz des Menschen in Freiheit, Verantwortung und Würde letztlich damit steht und fällt, ob er das Gebet bejaht und übt. Die Voraussetzung dafür ist aber das Bewußtsein vom wirklichen Gott. Der Mensch kann nicht als Mensch existieren, wenn er nicht betet, und er kann nicht beten, wenn Gott ihn nicht anruft.

DIE SAMMLUNG (1943)

Die Haltung des Menschen in religiösen Dingen trägt einen beunruhigenden Widerspruch in sich. Er bedarf Gottes, weiß es, sucht den, der ihn geschaffen hat und aus dessen Macht er lebt — derselbe Mensch will aber auch wieder nichts von dieser Verbundenheit wissen, weicht Gott aus, widerstrebt ihm. Dieser Widerspruch zeigt sich auch in seinem Verhältnis zum Beten. Sobald der Mensch den heiligen Dienst des Gebetes anerkennt und vollzieht, fühlt er die Wahrheit und ihm wird wohl; trotzdem geht er dem Beten aus dem Wege, wo er kann. Das hat mancherlei Gründe; vor allem wohl den, daß man Gott nicht wahrnimmt, genauer gesagt, nicht in der Weise wahrnimmt, wie Dinge und Menschen. Diese stehen da, treten heran, wirken und handeln; man wird unmittelbar von ihnen berührt, die Sinne fassen sie auf, Trieb und Wille antworten; so kommt der Verkehr mit ihnen von selbst in Gang. Gott ist wohl da, wirklicher als jedes Ding, aber offen und verborgen zugleich. Was ihn sieht, ist das Auge des Glaubens; was ihn erfährt, ist das Herz, welches liebt. Dieses Auge ist aber oft verschleiert, das Herz ist oft stumpf, so hat man von Gott oft keine unmittelbare Erfahrung. Dann muß der Umgang mit ihm aus der bloßen Treue, ins scheinbar Dunkle und Leere hinein geschehen, und das ist sehr mühsam. Ein großes Geheimnis, daß der Mensch aus Gott lebt und doch solche Mühe hat, mit ihm in Beziehung zu treten — ja daß er Widerwillen dagegen empfindet und jeden Vorwand ergreift, um auszuweichen! Wenn aber der Mensch seinem bloßen Gefühl folgt, wird er bald gar kein Bedürfnis nach dem Gebet mehr haben; und es ist dann sehr bedenklich zu sagen, das sei nun eben die Wahrheit, und ihr zu folgen besser, als sich zu zwingen. Um so sprechen zu dürfen, müßte der Mensch sich auf sein religiöses Gefühl verlassen können. Kann er das aber? Ist es Wahrheit, wenn ein Kranker seinem »Empfinden« folgt? Jeder Vernünftige wird sagen, dieses Empfinden sei ja selbst unzuverlässig. Also müsse er aus besserer Einsicht heraus, etwa nach dem Urteil eines erfahrenen Arztes, eine Regel aufstellen und ihr folgen; dadurch werde er gesund werden und sein Empfinden mit, und dann könne er diesem trauen. Genau so steht es aber mit uns, denn wir sind in unserem Verhältnis zu Gott und zur Welt nicht gesund.

Also können wir das unwillkürliche Empfinden nicht zum Maßstab unseres religiösen Verhaltens machen, sondern müssen einem erleuchteten Urteil folgen und danach uns selbst mitsamt unserem Empfinden in Ordnung bringen. Die angebliche Wahrhaftigkeit, welche tut, was »das Innere« will, bedeutet oft ein Ausweichen vor der Wahrheit. So müssen wir auch im Gebet das Rechte zu erkennen suchen und es in Treue und Selbstüberwindung tun.

Das Erste ist, daß wir uns auf das Gebet vorbereiten. Entsprechendes gilt ja schon für die weltlichen Dinge. Wer eine ernste Arbeit zu tun hat, wirtschaftet nicht einfach darauflos, sondern sammelt sich auf die Forderungen der Aufgabe. Wer edle Musik zu schätzen weiß, kommt nicht im letzten Augenblick zur Aufführung und fängt von der Unruhe der Straße weg zu hören an, sondern ist beizeiten da und bereitet sich auf das Schöne, was er vernehmen soll, vor. Wer immer ein Gefühl für das Wichtige und Große hat, löst sich, bevor er es anfaßt, aus der Zerstreuung und bringt sich innerlich in Ordnung. Das gilt auch beim Gebet, und da noch mehr, als ja Gott verborgen ist und im Glauben aufgesucht werden muß. Auch ist das Beten ein religiöser Akt; was aber darin wach werden und sich seinem — wenn das Wort erlaubt ist — Gegenstande zuwenden soll, ist nicht die bloße Kraft des Denkens und Schaffens, sondern die Innerlichkeit des Gemütes, genauer das, was im Menschen der geheimnisvollen Heiligkeit Gottes entspricht. Im täglichen Leben schweigt es, allenfalls dringt eine leise Schwingung von ihm herauf; im übrigen lebt der Mensch in den weltlichen Bereichen des Daseins und aus seinen weltlichen Kräften. Soll also das Gebet recht werden, dann muß das, was dem Heiligen zugehört, Raum bekommen und hervortreten können.

So ist die Vorbereitung notwendig, und man kann im allgemeinen sagen, das Gebet sei so gut, als es die Vorbereitung war ... Was diese Vorbereitung will, und wie sie vollzogen werden soll, kann nun unter verschiedenen Gesichtspunkten dargestellt werden, vor allem als Sammlung.

Sammlung bedeutet einmal, daß der Mensch ruhig wird. Für gewöhnlich ist er durch die Vielheit der Dinge hin und her gezogen; durch freundliche oder feindliche Berührungen erregt; durch Verlangen und Furcht, Sorge und Leidenschaft bedrängt. Er ist beständig bemüht, etwas zu erreichen oder abzuwehren, zu erwerben oder abzustoßen, aufzubauen oder zu zerstören. Immer will der Mensch etwas, und Wollen heißt unterwegs sein, zu einem Ziel hin, von einer Gefahr weg. Das ist so, seit es Menschen gibt und beim neuzeitlichen Menschen ganz besonders. Er liebt es, sich selbst einen Tätigen, Kämpfenden, Schaffenden zu nennen; damit hat er aber nur zur Hälfte recht. Ebenso richtig und noch richtiger wäre es, wenn er sich einen Ruhelosen nennte, der nicht fähig ist, zu verweilen und sich zu vertiefen; der Menschen, Dinge, Gedanken, Worte ohne Zahl verbraucht und doch immer unerfüllt bleibt; der den Zusammenhang mit Kern und Mitte weithin verloren hat und mit all seinem Wissen und Können dem Zufall ausgeliefert ist. Dieser Mensch soll beten — kann er es? Nur dann, wenn er aus seiner Gehetztheit heraustritt und ruhig wird.

Er muß also das schweifende Begehren wegtun und sich dem einen zuwenden, das jetzt allein wichtig ist. Er muß den Willen lösen und sich sagen: »Jetzt habe ich nichts anderes zu tun, als zu beten. Die nächsten zehn Minuten« — oder wieviel Zeit er sich gesetzt hat — »sind nur dafür bestimmt. Alles andere ist weg. Ich bin ganz frei und für dieses allein da.« Und darin muß er ehrlich sein. Der Mensch ist nämlich ein listiges Geschöpf, und die List seines Herzens zeigt sich vor allem im Religiösen. Wenn er zu beten anfängt, drängt — von seiner inneren Unrast gerufen — sofort etwas anderes herzu und will getan sein. Alles mögliche, eine Arbeit, ein Gespräch, eine Besorgung, eine Vergewisserung, eine Zeitung, ein Buch scheint ihm wichtiger, und das Gebet kommt ihm wie reiner Verlust vor. Sobald er es aber daraufhin abbricht, ist die erst so knappe Zeit auf einmal in Fülle da, und er vergeudet sie für die überflüssigsten Dinge ... Sich sammeln heißt, diesen Trug der Unrast überwinden und ruhig werden; sich von allem freimachen, was nicht hergehört, und dem, der jetzt allein wichtig ist, nämlich Gott, zur Verfügung stehen ...

Man kann auch auf den Ursinn des Wortes hinweisen und sagen, »Sammlung« bedeute, geeint zu sein. Ein Blick in unser Leben zeigt, wie wenig wir es sind. Wir müßten einen festen Kern in uns haben, der die Vielfalt des Lebens trägt; eine Mitte, von der alles Tun ausgeht und zu der es zurückgeht; eine Ordnung, die wichtig und unwichtig, Zweck und Mittel scheidet und den verschiedenen Handlungen und Erlebnissen ihren Rang anweist; ein Festes, im Wandel Bleibendes, im Wechsel sich Entfaltendes, welches deutlich macht, wer wir sind, und bewirkt, daß jeder weiß, woran er mit uns ist. Wie wenig haben wir das — wir Menschen der Neuzeit noch weniger als die früherer, so viel tiefer und klarer geordneter Zeiten!

Das zeigt sich auch im Gebet. Die geistlichen Lehrer sprechen immer wieder von der Zerstreuung, dem Zustande, in welchem der Mensch nicht Mitte noch Einheit hat, seine Gedanken von diesem zu jenem Gegenstande schweifen, sein Fühlen unbestimmt und sein Wille der eigenen Möglichkeiten nicht mächtig ist. Hier gibt es eigentlich keinen richtigen »jemand«, der redet und angeredet werden kann, sondern ein Gewirre von Gedanken, einen Fluß von Empfindungen, einen Durchgang von Eindrücken. So heißt Sammlung, daß der Betende sich »zusammennimmt«, wie das Wort sehr anschaulich sagt; die Aufmerksamkeit auf das richtet, was er tun will; die überallhin entgleitenden Gedanken zurückholt — eine mühselige Arbeit! — und so dem Gebete ein geeintes Gemüt zur Verfügung stellt. Es ist der Zustand, aus dem heraus er mit dem Angerufenen der Schrift sagen kann: »Hier bin ich!«

Eine letzte Bestimmung: sich sammeln heißt wach werden. Beim ungesammelten Menschen hat man oft ein eigentümliches Gefühl. Er ist immer auf etwas hin gespannt, zu einem Ziel unterwegs, mit einem Unternehmen beschäftigt — sobald aber die Anspannung nachläßt, wird er auf einmal leer und dumpf. Wenn kein Gegenstand mehr da ist, der ihn packt; kein Antrieb, der ihn vorandrängt; kein Reiz, der ihn erregt, dann fällt die ganze Aktivität zusammen, und eine sonderbare Öde entsteht. Jene nach außen gewendete Rastlosigkeit und diese innere Dumpfheit gehören offenbar zueinander — ähnlich, wie oft Menschen von heftiger Leidenschaftlichkeit ein kaltes Herz haben. Ja diese Dumpfheit liegt schon unter jener Rastlosigkeit und bestimmt ihren Charakter. Der ruhige Mensch hingegen, der fähig ist, sich in sich selbst zu sammeln, still zu werden und ins Tiefe zu gehen, ist auch innerlich wach. Die Zustände der Ruhe und inneren Wachheit gehören ebenfalls zusammen, tragen und bestimmen einander.

Wer sich also sammelt, ruhig und anwesend wird, überwindet auch das innere Lasten und Brüten. Er hebt sich, macht sich leicht, frei und hell. Er weckt die Aufmerksamkeit, daß sie sich lebendig ihrem Gegenstande zuwenden kann. Er macht die inneren Augen blank, daß sie klar blicken und richtig sehen. Er ruft die Bereitschaft auf, so daß Begegnung möglich wird.

Sammlung ist kein Einzelakt neben anderen, sondern der richtige Zustand des Inneren einfachhin; das, was den Menschen instand setzt, zu Menschen und Dingen in die richtige Beziehung zu kommen. So kann ihr Wesen von den verschiedensten Ausgangspunkten her bestimmt werden, und was im vorausgehenden gesagt worden ist, gibt nur einiges aus der Fülle.

Die Sammlung ist nicht leicht zu vollziehen, besonders wenn nach den ersten Anläufen das Interesse verschwindet, und die ganze innere Verfahrenheit deutlich wird … Aber ist sie nicht mehr als nur schwer? Ist sie überhaupt möglich? Sind wir nicht derart in das Gewebe der äußeren und inneren Wirkungen eingeflochten, daß wir nichts tun können, als zu sein, wie wir sind, und es der Entwicklung überlassen müssen, ob

sich allmählich ein Zustand größerer Geeintheit herausbilden werde? Ähnelt der Versuch sich zu sammeln, nicht dem jenes Mannes, der sich am eigenen Schopf aus dem Sumpfe ziehen wollte? Setzt er nicht voraus, daß ich in mir selber sei und zugleich außerhalb meiner und so einen Standort habe, der mich befähigt, mich selbst zu erfassen? Die Frage klingt sonderbar; sie hat aber recht, und man muß sie sogar mit einem Ja beantworten. Denn das Wesen der Person besteht tatsächlich darin, daß sie in sich selbst und auch außerhalb ihrer ist; daß sie aus sich herauswächst und zugleich sich in der Hand hat; daß sie ist und wiederum aus sich selber beginnen kann. Wie das zugeht, können wir hier nicht erörtern, weil wir dazu die ganze Frage nach dem Wesen des Menschen aufrollen müßten. Wir sagen vielmehr: »Glaube, daß es so sei; und wenn du es damit wagst, wirst du innewerden, daß es sich tatsächlich so verhält. Der geheimnisvolle Punkt, auf den du treten, und von dem aus du dich in die Hand bekommen kannst, ist da; tue den Schritt, und du spürst ihn. Ja, worum es geht, ist nicht nur ein Punkt, sondern auch eine Kraft. Es ist anders als das immerfort Wechselnde, Fliehende, Zerrinnende. Es ist wesenhaft und hat Ewigkeitswert. Du selbst bist es, deine Eigentlichkeit. Von da aus kannst du deine Unrast zur Ruhe und Stille bringen, Ort fassen und anwesend werden, das überallhin Zerstreute einen, das Lastende frei und das Dumpfe hell machen.« —
Mit dieser Sammlung muß das Gebet beginnen. Sie ist nicht leicht. Wie wenig wir sie besitzen, merken wir erst, wenn wir uns um sie bemühen. Sobald wir versuchen, ruhig zu werden, kommt die Unruhe erst richtig über uns — ähnlich wie abends, wenn wir uns zum Schlaf anschicken, eine Sorge oder ein Wunsch uns mit einer Macht anfallen können, wie am ganzen Tage nicht. Gerade wenn wir anwesend werden wollen, merken wir, wie heftig es uns nach allen Seiten wegholt. Sobald wir einheitlich und unser selbst mächtig werden wollen, erleben wir erst richtig, was Zerstreuung heißt. Und wenn wir für den heiligen Gegenstand wach und empfänglich sein möchten, spüren wir die Dumpfheit, die unser Gemüt niederzieht. Das alles ist aber nicht zu ändern, und wir müssen es durchstehen, sonst lernen wir das Beten nie.
Von der Sammlung hängt alles ab. Keine Mühe, die darauf verwendet wird, ist vertan. Und selbst wenn die ganze Gebetszeit damit hinginge, sie zu suchen, wäre sie gut verwendet, denn im Grunde ist die Sammlung ja in sich schon Gebet. Ja, in Zeiten der Unruhe oder Krankheit oder großer Ermüdung kann es manchmal gut sein, sich überhaupt mit diesem »Gebet der Sammlung« zu begnügen. Es wird beruhigen, stärken und helfen. Sollte aber einer fürs erste nicht mehr erreichen, als daß er richig sähe, wie schlimm es in dieser Hinsicht mit ihm steht, so hätte er schon etwas gewonnen; irgendwie hätte er den Punkt hinter der Zerstreutheit berührt.

Man bewahrt sich
um bes ten sollst

Lernen =
Wetten

nicht das Trautonales
mit Vergangenensinn
sondern Begegnung
Blick von einem auf
das andere
Christl. Weltanschauungs
lehre

Der Raum des Gebetes

Durch die Sammlung entsteht die Offenheit des Gebetes, der innere Raum. Eigentlich ist er aber so nicht richtig benannt, denn er ist weder draußen noch drinnen, sondern »im Geiste«. Und nicht im Geiste einfachhin, also dort, wo die Bilder des Denkens oder die Absichten des Wollens sind, sondern »im heiligen Geiste«. Auch ist dieser Raum nicht aus sich da, wie der körperliche, in welchem die Dinge, oder der Bewußtseinsraum, in welchem die Vorstellungen sind, sondern er entsteht erst im Gegenüber zu Gott. Er ähnelt etwa jenem Raume, in dem zwei Menschen sind, sobald sie einander im echten Ich-Du-Verhältnis gegenübertreten: dieser entsteht und vergeht mit der Achtung oder Ehrfurcht oder Liebe, welche die beiden für einander haben und ist ebenso weit und tief, wie diese Gesinnungen sind. Daß Gott gekommen und bei diesem Menschen ist und ihm in Liebe zugewendet, und daß der Mensch vor Gott und ihm im Glauben zugewendet ist — das ist der heilige Raum.

An sich läge es nahe, zu sagen, durch die Sammlung entstehe die innere Offenheit, und sobald sich diese aufgetan habe, könne der betende Mensch sprechen: »Hier ist Gott.« Dieses »Zuerst« und »Nachher« wird aber nur durch unser Denken auseinandergelegt; in Wahrheit bilden das Sich-Sammeln, die Öffnung des heiligen Raumes, das Hier-Sein Gottes und das Stehen des Menschen vor ihm ein Ganzes. Ja, der Mensch kann sich überhaupt nur deshalb sammeln, weil Gott sich ihm zuwendet. Er kann nur deshalb im heiligen Sinne sagen: »ich bin hier«, weil Gott, ihn meinend, da ist und ihm den Ort angibt. Gott ist es, der durch sein Kommen den lebendigen Raum schafft, den der Mensch durch die Sammlung entdeckt und in dem er, wenn er gesammelt ist, steht. Gott ist es, der den heiligen Ort bestimmt, wo der Mensch hingehört; wo er sich selbst und die Welt in ihrer Eigentlichkeit findet; wo er gerufen wird und antworten soll. Dieses Ganze müssen wir aber auseinanderlegen, damit unsere Gedanken sich nicht verwirren.

Die Sammlung hat also den Sinn, daß der Mensch sagen könne: »Hier ist Gott, der Lebendige und Heilige, von dem die Offenbarung spricht. Und hier bin auch ich.« »Ich« aber nicht nur in dem unbestimmten Sinne des täglichen Lebens; als jenes verworrene Etwas, das zu Hause am Tisch sitzt und durch die Straßen der Stadt geht und im Büro seine Arbeit tut, sondern wirklich ich. Jener, als der ich für mein Dasein verantwortlich bin. In all seiner Armut doch jeweils der Eine, Unersetzliche, durch niemand zu Vertretende, den Gott meinte, als er mich schuf, und von dem das Wort gilt: »Gott und meine Seele, sonst nichts auf der Welt«. Dieses Ich erwacht überhaupt erst vor Gott.

Vor Gott erwacht auch das, was er selbst sich im Menschen zugeordnet hat, damit es auf ihn antworte: die religiöse Tiefe. Der Mensch lebt nicht nur mit verschiedenem Gebrauch seiner Kraft, sondern auch aus verschiedenen Wesensschichten seines lebendigen Seins heraus. Die Auskunft auf eine gleichgültige Frage, die Sorge wegen einer ernsten beruflichen Schwierigkeit, die Erschütterung durch ein großes Kunstwerk und die Treue gegen einen geliebten Menschen kommen aus Bereichen, die jeweils tiefer nach dem Eigentlichen hin liegen. Diese können nicht beliebig in Bewegung gebracht werden, sondern rühren sich erst, wenn der Gegenstand sie weckt, zu dem sie gehören. Manch einer weiß gar nicht, was in ihm lebt, und wessen er fähig ist, bis er angerufen wird. So ist's auch mit der religiösen Tiefe. Sie antwortet auf das Geheimnis hinter den Dingen und den verborgenen Sinn im Geschehen; auf das, was auf der Erde ist, aber nicht von ihr — das ist die beständige Selbstbezeugung des schaffenden und waltenden Gottes. Von dieser Berührung geweckt, von diesem Ruf geleitet, sucht sie ihn selbst, und das ist Religion. Sie ist aber unsicher, verworren und voller Täuschungen, bis Gott ausdrücklich redet; zuerst durch seine Boten und dann durch seinen Sohn, Jesus Christus. Wenn der Mensch sich dem anvertraut, gelangt er wirklich vor Gott. Im recht belehrten Gebete geschieht es. Da ist das heilige Gegenüber. Darin erwacht im Innern nicht nur die allgemein-religiöse, sondern die neue, wiedergeborene Tiefe, das durch die Gnade gebildete Herz.

In diesem Raum erhebt sich die Wirklichkeit Gottes.

Es kann sein, daß der Mensch sie unmittelbar empfindet, daß sie ihn mit ihrer Mächtigkeit erschüttert und mit ihrer Nähe überströmt. Dann erfährt er das große und innige Geheimnis des Gebetes, und er soll es in Ehrfurcht entgegennehmen und wohl hüten. Oft aber, meistens, geht es nicht so, sondern alles bleibt still. Der Gott, von dem sich der Betende gesagt hat, er sei »hier«, bleibt im Dunkel und schweigt; dann muß das Gebet, vom Glauben getragen, in dieses schweigende Dunkel gehen und darin ausharren.

In der Sammlung sagt der Betende: »Hier ist Gott — und hier bin auch ich«. Sucht er das wirklich zu vollziehen, dann wird er eines sehr wichtigen Sinnverhalts inne: er merkt, daß in den beiden Sätzen »hier ist Gott« und »hier bin ich« das Wort »ist« verschiedenen Sinn hat. Eine solche Verschiedenheit der Bedeutung im Wort »sein« macht sich schon im natürlichen Leben geltend. Wenn einer fragt: »was ist in diesem Zimmer?« und ich antworte: »in der Mitte steht ein Tisch, am Fenster blüht eine Rose, auf dem Teppich liegt ein Hund, vor mir sitzt mein Freund« — dann habe ich von all diesen verschiedenen Dingen und Wesen gesagt, daß sie im Zimmer »seien«. Sie sind es aber nicht in der gleichen Weise. Die Pflanze, welche lebt und wächst, ist mehr und anders da als der Tisch; noch einmal stärker und in neuer Art der Hund, der mich kennt und auf meinen Ruf antwortet; abermals mächtiger und in neuer Weise der Mensch, der Freiheit und Würde hat, zu erkennen und zu lieben vermag. Und die Menschen ihrerseits haben eine verschiedene Macht und Anwesenheit. Es kann sein, einer kommt ins Zimmer und ist da, aber nur eben so, daß man um ihn herumgehen muß; ein anderer zwingt dazu, beim Reden auf ihn Rücksicht zu nehmen; ein dritter wird durch sein bloßes Dasein zum Mittelpunkt des Kreises. Das macht uns auf das Gemeinte aufmerksam. Gott ist in einer Weise da, wie sonst nichts und niemand.

Er ist aus sich und durch sich selbst; so ist er allein wesenhaft und eigentlich seiend. Die Schrift drückt das so aus, daß sie sagt, er sei, »der Herr«. Das wird er nicht erst dadurch, daß es Dinge gibt, über die er Macht hat, sondern er ist Herr seiner selbst, herrenhaft von Wesen, herrscherlich seiend. Ich hingegen bin nicht aus mir und durch mich selbst, sondern durch ihn. Nicht wesenhaft, sondern von seinen Gnaden. Nicht eigentlich, sondern durch Anteil. Zwischen meinem Sein und dem seinigen steht im Grunde kein »und«. Der Satz, »Gott und ich sind« ist ein Unsinn; wollte ich ihn aber im Ernst aufrechterhalten, dann würde ich freveln. Mein Sein steht anders zum Sein Gottes als das eines Geschöpfes zu dem seines Nachbarwesens, ich bin nur »vor ihm« und »durch ihn«. Vollzieht man die Sammlung recht, dann wird man allmählich dieser Wahrheit inne. Man hat etwas Wichtiges gelernt, wenn man weiß, daß man »vor Gott« ist — nur vor Gott, vor ihm aber auch wirklich. Es ist etwas Großes, kann erschreckend sein, aber auch sehr beglückend, und wir werden sehen, daß darauf einer der Grundakte des Gebetes antwortet, nämlich die Anbetung.

Gottes Angesicht

Wer ist nun dieser Gott, auf den sich der gesammelte Mensch richtet — deshalb richten kann, weil er selbst ihm die Möglichkeit dazu gibt? Nicht nur das überall webende Unaussprechbare, das Geheimnis des Daseins, die Ursprungstiefe der Welt oder wie sonst man jenes Unbestimmte ausdrücken mag, von dem so oft geredet wird. Das gibt es auch, und es gehört zu Gott. Es ist aber nur gleichsam der Hauch, der von ihm kommt; die Schwingung, mit der er die Welt durchwirkt. Gott selbst ist mehr. Nicht nur bloßer Sinn, oder einfache Idee, sondern Wirklichkeit. Nicht nur Tiefe, oder Innenseite, oder Mitte, oder Höhe der Welt, sondern ein Wesen in sich selbst. Keine bloße Mächtigkeit, sondern »Er« ...

Dieser Gott ist es, an den sich das Gebet richtet. Für die Art dieser Beziehung hat die Heilige Schrift einen sehr schönen Ausdruck, wenn sie vom »Angesicht Gottes« redet.

Er bildet zunächst ein Gleichnis, denn Gott hat ja doch kein Angesicht wie wir, weil er keinen Leib hat. Allein der Mensch ist Gottes Ebenbild — der Mensch, nicht nur seine Seele — und so ist das, was ihm wesentlich eignet, auch eine Kundwerdung Gottes. Nach einer alle menschlichen Begriffe übersteigenden Weise gibt es in Gott das, was für den Menschen das Angesicht ist. Der Mensch steht mit seiner Gestalt im Raum und unter den Dingen. Sie drückt aus, daß er eine Einheit von Stoffen und Kräften, eine Ordnung von Vorgängen und Formen bildet; daß er bauen und sich entfalten, kämpfen und erobern kann, Recht und Verantwortung hat.»Antlitz« hingegen bedeutet, daß er fähig ist, sein Inneres zu richten, sich einem Menschen zuzuwenden, gütig oder feindlich, liebend oder hassend bei ihm zu sein. Das kommt in vielen Redeweisen zum Ausdruck; so sagt man etwa:»der Mensch bietet dem Schicksal die Stirn«, oder:»er faßt eine Gefahr ins Auge«, oder»er lächelt einem anderen zu«, und mehr der Art. Das Antlitz ist Ausdruck der Person und ihrer Freiheit; zugleich Ausdruck dafür, daß sie den Entgegenkommenden aufnimmt, das Verhalten der anderen Person empfängt. Das alles gibt es in einer alles Vorstellen übersteigenden Weise auch in Gott.

So sagt die Schrift,»Gott lasse sein Angesicht leuchten über dem Menschen« — wobei durch das Bild des Antlitzes das andere des Himmels mit seiner hellen Weite durchschimmert (Ps 31,17); oder Gott»richte sein Angesicht gegen den«, der Unrecht tut — wobei wiederum ein zweites Bild, nämlich das des sich zusammenziehenden Gewitters durchdringt; oder der Fromme»trete vor Gottes Angesicht: (Ps 100,2). Besonders schön kommt das Geheimnis des Gottesantlitzes im siebenundzwanzigsten Psalm zum Ausdruck:»Hast Du ja doch einst zu uns gesprochen: › Suchet mein Antlitz! ‹ Dein Antlitz, o Herr, suche ich nun; verbirg es nicht vor mir! Weise Deinen Knecht nicht ab im Zorn. Du bist ja meine Hilfe! Verstoße mich nicht, verlaß mich nicht, Du Gott meines Heils. Vater und Mutter haben mich verlassen, Du aber, o Herr, nimmst mich auf!« (27,8—10).

DAS WESEN DER MEDITATION (1933)

Die Lehre vom Meditieren ist so alt wie die Menschheit. Immer haben die Menschen versucht, sich zu sammeln, nach innen zu kehren, zum Wesen des eigenen Selbst und der Dinge, zum Woher und Wohin des Daseins vorzudringen, und dann, aus der gewonnenen Erkenntnis heraus, ihr Leben recht zu führen. So enthält die Lehre vom Meditieren

Erfahrungen aus der ganzen Menschheitsgeschichte. Die christliche Meditation erwachte in dem Augenblick, als die an Christus Glaubenden begannen, sich auf ihn zu sammeln, um ihm zu begegnen, ihn tiefer zu verstehen, Antwort auf ihre Fragen und Richtung für ihr Tun zu finden.

Was heißt meditieren?

Es gibt verschiedene Weisen, wie ich einem Gegenstand entgegentreten kann. Ich kann sein Bild anschauen, seine verschiedenen Schichten durchdringen, seine Stimmungen in mich aufnehmen, seinen Inhalt verstehen ... Ich kann ihn mit dem Verstande auflösen und sein Wesen in klare Begriffe fassen ... Ein Erlebnis kann über mich kommen, mich packen, erschüttern, erheben ... Ich kann vor eine Entscheidung gelangen, erwägen, mich vorankämpfen, den innersten Punkt der Wahrheit und Freiheit gewinnen und von dort meinen Entschluß fassen ... Alles das liegt in der Meditation; aber sie ist noch mehr als nur das.

Meditation geht nicht in irgend einem besonderen Akte des Geistes oder Herzens auf, sondern beansprucht den ganzen Menschen. Der ganze Mensch tritt dem Gegenstande gegenüber. Und »ganz« nicht nur in dem Sinne, daß seine verschiedenen Kräfte im Akt stehen, sondern auch so, daß die Bewegung der Meditation den Menschen selbst aufzuschließen und seine Tiefenschichten immer weiter hinab zu erfassen sucht.

Meditierend bringen wir uns ein Wort, das von Gott kommt, oder ein heiliges Begebnis vor den inneren Blick; richten unser ganzes Sein darauf; suchen es zu verstehen und uns anzueignen. Wir nehmen es in unser lebendiges Innere herein, so daß es darin wirksam wird, als Gestalt im Auge, als Licht im Geiste, als Kostbarkeit im Herzen, als Ruf im Gemüte, als Kraft in Wille und Tat.

Das alles braucht nicht mit einem Mal zu geschehen. Was von Gott kommt, kommt meist in der Form des Beginns, nicht der fertigen Wirkung. Gott wirkt nach der Weise des Lebens: er rührt an und löst Bewegung aus; er legt einen Samen, der keimt, wenn es Zeit ist; er senkt eine Gestalt ein, die dann langsam durchdringt. Also dürfen wir nicht auf Wirkungen gespannt sein, nichts Vermerkbares braucht geschehen. Vielleicht kommt kein einziges »Ergebnis« heraus; keine niederzuschreibende Erkenntnis; keine besonderen Vorsätze nach erstens, zweitens, drittens; keine Tüchtigkeit in irgendeiner Kunst — jedenfalls wäre das alles nicht das Wichtigste. Es braucht auch keine »Entscheidung« gefallen zu sein. Drängt etwas zur Klarheit, so kommen wir darin vielleicht weiter, und das ist dann sehr gut. Vielleicht entscheidet sich aber auch gar nichts, und wenn wir nicht selbst durch Trägheit oder Feigheit daran schuld sind, brauchen wir uns nicht zu grämen.

Eines aber soll geschehen: daß wir vor Gott bereit sind, und von ihm her etwas Heiliges in uns beginnt. Wie dieser Beginn dann weitergehen wird, steht dahin. Etwa sinkt uns ein Wort, das wir meditieren, ins Herz und scheint versunken; dann aber, bei irgendeiner Gelegenheit, viel später vielleicht, kommt seine Zeit: das Wort beginnt zu leuchten, wird zur Antwort auf eine Frage, die sich gerade stellt, oder zur Kraft für ein Tun, das von uns gefordert ist ... Oder wir bringen uns wirklich zur Ruhe, werden gelöst und frei von Grund aus, und dann, irgendwann und in irgendeiner schweren Stunde, wird diese innere Stille lebendig und hilft uns, zu bestehen ...

Nun könnte jemand erwidern, das alles sei viel zu geruhsam gedacht; es fehle an Entschlossenheit, an Wille und Tat. Ihm würden wir antworten, daß es zweierlei Arten von Willen gibt.

Einmal jenen, der auf ein gewußtes Ziel zugeht. Er hat etwas vom Pfeil an sich, vom scharfen Geradeaus. Er spricht: das soll sein! Was dazwischen liegt, ist Hindernis, oder Mittel zum Zweck. Mit aller Energie also dorthin: möglichst klar, möglichst rasch! Dieser Wille ist gut. Wir werden auch ihm zu tun geben; aber er ist nicht der einzige.

Neben diesem »hellen« Willen gibt es auch den dunklen. »Dunkel« meint nicht finster. Die Finsternis ist böse; das Dunkel gut. Die Erde ist dunkel, in welcher die Wurzeln liegen; dunkel sind die Bahnen des Blutes und die Wege des Herzens; dunkel sind die Gründe des Gemütes und die Bewegungen des lebendigen Werdens. Es gibt einen Willen, der von gleicher Art ist. Seit langem scheint unsere Zeit nur jenen ersten Willen zu kennen. Überall arbeitet sie mit Programm und Organisation; mit Verstand und Technik. Wir sehen die Folgen. Wir sehen, wie das Leben zu zerfallen droht. Darum wollen wir uns mehr um den zweiten Willen kümmern. Es ist schwer, von ihm zu sprechen, weil er so durchaus »lebendig« ist, die Worte aber, mit denen man Lebendiges ausdrückt, leicht als unbestimmt empfunden werden. Doch wollen wir es versuchen.

Aus der Tiefe des konkreten Lebens kommt immerfort ein unmerkliches Geschehen. Eine verborgene Gestalt dringt hervor und sucht ins Klare zu gelangen. Eine stille, aber unbeirrbare Ordnung waltet. Eine Mitte macht sich geltend und sendet überallhin leise Weisungen. Wenn nun ein Gedanke wirklich verstanden wird, dann wird er in den Zusammenhang jener hervordrängenden Gestalt aufgenommen, mit Kraft erfüllt und strebt nun, sich zu verwirklichen. Wenn ein Motiv richtig ins Gemüt dringt, dann verbindet es sich mit jener wirkenden Ordnung, läuft ihre stillen Wege und formt am Wachstum dieses Menschen.

Was hier vom natürlichen Leben gesagt wurde, gilt, recht verstanden, auch von dem des Glaubens. Wohl kommt es von Gott, empfängt von ihm Inhalt und Kraft, dennoch, nein gerade deshalb ist es menschlich, vollzieht sich in den Kräften und läuft in den Bahnen dieses menschlichen Lebens. So gibt es auch in ihm das scharf gesichtete Ziel, den hellwollenden Willen, das gerade Gehen auf dem kürzesten Weg. Es gibt aber auch das aus der Tiefe hervordrängende Bild und die innerlich waltende Ordnung; den »Christus in mir«; sein leises, göttlichmächtiges »Heranwachsen zum Voll-Alter«; das stille Wollen des ihm ergebenen Herzensgrundes und die Einheit der Gottesgemeinschaft. Und sind der Glaube und die Liebe aufrichtig, dann geht ein heiliges Werden vor sich: die Gestalt des neuen Menschen baut sich auf. Wenn wir also still werden, uns sammeln und auftun, und dahinein ein göttliches Wort empfangen, dann nimmt der »dunkle« Wille des christlichen Lebens es auf, und trägt es mit sich fort, bis in die Stunden, wo es nötig ist.

Oder wenn wir uns darüber klar zu werden suchen, was wir sind und sein sollten, wo die Aufgaben liegen, und wo wir versagen; und wir sind aufrichtig, scheuen die Wahrheit nicht und machen uns in wirklicher Bereitschaft eins mit Gottes Willen, dann wird die Einsicht vom inneren Leben aufgenommen und wirkt in ihm als schaffende Kraft weiter.

Meditieren, wie wir es beschrieben haben, umfaßt nicht nur ein Erkennen, sondern auch ein Wollen. Damit ist aber nicht nur der helle, sondern auch und vor allem der dunkle Wille gemeint, der unmerklich arbeitet; der verborgene Wege geht, verschlungene, welche den Wegen des Blutes, den Bahnen der Nerven, dem rätselhaften, immer wieder im Unbekannten versinkenden Lauf der Bilder in uns ähnlich sind.

Bei diesem Meditieren kommt es also nicht darauf an, schreibfertige Erkenntnis und meßbare Wirkung zu erzielen. Wir kommen aus dem Beruf und seiner Hetze. In unseren Nerven sitzt die Unrast, weil immer etwas drängt, immer etwas erreicht werden muß. Hier brauchen wir nichts zu erreichen. Wir wollen nur still werden. Wollen uns lösen, gegenwärtig sein, offen werden. In uns einlassen, was von Gott kommt: heilige Worte, lebendige Bilder, den Frieden einer Stunde, die Freudigkeit eines Zusammenseins, das frische Tun einer gemeinsamen Übung. Die Meditation aber soll jene Zeit sein, in welcher diese Stille immer wieder hergestellt wird; die Brunnenstube gleichsam, worin das Wasser der inneren Quelle nachströmt und sich aufsammelt.

Damit haben wir von der Grundhaltung der Meditation gesprochen. Aus ihr folgt eigentlich von selbst, »wie man es macht«.

Man beginnt damit, daß man ruhig wird. Zuerst äußerlich, in den Gliedern und im ganzen Körper. Eine gute Hilfe dazu ist das richtige Atmen und das Eingehen in seinen Rhythmus. Dann aber auch innerlich. Beim Versuch merkt man dann bald, wie wenig sich das von selbst versteht. Im Gegenteil; sobald man ruhig zu werden beginnt, fängt der Aufruhr richtig an. Darum darf man nicht locker lassen, sondern muß ausharren und sich innerlich zur Ruhe durchbringen. Nicht mit Gewalt, sondern mit stillem, eindringlichem Lösen. Man muß einen richtigen Unruhegürtel durchschreiten; nachher gibt sich das verkrampfte Leben. Und dann muß man die Lösung und Ruhe in sich einsinken lassen, immer tiefer hinab.

Das Zweite ist, daß man seine Kräfte aus der Zerstreuung zurückholt. Sie sind wirklich verstreut. Meine Gedanken, meine Wünsche, die Bewegungen meines Herzens — das ist alles anderswo; bei dem, was ich getan habe; bei dem, was mir Sorgen macht; bei dem, was ich liebe, was ich fürchte, was ich besitze, was mir fehlt ... Überall hinaus ist mein Wesen verstreut. Also muß ich es zurückholen und zusammenbringen, damit ich gegenwärtig werde. Wollte man den Inbegriff dessen, was Meditation heißt, aussprechen, so könnte man geradezu sagen: Meditieren heißt gegenwärtig werden, allerdings vor Gott.

Dann richten wir unsern Blick auf den Gegenstand, der uns dargeboten wird. Auf dieses Dargebotene richten wir uns, schauen mit den inneren Augen, horchen mit den inneren Ohren, verarbeiten es mit dem Denken, durchdringen mit dem Herzen, kosten mit dem Gemüte aus. Ruhig, ohne Hast: woher kommt das? Was bedeutet das? Wie geht das zu? Was liegt darin? ... Wenn ein Wort oder ein Umstand uns faßt, dann bleiben wir dabei. Es muß nicht alles durchjagt und im Gedächtnis untergebracht sein. Wo wir uns berührt fühlen, da verweilen wir.

Vielleicht erheben sich innere Widerstände. Die Unruhe kann wiederkommen. Das Gefühl kann sich einstellen, alles sei doch nutzlos, und man kehre doch besser in die Geschäftigkeit des täglichen Daseins zurück. Wenn es so kommt, dann müssen wir wieder lösen, sammeln, anwesend werden, mit leiser, aber unbeirrbarer Kraft. Nicht mit Gewalt, nicht zwingen, sondern still zu sich selbst sagen: »ich bin hier; ruhig und gesammelt hier«. Ganz drinnen muß ich das sagen; ich selbst zu mir selbst; still durchdringend durch das innere Gewoge meines Wesens. »Ich will« — ist wie ein schroffer Griff in die erregten Nerven, daß sie sich noch mehr empören; »ich bin« — legt den Willen in ein Bild, das Bild senkt sich ins Gemüt und sucht sich selbst seinen verborgenen Weg in die Verwirklichung.

Dann ist da weiter die Aneignung: wir dürfen das Betrachtete nicht in sich stehen lassen, als etwas, das man sich von außen besieht, sondern müssen es als unsere eigene Angelegenheit nehmen. Ich selbst bin von dem gemeint, was da erwogen wird; mit meinem eigenen Schicksal stehe ich in der Betrachtung.

Das Betrachten aber ist etwas, das Gott mittut. Das Eigentliche wirke nicht ich, sondern er. Ich muß tun, was ich vermag: aber indem ich denke und mich versenke, wirkt er darin sein Werk. So muß ich in lebendiges Einvernehmen mit ihm treten und dieses Einvernehmen immer wieder herstellen, indem ich es mir vergegenwärtige, darum bitte, es innerlich vollziehe.

Auch das kann durch innere Hindernisse gehemmt werden: durch eine Pflicht, die nicht erfüllt ist; durch ein Unrecht, das dasteht; eine Verwicklung, die gelöst werden muß. Wegstreifen hilft nicht; wegsehen kann man nicht; aber eine solche Sache in Ordnung zu bringen, ist oft auch nicht gleich möglich. So ist es wohl das Beste, Gott um Urlaub zu bitten und zu sagen: »ich will, was Du willst. Aber du mußt mir die Bereitschaft und das wirksame Wollen geben. Dazu laß mich jetzt hier sein ... und zu dem, was ich soll, fähig werden«. Dann ist die Bahn frei.

Im gesprochenen Wort, in der hingestellten Gestalt tritt uns Gott entgegen. So müssen wir das Herkommende an uns heranlassen — zugleich aber uns Gott entgegenbewegen. Wer einen Menschen liebt, weiß, daß es diese innere Hinbewegung gibt. Hinstreben zu Gott, Hinaufstreben zu seiner Höhe, Hinabdringen in seine Tiefe, Hindurchdringen vor seine Anwesenheit. Auch das aber ganz still, ohne Krampf, ohne Hast, ohne Gewalt.

Das ist Meditation. Im Tiefsten bedeutet sie bei Gott sein. Was im einzelnen gesagt wurde, ist nur Hilfe dazu.

CHRISTLICHE INNERLICHKEIT (1933)

Zum bisher Gesagten kommt etwas anderes, das aber bereits angeklungen ist: das Einvernehmen mit Gott.

Wenn ich denke und meditiere, dann darf das nicht so geschehen, daß ich hier für mich wäre, und drüben stünde Gott; ich arbeite hier für meine Rechnung, Gott aber wäre der »Gegenstand« dazu — sondern Gottes Zu-mir-Kommen bedeutet, daß er mich überhaupt erst in den Stand setzt, ihn aufzunehmen.

Gottes »Kommen« ist eine doppelte Bewegung, wenn man so sagen darf: er geht auf mich zu, und zieht mich zugleich sich entgegen. Es ist nicht so, daß ich für mich dastünde, fest und fertig, und nun käme Gott her — sondern sein Kommen ist gleichsam die Fortsetzung seines Schaffens. Seine Liebe, die mich geschaffen hat, will mich als Kind ihrer Gnade; so »kommt« sie zu mir. Aber ebendamit gibt sie, daß Gott bei mir anlangen könne; daß ich fähig werde, die Türe zu öffnen, entgegenzugehen, Begegnung aufzunehmen. Darin werde ich erst der, den

Gott meint: in Gott ich selbst. Gottes Kommen macht, daß ich zu ihm gehen kann. Und darin, daß ich ihm entgegengehe, werde ich erst wirklich ich selbst. Denn wahrlich, ich bin in Gottes Liebe, von ihm geliebt und aus seinen Gnaden ihn wiederliebend — oder ich bin, in einem letzten Sinne, überhaupt nicht …

Daß ich aufmerksam werde, daß ich mich ihm öffne, daß ich mich ihm entgegenstrecke, ist schon die andere Seite des göttlichen Kommens selber. Wenn ich also meditiere, stehe ich mit Gott in der gleichen Absicht. Er ist es, möchte man fast sagen, der in mir meditiert. Er ist es, der aus mir sich selber entgegenkommt.

Gott ist in Bewegung. Er lebt. Sein Leben ist Liebe. Seine Liebe verstehe ich aber erst, wenn ich sie nicht allgemein auf die Welt gerichtet sehe, sondern auf mich. Gott ist liebend unterwegs zu mir. Wenn es in der Heiligen Schrift heißt:»Herr, komm«, so meint das kein Bild, sondern Wirklichkeit. Auch darf uns nicht der Gedanke irremachen, Gott sei doch überall. Gewiß ist er überall; alles besteht durch ihn, und er durchwirkt alles — und dennoch kommt er. Immer kommt Gott. »Überall« ist er als der Kommende: kommend zu den Menschen, und durch die Menschen kommend zur Welt, die er in ewige Neuheit heben will.

Wir sagten, das Sein des Geschöpfes sei kein fertig abgeschlossenes, sondern stehe in Bewegung. Darin, daß es auf Gott zugeht, bestehe das Geschöpf, und es erreiche seine eigene Wirklichkeit in dem Maße, als es Gott näher komme … Dieses Geheimnis unseres Daseins kann man auch so ausdrücken: das Geschöpf besteht dadurch, daß Gott auf es zukommt. Gott, der im unzugänglichen Licht Entrückte, will sich offenbaren und sich in Liebe schenken. So schafft er den Menschen gleichsam in die Ferne hinaus, als Ziel seiner Liebesbewegung, als Ort, wo er anlangen kann. Das Liebesziel Gottes zu sein — das ist der Beginn der Wirklichkeit des Menschen. Entfaltet, zur Vollendung geführt wird sie, indem Gott bei ihm anlangt, der Mensch den Gast aufnimmt. Die erste Wirklichkeit des Menschen ist gleichsam das Hervortreten des Ortes, an dem Gott anlangen will. Um so wirklicher wird sie dann, je intensiver die Bewegung des göttlichen Herankommens wird. Denn sein Nahen bedeutet nicht, daß da irgendwo ein fertiges Haus stünde und Gott darauf zu ginge, sondern Gottes Kommen schafft, wo er anlangen kann. Er langt aber an, indem der Mensch ihn aufnimmt — so hat dieser sein eigenes Wirklichwerden in freier Hand.

Der Mensch hat aber Gottes Liebesziel nicht sein wollen. Er ist abgefallen, fortgegangen, immer tiefer der Unwirklichkeit verfallen. So hat sich Gott in neuer Bewegung aufgemacht: um sein Geschöpf zu erlösen. Die Bewegung ist herangekommen im Wort des Propheten; in der

Führung des auserwählten Volkes; in der Menschwerdung. Jesus ist der Gekommene, durch welchen Gott unter uns wohnt. Ja, er ist selbst in das gekommen, was in keiner Weise von Gott stammt, weder Urbild noch Ursache in Gott hat, sondern ausschließlich des Menschen ist: in die Schuld. Er hat sich in sie gestellt, indem er die Verantwortung für sie übernahm. So erhielt das Schicksal, das er aus der Menschengeschichte empfing, den Charakter der Sühne. Nun konnte die Bewegung des Geschöpfes, die von Gott weg, in Schein und Tod hineinging, herumgeworfen werden. Das erste Wort der Erlösung heißt:»Das Reich Gottes ist herbeigekommen, kehret euch um und glaubet der frohen Botschaft.« Daß wir aber umkehren können, ist eben das Werk der Erlösung.

Was nun dieses Angelangtsein Gottes bei uns bedeutet, wie ernsthaft es ist, wie ganz es zur Grundlage für unser christliches Leben werden soll, geht aus einem Gedanken hervor, der die Briefe des heiligen Paulus beherrscht. Immer wieder heißt es da:»Christus ist in mir« —»ich bin in Christus«. Das ist kein Gleichnis. Es bedeutet nicht nur, mein Heil stehe Christus im Sinne; oder er trage das Bild, wie ich sein müsse, in sorgendem Herzen; oder seine Wahrheit wirke in mir, oder sein Beispiel, oder seine Gesinnung. Hier ist lebendigste Wirklichkeit gemeint.
Wir wollen sie einmal ganz anschaulich ausdrücken: als Jesus starb und auferstand, wurde durch die Kraft des Heiligen Geistes sein Menschenwesen umgewandelt. Er trat in einen anderen Zustand; wurde verklärt. Dieser Zustand machte, daß Christus nun nicht mehr nur »vor« oder »unter« den Menschen stand, oder durch Denken und Lieben in ihrem Inneren aufgenommen war — sondern daß nun er, der konkrete Christus, mit seiner Wirklichkeit in sie eintreten konnte. Wie es zum Wesen der Seele gehört, daß sie, selbst Wirklichkeit, den wirklichen Körper durchdringt und ihn zu ihrem lebendigen Ausdruck und Werkzeug, das heißt aber, zum »Leibe« macht, so vermag der lebendige verwandelte Christus in den Menschen einzugehen und ihn als Ganzes, Leib und Seele, zum Stoff für ein Höheres, nämlich für das Christ-sein, zu machen. Christ-sein ist mehr als Mensch-sein. Es wird aus dem Mensch-sein aufgebaut, indem Christus dieses erfaßt und, als inneres Bild, als wirkende Macht, es schöpferisch umgestaltet.
Aber so ist es noch nicht ganz richtig: das christliche Dasein ist überhaupt erst das eigentlich-menschliche. Erst der Christ ist jener Mensch, den Gott gemeint hat. Einen »bloß natürlichen« Menschen gibt es gar nicht. Das gottgemeinte Menschentum ersteht, wenn der Mensch, der »auf Gott hin« geschaffen worden ist, auch wirklich auf Gott trifft. Das kommt schon darin zum Ausdruck, daß im letzten und tiefsten Sinne »Menschensohn« erst der Mensch gewordene Sohn Gottes ist. So

werden wir erst in der Teilhabe an Christi Leben, als »Gotteskinder«, wahrhaft Menschenkinder[2].

So ist Christus im »Menschen«. Er kommt in ihn durch den Glauben, durch die Taufe, durch die Eucharistie. Durch die Taufe kommt er ein für allemal. Durch den Glauben und die Eucharistie kommt er immerfort aufs neue. Und immer aufs neue durch jede Erhebung des Herzens, durch Gebet und Gehorsam, durch alles, was die Vorsehung an Aufgabe und Geschick heranträgt. So lebt er im Christen, nein, wir müssen anders sagen — und es soll keine Anmaßung, sondern Bitte und Hoffnung sein, so zu sprechen — so lebt er in mir: als wirkende Kraft, als arbeitende Gestalt; willens, mein ganzes Dasein zu erfassen, sich darin auszudrücken, damit ich »heranwachsen soll zu seiner Ähnlichkeit«, bis »zum Vollalter Christi«, zur christlichen Reife.

Er ist in mir mit seiner erlösenden Kraft, welche die Sünde bezwungen, den Tod durchlitten hat und auferstanden ist. An dieser Kraft gibt er mir Anteil. Wenn ich nun, glaubend und vertrauend, mich anstrenge, so bin »nicht ich es, der da wirkt, sondern Christus wirkt in mir«. Er ist in mir mit der Glut seiner Heiligkeit. Die drängt an mein Herz, an meinen Willen, daß sie ins Innere der Freiheit eingelassen werde, damit sie von dort her mein ganzes Sein umformen könne.

Das alles geht seinen lebendigen Gang. Erst ist Christus im Glaubenden »Kind«, unentfaltet, anfangend. Dann wächst er heran; durchschreitet die Stufe des Reifens; kämpft, erleuchtet, wirkt, leidet, bis er »die Fülle des Alters« erreicht und »durch das Leiden zur Herrlichkeit eingeht«.

Das alles kann man nicht nachweisen. Man muß es glauben. Der Christ ist sich selber ein Gegenstand des Glaubens. Mein Christ-sein ist ein Geheimnis, das ich selbst nur im Glauben auffassen kann. Glauben ist Beginn. Tat, die neues Dasein anfängt, und Bewußtsein vom Anfang dieses Daseins zugleich. Im Maße aber der Glaube wächst und reift, gewinnt er Erfahrung und wird sehend.

So steht die Existenz des Christen in sich verschlungen; Anfang und Ende fügen sich ineinander. Sie geht nicht aus den Voraussetzungen der Welt, sondern aus dem neuen Anfang von oben hervor und ist in einer dem Verstande nicht durchdringbaren Schwebe aufgehangen. Aber dieses Dasein, das es zuerst nur auf Christi Wort und Person hin mit sich selbst wagt, beginnt sich allmählich durchsichtig zu werden, und dringt aus dem inneren, heiligen Ursprung in die Welt vor, sie umwandelnd und heimholend[3].

---

[2] Freilich darf nicht durch diesen Gedanken die Gnade, die Erlösung, das, was von oben kommt, zu einem Bestandteil des ersten natürlichen Wesens gemacht werden. Dann würde die Freiheit Gottes in Frage gestellt. Aber dieser Zusammenhang ist sehr verschlungen, und wir können uns hier nicht weiter auf ihn einlassen.

[3] Siehe dazu Guardini: »Vom Leben des Glaubens«, Topos-Taschenbuch 124, Mainz 1983.

118

Lassen wir noch einmal den großen Gedanken der Bewegung Gottes an uns vorüberziehen ... Wie er immer näher kommt: bis in die Menschwerdung, bis in Sünde und Sühne, bis in mich hinein ... In mir aber geht es weiter. Er ist in mir, aber noch nicht genug. Denn diese Innerlichkeit ist kein fertig gebautes Zimmer, in das man hineinginge und dann darin wäre. Ich bin lebendig; also geht es immer weiter in mich hinein. Immer tiefer hinein will er dringen. Aus immer tieferer Mitte heraus will er das Ganze durchwirken. Der heilige Bernhard hat das schöne Wort gesprochen: »Mensura caritatis quantitas animae« — die Seele ist so groß wie das Maß ihrer Liebe. Doch »die Liebe hört nie auf«. Es ist das Wesen der Liebe, daß sie wächst. Christi Kommen weckt die Liebe. So ist er es, der die innere Größe, den Raum der *christlichen Innerlichkeit* aushebt. Kommend erzeugt er ihn. Je stärker aber die Liebe erwacht, desto größer wird die Seele und desto tiefer wird ihre Innerlichkeit. So erschließt sich immerfort neuer Raum, in den Christus eingehen kann. Davon wächst aber wieder die Liebe, und noch einmal kann Christus tiefer eindringen — und wie soll hier ein Ende sein?

DAS EINVERSTÄNDNIS MIT GOTT IM GEWISSEN (1928)

Das Gewissen ist das Organ für das Gute, und es ist das Organ für Gott. Sobald wir die Empfindung des Sollens, das Bindungsbewußtsein, die Stellungnahmen und was alles wir Gewissen nennen, verfolgen, gelangen wir auf religiösen Grund. Was in seiner oberen Schicht ethisches Gewissen bedeutet, ist in seiner letzten Tiefe der »Seelengrund«, der »Seelenfunke«. Wir können die Richtung auch anders nehmen: was in seiner untersten Schicht ethisches Gewissen bedeutet, ist auf seinem Gipfel die »Spitze« oder die »Schneide des Geistes«. Das aber sind Organe und Akte, bei denen es um religiöse, um geistliche Wirklichkeit geht. So ist das Gewissen das Organ für die lebendige Wirklichkeit und Nähe Gottes; für Gottes Forderung.
Im Alten Testament kehrt ein Wort oft wieder, in welchem die ethische Forderung zu ihrem religiösen Ausdruck gelangt: »Wandeln vor dem Angesicht Gottes«, oder einfacher: »Wandeln vor Gott«. Im Neuen Testament spricht Paulus vom Handeln »zur Ehre Gottes«; vom »Leben in Gott«. Diese Worte sagen in verschiedenen Weisen, wie die Gutheitsforderung aus dem lebendigen Gott vernommen, das Handeln auf ihn gerichtet wird.
Das eigentümliche Wesen des Gewissens läßt sich in dem Satz ausdrücken: »Mit sich selber wissen um das Gute«. Damit allein bleiben

wir aber noch im Irrkreise des Selbst befangen, weil jenes Gute den Täuschungen unseres Wünschens ausgeliefert ist. Nun sagen wir: Gewissen haben heißt, mit sich selber um das Gute wissen — aber vor Gott, dessen Heiligkeit ja das Gute selbst ist. Mit dem Ernst der Selbstbeteiligung, mit jenem einzigartigen Ernst um das Gute wissen, der aus dem Bewußtsein erwacht, es geht um das Heil. Aber in einer Weise, die jenen Ernst befähigt, aus der Irrsal der Selbstbefangenheit an die Forderung heranzukommen, wie sie in sich selbst ist. Das Wort »vor Gott« meint einen Maßstab der Klarheit. Es bedeutet, daß in mir eine unbedingte Wirklichkeit zur Geltung komme, die mir die Augen über jene Forderungen öffnet und mich zur Freiheit der Entscheidung vor ihr befähigt.

Da erhebt sich aber die Frage: wird die Verführung des Selbst nicht auch diese unbedingte Wirklichkeit einspinnen? Hat jene furchtbare Umformung des Genesiswortes, wonach »der Mensch sich Gott schafft nach seinem Ebenbild«, nicht ihre Richtigkeit? Nein! Aus jenem Wort spricht Unglaube. Der Glaube weiß es besser. Gott ist kein Begriff, keine Idee, kein Gefühl, keine soziologische Forderung. Gott ist wirklich; der unbedingt Wirkliche. Und im Gewissen dessen, der ihm aufrichtig naht, wird er sich nicht unbezeugt lassen. Gott wird wirken, daß vor seinem Angesicht das aufrichtige Gewissen frei wird zum richtigen Blick und zur rechten Entscheidung. Gott wird dem, der bittet, »Sein Wille möge geschehen, wie im Himmel, also auch auf Erden«, die Gnade der Gewissensklarheit schenken.

Von hier aus gewinnt die »Situation« ihren letzten Sinn: in der Vorsehung. Das innere Drängen des Guten an das Gewissen, daß es getan werde, ist die Forderung des heiligen Gottes, daß »sein Wille geschehe«. Die Situation aber, aus welcher das Gewissen den besonderen Inhalt jener Forderung schöpft, ist des nämlichen Gottes Fügung.

Der Glaubende lebt aus einem reichen Gefüge religiöser und sittlicher Gebote, Weisungen, Erfahrungen: aus einer Ordnung. Er strebt danach, zu theoretischer Einsicht, Übersicht und Einheit zu kommen. Das alles bleibt aber notwendig im Allgemeinen. Gebote, Weisungen, Ordnungen betreffen ja immer das stets Wiederkehrende; den typischen Fall. Ihre letzte, lebendige Besonderung gewinnen sie erst darin, wie die innere Gutheitsmahnung aus der von Mal zu Mal sich entgegenformenden Situation bestimmt wird.

Die aber bedeutet: Gott umfängt uns; umrandet uns, durchdringt uns. Er steht in unserm Innersten. Dort, wo unser Sein gleichsam inwendig an das Nichts grenzt, ist Gottes Hand und hält uns. Da spricht er zu uns. Nicht als eine allgemeine Kraft, oder ein bloßes Gesetz. Nicht als ein »Es«, sondern als ein »Er«, zu dem ein »Du« möglich ist. So spricht Gott in uns. Dieser nämliche Gott aber ist Schöpfer und Herr der Welt.

Aus der Ewigkeit her liegt die Welt und ihr Geschehen in seiner Hand. Die Welt ist keine fertige Maschine, die von selbst läuft, sondern immerfort von ihm gehalten und gelenkt. Was geschieht, geschieht durch Gott — ob es gleich nach den Gesetzen der Natur und durch ihre Kräfte geschieht, denn diese sind Gottes Werkzeuge. Und in diesem Geschehen geschieht das Einzelne um des Ganzen, aber ebensosehr das Ganze um des Einzelnen willen. Der Mensch steht im Gesamten als Glied, als Teil, verschwindend, winzig — und doch ist dieses Gesamte hergerichtet auf ihn; »um seinetwillen da«. Wo immer ein Mensch lebt, da, in ihm, ist der Mittelpunkt der Welt. Zugleich aber ist der Mittelpunkt diesem Menschen »gegenüber«, im Ganzen. Mensch und Außenwelt in ihrem Bezogensein sind wie eine Ellipse, die ja zwei Brennpunkte hat; der eine im Innern des Einzelnen, als Zielpunkt der auf ihn bezogenen Ganzheit; der andere im Draußen, in der Ganzheit, und der Einzelne darauf bezogen. Die Gesamtbeziehung aber ist gewirkt vom lebendigen Gott; aus ewigem Wissen und ewiger Liebe. Das ist Vorsehung: wie das Leben des einzelnen, als Glied, mit vielen andern Gliedern, das Ganze baut; und wiederum das Geschehen dieses Ganzen auf das Leben des einzelnen hingerichtet ist, immer neu, jedes einzelnen, um diesem Grundlage, Aufgabe, Forderung, Prüfung zu sein. Die lebendige Spannung aber dieser beiden Brennpunkte bildet sich stets neu in der Situation. Sie ist die fortwährende sich vollziehende Vorsehung. In ihr wird das Ganze, hier, jetzt, so, Ausdruck des Gotteswillens für mich, der alles meinem Heil unterordnet; ebendamit aber wird mir die Weise gewiesen, wie ich, der einzelne, Glied sein soll im Gotteswillen für das Ganze.

In beidem spricht Gott: von innen her im Drängen des Gewissens; von außen her in der Fügung der Dinge. Das Wort des einen klärt sich aus dem Wort des andern. Aus dem stets neuen Impuls dieses Verhältnisses spannt sich fortwährend das sittliche Leben des religiösen Menschen. Von hier aus verstehen wir die Worte Christi: »Sorget nicht für den morgigen Tag. Jeder Tag hat seine Plage«. Und das andere: »Unser tägliches Brot gib uns heute«. Hier liegt tiefstes Gebundensein und vollkommene Offenheit zugleich.

Nun verstehen wir das Gewissen tiefer. Es bedeutet: mit sich selbst, vor Gott, wissen um das Gute, als um Gottes Heiligkeitsforderung; mit sich selbst, vor Gott, es verstehen aus der jeweiligen Situation, als aus des gleichen Gottes Vorsehungsfügung.

Begreift ein Mensch das und will es; stellt er sich darauf; nimmt er es tief in sich hinein als die nicht mehr in Frage gezogene Form seines Lebens — dann wird daraus etwas Wunderbares, so recht des Gewissens Geheimnis: das Einverständnis mit Gott. Wir fühlen, wie sich hier ein Raum von unendlicher Innigkeit und Tiefe und Fülle auftut. Es ist das

Einverständnis der inneren Wachheit und Bereitschaft des Menschen mit der stetsfort aus dem Augenblick sich bestimmenden Gottesforderung. Horchen wir in das Wort hinein: »Einverständnis« ... »Verstehen«; in sich schon mehr als bloßes »Wissen«; vielmehr Durchdringen, Vordringen in die Tiefe, in die Innerlichkeit; darin sein, durch und durch. Dazu dann »Ein-Verstehen«; »Zusammen-Verstehen«; zusammen mit Gott, aus dem immer tiefer sich hineinsenkenden Mittelpunkt des Verhältnisses zu ihm. Es meint also nicht nur, daß der Mensch hörend sei; daß er entgegennehme und gehorche, weil das Geforderte recht ist. Es meint, der Mensch habe sich daraufhin mit Gott verständigt, daß der ihn wissen lasse, was das Gute ist; und er ist eifrig, zu hören und zu tun. Da ist ein Bund zwischen Gott und den Menschen, daraufhin, daß das »Eine Notwendige« geschehe, jetzt, hier, so, durch den Willen Gottes, welcher das fordernde Gute selbst ist.

Seine Vollendung aber erreicht das alles im Geheimnis der Gotteskindschaft; der Mensch wird wiedergeboren; aus Gott dem Vater, in Christus, durch den Heiligen Geist; zur Gemeinschaft des göttlichen Lebens. Zwischen ihm und seinem Gott ist nun das Liebesverhältnis von Vater und Sohn; Bruder und Bruder; Freund und Getröstetem: euer Vater im Himmel weiß, wessen ihr bedürft ... es fällt kein Haar von eurem Haupte, ohne daß er es weiß ... Christus nennt uns nicht mehr Knechte, sondern Freunde ... Er ist unter uns wie der Erstgeborene unter vielen Brüdern ... sein Geist ist bei uns als der Beistand, der Tröster ... er macht uns alle Wahrheit inne ... in ihm sprechen wir »Vater«; sprechen »Herr Jesus«; beten und geben Zeugnis ... In einem gesagt: wer Christus liebt, zu dem kommen die »Wir« und nehmen Wohnung bei ihm zur unaussprechlichen Gemeinschaft des göttlichen Lebens.

Im Vaterunser aber wird dieses Verhältnis und sein Inhalt zum Gebet ... Daraus entsteht eine Frage: geht dieses Werden von selber vor sich? Oder können wir etwas dazu tun?

Das Letzte und Eigentliche kann man nicht machen. Die eigentliche Vollendung des Gewissens ist, vom Natürlichen her gesehen, Sache des Wachstums und der Erfahrung; vom Glauben her gesehen, Werk der Gnade.

Auch beim Gewissen geht es aber um ein Reifen; daß unser Gefühl für das Gute dringlicher und klarer werde; das Verantwortungsbewußtsein dafür entschiedener; daß unser Gefühl für die Wertmannigfaltigkeit der Situation sich verfeinere; daß der Blick für ihren definitiven Sinn und die Kraft, sie auf die Einheit ihrer Forderung zu bringen, zu entscheiden und die getroffene Entscheidung aufrechtzuerhalten, sicherer werden — der Fortschritt in alledem ist Sache inneren Reifens. Und Sache der Erfahrung. Denn ebenso wichtig wie das innere Empfinden, wie die innere Vertiefung und Festigung, ist, daß wir immer neu mit den Dingen und Geschehnissen in ihrer Mannigfaltigkeit zusammentreffen. Dadurch nehmen wir Fülle der Gestalten in unseren Besitz; Vorrat an Geschehnissen; Möglichkeiten des Vergleichs. Immer aufs neue werden unsere Maßstäbe, Gesichtspunkte, Gewohnheiten durch die eigene Erfahrung in Kritik genommen; aufgelockert; zurechtgewiesen.

Inneres Reifen und äußere Erfahrung bilden sich aneinander. Das nämliche gilt auch für das christliche Leben: die Nähe zu Gott; die Bereitschaft, sich von ihm belehren zu lassen; der Ernst des Einvernehmens mit ihm; das immer tiefere Sich-selber-Verstehen in der gestellten Aufgabe — das alles ist Sache des Reifens und der Erfahrung zugleich. Sache natürlichen Lebenswachstums; doch vor allem Sache der Gnade. Die Gnade aber haben wir zu erwarten in Bereitschaft; zu erbitten in nicht nachlassendem Gebet.

Was müssen wir also, von hier aus gesehen, tun?

Wir müssen unser Inneres reinigen, müssen aufmerksam und bereit werden. Wir müssen unsere Pflicht tun, uns mit der Situation auseinandersetzen und ihr genügen nach bestem Können. Wir müssen uns der Erfahrung offenhalten, müssen unser Leben leben, dem Geschehen, das auf uns zukommt, nicht ausweichen, es sei denn, unser Gewissen sagt uns, hier bestehe die Lösung der Situation eben im Weggehen. Müssen Frohes und Schweres auf uns nehmen; auch und gerade das Schwere; kurzum, uns auftun dem Leben, wie es von Gott her auf uns zukommt. Wir müssen uns von diesem Leben — unserem Leben! — belehren lassen; ausweiten, zurechtweisen, sehend machen lassen.

Und immer wieder müssen wir beten um die Klarheit des Gewissens. So hat Newman getan: »Ich brauche Dich, daß Du mich lehrest, Tag um Tag, nach jedes Tages Forderung und Nöten. Gib mir, o Herr, die Klarheit des Gewissens, die allein nur Deinen Einhauch fühlen und begreifen kann. Meine Ohren sind taub; ich kann Deine Stimme nicht vernehmen. Meine Augen sind trüb; ich kann Deine Zeichen nicht sehen. Du allein kannst mein Ohr schärfen und meinen Blick klären, und reinigen und erneuern mein Herz. Lehre mich, zu Deinen Füßen zu sitzen und auf Dein Wort zu lauschen. Amen.«

TEIL 5

BEGEGNUNG MIT DER LITURGIE

DIE EPIPHANISCHE BEDEUTUNG DER LITURGIE (1941)

Wenn wir Berichte über Völkerbekehrungen lesen, so fällt uns auf, daß die religiöse Berührung, auf welche hin die Umkehr geschieht, vor allem von der heiligen Feier ausgeht. Und wenn wir uns erkundigen, was den einzelnen Menschen unserer Zeit zum erstenmal erfaßt hat, so daß seine Hinwendung zur Kirche begann, dann war es sehr oft — wenn nicht meistens — die Begegnung mit der Liturgie.

Was da wirkt, sind sicher die religiösen Gedanken, welche sich im Kult ausdrücken, ebenso wie die Ahnungen heiligen Lebens, die sich von ihr her ergeben — darüber hinaus aber auch, und ganz besonders, das Aufleuchten, Auftönen, Greifbar-Werden der heiligen Wirklichkeit ...

Die alte Philosophie hat gesagt: »Nichts ist im Verstande, was nicht vorher in den Sinnen gewesen.« Das Wort hatte ursprünglich eine sehr reiche Bedeutung, der Weise entsprechend, wie der Mensch sein eigenes Wesen erfuhr und dachte; allmählich ist es dahin zusammengeschrumpft, daß die Sinne materielle Qualitäten aufnehmen, und der Verstand sie zu Begriffen verarbeitet. Damit war die echte Bedeutung des Satzes verkümmert, denn die Sinne, von denen er sprach, waren die vollen, menschlichen.

Diese Sinne können viel mehr auffassen, als bloß materielle Gegebenheiten; sie erfassen auch den lebendigen Geist. Nicht den bloßen Geist, sofern er für sich ist; wohl aber den verleiblichten, sofern er sich ausdrückt. Ausdruck ist die Weise, wie etwas, das die Sinne an sich nicht erreichen können, sich im Körperlichen kundtut. Der ganze Menschenleib ist Ausdruck. Miene, Haltung, Wort, Gebärde, alles offenbart Innerlichkeit, Gesinnung, Geist — die Sinne des anderen aber können, soviel als sie wach sind, das Ausgedrückte auffassen.

Das Auge ist also viel mehr als ein optischer Apparat, der Farb- oder Formqualitäten aufnimmt; auch mehr als das neurologisch-psychologische Organ, das sie in Form von Empfindungen an das Bewußtsein weiterleitet. Das Auge schaut die lichtbezogene Gestalt; das heißt aber, Wesen und Sinn. Es reicht vom körperlichen Gebilde bis in jene Höhe, die Augustinus meint, wenn er vom »Auge der Seele« spricht, welches das über ihr stehende »unveränderliche Licht« der Ideen sieht (Conf 7,10,16). Ja, es bildet, wenn man so sagen darf, den Stoff, aus welchem einst der Heilige Geist jenes Auge schaffen will, das Gott schauen soll »von Angesicht zu Angesicht« (1 Kor 13). Das gleiche gilt vom Ohr. Wir hören nicht nur Töne und Geräusche, sondern Worte, das heißt Sinngestalten. Wir vernehmen den Sinn, der in ihnen Laut wird. So reicht das Ohr vom akustischen Apparat bis zu jenem Vermögen, welches gemeint ist, wenn etwa in einem wichtigen Augenblick des Gespräches der eine zum anderen sagt: »so höre doch!« Und dieses Ohr soll einst, im neuen Menschen, zur Fähigkeit erhoben werden, das wesenhafte »Wort« zu empfangen. Denn wenn »ewiges Leben« bedeutet, den Gott, der »Licht« ist (1 Joh 1,5), zu schauen, dann bedeutet es auch, den Gott, der »Wort« ist (Joh 1,1), zu vernehmen.

Was aber die Hand angeht, so haben wir ganz vergessen, daß sie nicht nur ein Werkzeug des Greifens und Kämpfens, sondern auch eins des »Be-Greifens«, das heißt aber des Erkennens, ist. Durch die Hand tritt der Menschenleib als ausgewogenes und bewegtes Ganzes in auffassende Beziehung zu jenen Gebilden von Form, Gewicht und Bewegung, die wir »Ding« nennen. Ja, das Ganze des Leibes selbst vermag die Wirklichkeit und ihren geistigen Gehalt aufzufassen, denn es ist durch seinen Bau auf den umgebenden Raum, durch Atem auf die Luft, durch Stand und Schritt auf die tragende Erde, durch Gefühl und inneres Geschehen auf Licht und Wärme, auf Speise und Trank bezogen — nicht zu vergessen die »Erkenntnis« des anderen Menschenwesens durch die geschlechtliche Vereinigung. Wiederum reicht also die Hand, und, über sie hinaus, das Ganze des Leibes, vom physiologischen Organ bis zum Be-Greifen des Sinnes. Auch dieses wird einst vom Heiligen Geist zu pneumatischer Fülle umgeschaffen werden. Denn das ewige Leben wird das Gastmahl sein, welches der Herr mit jenem hält, der ihm »die Tür öffnet« (Apk 3,20), und die Hochzeit, von welcher der Schluß der Heiligen Schrift spricht (Apk 21,9; 22,17). Das Schauen dessen, was vom Verborgenen her aufleuchtet; das Vernehmen dessen, was aus der ewigen Stille laut wird; das tastende Empfangen bis zur Intensität des Essens und Trinkens ist auch in der Liturgie wirksam.

Immer sucht der Mensch nach der Wahrheit. Das Wahrheitssuchen des neuzeitlichen Menschen hat aber, wenn ich recht sehe, einen besonderen Charakter. Wonach er verlangt, ist nicht so sehr gedankliche, sondern seiende Wahrheit; sagen wir genauer: erhellte Wirklichkeit. In einer Zeit, in der einerseits Begriffe und Formeln klappern, anderseits ein dämonischer Materialismus alles ins Nur-Sinnenhafte zieht, möchte der Mensch der ganzen Wirklichkeit inne werden, welche Körper und Geist, Gestalt und Licht, Sein und Sinn ist — der heilen Welt. Heil wird die Welt aber nur, sobald sie in ihrer Wahrheit erscheint: das heißt, von Gott her und auf Gott hin; geschaffen, erlöst und im Neuwerden begriffen. Heil ist die Welt, wenn ihr Sein zum Ausdruck für den wird, der sie nach seinem Bild geschaffen hat. Wenn sie — falls es möglich ist, so zu sprechen — zum Antlitz wird, zur Gebärde, zum Wort, worin sich Gott offenbart, wie die Schrift sagt: »wird ja doch sein unsichtbares Wesen von Erschaffung der Welt her an seinen Werken durch den Geist geschaut, nämlich seine ewige Kraft sowohl als seine Gottesgüte ...« (Röm 1,20), und wieder: »Die Himmel erzählen die Herrlichkeit Gottes, vom Werk seiner Hände kündet das Firmament. Es jubelt's ein Tag dem andern zu, und eine Nacht übergibt der andern die Kunde. Nicht ist's ein Wort, noch sind es Reden, von denen der Laut nicht vernehmlich wäre; ihr Schall eilt über die ganze Erde, und bis zu den Enden des Erdenrundes geht, was sie sagen« (Ps 18, 1—5). In dieser Erfahrung wird dem Menschen das zerrissene Dasein wieder ganz und heil. Dann geht er hinaus und kämpft seinen mühseligen Kampf mit der Verwirrung und Verwüstung in neuer Zuversicht.

Das heißt aber: der Mensch sucht im Liturgischen, bewußt oder unbewußt, die Epiphanie, das Aufleuchten der heiligen Wirklichkeit im kultischen Geschehen; das Auftönen des ewigen Wortes im Sprechen und Singen; die Gegenwärtigkeit heiligen Geistes in der Leibhaftigkeit des Greifbaren.

Damit ist nichts Schwarmgeistiges oder Mirakulöses, sondern etwas ganz Normales gemeint — »normal« freilich in der Ordnung der Gnade, welche ja doch jene der Menschwerdung ist.

Eine der Grundweisen, wie die Gnade wirkt, ist eben die der Epiphanie. Sie hat sich in außerordentlicher Weise vollzogen, als der Herr auf Erden war und man »seine Herrlichkeit schauen« konnte »als die des Eingeborenen vom Vater« (Joh 1,14). Sie vollzieht sich immer neu in der Weise des christlichen Alltags, in der Verkündigung der Botschaft, im Geschehen der Vorsehung, im Antlitz des Kindes Gottes — und in der Verrichtung des »Opus Dei«. Sie wird aufgefaßt durch die Augen und Ohren und Hände des Glaubenden, der ja doch getauft ist, und in welchem der neue Mensch zu werden begonnen hat.

Das bedeutet zunächst, daß die Ausdruckskraft des Wortes, der Gebärde, der Dinggestalt religiös wirksam wird. Daß sie also nicht nur intellektuell in den Verstand, oder ästhetisch in Vorstellung und Gefühl eingeht, sondern die gläubige Erkenntnis erleuchtet, die Frömmigkeit des Herzens weckt und formt, das Bewußtsein der heiligen Welt lebendig werden läßt.

Darüber hinaus öffnet sich aber eine weitere Möglichkeit, und damit kommen wir an das Gemeinte.

Was will die Enzyklika »Mediator Dei« sagen, wenn sie erklärt: »Deshalb ist in jeder liturgischen Handlung zugleich mit der Kirche ihr göttlicher Stifter zugegen. Zugegen ist Christus im hochheiligen Opfer des Altars, in der Person des seine Stelle vertretenden Priesters wie vor allem unter den eucharistischen Gestalten. Zugegen ist er in den Sakramenten durch seine Kraft, die er in sie als die Werkzeuge der Heiligung strömen läßt. Zugegen ist er endlich im Lob Gottes und im Bittflehen zu ihm, nach dem Worte: »Wo nämlich zwei oder drei in meinem Namen vereint sind, bin ich mitten unter ihnen«. Ist diese Gegenwärtigkeit des Herrn in den bloßen Glauben eingeschlossen, oder soll sie auch zur Erfahrung werden? Gilt der alte Satz, daß die »*pistis*« — ohne den Gehorsam des Glaubens aufzugeben — zur »*gnosis*«, zur Erkenntnis innerhalb des Glaubens werden soll, nicht auch dafür? Kann nicht schon innerhalb des Glaubens ein Schauen beginnen, welches das Glauben nicht aufhebt, aber vertieft und einst zum vollen Schauen werden soll?

Nehmen wir ein Beispiel. Wenn bei der Verkündung des Evangeliums der Diakon gesungen hat: »Lectio sancti Evangelii secundum …« und das Volk antwortet: »Gloria tibi Domine«, dann ist damit offenbar der im Evangelium redende Herr gemeint. So wird ihm denn auch durch die Inzensation des Buches die feierliche Huldigung als dem ewigen Wort dargebracht. Ist dann die Lesung zu Ende, so heißt es: »Laus tibi Christe«. Der Herr ist also selbst da und redet. Sollte dieses Dasein und Reden dem Christen, in welchem doch der neue Mensch begonnen hat, nicht in irgendeiner Weise zu Bewußtsein kommen? Und es ist ja doch nicht so, daß wir da irgendeine theologische Phantasie aufstellten, sondern die Struktur des Vorganges selbst legt die Frage nahe. Wir Heutigen haben aber verlernt, Vorgänge zu lesen. Gewiß, wir fragen: was bedeutet das? Wir konstatieren einen Sachverhalt und knüpfen an ihn Erklärungen an. Worum es sich handelt, ist aber etwas anderes: sich dem Vorgang zu öffnen; auf seine Intention einzugehen; sich durch seine bild- und geschehnishafte Logik führen zu lassen; zu verstehen, was er will, er selbst, nicht eine gedankliche Theorie, und so zu empfangen, was aus ihm kommt — was freilich auch voraussetzt, daß er so vollzogen werde, daß etwas herkommen könne …

Vielleicht erwidert man, das seien charismatische Vorgänge und stünden als solche außer Erörterung. Ist das wirklich so? Wir haben vor dem Charisma eine verständliche Scheu; die Verworrenheiten und Verstiegenheiten unserer Zeit geben uns dazu nur allzuviel Anlaß. Aber hindert uns diese Scheu nicht, die echte Bedeutung des Charismatischen so ins Auge zu fassen und in die kirchliche Pädagogik einzubeziehen, wie sie es fordert?

Hier soll keine These aufgestellt, sondern nur auf Dinge aufmerksam gemacht werden, welche wichtig sein könnten. Das Charismatische ist eine Wirkung des heiligen Geistes — ist dieser Geist aber nicht der Kirche gegeben? Erzählen Apostelgeschichte und Paulusbriefe nicht von den Anfängen ihrer Geschichte? Und wo ist gesagt, daß die Charismen bloß auf die Anfänge beschränkt seien? Haben wir aus Sorge vor Mißkennung und Mißbrauch nicht die Erkenntnis und den Gebrauch vergessen? Bilden die Charismen nicht einen wesentlichen Bestandteil des christlichen Daseins, sobald wir dieses als Ganzes auffassen und in ihm jene Stellen unterscheiden, in welchen eben das Charismatische — sagen wir genauer, die Möglichkeit des Charismatischen am Platz ist? Und ist nicht das christliche Leben allmählich so vernünftig, so geordnet, so nach allen Seiten hin normalisiert worden, daß ihm jene Gefahr droht, welche in den Aufzählungen der Gefahren meistens vergessen wird, nämlich die Eintönigkeit? ...

Die Liturgie ruht auf den elementaren Tatsachen der Schöpfung, der Menschwerdung, der Kirche, und geht auf den erlösten Menschen in der erlösten Welt zu. Also müssen die Akte neu entdeckt werden, welche auf das Deutlichwerden jener Wirklichkeiten in Zeit und Raum und Dinggestalt, das heißt, auf das epiphanische Element der Liturgie gerichtet sind. Es muß aber auch, mit ebensoviel Entschiedenheit wie Besonnenheit, gefragt werden, ob die konkrete Gestalt der Liturgie so ist, daß jene Akte sich auf sie richten können. Wir müssen wieder lernen, zu schauen, zu vernehmen, mit Händen zu erfassen, mit dem lebendigen Sein zu tun — aber auch uns darüber klar werden, wo unser liturgisches Tun selbst bildarm, abstrakt, dekorativ geworden ist, und fragen, wie es wieder jene Bildfülle und Handlungskraft gewinnen könne, die den Menschen unserer Zeit vielleicht lebendiger, menschlicher in den Bereich der Offenbarung führen kann, als Unterweisung und Ermahnung.

Hier liegen die kommenden liturgischen Aufgaben. Sie müssen in Besonnenheit, aber auch in Zuversicht, ohne Übertreibungen, aber mit dem Bewußtsein von ihrer Notwendigkeit in Angriff genommen werden.

Vom liturgischen Mysterium (1925)

Schon sehr früh ist im christlichen Bewußtsein die Überzeugung nachzuweisen, daß im Geschehen der eucharistischen Feier sich das Erlösungswerk überhaupt vergegenwärtigt. Der Kanon, wie er uns vorliegt und dessen Wortlaut um 600 voll nachweisbar ist, der aber auf viel frühere Zeit zurückgeht, ist von dieser Überzeugung durchdrungen. Sie erfüllt die ganze Liturgie der Eucharistiefeier, die in allem Wesentlichen um 800 vollendet ist. Das Gebet am neunten Sonntag nach

Pfingsten drückt den Sinngehalt dieses ganzen Vorgangs aus: »Sooft das Gedächtnis dieses Opfers begangen wird, wird das Werk unseres Erlösers vollzogen.« Wie kann dergleichen sein? Geschichtlich Geschehenes ist geschehen. Die Einmaligkeit und Unwiederholbarkeit gehört zum Wesen der Geschichte; zu ihrem Wesen und zu ihrer Würde. Es ist ein Geschehen durch Person und an Person. Das aber kann, ja darf nicht wiederholt werden. Es steht in nur einmal erscheinender Werthaftigkeit und Würde da. Diese Einmaligkeit ist zugleich die Tragik der Geschichte. In ihr kann nichts nachgeholt werden. Was vorbei ist, bleibt vorbei; Verlorenes verloren; Verdorbenes verdorben. Und sie ist deren wunderbare Sicherheit: was recht geschehen und gut geraten ist, das ist es auch wirklich, als unverrückbare Tatsache. Es kann sich also nicht darum handeln, daß Geschichte wiederholt werde. Der Gedanke, bereits Geschehenes könne sich wieder ereignen, ist unsinnig, ja grauenhaft. Er würde historisch Doppelgängerschaft bedeuten, er würde die Grundlagen unseres Daseins aufheben. Das Personal-Geschichtliche ist ganz, aber auch nur mit sich selbst eins. Einmalig in den Personen, einmalig im Ablauf, in einmalige gesellschaftliche und zeitliche Umgebung hineingestellt, hier und nur hier, jetzt und nur jetzt vor sich gehend. Dennoch ist der Anspruch dieses liturgischen Geschehens klar: es handelt sich nicht um psychologisches Erinnern; nicht um symbolisches Darstellen; nicht um dramatische Vergegenwärtigung, sondern das vergangene Geschehen selbst steht auf. Keine Wiederholung der Geschichte, aber wirkliches Aufstehen des gleichen Geschehenen; Identität des realen Ereignisses.

Man könnte es zunächst niemandem verdenken, wenn er sagte, er empfinde diesen Gedanken als unsinnig und verzichte auf weitere Erörterung. Freilich nur, wenn er nicht den Anspruch erhebt, sich mit dem christlichen Leben wirklich auseinanderzusetzen. Will er das, dann ist ein solcher Standpunkt unberechtigt. Denn daß eine große religiöse Gemeinschaft durch nun fast zwei Jahrtausende hindurch jenen Glauben aufrechterhalten hat; nicht nur unter »primitiven« Völkern, sondern auch und gerade unter europäischen; nicht nur unter Angehörigen frühgeschichtlich denkender, in Gefühl und Phantasie wurzelnder Gruppen, sondern auch unter Trägern höchster kultureller Bewußtheit; nicht nur in einer vorkritischen Vergangenheit, sondern durch die ganze Linie der geschichtlichen Entwicklung in den letzten zwei Jahrtausenden hindurch, und heute noch mit voller reflektierter Bewußtheit; nicht nur in einer religiösen Arkandisziplin, welche die Auseinandersetzung mit dem geistigen Ringen der Umwelt abdämmt, sondern in hellster Öffentlichkeit und in immer wieder erneuerter Auseinandersetzung mit allen Versuchen, jenen Anspruch ins bloß Historische, ins Ideelle oder Pädagogische, oder subjektiv Erlebnismäßige aufzulösen. Das alles muß zumindest das Urteil abnötigen: hier liegt auf jeden Fall ein religiöses Phänomen vor, deutlich umrissen, von schwerem Gewicht und von stärkster Bewährungskraft gegenüber der Kritik des Gedankens und Empfindens. Dieser Vorstellung, diesem Anspruch muß zum mindesten eine religiös-psychologische Wirklichkeit dichtester Art zu Grunde liegen.

Die vergleichende Religionswissenschaft zeigt, daß im außerchristlichen Bereich ähnliche Vorstellungen zu finden sind. Danach wird eine bestimmte Persönlichkeit, ein bestimmtes religiöses Geschehnis in kultischer Form als wieder gegenwärtig erlebt. Denken wir an die antiken Mysterien etwa des Orpheus oder der Demeter. Doch zeigen sich zwischen jenen Gebilden und dem liturgischen Mysterium tiefe Unterschiede: jene Feiern bleiben auf verhältnismäßig kleine Kreise beschränkt und sind gebunden an bestimmte volkmäßige und geschichtliche Voraussetzungen. Der christliche Vorgang ist von solchen Voraussetzungen im Wesen frei. Er vollzieht sich in einer durchaus offenen, von besonderen Spannungen freien seelischen Atmosphäre; ist unabhängig von besonderen kulturellen, sozialen und historischen Umständen, behauptet er sich doch durch den ganzen Wandel einer Zeitfolge von nun fast zwei Jahrtausenden. Er besitzt einen unvergleichbar größeren Charakter religiöser Glaubwürdigkeit; hat für den unbefangenen Blick ein ganz anderes Gewicht. Und dann: all jene Mysterien richten sich auf einen Mythos. Auch wenn der Myste zu irgendeiner Zeit überzeugt gewesen sein mag, Dionysos, dessen Leben er in den heiligen Riten miterlebte, sei einmal wirklich auf Erden gewesen, so hat sich dieser Glaube doch auf jeden Fall bald auflösen müssen. Der kritischer Denkende kann es gar nicht anders gemeint haben, als daß es sich hier um einen Mythos handele; um ein Geschehen, das sich im Bereich des Metaphysisch-Repräsentativen und Erlebnismäßig-Religiösen hält. Und wenn auch die Wirklichkeitssphäre des Geschichtlich-Realen für den antiken Menschen zur künstlerischen Gestalt und zum metaphysisch-psychologisch Erlebten in einem anderen Verhältnis gestanden haben mag als für uns — vor der gestellten Frage hätte sich doch zeigen müssen, daß von eigentlicher geschichtlicher Wirklichkeit in unserem Sinne im antiken Mysterium nicht die Rede sein kann. Das christliche Mysterium aber hält gerade an dieser Beziehung zum Geschichtlich-Realen aufs strengste fest. Das Christentum ist Geschichte, oder es ist überhaupt nicht. Und der Fortschritt des christlichen Bewußtseins besteht nicht darin, dieses Geschichtliche aufzulösen, es ins Ideale oder Erlebnismäßige zu verflüchtigen, sondern es immer tiefer zu erkennen und den Fragen standzuhalten, die sich daraus ergeben. So gehört es auch zum Wesen des christlichen Mysteriums, daß es sich um eine geschichtliche Gestalt und um ein ebensolches

Ereignis handelt. Trotz aller Ähnlichkeit in Wort und Form, trotz aller Parallelen in der objektiven Struktur und im psychologischen Vollzug stehen wir also hier vor etwas unvergleichbar Einzigem. Es bleibt uns nichts als zu sagen: im christlichen Leben und Bewußtsein gibt es ein eigentümliches Phänomen; eine besondere Form des Geschehens. Da ist einmal das Bewußtsein von der einfachen geschichtlichen Wirklichkeit, von dem, was jetzt und so und hier geschieht: etwa daß Jesus zu dieser bestimmten Zeit gelebt, so gesprochen und gehandelt hat. Dann das Bewußtsein vom vorgestellten Geschehen, gedachten, gefühlten, subjektiv erlebten: etwa sofern ich betrachtend ein Ereignis aus dem Leben Jesu erwäge. Neben alledem aber auch noch das ganz klare, vor allem Wandel der Zeit und allen Ansprüchen der Kritik aufrechterhaltene Bewußtsein, daß es eine weitere, davon verschiedene Weise des Geschehens gibt, in welchem geschichtlich Geschehenes wieder gegenwärtig wird, in der Identität von Person und Vorgang, und in der äußeren Form eines kultischen Aktes.

Sehen wir genauer zu, so bemerken wir: hier verdichtet sich nur aufs stärkste ein Verhältnis, das die ganze christliche Haltung beherrscht. In welchem Verhältnis steht der Christ zu Christus und seinem Leben? Da finden wir einmal das Bewußtsein, er sei früher geschichtlich dagewesen. Da ist ferner das Nachdenken über Christus, d. h. der psychologische Vorgang, in welchem Gesalt und Leben Jesu Bewußtseinsinhalt werden, in der ideellen, gedanklichen, vorstellungsmäßigen Sphäre stehen. Dann aber finden wir ein weiteres Verhältnis, in welchem der Gläubige zu Christus als einem heute Lebenden steht. Christi Person und Leben sind etwas heute Vorhandenes, Wirkliches. Nicht nur als Erlebnisinhalt; nicht nur als Gegenstand pädagogischer, didaktischer, künstlerischer Vergegenwärtigung, sondern in Wirklichkeit. Es gehört zum Wesen des Glaubensverhältnisses zu Christus, daß er und sein Leben wohl ein Geschichtlich-Damaliges sind, zugleich aber heute gegenwärtig. Heute wird er geboren; heute lebt und lehrt er; was er sagt, ist heute gesagt und zu mir; heute stirbt er und er steht auf. Um zu Christus zu kommen, brauche ich nicht den Weg der geschichtlichen Erinnerung zurückzugehen. Das muß ich nur dann tun, wenn ich ein historisches Urteil über ihn gewinnen will, sobald ich also zu ihm stehe wie zu Buddha oder Mohammed oder zu Otto dem Großen. Dann muß ich zu ihm hingehen wie zu Mohammed oder Otto dem Großen, d. h. ich muß den Weg zurückgehen, den die Kunde von ihnen durch die Reihe der Zeugnisse bis zu mir hergegangen ist. Im eigentlichen Glaubensverhältnis aber stehe ich anders zu Christus als zu Otto dem Großen. Glaubend stehe ich unmittelbar zu ihm. Damit aber die ganze spannungsvolle Eigenart dieses Bewußtseins nicht verwässert werde: Glauben bedeutet hier nicht etwas, was dem historischen Wissen gegenüber irgendwie weniger ernst zu nehmen wäre; keine Verflüchtigung, keine Willkür, kein in irgendeinem Sinne vorwissenschaftliches oder unkontrollierbares Verhalten; über solchen Rationalismus sind wir wohl hinaus. Glauben bedeutet einen Grundakt unseres Daseins, den wir nicht streng und ernst genug nehmen können. Und ferner: wenn ich sage, glaubend stehe ich unmittelbar zu ihm, so ist das »unmittelbar« nicht in einem psychologischen Sinne gemeint; so, daß ich mir vorstellte, er sei gegenwärtig; oder so, daß ich Gestalt und Leben Christi aus ihrer geschichtlichen Umgebung löste und auf meine Umgebung bezöge. Es gehört vielmehr zum Grundbestand des christlichen Bewußtseins, daß Christus objektiv, von ihm aus, zu jeder zeitlichen Gegenwart »unmittelbar« steht. Worum es sich hier handelt, ist also in erster Linie überhaupt keine religionspsychologische, sondern eine metaphysisch-ontische Tatsache; ein Realitätsproblem. So liegt es im oben dargelegten Phänomen des liturgischen Mysteriums.

Wenn wir der Bedeutung von Worten Christi nachgehen wie dieser: »Siehe, ich bin bei euch alle Tage bis an das Ende der Welt« (Mt 28,20), wenn wir die Bedeutung des Auferstehungsereignisses und des Pfingstgeschehens unter diesem Gesichtspunkt prüfen, so sehen wir, daß Christus hier für die Apostel und für die junge Gemeinde, außer als frühere, geschichtliche Persönlichkeit, deren man sich erinnert, noch als jetzt gegenwärtige da ist, zu der man in einem unmittelbaren religiösen Verhältnis stehen kann. Das Christusbild in der jungen Gemeinde und deren Verhältnis zu ihm ist aber nicht etwa ein Abfall von einem ursprünglich reinen Bild des Evangeliums. Hier tritt vielmehr die andere, ebenfalls wesenhafte Seite des Glaubensverhältnisses zu Christus hervor, in welchem er nicht nur erinnernd in der geschichtlichen Vergangenheit gedacht werden muß, auch nicht nur erwartend und hoffend in der Zukunft, sondern mit dem spezifischen Bewußtsein des Glaubens in der Gegenwart. Paulus vor allem hebt diese Seite des Glaubensverhältnisses zu Christus hervor. Zu seiner heilsgeschichtlichen Aufgabe hat es ja gehört, die christliche Wirklichkeit von falscher historischer Bindung an das Alte Tesament zu lösen und sie jener Weltganzheit zu öffnen, auf die sie wesenhaft bezogen war. So hat er mit zwingender Kraft dem Vorgang zum Durchbruch verholfen, worin lebendiges christliches Glauben und Lieben sich in Beziehung nicht nur zum erinnerbaren, historischen, sondern zum gegenwärtigen, pneumatischen Christus weiß. Und dieser ist nicht eine dogmatisch-kultische Verflüchtigung von jenem, sondern mit ihm identisch. Erst jetzt ist das Glaubensverhältnis voll: Beziehung zu Jesus Christus, dem historisch Gewesenen und pneumatisch Gegenwärtigen.

Dieses Unmittelbar-Stehen zu Christus gehört zum Wesen des Christlichen; zum Wesen des Glaubensverhältnisses und des Lebens aus dem

Glauben. Als Ziel; keiner darf sich rühmen, es vollendet zu haben. Aber der Anfang liegt bereits im ersten Glaubensakt; ja schon in der Glaubenssehnsucht, in der Offenheit dafür. »Nachfolge« Christi ist mehr, als daß an Christi Beispiel gedacht werde, wie es »damals« gegeben worden. Es ist ein Leben mit und aus dem »heute« lebenden Christus in der Gleichzeitigkeit. Es steht gar nicht so, daß an Stelle des Meisters, der Nachfolge verlangt, der »Kyrios Christos« getreten wäre, dem Verehrung dargebracht wird. Die Nachfolge Christi setzt selbst »ein Sein in Christus« (2 Kor 5,17; Eph 2,13) voraus, das nur dem Erhöhten, Verklärten gegenüber möglich ist. Nachfolge ist nicht mit soziologischen und psychologischen Kategorien zu fassen, sondern mit der ontisch-religiösen, die Paulus und Johannes geprägt haben: »Christus in mir«, »ich in Christus« (Joh 6,56).

Dieses Unmittelbar-Stehen zu Christus nun, dieses übergeschichtliche Gegenwärtig-Sein des Erlösers und seines Lebens erfüllt das ganze liturgische Geschehen. Wenn wir offen herantreten, so zeigt sich, daß es nichts weiter ist, als eine besonders geartete Form jenes unmittelbaren Verhältnisses zum geschichtlich-gewesenen, aber übergeschichtlich-gegenwärtigen Erlöser. Eine besondere Art; denn sie ist nicht im Individuum, sondern in der Gesamtheit verwurzelt; verwirklicht sich nicht in Vorgängen, Erlebnissen und Aufgaben des täglichen Lebens, sondern in den Inhalten, Vorgängen und Formen des kontemplativen Lebens, in Gottesdienst und Kult. In der Liturgie steht die glaubende Gesamtheit, und der einzelne mit ihr, in jenem unmittelbaren Verhältnis zum Erlöser, und zwar in einem wesentlich kontemplativen Akt: der Betrachtung, des Gebetes, der Teilnahme und Teilhabe in Opfer und Sakrament.

In diesem Gesamtkomplex bildet der Vorgang der eucharistischen Feier das Kerngeschehen. Hier tritt jenes unmittelbare Verhältnis, die übergeschichtliche Koexistenz des geschichtlich gewesenen Erlösers zur Gegenwart in einer besonderen Weise in die Wirklichkeit. Und zwar ist diese Weise nicht a priori abgeleitet, sondern aus der Liturgie selbst erfragt; möglich nur als Wirkung eines göttlichen Aktes der Einsetzung und Offenbarung.

Wir stehen vor dem Innersten der Liturgie, vor der Tatsache des Mysteriums. Ich verstehe darunter, daß in einer bestimmten, eben der kultisch-liturgischen Form sich eine reale Vergegenwärtigung — nicht historische Verdoppelung — des einst geschichtlich gewesenen Erlösers und seines Lebens vollzieht. Damit ist der Anspruch gestellt, daß es außer der historisch-konkreten und der psychologisch-vorgestellten auch noch eine andere Weise des Daseins gebe.

Die Liturgie weist einen Zug auf, der sie besonders sittlich ernst veranlagten, tatkräftigen Naturen fremd macht: das ist ihre eigentümliche Stellung zur Sittenordnung.

Vor allem vermissen solche (Menschen) in der Liturgie eines: ihr Sittenleben hat nicht viel unmittelbare Beziehung zum wirklichen Leben des Alltags. Sie bietet dem täglichen Streben und Kämpfen keine einfachhin in die Tat umsetzbaren Antriebe und aus erster Hand verwertbaren Gedanken. Ihr eignet eine gewisse Zurückgezogenheit, ein gewisser Abstand vom wirklichen, weltlichen Leben; sie vollzieht sich im feierlichen und stets etwas weltentrückten Bezirk des Heiligtums. Es besteht ein Gegensatz zwischen der Schreibstube, der Fabrik, den Werkstätten der heutigen wissenschaftlichen Arbeit, zwischen den Kampfplätzen des staatlichen und gesellschaftlichen Lebens und den heiligen Stätten des feierlichen Gottesdienstes; zwischen dem kräftigen Wirklichkeitssinn unserer Tage und der edel gemessenen Gedanken- und Willenswelt der Liturgie in ihren vornehmen, abgeklärten Formen.

Daher kann man, was die Liturgie bietet, nicht ohne weiteres zur Tat machen. So werden stets Andachtsweisen nötig sein, die aus engerem Zusammenhang mit der heutigen Lebenswirklichkeit entstanden sind; Volksandachten, in denen die Kirche auf die besondern Bedürfnisse des heutigen Daseins antwortet, in denen sie die heutige Seele unmittelbar faßt und zu tätigen Folgerungen führt. Der Liturgie hingegen ist es vor allem darum zu tun, die grundlegende christliche Gesinnung zu schaffen. Sie will den Menschen dahin bringen, daß er sich in die rechte, wesenhafte Ordnung zu Gott stelle, in Anbetung, Gottesverehrung, Glauben und Liebe, Buß- und Opfergesinnung innerlich »recht« werde. Kommt er dann in die Lage, zu handeln, so wird er aus jener Gesinnung heraus auch tun, was recht ist.

Allein die Frage führt noch tiefer. Wie steht denn überhaupt die Liturgie zur sittlichen Ordnung? Wie steht in ihr der Wille zur Erkenntnis, wie der Wahrheitswert zum Wert der Gutheit?

In welchem Verhältnis, um die Frage in zwei Worte zu fassen, stehen in ihr »Logos« und »Ethos«? Es sei gestattet zur Beantwortung etwas weiter auszuholen.

Das Mittelalter hat, so darf man wohl behaupten, die Frage nach dem Verhältnis der beiden Grundwerte vorwiegend dahin beantwortet, daß es, wenigstens in seinem Denken, die Erkenntnis vor die Tat stellte. Ihm hatte der Logos den Vorrang vor dem Ethos. Das beweist die Art, wie gewisse, oft erörterte Fragen beantwortet wurden[1]; der unbedingte Vorzug, der dem beschaulichen Leben vor dem tätigen gegeben wurde[2]; das tritt als Grundstrebung aus der ganzen auf das Jenseits gerichteten Sinnesart des Mittelalters hervor. Die neue Zeit brachte hierin eine tiefe Wandlung. Die großen gegenständlichen Ordnungen: Standesverbände, Stadtgemeinden und Reich, lockerten sich. Die kirchliche Gewalt hatte nicht mehr die unbedingte, auch weltliche Geltung wie früher. In allem trat das Einzelwesen stärker hervor und stellte sich mehr auf sich selbst. Dieser Zug brachte vor allem die wissenschaftliche Kritik, und zwar besonders die Kritik an der Erkenntnis selbst. Die Frage nach dem Wesen der Erkenntnis, früher mehr in aufbauender Weise gestellt, nahm jetzt, von tiefen seelischen Umwälzungen getragen, ihre eigentlich kritische Form an. Das Erkennen wurde fragwürdig; infolgedessen glitt der Schwer- und Stützpunkt des geistlichen Lebens allmählich in den Willen hinüber. Die Tat des auf sich selbst gestellten Einzelnen wurde immer bedeutungsvoller. So drängte sich das tätige vor das beschauende Leben, der Wille vor die Erkenntnis.

Selbst innerhalb des wissenschaftlichen Lebens, das doch wesenhaft auf die Erkenntnis gestellt ist, erhielt der Wille eine eigentümliche Bedeutung. Aus dem alten Durchdringen der als solcher gegebenen und sicheren wurde jetzt das rastlose Forschen nach der unbekannten, unsicheren Wahrheit. An Stelle der Darbietung und Verarbeitung trat immer mehr die Erziehung zum selbständigen Suchen. Die ganze wissenschaftliche Welt erhielt einen unternehmenden, angrifflichen Zug. Sie wurde zu einer gewaltigen, rastlos schaffenden Arbeitsgemeinschaft.

Diese willensmäßige Stimmung wurde auch wissenschaftlich, als Grundsatz, ausgesprochen. Und zwar geschah dies in der folgenschwersten Weise durch Kant. Er stellt neben die Ordnung der Vorstellung, der Natur, in welcher der Verstand allein zuständig ist, die Ordnung der Wirklichkeit, der Freiheit, in der der Wille handelt. Aus den Forderungen des Willenslebens heraus läßt er eine dritte Welt erwachsen, die — der Erfahrung gegenüber — jenseitige Welt Gottes und der Seele. Und während der Verstand aus sich über diese letzten Gegenstände nichts auszusagen vermag, weil er in der Ordnung der

---

[1] Vgl. die Erörterungen über die Sinnbestimmung der Theologie, ob sie eine »reine« oder auf das Besserwerden gerichtete Wissenschaft sei; über das Wesen der ewigen Seligkeit; ob sie letzlich in der Anschauung Gottes oder in der Liebe bestehe; über die Abhängigkeit des Willens von der Erkenntnis u. a. m.

[2] Es ist bezeichnend, daß weibliche tätige Orden erst im 17. Jahrhundert, und zwar unter allgemeinem Widerspruch, auftreten. Lehrreich ist dafür besonders die Geschichte des Ordens von der Heimsuchung.

Natur eingeschlossen ist, empfängt er aus den Forderungen des Willens, der ohne jene höchsten Tatsachen nicht leben und handeln kann, den Glauben an ihre Wirklichkeit und die letzte Richtung für seine Weltanschauung. Damit ist der »Primat des Willens« begründet. Der Wille samt der ihm zugehörigen Wertordnung des Sittlich-Guten hat den Vorrang vor der Erkenntnis und der ihr entsprechenden Wertordnung: das Ethos hat den Primat erhalten vor dem Logos.

Das Eis ist gebrochen; nun folgt jene ganze philosophische Entwicklungslinie, die an Stelle des logisch gefaßten »reinen Willens« Kants den psychologischen Willen setzt und diesen zum alleinigen Herrn des Lebens macht: Fichte, Schopenhauer, v. Hartmann, bis sie in Nietzsche ihren schärfsten Ausdruck findet. Er verkündet den »Willen zur Macht«. Ihm ist wahr, was das Leben gesund und edel macht, was die Menschheit zum »Übermenschen« weiterführt.

So ist der Pragmatismus gegeben: die Wahrheit ist in Sachen der Weltanschauung, des Geistlichen kein selbständiger Wert, sondern der denkmäßige Ausdruck der Tatsache, daß ein Satz oder eine Auffassungsweise das handelnde Leben fördert, den Charakter, die ganze Willenshaltung veredelt[3]. Die Wahrheit ist im Grunde eine sittliche, wo nicht gar — damit überschreiten wir das Feld, welches dieser Überlegung abgesteckt ist — eine vitale Tatsache.

Diese Vorherrschaft des Willens und des Willenswertes gibt der Gegenwart ihre Eigenart. Daher ihr rastloses Vorwärtsdrängen, das rasende Zeitmaß ihrer Arbeit, die Hast ihres Genießens; daher die Verehrung des Erfolges, der Kraft, der Tat; daher das Streben zur Macht; daher überhaupt der ausgeprägte Sinn für den Wert der Zeit, und der Drang, sie bis zum letzten tätig auszunützen. So kommt es auch, daß geistige Bildungen wie die alten beschaulichen Klöster, einst selbstverständliche Mächte im allgemeinen Geistesleben und Lieblinge der ganzen gläubigen Welt, oft nicht einmal bei katholischen Christen Verständnis finden und von ihren Freunden gegen den Vorwurf müßiger Zeitvergeudung verteidigt werden müssen. Und ist diese Geisteshaltung schon in Europa so ausgeprägt, dessen Kultur tief in der Vergangenheit wurzelt, so tritt sie in der Neuen Welt ganz unverhüllt und unvermischt zutage. Schärfster Tatwille beherrscht alles; das Ethos hat den vollen Vorrang vor dem Logos, die tätige Seite des Lebens vor der beschauenden.

Wie steht das katholische Christentum zu dieser Entwicklung? Es muß als Grundsatz gelten, daß das Gute jeder Zeit und jeder Geistesart

---

[3] Diese Richtung hat auch auf das katholische Denken Einfluß gehabt. Mancher modernistische Gedanke stellt den Versuch dar, das Dogma, die theologische Wahrheit, in Abhängigkeit vom christlichen Leben zu bringen und seine Bedeutung nicht im »Wahrheitswert«, sondern ausschließlich in ihrem »Lebenswert« zu suchen.

seine Erfüllung in jener Religion finden kann, die wirklich allen alles sein will. So hat auch die gewaltige Kraftentfaltung des letzten halben Jahrtausends vom katholischen Leben, von der Kirche, aufgenommen werden können und neue Seiten aus ihrer Fülle hervorgelockt. Es bedürfte einer langen Untersuchung, um darzutun, wie viele wertvolle Persönlichkeiten, Einrichtungen, Taten, Einsichten im katholischen Leben durch diese Zeitrichtung geweckt wurden.

Es muß aber auch gesagt werden, daß eine einseitige, allgemeine und dauernde Vorherrschaft des Willens über die Erkenntnis, des Ethos über den Logos katholischem Geist widerspricht. Hier liegt die eigentliche Quelle für die Not unserer Zeit. Sie hat die heilige Ordnung der Natur umgekehrt. Goethe hat ans Letzte gerührt, als er den zweifelnden Faust an Stelle des Satzes »Im Anfang war das Wort« schreiben ließ: »Im Anfang war die Tat.«

Indem der Schwerpunkt des Lebens aus der Erkenntnis in den Willen, aus dem Logos das Ethos überging, wurde das Leben immer haltloser. Es wurde vom Menschen verlangt, daß er in sich selber stehe. Das kann aber nur ein Wille, der wirklich schöpferisch im unbedingten Sinn des Wortes ist, und das ist nur der göttliche[4]. So wird dem Menschen eine Haltung zugemutet, die voraussetzt, er sei Gott. Und da er das nicht ist, kommt in sein Wesen ein seelischer Krampf, eine Gebärde machtloser Gewaltsamkeit, die manchmal tragisch, bei kleineren Geistern aber seltsam, ja lächerlich wirkt. Diese Einstellung ist schuld, daß der heutige Mensch so sehr einem Blinden gleicht, der im Dunkeln tappt; denn die Grundkraft, auf die er sein Leben gestellt hat, der Wille, ist blind. Der Wille kann wollen, handeln und schaffen, aber nicht sehen. Daraus kommt auch all die Friedlosigkeit, die nirgendwo Ruhe findet. Nichts bleibt, alles verändert sich, und das Leben ist ein beständiges Werden, ein beständiges Streben, Suchen und Wandern.

Das katholische Christentum stellt sich dieser Geistesart mit ganzer Macht entgegen. Alles verzeiht die Kirche leichter als einen Angriff gegen die Wahrheit. Sie weiß, wenn jemand fehlt, aber die Wahrheit stehen läßt, so kann er sich zurückfinden. Tastet er aber den Grundsatz an, dann ist die heilige Ordnung des Lebens selbst aus den Angeln gehoben. Die Kirche hat auch stets mit tiefem Mißtrauen jede ethizistische Auffassung der Wahrheit, des Dogmas betrachtet. Jeder Versuch, bloß aus dem Lebenswert des Dogmas seinen Wahrheitswert zu begründen, ist zuinnerst unkatholisch. Die Kirche stellt die Wahrheit,

---

[4] Ja selbst hier sagt uns die Vernunft, daß Gott Wahrheit und Gutheit zugleich ist, nicht aber bloßer unbedingter Wille. Und die Offenbarung besiegelt auch diese wie jede Erkenntnis in geistlichen Dingen, indem sie uns zeigt, wie das »Erste« in der Trinität die Zeugung des Sohnes durch das Erkennen des Vaters und erst das »Zweite« die Hauchung des Heiligen Geistes durch die Liebe beider ist.

das Dogma, hin als eine unbedingte, in sich ruhende Tatsache, die keiner Begründung aus dem Gebiete des Sittlichen oder gar Nützlich-Brauchbaren bedarf. Die Wahrheit ist Wahrheit, weil sie Wahrheit ist. Es ist an und für sich für sie völlig gleichgültig, was der Wille zu ihr sagt und ob er mit ihr etwas anfangen kann. Der Wille hat die Wahrheit weder zu begründen, noch braucht sie sich vor ihm auszuweisen, sondern er hat sich ihr gegenüber als unzuständig zu bekennen. Er schafft sie nicht, er findet sie. Er hat anzuerkennen, daß er blind ist und des Lichtes, der Führung, der ordnenden, gestaltenden Macht der Wahrheit bedarf. Er muß grundsätzlich den Primat der Erkenntnis über den Willen, des Logos über das Ethos anerkennen[5].

Dieser Primat ist mißverstanden worden. Nicht von einem Vorrang des Wertes oder der Würde ist die Rede. Es ist auch nicht gesagt, das Erkennen sei für das Menschenleben wichtiger als das Tun. Noch weniger wollte eine Anweisung gegeben werden, ob man eine Sache mit Denken oder mit Handeln anfassen solle. Eins ist so viel wert, so würdig und für das Gesamtleben so wichtig wie das andere. Ob der Ton im Leben eines Menschen auf dem Erkennen oder auf dem Tun liegt, ist Sache der Veranlagung, und eine Veranlagung gilt so viel wie die andere. Es handelt sich vielmehr um eine letzte Frage der Kulturphilosophie: welchem Wert im Ganzen der Kultur und des Menschenlebens die Führung zukomme: ein Vorrang der Ordnung also, nicht der Würde, Bedeutung oder gar Häufigkeit.

Beschäftigt man sich länger mit der Frage, so tritt der Gedanke nahe, ob die Fassung: »Primat des Logos über das Ethos« bereits die letzte ist. Vielleicht muß es so heißen: den endgültigen Vorrang im Gesamtbereich des Lebens soll nicht das Tun haben, sondern das Sein. Nicht auf Handeln kommt es im Grunde an, sondern auf Werden. Nicht was getan wird, ist das Letzte, sondern was ist. Und nicht die moralische, sondern die metaphysische Weltanschauung, nicht das Werturteil, sondern das Seinsurteil, nicht die Anstrengung, sondern die Anbetung ist das Endgültige.

Die weitere Frage, ob nicht ein letzter Vorrang der Liebe anerkannt werden müsse, scheint in einer andern Gedankenreihe zu liegen. Die Entscheidung liegt vielleicht innerhalb der oben erörterten Möglichkeiten. Wenn man z. B. weiß, daß für eine Zeit die Wahrheit der ausschlaggebende Wert ist, steht damit noch nicht fest, ob sie »die Wahrheit in Liebe« will oder als kalte Majestät. Das Ethos kann ein Sollen

---

[5] Von *Erkenntnis* ist gesprochen, nicht vom *Begriff:* vom Primat des erkennenden vor dem tätigen, des beschaulichen vor dem handelnden Leben, in der Weise, wie das Mittelalter ihn verstanden hat, wenn auch ohne dessen kulturgeschichtliche Eigenart. Aus der Herrschaft des bloßen Begriffs hingegen, wie sie ein halbes Jahrhundert gewährt hat, können wir uns nicht gründlich genug freimachen.

des Gesetzes, wie bei Kant, sein, oder aber eins aus schöpferischer Liebe. Und selbst vor dem Sein steht noch die Frage offen, ob es wie eine letzte Unentrinnbarkeit dasteht oder die alles Maß übersteigende Liebe ist, in der selbst das Unmögliche möglich wird, und auf welche sich die Hoffnung berufen kann. Das ist mit der Frage gemeint, ob nicht Liebe das Größte sei. Und wahrlich, sie ist es. Nichts anderes als dies hat die »frohe Botschaft« uns verkündet.

In diesem Sinne also, für den Primat der Wahrheit, aber »in Liebe«, soll die Frage entschieden sein, mit der wir uns hier beschäftigen. Sobald dies geschehen ist, ist auch die Grundlage für die seelische Gesundheit gelegt. Denn die Seele braucht einen unbedingt festen Boden, auf dem sie stehen kann. Sie braucht eine Stütze, an der sie sich aus sich selbst herausheben kann; einen sichern Punkt außerhalb ihrer, und das ist nur die Wahrheit. Die Erkenntnis der Wahrheit ist die grundlegende Tat der seelischen Befreiung. »Die Wahrheit wird euch freimachen« (Joh 8,32). Die Seele braucht jene innere Lösung, in welcher der Krampf des Wollens gestillt ist, die Unrast des Strebens ruhig wird, der Schrei des Begehrens schweigt. Das ist grundlegenderweise und in erster Linie die Gesinnungstat, in der das Denken die Wahrheit anerkennt; der Geist vor der eigenherrlichen Majestät der Wahrheit verstummt.

Das Dogma, die Tatsache der unbedingten Wahrheit, die da steht und nach keiner Brauchbarkeitsbegründung fragt, unverrückbar und ewig, ist etwas unsagbar Großes! Wenn es dem Geiste in einer guten Stunde ein wenig näher tritt, so überkommt ihn das Gefühl, als rühre er an die geheimnisvolle Gewähr für die Gesundheit der Welt. Als sehe er das Dogma stehen wie den Hüter alles Seins, wahrhaft und in Wirklichkeit der Fels, auf dem alles ruht. »Im Anfang war das Wort«, der Logos!

Deshalb ist die Unterstimmung des echten, gesunden Lebens eine beschauliche. Die Tatkraft des Wollens und Handelns und Suchens mag noch so groß werden, sie muß auf einer Tiefe ruhen, die stille ist, die zur ewigen, unwandelbaren Wahrheit aufschaut. Das ist die Gesinnung, die in der Ewigkeit wurzelt. Sie hat Friede. Sie hat jene innere Gelassenheit, die den Sieg über das Leben darstellt. Sie ist nicht in Hast, sie hat Zeit. Sie kann warten und wachsen lassen[6].

Diese Geistesart ist wahrhaft katholisch. Und wenn es auch wahr ist, daß der Katholizismus in vieler Beziehung gegenüber den andern Bekenntnissen »rückständig« ist — laßt sie! Er konnte die rasende Jagd des entfesselten, aus den ewigen Ordnungen gerissenen Willens nicht mitmachen. Er hat dafür etwas unersetzlich Kostbares bewahrt: den

---

[6] Siehe dazu Guardini, »Wille und Wahrheit«, Geistliche Übungen, Mainz 1934.

Primat des Logos über das Ethos und damit den Einklang mit den unabänderlichen Gesetzen alles Lebens. Obwohl in diesem Zusammenhang von Liturgie bisher nicht gesprochen wurde, war doch alles für sie gesagt. In der Liturgie hat der Logos den ihm zukommenden Vorrang vor dem Willenswesen. Daher ihre wunderbare Gelassenheit, ihre tiefe Ruhe. Daher scheint sie ganz aufzugehen in der Anschauung und Anbetung und Verherrlichung der göttlichen Wahrheit. Daher scheint sie so unbekümmert um die kleinen Nöte des Tages. Daher sucht sie so wenig unmittelbar zu erziehen und Tugend zu lehren. Die Liturgie hat etwas an sich, was an die Sterne erinnert, an ihren ewig gleichen Gang, ihre unverrückbare Ordnung, ihr tiefes Schweigen, an die unendliche Weite, in der sie stehen. Die Liturgie scheint aber nur sich um das Handeln und Streben und den sittlichen Stand der Menschen so wenig zu bekümmern. Denn in Wirklichkeit weiß sie sehr wohl: wer in ihr lebt, wird wahr, gesund und befriedet in seinem innersten Wesen.

LITURGIE ALS SPIEL (1918)

Ernste Naturen, die ganz auf Erkenntnis der Wahrheit angelegt sind, die in allem die sittliche Aufgabe sehen, überall den Zweck suchen, empfinden leicht in der Liturgie eine eigentümliche Schwierigkeit. Ihnen erscheint die Liturgie leicht als etwas Zweckloses, als ein überflüssiges Gepränge, als nutzlos verwickeltes, gekünsteltes Wesen. Sie stoßen sich daran, daß die Liturgie mit solch peinlicher Genauigkeit Vorschriften darüber gibt, was jetzt zu geschehen hat, was nachher, über rechts und links, laut und leise. Wozu das alles? Das Wesentliche in der heiligen Messe, Opferhandlung und göttliches Mahl, kann so schlicht vollzogen werden — wozu das große Aufgebot eines levitierten Amtes? Die notwendigen Weihungen könnten durch wenige Worte so einfach vor sich gehen, die Sakramente so schlicht gespendet werden — wozu all die Gebete und Gebräuche? Die Liturgie kommt ihnen leicht wie Spielerei und Theater vor.
Die Frage ist ernst zu nehmen. Sie stellt sich nicht jedem; sobald sie aber auftritt, ist sie das Zeichen einer auf das Wesentliche gerichteten Geistesart.
Sie scheint mit der Frage des Zweckes überhaupt zusammenzuhängen. Zweck im eigentlichen Sinne nennen wir jenes ordnende Etwas, das Dinge oder Handlungen anderen unterstellt, so daß eins auf das andere hinzielt, eins um des andern willen da ist. Das Untergeordnete, das

Mittel, hat nur insoweit Bedeutung, als es geeignet ist, dem Übergeordneten, dem Zweck, zu dienen. Der Handelnde weilt seelisch nicht in ihm; es ist ihm nur Durchgang zum andern, nur Weg; in jenem erst ist Ziel und Ruhe. Unter diesem Gesichtswinkel hat jedes Mittel sich darüber auszuweisen, ob und inwiefern es geeignet sei, den Zweck hervorzubringen. Solche Prüfung wird von dem Bestreben geleitet, alles auszuschalten, was nicht zur Sache gehört, nebensächlich, überflüssig ist. Es herrscht der wirtschaftliche Grundsatz, mit dem geringsten Aufwand an Kraft, Zeit und Sachen möglichst vollkommen den Zweck zu erreichen. Eine gewisse Unrast, rücksichtslose Anspannung und knappe Sachlichkeit kennzeichnen den entsprechenden Seelenzustand.

Diese Geistesart ist recht und für die Gesamtheit des Lebens notwendig. Sie gibt ihm Ernst und feste Richtung. Sie wird auch der Wirklichkeit insofern gerecht, als tatsächlich alles irgendwie unter den Gesichtspunkt des Zweckes fällt. Viele Verhältnisse können weitgehend vom Gesichtspunkt des Zweckes aus begründet werden, so z. B. das wirtschaftliche Tun; alle wenigstens zum Teil und unter irgendeiner Rücksicht. Aber keine Erscheinung fällt ganz unter diesen Begriff, und von vielen wiederum nur ein kleines Stück. Genauer gesagt: das, was den Dingen, den Vorgängen ihr Recht auf Dasein gibt und die Rechtfertigung für ihre Eigenart, ist für manche nicht allein, für andere nicht einmal in erster Linie ihre Zweckhaftigkeit. Haben Blätter und Blüten einen Zweck? Gewiß; sie sind Lebenswerkzeuge der Pflanze; aber des Zweckes wegen müssen sie nicht diese oder jene Gestalt oder Farbe oder diesen bestimmten Duft haben. Wozu überhaupt die Vergeudung von Formen, Farben, Düften in der Natur? Wozu die Mannigfaltigkeit der Arten? Es ginge auch einfacher. Die ganze Natur könnte von Lebewesen erfüllt sein, und deren Fortkommen könnte auf eine viel raschere, »zweckmäßigere« Weise erzielt werden. Die wahllose Anwendung des Zweckgedankens auf die Natur ist durchaus nicht unbedenklich. Um ganz gründlich zu fragen: welchen Zweck soll es haben, daß dieses oder jenes Pflanzenwesen, dieses oder jenes Tier überhaupt vorhanden ist? Etwa den, daß sich jenes andere von ihm ernähre? Doch gewiß nicht! Legen wir nur den Maßstab der äußeren Zweckmäßigkeit an, so ist vieles in der Natur nur zum Teil, und kein Ding in der Natur ganz und durchaus zweckmäßig, besser: zweckhaft. Vieles ist, so betrachtet, zwecklos. In einem technischen Gebilde, einer Maschine oder Brücke, ist alles zweckhaft; ebenso in einem kaufmännischen Betriebe, im Beamtenwesen eines Staates — und selbst für diese Erscheinung reicht der Begriff des Zweckes nicht aus, um die Frage voll zu beantworten, woher ihr Recht auf Dasein stamme[7].

[7] Vgl. Rudolf Schwarz, »Wegweisung der Technik«. Potsdam, ohne Jahr.

Wollen wir dem ganzen Ding gerecht werden, so müssen wir den Gesichtswinkel weiter stellen. Der Begriff des Zweckes legt den Schwerpunkt eines Dinges aus ihm hinaus; faßt es als Durchgang für eine weitergehende Bewegung, nämlich die auf das Ziel hin. Jedes Ding ist aber auch — und manche sind es fast ganz — etwas in sich Ruhendes, sich selbst Zweck, soweit man den Begriff in dieser weiteren Bedeutung überhaupt anwenden kann. Besser paßt der Begriff des Sinnes. Solche Dinge haben keinen Zweck in der strengen Bedeutung des Wortes; aber sie haben einen Sinn. Und dieser Sinn wird nicht dadurch erfüllt, daß sie eine außerhalb ihrer selbst liegende Wirkung hervorbringen, zum Bestand oder zur Veränderung von etwas Fremdem beitragen, sondern ihr Sinn liegt darin, das zu sein, was sie sind. Am strengen Wortbegriff gemessen, sind sie zwecklos, aber doch sinnvoll.

Zweck und Sinn sind die beiden Formen der Tatsache, daß ein Daseiendes Grund und Recht zum eigenen Sein und Wesen hat. Unter der Rücksicht des Zweckes fügt sich ein Ding in eine Ordnung ein, die über es hinausgreift; unter der Rücksicht des Sinnes ruht es in sich selbst.

Was ist nun der Sinn des Seienden? Daß es sei und ein Abbild sei des unendlichen Gottes. Und welches ist der Sinn des Lebendigen? Daß es lebe, sein inneres Leben herausbringe und blühe als natürliche Offenbarung des lebendigen Gottes.

Das gilt für die Natur, es gilt auch für das Leben des Geistes. Hat die Wissenschaft einen Zweck im eigentlichen Begriff des Wortes? Nein. Der Pragmatismus will ihr einen unterschieben. Er will ihren Zweck darin sehen, daß sie den Menschen fördere, ihn sittlich besser mache. Aber das heißt die unabhängige Würde der Erkenntnis verkennen. Sie hat keinen Zweck, sie hat einen Sinn, und der ruht in ihr selbst: die Wahrheit. Die gesetzgeberische Tätigkeit hat einen Zweck; sie will im Staatsleben eine genau bestimmte Wirkung hervorbringen. Die Rechtswissenschaft hingegen hat keinen; sie will nur in den Fragen des Rechts die Wahrheit erkennen. So ist alle wahre Wissenschaft. Ihrem Wesen nach ist sie Wahrheitserkenntnis, Wahrheitsdienst. Hat die Kunst einen Zweck? Auch sie nicht; man müßte denn meinen, sie sei dafür da, daß der Künstler von ihr essen und sich kleiden könne. Oder, wie die Aufklärung dachte, um anschauliche Beispiele für Verstandeseinsichten zu bieten und Tugenden zu lehren. Das Kunstwerk hat keinen Zweck, wohl aber einen Sinn, nämlich den, »ut sit«, daß es da sei, daß in ihm das Wesen der Dinge und das innere Leben der Künstler-Menschenseele wahrhaftige, lautere Gestalt gewinne. Es soll »splendor veritatis« sein, der Wahrheit Schönheitsglanz.

Wenn das Leben die straffe Ordnung der Zwecke verliert, wird es zu spielerischer Schöngeisterei. Wenn es aber in das starre Gefüge einer bloß zweckhaften Weltansicht eingezwängt wird, dann stirbt es. Beides gehört zusammen. Der Zweck ist das Ziel des Strebens, Arbeitens, Ordnens; der Sinn ist der Inhalt des Daseins, des blühenden, reifenden Lebens. Das sind die beiden Pole des Seins: Zweck und Sinn, Streben und Wachsen, Arbeiten und Hervorbringen, Ordnen und Schaffen. Auch das Leben der Weltkirche ist nach diesen beiden Richtungen gebaut. In ihm ist einmal das gewaltige Gefüge der Zwecke, wie es im kanonischen Recht, in der Verfassung und Verwaltung der Kirche verkörpert ist. Darin ist alles Mittel, auf den einen Zweck hingeordnet, das große Triebwerk der kirchlichen Verwaltung in Gang zu halten. Ausschlaggebend ist der Gesichtspunkt, ob die betreffende Einrichtung oder Bestimmung dem Gesamtzweck diene, ob sie ihn mit möglichst geringem Aufwand an Kraft und Zeit erreiche[8]. Der Geist der Sachlichkeit soll in dieser weiten Arbeitsordnung alles bestimmen.

Die Kirche hat aber auch eine andere Seite. Ihr Leben umfaßt ein Gebiet, in dem es vom Zweck im besondern Sinn frei ist. Und das ist die Liturgie. Gewiß enthält auch diese einen Einschlag von Zwecken, gleichsam das Gerüst, das sie trägt. So haben z.B. die Sakramente die Aufgabe, bestimmte religiöse Wirkungen auszuüben. Diese lassen sich aber, entsprechende Verhältnisse vorausgesetzt, auch in sehr vereinfachter Form erreichen. Die Notspendung der Sakramente bietet das Bild einer liturgischen Handlung, die auf ihren Zweck beschränkt ist. Wohl kann man sagen, die Liturgie, jede Handlung und jedes Gebet in ihr habe den Zweck, geistlich zu erziehen. Allein sie hat keinen vorbedachten und gewollten pädagogischen Plan. Um den Unterschied zu spüren, vergleiche man etwa den Ablauf einer Woche des Kirchenjahres mit den geistlichen Übungen des hl. Ignatius. In diesen ist alles bewußt ausgewogen und auf eine bestimmte Wirkung eingestellt; jede Übung, jedes Gebet, ja selbst die Art der Ruhestunden zielt auf die Willensumkehr. Nicht so die Liturgie. Es ist bezeichnend genug, daß die Liturgie in den geistlichen Übungen keine Stelle hat.[9] Auch sie will bilden, aber nicht durch zielbewußt geordnete erziehende Einwirkung, sondern sie schafft eine rechtgebaute geistliche Umgebung, damit die Seele sich darin auslebe. Es ist ein Unterschied wie zwischen einer Palästra, in der jedes Gerät und jede Übung berechnet ist, und dem offenen Wald und Feld. Dort bewußte Ausbildung, hier Leben in der Natur, inneres Wachsen mit ihr und in ihr. Die Liturgie schafft eine weite Welt

---

[8] Wenngleich die Kirche hierin vom andern Gesichtspunkt, als Schöpfung Gottes, angesehen werden muß. (Pilgram, Physiologie der Kirche, neu herausgegeben von W. Becker, Mainz 1932.)
[9] Die Benediktiner und auch sonstige Versuche geben ihr eine solche, verwirklichen aber damit offenbar einen andern Typus geistlicher Übungen, als er Ignatius vorschwebte.

voll reichen geistlichen Lebens und läßt die Seele sich darin bewegen und entfalten. Diese Fülle von Gebeten, Gedanken, Handlungen, diese ganze Ordnung von Zeiten usw. wird unverständlich, wenn man sie am Maßstab der sachlichen, gespannten Zweckmäßigkeit mißt. Die Liturgie hat keinen »Zweck«, kann wenigstens vom Gesichtspunkt allein des Zweckes aus nicht begriffen werden. Sie ist kein Mittel, das angewandt wird, um eine bestimmte Wirkung zu erreichen, sondern — bis zu einem gewissen Grade mindestens — Selbstzweck. Sie ist nicht Durchgang zu einem außerhalb liegenden Ziel, sondern eine in sich ruhende Welt des Lebens. Das ist wichtig. Übersieht man das, dann müht man sich ab, in der Liturgie allerlei erzieherische Absichten zu finden, die wohl irgendwie hineingelegt werden mögen, aber nicht wesentlich sind.

Genau genommen, kann die Liturgie schon deshalb keinen »Zweck« haben, weil sie ja eigentlich gar nicht um des Menschen, sondern um Gottes willen da ist. In der Liturgie sieht der Mensch nicht auf sich selbst, sondern auf Gott; auf Gott ist der Blick gerichtet. In ihr soll der Mensch nicht sich erziehen, sondern auf Gottes Herrlichkeit schauen. Der Sinn der Liturgie ist der, daß die Seele vor Gott sei, sich vor ihm ausströme, daß sie in seinem Leben, in der heiligen Welt göttlicher Wirklichkeiten, Wahrheiten, Geheimnisse und Zeichen lebe, und zwar ihr wahres, eigentliches, wirkliches Leben habe[10].

Es gibt zwei sehr tiefe Stellen in der Heiligen Schrift, die in dieser Frage das befreiende Wort sprechen. Die eine steht in der Schilderung vom Gesicht Ezechiels[11]. Wie sind diese flammenden Cherubim, die »gerade vor sich hingingen, wohin der Geist sie trieb … und sich nicht umwendeten im Gehen … hin- und zurückgingen wie das Leuchten des Blitzes … gingen … und standen … und sich vom Boden erhoben … deren Flügelrauschen zu vernehmen war wie das Rauschen vieler Wasser … und die, wenn sie standen, die Flügel wieder sinken ließen …« — wie sind sie »zwecklos«! Wie geradezu entmutigend für einen Eiferer vernünftiger Zweckmäßigkeit! Sie sind »nur« reine Bewegung, machtvolle, herrliche, die sich auswirkt, wie der Geist sie führt: die nichts will, als eben das innere Wesen des Geistes ausdrücken, die innere Glut und Gewalt äußerlich offenbaren: das ist ein lebendiges Bild der Liturgie.

Und in der andern Stelle (Spr. 8,30f) spricht die ewige Weisheit und sagt: »Ich war bei ihm, alles ordnend, und zwar in Entzücken Tag um Tag, spielend vor ihm allzeit, spielend auf dem Erdkreis …« Das ist das entscheidende Wort!

---

[10] Damit wird es wohl auch zusammenhängen, daß die Liturgie so wenig moralisiert. In ihr bildet sich die Seele; aber nicht durch bewußte Tugendlehre und Übung, sondern dadurch, daß sie im Lichte der ewigen Wahrheit, der echten, natürlich und übernatürlich gesunden Ordnung lebt.

[11] Ez 1, 4ff., bes. Vers 12, 17, 20, 24, und 10, 9ff.

Es ist das Entzücken des ewigen Vaters, daß die Weisheit, der Sohn, aller Wahrheit vollkommene Fülle, in unaussprechlicher Schöne diesen unendlichen Inhalt vor ihm ausströmt, ohne allen »Zweck« — denn was sollte er »bezwecken«? — aber voll endgültigen Sinnes, in bloßer, lauterer Lebensseligkeit: er »spielt« vor ihm.

Und das ist das Leben der höchsten Wesen, der Engel, daß sie ohne Zweck, wie der Geist sie treibt, in geheimnisvollem Sinn vor Gott sich bewegen, ein Spiel vor ihm sind und ein lebendiges Lied.

Auch im Bereich des Irdischen gibt es zwei Erscheinungen, die nach der gleichen Richtung weisen: das ist das Spiel des Kindes und das Schaffen des Künstlers.

Im Spiel will das Kind nicht etwas erreichen. Es kennt keinen Zweck. Es will nichts, als seine jungen Kräfte auswirken, sein Leben in der zweckfreien Form der Bewegungen, Worte, Handlungen ausströmen und dadurch wachsen, immer voller es selbst werden. Zweckfrei, aber voll tiefen Sinnes; und der Sinn ist kein anderer, als daß eben dies junge Leben sich ungehemmt in Gedanken und Worten und Bewegungen und Handlungen offenbare, seines Wesens mächtig werde, daß es einfach da sei. Und weil es nichts Besonderes will, weil es sich ungebrochen und ungezwungen ausströmt, deshalb wird der Ausdruck auch harmonisch, wird die Form klar und schön: sein Gehaben wird von selbst Reigen und Bild, Reim, Wohllaut und Lied. Das ist Spiel: zweckfrei sich ausströmendes, von der eigenen Fülle Besitz ergreifendes Leben, sinnvoll eben in seinem reinen Dasein. Und es ist schön, wenn man es ruhig gewähren läßt, wenn kein pädagogischer Aufkläricht Absichten hineinträgt und es unnatürlich macht.

Sowie dann das Leben voranschreitet, kommen auch die Kämpfe; es fühlt sich zwiespältig und häßlich. Der Mensch stellt sich vor Augen, was er will, was er soll, und sucht es in seinem Leben und Sein zu verwirklichen. Dabei erfährt er aber, wieviel dem widersteht, und merkt, daß er selten ist, was er sein sollte und wollte.

Diesen Widerspruch zwischen dem, was er möchte, und dem, was er wirklich ist, sucht er deshalb in einer andern Ordnung zu überwinden, im unwirklichen Bereich der Vorstellung, in der Kunst. In der Kunst sucht er die Einheit zu schaffen zwischen dem, was er will, und dem, was er hat; zwischen dem, was er soll, und was er ist; zwischen Seele drinnen und Natur draußen; zwischen Körper und Geist. Das sind die Gestalten der Kunst. Sie haben also keinen Zweck der Belehrung, sie wollen nicht bestimmte Wahrheiten oder bestimmte Tugenden beibringen. Nie hat ein wirklicher Künstler das beabsichtigt. In der Kunst will der Künstler nichts, als jene innere Spannung überwinden, das höhere Leben, nach dem er verlangt und das er in der Wirklichkeit immer nur annäherungsweise erreicht, in der Welt der Vorstellung zum Ausdruck bringen. Der Künstler will nichts, als sein Wesen und Sehnen ausschaffen, der innern Wahrheit äußere Gestalt geben. Und der Beschauer soll vor dem Kunstwerke nichts wollen, als daß er in ihm sich aufhalte, atme, frei sich bewege, des eigenen Wesensbesten sich bewußt werde, die Erfüllung der innersten Sehnsucht ahne. Nicht aber soll er überlegen und »vernünftig« denken und Belehrung und gute Ermahnung suchen.

Noch Höheres leistet nun die Liturgie. In ihr wird dem Menschen Gelegenheit geboten, daß er, von der Gnade getragen, seinen eigensten Wesensinn verwirkliche, daß er ganz so sei, wie er seiner göttlichen Bestimmung gemäß sein sollte und möchte: ein »Kind Gottes«. In der Liturgie soll er vor Gott »sich seiner Jugend erfreuen«. Das ist etwas ganz Übernatürliches, gewiß, aber eben deshalb zugleich der innersten Natur entsprechend. Und weil dies Leben höher ist als das, wozu die gewöhnliche Wirklichkeit Gelegenheit und Ausdrucksform gibt, so nimmt es sich die entsprechenden Weisen und Gestalten aus jenem Bereich, in dem allein es sie findet, nämlich aus der Kunst. Es spricht in Maß und Melodie; es bewegt sich in feierlicher, gebundener Gebärde; es kleidet sich in Farben und Gewänder, die nicht dem gewöhnlichen Leben angehören; es vollzieht sich in Räumen und Zeiten, die nach erhabeneren Gesetzen gegliedert und aufgebaut sind. Es wird im höheren Sinn ein Kindesleben, in dem alles Bild ist, Reigen und Lied.

Das ist die wunderbare Tatsache, die in der Liturgie gegeben ist: Kunst und Wirklichkeit sind eins im übernatürlichen Kindsein vor Gott. Was sonst nur im Reich des Unwirklichen, in der künstlerischen Vorstellung gegeben ist, nämlich die Formen der Kunst als Ausdruck vollbewußten Menschenlebens, das ist hier Wirklichkeit. Sie sind die Daseins- und Ausdrucksgestalten eines wirklichen, freilich übernatürlichen Lebens. Doch auch dieses hat mit dem des Kindes und dem der Kunst das eine gemein: es ist frei vom Zweck, dafür aber voll tiefsten Sinnes. Es ist keine Arbeit, sondern Spiel.

Vor Gott ein Spiel zu treiben, ein Werk der Kunst — nicht zu schaffen, sondern zu sein, das ist das innerste Wesen der Liturgie. Daher auch die erhabene Mischung von tiefem Ernst und göttlicher Heiterkeit in ihr. Daß sie so streng und sorgfältig in tausend Vorschriften bestimmt, wie Worte, Bewegungen, Farben, Gewänder, Geräte beschaffen sein sollen, solches versteht nur, wer die Kunst und das Spiel ernst zu nehmen vermag. Hast du schon einmal gesehen, mit welchem Ernst Kinder die Regeln für ihre Spiele aufstellen, wie der Reigen zu gehen hat, wie alle die Hände halten müssen, was dies Stäbchen bedeutet und jener Baum? Das ist nur für den töricht, der ihren Sinn nicht ahnt und immer nur in angebbaren Zwecken die Rechtfertigung einer Handlung zu sehen vermag. Und hast du schon einmal gelesen oder selbst erfahren, mit welch bitterem Ernst der Künstler im Frondienst der Kunst steht? Wie er unter dem »Worte« leidet? Welch anspruchsvolle Herrin die Form ist! Und alles für etwas, das keinen Zweck hat! Nein, mit den Zwecken hat die Kunst nichts zu tun. Denn im Ernst, glaubt einer wirklich, ein Künstler würde die tausend Aufregungen und all die heiße Not des Schaffens auf sich nehmen, wenn er mit seinem Werk nichts wollte, als dem Beschauer eine Lehre geben, die er geradesogut in ein paar mühelosen Sätzen aussprechen könnte, oder in ein paar Beispielen aus der Geschichte, oder mit einigen gut getroffenen Lichtbildern? O nein! Künstler sein heißt, um den Ausdruck des verborgenen Lebens ringen, auf daß es, ausgesprochen, da sein könne. Sonst nichts. Aber wahrhaftig viel! Es ist ein Abbild des göttlichen Schaffens, von dem es heißt, daß es die Dinge gemacht hat, ut sint.

Das gleiche tut die Liturgie. Auch sie hat sich mit unendlicher Sorgfalt, mit all dem Ernst des Kindes und der strengen Gewissenhaftigkeit des großen Künstlers bemüht, in tausend Formen dem heiligen, gottgeborenen Leben der Seele Ausdruck zu schaffen, zu keinem andern Zweck, als daß sie darin sein und leben könne. Mit ernsten Gesetzen hat sie das heilige Spiel geregelt, das die Seele vor Gott treibt. Ja, wenn wir an den letzten Grund dieses Geheimnisses rühren wollen: der heilige Geist, der Geist der Glut und der heiligen Zucht, »der da Macht hat über das Wort«, ist es, welcher das Spiel geordnet hat, das die ewige Weisheit in der Kirche, ihrem Reich auf Erden, vor dem himmlischen Vater vollbringt. »Und ihre Wonne ist es«, solchermaßen »unter den Menschenkindern zu sein«. Nur der versteht Liturgie, der hieran keinen Anstoß nimmt. Jeder Rationalismus hat sich zuerst gegen sie gewandt. Liturgie üben heißt, getragen von der Gnade, geführt von der Kirche, zu einem lebendigen Kunstwerk werden vor Gott, mit keinem andern Zweck, als eben vor Gott zu sein und zu leben; heißt, das Wort des Herrn erfüllen und »werden wie die Kinder«; einmal verzichten auf das Erwachsensein, das überall zweckhaft handeln will, und sich entschließen, zu spielen, so wie David tat, als er vor der Bundeslade tanzte. Freilich kann es dabei geschehen, daß allzu kluge Leute, die vor lauter Erwachsensein die Freiheit und Jugend des Geistes verloren haben, dies nicht verstehen und darüber spotten. Aber auch David mußte es sich gefallen lassen, daß Michol über ihn lachte.

Auch darin besteht also die Aufgabe der Erziehung zur Liturgie, daß die Seele lerne, nicht überall Zwecke zu sehen, nicht allzu zweckbewußt, allzu klug und »erwachsen« sein zu wollen, sondern sich dazu verstehe, einfachhin zu leben. Sie muß die Rastlosigkeit der zweckgetriebenen Tätigkeit wenigstens im Gebet aufgeben lernen; muß lernen, für Gott Zeit zu verschwenden, Worte und Gedanken und Gebärden für das heilige Spiel zu haben, ohne immer gleich zu fragen: wozu und warum? Nicht immer etwas tun, etwas erreichen, etwas Nützliches zustandebringen wollen, sondern lernen, in Freiheit und Schönheit und heiliger Heiterkeit vor Gott das gottgeordnete Spiel der Liturgie zu treiben.

Schließlich wird ja auch davon das ewige Leben die Erfüllung sein. Und wer dies nicht versteht, wird es ihm dann eingehen, daß die himmlische Vollendung ein »ewiger Lobgesang« ist? Wird er nicht zu den betriebsamen Leuten gehören, die eine solche Ewigkeit nutzlos und langweilig finden?

DER KULTAKT UND DIE GEGENWÄRTIGE AUFGABE DER LITURGISCHEN BILDUNG (1964)

Ein Brief[12]

Lieber Freund, ich hätte sehr gewünscht, am 3. Liturgischen Kongreß in Mainz teilnehmen zu können. Bei der Gelegenheit hätte ich auch gern auf etwas hingewiesen, was mir wichtig erscheint.

Das ist nun leider nicht möglich; so muß ich mich damit begnügen, meinen Gedanken in einem Brief an Dich auszusprechen, und hoffe, er wird seinen Weg weiterfinden. Die liturgische Arbeit, das wissen wir alle, steht an einem wichtigen Punkt. Den Grund zum Künftigen hat das Konzil gelegt — und wie dieses zustande gekommen ist und Wahrheit kundgetan hat, wird für immer ein Schulbeispiel für das Wirken des Heiligen Geistes in der Kirche bleiben. Nun aber stellt sich die Frage, wo die Arbeit ansetzen müsse, damit die erkannte Wahrheit zur Wirklichkeit werde.

Natürlich wird eine Fülle von rituellen und textlichen Fragen dringlich — und wieviel da richtig und auch falsch gemacht werden kann, sagen viele Erfahrungen. Worum es aber vor allem geht, scheint mir etwas anderes zu sein, nämlich die Frage des Kult-Aktes — genauer gesagt, des liturgischen Aktes.

Wenn ich recht sehe, war der typische Mensch des neunzehnten Jahrhunderts zu diesem Akt nicht mehr fähig, ja er hat von ihm nichts mehr gewußt. Für ihn war religiöses Verhalten einfachhin das individuell-innerliche — was dann als »Liturgie« noch den Charakter offiziell-öffentlicher Feierlichkeit annahm. Damit aber war der Sinn der litur-

---

[12] Der Brief wurde anläßlich des 3. Liturgischen Kongresses 1964 in Mainz geschrieben. Für den Abdruck wurde der ursprüngliche Wortlaut in manchem etwas genauer gefaßt bzw. entwickelt. — Vgl. zum Ganzen in diesem Band, Liturgische Bildung, Die Aufgabe, S. 213.

gischen Handlung verloren, denn was der Gläubige vollzog, war gar kein eigentlich liturgischer, sondern ein von Zeremoniell umgebener privat-innerlicher Akt — nicht selten noch von dem Gefühl begleitet, er werde durch jenes Zeremoniell gestört. Von hierher mußten die Bestrebungen der um die Liturgie Bemühten als eine Absonderlichkeit von Ästheten erscheinen, denen es am christlichen Ernst fehlte.

Die Intensität der Auseinandersetzung auf dem Konzil hat aber jedem aus und mit der Kirche Denkenden zu Bewußtsein gebracht, daß es sich um etwas Wesentliches handle. Wer nicht an Sekundärem — zum Beispiel an der kirchenpolitischen Bedeutung der Volkssprache — hängen blieb, war zur Überlegung veranlaßt, was denn dieses »Liturgische« sei, um das man sich in solcher Weise mühte. Und wenn er konsequent dachte, mußte er zum Ergebnis kommen, der die Liturgie tragende religiöse Vorgang sei etwas Eigenes und Wichtiges.

Suchte er dann nach dem Wesen dieses Eigenen, dann kam er zum Ergebnis, der liturgische Akt werde wohl jeweils von den einzelnen getragen, das aber, insofern sie ein soziologisches Ganzes, ein »Corpus« bilden: die Gemeinde, bzw. die in ihr präsente Kirche. In diesem Akt stehe nicht nur die spirituelle Innerlichkeit, sondern der Mensch als Ganzes, Geist und Körper. Daher sei das äußere Tun selbst »Gebet«, religiöser Akt; die in den Vorgang einbezogenen Zeiten, Orte, Dinge seien keine äußerlichen »Verzierungen«, sondern Elemente des Gesamtaktes und müßten als solche realisiert werden und so fort.

In der üblichen Diskussion kommt von alledem meist nur das soziologisch-ethnologische Moment zum Vorschein: die Beteiligung der Gemeinde und der Gebrauch der Volkssprache. In Wahrheit geht es um sehr viel mehr: um einen ganzen Akt, eine ganze Akt-Welt, die verkümmert sind und nun neu aufleben sollen. Dazu müssen sie aber überhaupt erst gesehen, als wesentlich erkannt werden — und die Gefahr ist groß, daß alles Gesagte als »künstliches Getue« abgewiesen werde, besonders von solchen, deren Veranlagung von individualistischer, betont rationaler und, vor allem, ans Herkommen gebundener Art ist — wobei aber gesehen werden muß, daß dieses Herkommen gar nicht so alt, sondern durchaus neuzeitlich ist und ein wirklich Altes und Kirchlich-Wesentliches verdrängt hat.

Worum es also nun geht, ist die Frage, ob die so wunderbar geöffnete liturgische Möglichkeit auch zu wirklichem Vollzug wird. Ob sie sich damit erschöpft, Verbildungen zu beseitigen, neuen Situationen zu genügen, bessere Unterweisungen zu geben, was Vorgänge und Dinge bedeuten — oder ob ein vergessenes Tun wieder gelernt und verlorene Haltungen neu gewonnen werden.

Hier wird sich natürlich auch die Frage erheben, ob die geltende Liturgie Bestandteile enthält, die vom heutigen Menschen nicht mehr recht realisiert werden können. Ich erinnere mich eines Gesprächs mit dem verstorbenen großen Vorkämpfer der liturgischen Erneuerung, Abt Ildefons Herwegen von Maria Laach. Im Anschluß an vorausgegangene Überlegungen meinte ich, ein Zeichen dafür, daß die liturgische Arbeit ins Lebendige gehe, werde die »liturgische Krise« sein, und Abt Herwegen stimmte nachdenklich zu. Solange die liturgischen Handlungen nur objektiv »zelebriert«, die Texte nur lesend »persolviert« werden, geht alles glatt, weil nichts in den Bereich des eigentlichen religiösen Vollzugs kommt. Sobald aber der Vorgang den Ernst des Gebetes gewinnt, zeigt sich, was in lebendiger Weise nicht mehr realisiert werden kann.

Dabei müssen aber — und das wird alles entscheiden — jene, die die Aufgabe haben, zu lehren und zu erziehen, sich fragen, ob sie selbst zum liturgischen Akt gewillt seien. Schärfer ausgedrückt: ob sie überhaupt wissen, daß es ihn gibt, wie er beschaffen, und daß er weder ein »Luxus«, noch eine Sonderbarkeit, sondern etwas Konstitutiv-Wesentliches ist. Ob das, was sie darunter verstehen, nicht im Grunde das gleiche sei, was zum Beispiel ein Seelsorger des ausgehenden neunzehnten Jahrhunderts im Auge hatte, wenn er sagte: »Wir müssen die Prozession besser ordnen; sorgen, daß besser gebetet und gesungen wird« — er aber nicht bedachte, daß die eigentliche Frage hätte lauten müssen: wie wird das Gehen selbst zum religiösen Akt, nämlich zum Geleit für den Herrn, der sein Land durchzieht, wobei sich »Epiphanie« ereignen kann?

Worum es also vor allem geht, ist die Frage, worin der alles tragende liturgische Akt bestehe — freilich können hier nur kurze Hinweise versucht werden.

Das Eigene dieses Aktes wird am deutlichsten, wenn es sich um ein Tun handelt, also zum Beispiel — wo ein solches üblich ist — den »Opfergang«. Da bedeutet es einen spezifischen Unterschied, ob der Gläubige diesen Gang nur als eine Hinbewegung zum Zweck versteht, die an sich ebensogut durch den Kirchendiener mit dem Klingelbeutel vollzogen werden könnte, oder ob er weiß, daß das Hinbringen selbst »Gebet« ist, Bereitschaft gegen Gott, Mitvollzug der Gabenbereitung.

Der Akt des Tuns kann auch ein Ding in sich aufnehmen, im genannten Fall die Münze als Vertretung konkreter Gaben, oder, bei der Oblation durch den Priester, die Segnung von Brot und Wein. Dann wird die »Bedeutung« nicht dazu = gesagt — oder = gedacht —, sondern im Akt selbst realisiert ... Entsprechendes gilt für Räume und Orte im Raum; für Zeiten und Tage und Stunden ...

Liturgischer Akt realisiert sich schon im Schauen. Das bedeutet nicht nur, daß der Gesichtssinn wahrnimmt, was am Altar geschieht, und der Wahrnehmende den Text im Buch nachliest, sondern er ist in sich selbst lebendiger Mitvollzug. Das habe ich einmal miterlebt, als ich in Palermo die den Dom füllende Aufmerksamkeit empfand, mit der das Volk die Weihen am Karsamstag stundenlang, ohne Buch noch irgendein »erklärendes« Wort, verfolgte. Gewiß war darin vieles nur ein äußerliches »Zuschauen«; im Kern aber war es mehr. Das Blicken des Volkes war selbst ein Tun; in ihm vollzog es die heiligen Vorgänge mit. Nur von hierher wird der liturgisch-symbolische Vorgang, z. B. die Händewaschung des Zelebranten, aber schon die einfache liturgische Geste, etwa das Ausstrecken der Hände über den Kelch, wesensgerecht aufgefaßt. Also nicht dadurch, daß dazugesagt wird: das bedeutet das und das, sondern die symbolische Handlung wird vom Ausübenden als liturgischer Akt »getan« und vom Wahrnehmenden in einem analogen Akt »gelesen«, der innere Sinn im Äußeren angeschaut. Sonst ist alles nur Vergeudung von Zeit und Kraft, und man täte besser, das Gemeinte einfach zu »sagen«. Aber Symbol ist in sich selbst etwas Leib-Geistiges, Ausdruck von Innerem im Äußeren und muß, damit es seine volle Aussagekraft erhalte, mit Ernst und Sammlung vollzogen und im Schauen mitvollzogen werden.

Von besonderer Bedeutung für den liturgischen Akt ist der Vollzug der Gemeinschaft. Deren unmittelbarer Träger ist wohl jeweils der einzelne Gläubige, aber nicht als isolierter Einzelner, sondern als Glied der »Gemeinde«, in welcher die Kirche gegenwärtig wird. Sie ist es, die das »Wir« der Gebetstexte spricht. Ihre Struktur ist eine andere als jene, die sich bei irgendeiner Begegnung oder einem gemeinsamen Zweck bildet. Es ist die eines »Corpus«, einer objektiven Ganzheit. Im liturgischen Akt fügt der feiernde Einzelne sich in sie ein; nimmt die circumstantes in seinen Selbstausdruck herein. Das ist nicht einfach, wenn es echt und ehrlich sein soll. Viel Trennendes muß überwunden werden: vor allem die Isolation des neuzeitlichen Individuums; darüber hinaus alles, was sich dem Nachbarwesen gegenüber im Innern an Abneigung und Feindseligkeit regt; Gleichgültigkeit gegen die vielen, die »einen nichts angehen«, in Wahrheit aber Glieder der gleichen Gemeinde sind; träges In-sich-Lasten und so fort. Hier wird immer neu in der Innerlichkeit des einzelnen geboren, was »Gemeinde« und was »Kirche« heißt.

Soll die Intention des Konzils verwirklicht werden, dann ist richtige Unterweisung, aber auch echte Erziehung nötig; Übung, durch die der Akt gelernt wird. Die aktive Präsenz des Volkes in Palermo ruhte darauf, daß es nicht im Buch nachsah, was die Vorgänge »bedeuteten«, sondern sie schauend »las« — gewiß ein Nachwirken antiker Bildung, und wahrscheinlich mit dem Fehlen dessen bezahlt, was die moderne Volksschule lehrt. Heute besteht das Problem also darin, über Lesen und Schreiben hinaus, wieder lebendiges Schauen zu lernen.

Hier liegt, wie mir scheint, heute die eigentliche Aufgabe liturgischer Erziehung. Wird sie nicht angefaßt, dann helfen Reformen in Ritus und Text nicht viel. Ja, es kann dahin kommen, daß gerade ernste Menschen, denen es um echte Frömmigkeit geht, das Gefühl bekommen, ein Unglück geschehe — wie das jener verehrungswürdige alte Pfarrer meinte, der sagte:»Bevor das mit der Liturgie angefangen hat, haben die Leute beten können. Jetzt wird geredet und herumgelaufen.«

Freilich wird es viel Denken und Versuchen kosten, wie man den heutigen Menschen dahin bringen soll, daß er den Akt auch wirklich vollziehe — ohne daß daraus Theater und Getue wird. Dabei ist nicht zu vergessen, daß manche von denen, die Lehrer und Führer sein müßten, selbst darin unerfahren sind — vielleicht sogar aus einer individualistischen Frömmigkeitshaltung heraus widerstreben, den Anspruch als Zumutung empfinden und im Grunde denken, man müsse»die Mode« vorübergehen lassen;»es werde schon alles beim Alten bleiben«.

Die liturgische Bewegung hat verschiedene Phasen durchlaufen. Es wäre nützlich und aufschlußreich, diese nicht nur in ihrer geschichtlichen Aufeinanderfolge, sondern auch in ihrem jeweiligen inneren Sinn zu zeichnen. Wenn eine ganz summarische Skizze erlaubt ist, dann möchte ich die erste Phase, die von Solesmes ausging, die restaurative, ja in mancher Beziehung kirchenpolitisch-restaurative nennen. (Sie hing mit dem Bemühen um Überwindung des Gallikanismus zusammen und suchte engen Anschluß an Rom.) Die zweite war die von belgischen Benediktinerabteien ausgehende, stark akademisch geartete, die den Gläubigen wieder unmittelbar zu den Texten führte. Die dritte, die ihre Zentren in Klosterneuburg und den Mittelpunkten der katholischen Jugendbewegung und Jugendarbeit hatte, war von praktischem, auf aktuelle Wirkung bedachten Charakter; sie suchte die Gemeinde in ihrer alltäglichen Wirklichkeit zu erfassen, und stieß daher vor allem auf das Problem der Volkssprache.

Nun muß, auf den Impuls des 2. Vatikanischen Konzils gestützt, eine vierte Phase einsetzen; jene, die sich mit dem lebendigen Vollzug beschäftigt und fragt: wie ist der echte liturgische Vorgang geartet — im Unterschied zu anderen religiösen Vorgängen, dem individuellen und dem sich frei bildenden Gemeinschaftsvorgang der »Volksandacht«? Wie ist der tragende Grundakt gebaut? Welche Formen nimmt er an? Welche Fehlgänge bedrohen ihn? Wie verhalten sich die Anforderungen, die er stellt, zur Struktur und zum Lebensbewußtsein des heutigen Menschen? Was muß geschehen, damit dieser ihn in echter und redlicher Weise lernen könne?

Also Probleme und Aufgaben genug — falls man nicht, der Klärung wegen, an den Anfang die Frage stellen müßte: ist vielleicht der liturgische Akt, und mit ihm überhaupt das, was »Liturgie« heißt, so sehr historisch gebunden — antik, oder mittelalterlich —, daß man sie der Ehrlichkeit wegen ganz aufgeben müßte? Sollte man sich vielleicht zu der Einsicht durchringen, der Mensch des industriellen Zeitalters, der Technik und der durch sie bedingten psychologisch-soziologischen Strukturen sei zum liturgischen Akt einfach nicht mehr fähig? Und sollte man, statt von Erneuerung zu reden, nicht lieber überlegen, in welcher Weise die heiligen Geheimnisse zu feiern seien, damit dieser heutige Mensch mit seiner Wahrheit in ihnen stehen könne? Es klingt hart, so zu sprechen. Es gibt aber nicht wenige, vielleicht, aufs Ganze gesehen, sogar viele, die so denken. Man darf sie nicht einfach als »Abgestandene« wegstreichen, sondern muß fragen, wie man — wenn Liturgie wesentlich ist — ihnen nahekommen könne.

In Wahrheit zeigen sich aber auch ermutigende Zusammenhänge. So ist es zum Beispiel nicht zufällig, daß die jüngste Phase der liturgischen Bewegung ungefähr gleichzeitig mit dem Erwachen kirchlichen Sinnes eingesetzt hat. Gleichzeitig auch mit den pädagogischen Bewegungen, die ein richtigeres Bild vom Menschen zu Ehren brachten, als jenem Wesen, in welchem Leib und Geist, Äußeres und Inneres eine Einheit bilden, und mehr derart. Aus diesen Zusammenhängen könnte die Arbeit an der liturgischen Erneuerung manches lernen. Sehr ernste Erzieher haben darauf hingewiesen, daß für die Bildung gerade des heutigen Menschen bloßes Sagen, intellektuelles Erklären, formales Organisieren nicht genügen. Daß die Organe des Schauens, des Tuns, des Gestaltens geweckt und in den bildenden Vorgang einbezogen werden müssen; daß das musikalische Moment mehr ist als eine bloße Verzierung; daß die Gemeinschaft anderes bedeutet als ein Zusammensitzen, vielmehr Solidarität im Akt der Existenz und so fort.

Auch darüber wäre viel zu sagen; ich muß aber wohl schließen, sonst wird mein Brief zur Epistel. Jedenfalls gebe ich ihm die aufrichtigsten und herzlichsten Wünsche für die Arbeit des Kongresses mit.

Dein Romano Guardini

TEIL 6

JESUS CHRISTUS, HEILBRINGER UND EPIPHANIE GOTTES

Das Wesen des Christentums (1929)

Im Fortgang des christlichen Lebens gibt es die Zeit, während welcher der Glaubende mit Selbstverständlichkeit Christ ist. Christ-sein bedeutet ihm da so viel wie Gläubig-sein, ja wie Fromm-sein einfachhin. Das Christentum bildet für ihn die religiöse Welt überhaupt, und alle Fragen erheben sich innerhalb ihrer. So stand es im großen und ganzen für die abendländische Allgemeinheit während des Mittelalters und noch geraume Zeit darüber hinaus; so steht es für den einzelnen, solange er in einheitlicher christlicher Atmosphäre aufwächst und aufgeht. Dann aber dringt das Bewußtsein durch, daß es auch andere religiöse Möglichkeiten gibt. Der bisher unbefangen Glaubende beginnt zu prüfen. Er vergleicht, beurteilt und fühlt sich zu einer Entscheidung gedrängt. In diesem Vorgang wird die Frage dringlich, worin denn das Eigentliche bestehe, mit dem sich das Christentum in sich selbst begründet und von anderen religiösen Möglichkeiten unterscheidet.

Die Frage nach dem »Wesen des Christentums« ist in verschiedener Weise beantwortet worden. Man hat gesagt, es bestehe darin, daß die Einzelpersönlichkeit in den Mittelpunkt des religiösen Bewußtseins trete; daß Gott sich als Vater offenbare und der Glaubende ihm in reiner Unmittelbarkeit gegenüberstehe; daß die Nächstenliebe zum entscheidenden Wert werde und so fort — bis zu den Versuchen, das Christentum als die vollkommene Religion einfachhin zu erweisen, weil es der Vernunft am meisten gemäß sei, die reinste Sittlichkeit enthalte und mit den Forderungen der Natur am besten übereinstimme.

Diese Antworten gehen sämtlich fehl. Einmal deshalb, weil sie die freie Fülle der christlichen Gesamtwirklichkeit zugunsten eines besonderen Momentes, das aus irgendwelchen Gründen gerade als das Wichtigste empfunden wird, einschränken. Wie wenig sie zureichen, geht schon daraus hervor, daß es fast immer möglich ist, ihnen eine ebenso vertretbare und im Eigentlichen ebenso unzulängliche andere gegenüberzustellen. So kann man mit guten Gründen sagen, der Kern des Christentums bestehe in der Entdeckung der religiösen Gemeinschaft, ja sogar der überindividuellen Ganzheit; es offenbare die Unzugänglichkeit

Gottes und sei daher die Mittlerreligion schlechthin; durch den Vorrang der Liebe zu Gott hebe es die unmittelbare Nächstenliebe auf und so fort — bis zu solchen Bestimmungen, wonach es jene Religion wäre, welche den Anspruch der Vernunft am entschiedensten bricht, den Vorrang des Ethischen verneint und der Natur zumutet, anzunehmen, was ihr im Innersten widerstrebt.

Jene Antworten sind aber — und darin liegt das Entscheidende — auch deshalb falsch, weil sie in der Form abstrakter Sätze gegeben werden. Sie stellen ihren »Gegenstand« unter allgemeine Begriffe. Gerade das widerstreitet aber dem tiefsten Bewußtsein des Christentums selbst, denn so wird es auf natürliche Voraussetzungen zurückgeführt: auf das nämliche, was Erfahrung und Denken unter Persönlichkeit, religiöser Unmittelbarkeit, Liebe, Vernunft, Ethik, Natur usw. verstehen. In Wahrheit geht das Christliche in solchen Begriffen gerade nicht auf. Was Christus als »Liebe« verkündet, was Paulus und Johannes meinen, wenn sie aus ihrem christlichen Bewußtsein heraus von Liebe sprechen, ist nicht jenes allgemein-menschliche Phänomen, das sonst mit diesem Wort bezeichnet wird, auch nicht dessen Reinigung oder Erhöhung, sondern etwas anderes. Es setzt die Kindschaft Gottes voraus. Diese wiederum unterscheidet sich wesentlich von dem, was der allgemeine religionswissenschaftliche Begriff meint, wenn er etwa sagt, die Annäherung des religiös gestimmten Menschen an die Gottheit geschehe nach dem Schema des Verhältnisses von Sohn und Vater; bedeutet vielmehr die durch das Pneuma Christi vollzogene Wiedergeburt des glaubenden Menschen aus dem lebendigen Gott. Nächstenliebe im Sinne des Neuen Testamentes aber meint jene Wertsicht und Haltung, die von dorther möglich werden. Ebenso wie die »Innerlichkeit« des Christentums keine allgemeingeschichtliche und psychologische Erscheinung ist, etwa derart, daß sie mit der Auflösung des antiken gegenständlichen Bewußtseins begonnen und im Individualismus der Renaissance oder im Persönlichkeitsbewußtsein der Neuzeit ihre historische Fortführung gefunden hätte. Sie bedeutet vielmehr jene besondere Sphäre, in welcher der Glaubende einem letzten Sinne nach der Welt und der Geschichte enthoben ist — über ihnen steht, oder innerhalb ihrer, oder wie immer man es aussprechen mag — eben damit aber auch der Geschichte in einem neuen Sinne nahe und in einer neuen Weise über sie mächtig und für sie verantwortlich. Sie ist der Ort, wo der in Christus Erlöste dem »Gott und Vater dieses Herrn Jesus Christus« gegenübersteht (2 Kor 1,3), und wird nur durch ihn begründet. Sobald Christus verschwindet, verschwindet auch die christliche Innerlichkeit. Natürlich ist die christliche Liebe die Liebe eines Menschen, und in ihrem konkreten Vollzug finden sich alle jene Haltungen und Akte, welche Menschenliebe ausmachen; natürlich enthält das Phänomen der christlichen Innerlichkeit auch die Kräfte und Werte all der verschiedenen Verinnerlichungsvorgänge, wie sie sich im Laufe des Einzellebens und der Geschichte vollzogen haben — worauf es aber zunächst ankommt, ist die Unterscheidung. Im Bewußtsein der Verantwortung vor dem offenbarenden Gott muß das herausgehoben werden, was anders ist; anders wenigstens seinem Anspruch und ersten Ausgangspunkt nach, so unzulänglich und verworren dann der Vollzug auch sein mag.

Man kann das Christliche nicht von welthaften Voraussetzungen herleiten und sein Wesen nicht mit natürlichen Kategorien bestimmen, weil dadurch das Eigentliche aufgehoben wird. Soll dieses erfaßt werden, dann kann es nur aus ihm selbst heraus geschehen. Das Christliche selbst muß befragt, und die Antwort von ihm entgegengenommen werden; dann erst zeichnet sich sein Wesen als etwas Eigenes, in das Übrige nicht Auflösbares, ab. Es sprengt das natürliche Denken und Sprechen, die alle Dinge, sie mögen sich unterscheiden wie immer, unter die gleichen letzten, durch Erfahrung und Logik gegebenen Kategorien zusammenfassen. Diesen Kategorien fügt das Christliche sich nicht. Wenn das Denken also die Erfahrung macht, daß es das Christliche bei aller Gemeinsamkeit der natürlichen Stoffe und Seinsgefüge nicht auflösen und in »Welt« überführen kann — dann erst ist der wesentliche Sachverhalt deutlich geworden.

Das Christliche ist letztlich keine Wahrheitslehre oder Deutung des Lebens. Es ist auch das; aber darin besteht nicht sein Wesenskern. Den bildet Jesus von Nazareth, dessen konkretes Dasein, Werk und Schicksal — das heißt also eine geschichtliche Person. Eine gewisse Entsprechung dieses Sachverhaltes erlebt jeder, für den ein Mensch wesentliche Bedeutung gewinnt. Nicht »die Menschheit« oder »das Menschliche« werden ihm dann wichtig, sondern diese Person. Sie bestimmt alles übrige, und um so tiefer und umfassender, je intensiver die Beziehung ist. Das kann so mächtig werden, daß alles, Welt, Schicksal und Aufgabe, durch den geliebten Menschen hindurchgehen; daß er in allem enthalten ist, durch alles gedeutet wird, allem den Sinn gibt. In der Erfahrung der großen Liebe sammelt sich die ganze Welt in das Ich-Du, und alles Geschehende wird zu einem Begebnis innerhalb dieses Bezuges. Das Personale, welches zuletzt in der Liebe gemeint ist und die höchste aller in der Welt gegebenen Wirklichkeiten darstellt, durchdringt und bestimmt alle anderen Gestalten: Raum und Landschaft, Stein, Baum und Tier ... Das ist wahr, nur spielt es sich zwischen diesem Ich und Du allein ab. Im Maße die Liebe sehend wird, wird sie immer weniger beanspruchen, das, was für sie den Brennpunkt der Welt bildet, solle es auch für die anderen tun. Ein solcher

Anspruch könnte lyrische Echtheit haben, im übrigen wäre er töricht. Für die christliche Lehre liegt der Sinnverhalt ganz anders; sie behauptet nämlich, durch die Menschwerdung des Sohnes Gottes, durch seinen Tod und seine Auferstehung, durch das Geheimnis des Glaubens und der Gnade sei alle Schöpfung aufgefordert, ihre scheinbare Eigenständigkeit aufzugeben und unter die Bestimmung einer personalen Wirklichkeit, nämlich Jesu Christi, als der entscheidenden Form zu treten. Das ist zunächst logisch eine Paradoxie, denn es scheint die Selbigkeit der Person in Frage zu stellen. Aber auch das persönliche Empfinden lehnt sich dagegen auf. Denn ein als richtig ausgewiesenes allgemeines Gesetz — sei's der Natur oder des Denkens oder des Sittlichen — anzunehmen, fällt der Person nicht schwer, weil sie fühlt, daß sie darin sie selbst bleibt, ja daß die Anerkennung eines solchen Gesetzes ohne weiteres zur personalen Handlung werden kann. Auf die Zumutung aber, eine »andere« Person als oberstes Gesetz der ganzen religiösen Lebenssphäre und damit des eigenen Daseins anzuerkennen, antwortet die Person mit unmittelbarer Gegenwehr.

Die voraufgehenden Darlegungen könnten noch weiter entwickelt und vertieft werden, aber sie reichen wohl hin, um die Antwort zu begründen, welche allein der Frage nach dem »Wesen des Christentums« genügt. Sie lautet: es gibt keine abstrakte Bestimmung dieses Wesens. Es gibt keine Lehre, kein Grundgefüge sittlicher Werte, keine religiöse Haltung und Lebensordnung, die von der Person Christi abgelöst, und von denen dann gesagt werden könnte, sie seien das Christliche. Das Christliche ist er selbst; das, was durch ihn zum Menschen gelangt und das Verhältnis, das der Mensch durch ihn zu Gott haben kann. Ein Lehrgehalt ist christlich, sofern er aus seinem Munde kommt. Das Dasein ist christlich, sofern seine Bewegung durch ihn bestimmt ist. In allem, was christlich sein soll, muß er mitgegeben sein. Die Person Jesu Christi in ihrer geschichtlichen Einmaligkeit und ewigen Herrlichkeit ist selbst die Kategorie, welche Sein, Tun und Lehre des Christlichen bestimmt. Das ist ein Paradox.

DER HEILBRINGER (1946)

Die Heilbringer und ihre Mythen sind Ausdrucksformen des im Weltdasein selbst laufenden Rhythmus; dieses immer neu sich vollziehenden Durchganges des einen Lebens, der einen Natur durch Geburt und Tod, Blühen, Fruchttragen und Welken, Gefahr und Rettung, Entbehrung und Reichtum, aber sofern es zugleich numinose Heilsfülle beziehungsweise Unheilsgefahr bedeutet. Sie sind Erlöser, aber innerhalb jenes unmittelbaren Welt-Rhythmus — und ebendamit besiegeln sie ihn. So sind sie im letzten bannende Gestalten. Das kommt in jener Stimmung zum Ausdruck, die sie alle umwittert: der Schwermut. Bei ihnen finden sich die Gipfelungen des Lebens, zugleich aber auch die Angst des Abstiegs, das Grauen der Vernichtung, das Verschlungenwerden in den Tod. In ihnen triumphiert die Natur und mit ihr jene letzte Sinnlosigkeit, die jeder Mensch fühlt, in welchem die Person das Auge aufschlägt. Die Frömmigkeit dieser Heilbringergestalten ist ein Sich-Hineingeben in den Rhythmus der Natur; ebendagegen aber protestiert die Person. So protestiert sie auch im Namen ihrer unaufgebbaren Würde gegen alle jene Heilbringer, so tief die Fülle ihres Lebens und die Schönheit ihrer Gestalten ans Herz greifen mag. Keine Romantik des Alls, keine Mystik der Erde und des Blutes vermag diese Stimme zu widerlegen.

Wer ist Christus? Jener, der gerade von dem erlöst, was sich in den Heilbringern ausdrückt.
Er befreit den Menschen aus der Unentrinnbarkeit des Wechsels von Leben und Tod, von Licht und Finsternis, von Aufstieg und Niedersinken. Er durchbricht die verzaubernde, scheinbar von allem Daseinssinn gesättigte, in Wahrheit alle personale Würde auflösende Eintönigkeit der Natur. Auf dem tiefsten Grunde dessen, was die Heilbringer ausdrücken, liegt die Schwermut, der Überdruß, die Verzweiflung. Die Bücher über Dionysos lesen sich wundervoll. Aller Glanz des Lebens scheint aus ihm zu kommen. Wer gegen ihn spricht, gerät in den widerwärtigen Schein der Muckerei — besonders wenn es die Jugend ist, die bei Dionysos steht und ihren inneren Lebensanstieg als Beweis für seine Wahrheit empfindet. Man muß ein bestimmtes Alter überschritten und eine Reihe jener Rhythmen durchlebt haben, dann entzaubern sie sich und man fühlt ihre verzweiflungsvolle Monotonie. Nicht nur das Schaurige, Furchtbare, Entsetzliche — das alles wären noch hochwertige Akzente; nein, die Öde, die Ernüchterung, den Überdruß. Die liegen auf dem Grund. Davon macht Christus frei — davon und von dem »Religiösen«, welches sich in ihnen ausdrückt. Die Erlöserwirkung Christi liegt grundsätzlich anderswo als jene des Dionysos und Baldur. Er bringt nicht jene Befreiung, welche der Frühling gegenüber dem Winter und das Licht gegenüber der Finsternis bringen, sondern sprengt den Bann jenes Ganzen, in welchem Winter wie Frühling, Finsternis wie Licht, Alter wie Jugend, Krankheit wie Gesundheit, Entbehrung wie Reichtum verwoben und gebannt liegen, der Natur. Die Heilbringer bilden den Ausdruck der Lösungskomponente jener

gleichen Natur, die auch die Bindungskomponente enthält; das Aufstiegsmoment neben dem ebenso wesentlichen Abstieg. Christus hingegen erlöst vom Bann der Natur überhaupt, ihrer Bindungen sowohl wie ihrer Lösungen, ihrer Abstiege wie ihrer Aufstiege, zu einer Freiheit, die nicht aus der Natur, sondern aus der Souveränität Gottes kommt.

Im Bereiche der Heilbringermythen hat die Person keinen Raum, bedeutet ja doch ihre Frömmigkeit gerade, den Anspruch der Person auf ihre Einzigkeit aufzugeben und nicht mehr sein zu wollen als der Baum im Walde und das Wild auf den Bergen: Welle im Strom des Lebens, vorübergehende Gestalt im großen Wandel. Und zwar gilt das durch alle Stufen dieser Erlösungsfrömmigkeit hindurch, auch wo sie sich aus dem Triebhaften zu höchster Kulturgestalt erhebt. In diesem Zusammenhang gibt es weder die Person mit ihrer unaufhebbaren Einmaligkeit und Würde, noch das Geistig-Absolute, auf das sie bezogen ist, sondern alles ist relativ und geht im Rhythmus des All-Lebens, des Naturganzen auf. Es gibt kein im eigentlichen Sinne Gutes und Böses, das durch das Entweder-Oder der sittlichen Entscheidung getrennt ist und den Sinn der Person bestimmt, sondern beides gehört zusammen wie Tag und Nacht, und das Leben besteht aus dem einen wie aus dem anderen. Es gibt keine unwiederbringliche Stunde mit ihrer ewigen Tragweite, sondern alles fließt in alles. Ja, alles wiederholt sich. Sobald der Frühling kommt, steht hinter ihm die unendliche Kette der vergangenen Frühlinge und vor ihm die der künftigen. Falls man nicht vom Ernst der personalen Existenz her sagen muß, das Vergangene werde vergessen und vom Kommenden werde abgesehen. Denn der wesenhafte Zustand dieser Sphäre ist ja das unmittelbare Aufgehen im Jetzt, nicht als Ernst der Konzentration auf die nun dringliche Entscheidung, sondern als Gegenwartsgebundenheit des Naturdaseins. Die Welt des Mythos hat nur das Gedächtnis der Natur, in deren Einheit nichts verlorengeht, vielmehr alles bleibt und weiterwirkt; das eigentliche Gedächtnis hingegen setzt die Einzigkeit der Stunde und das Sinngewicht der freien Tat voraus. Ebenso hat die Welt des Mythos nur das Vorgefühl der immer wiederkehrenden und im Zustand des Augenblicks sich ankündigenden Lebensrhythmen; die eigentliche Voraussicht hingegen setzt die Verantwortung für das eigene Tun und das Bewußtsein von dessen Sinngewicht voraus. Beides aber ruht auf der Person und ihrer Beziehung — nicht zum Immer-Weiter des Naturlaufes, sondern zur Absolutheit des Ewigen. Von dieser Welt, welche alles in den Bann des Vergehens und Sich-Wiederholens, des Vergessens und Nicht-Voraussehens einschließt, weil nichts wirklich es selbst, sondern alles nur Welle im Strom ist, befreit Christus, indem er die Person anruft und sie in ihre ewige Verantwortung stellt. Er richtet

die absoluten Unterschiede auf. Er macht die — nicht endlos fortwir-
kende, sondern ewig gültige Bedeutung der personalen Entscheidung
deutlich. Wenn der Mensch ihn hört, wird er frei vom Bann der Natur
mit ihren Unheilsgestalten, aber auch, ja ganz besonders, ihren Heilbringern.

Damit ist nicht gemeint, Christus erlöse vom Trieb zum Geist; das
würde nur heißen, daß der Mensch von Dionysos zu Apollon käme.
Aber die Griechen haben selbst gewußt, daß Dionysos und Apollon
Brüder sind, ja in einer letzten Tiefe nicht mehr unterschieden werden
können. Und der Geist, den Apollon oder Athene verkörpern, liegt,
christlich gesehen, unter dem gleichen Bann wie die physische Natur,
in der Dionysos und Demeter herrschen. Dieser »Geist« und diese
»Natur« sind zwei Aspekte der gleichen Gesamtwirklichkeit: der Welt
und des welthaften Menschendaseins. Christus löst von ihrer Verfan-
genheit zu einer Freiheit, die aus dem Heiligen Geiste stammt und berufen ist, jeden welthaften Geist unter Kritik zu nehmen.

Und wie erlöst Christus?
Vor allem dadurch, daß er »von oben« kommt (Joh 8,23). Die Heilbringer kommen aus dem Schoß der Welt und der Natur; Christus aus
dem Dreieinigen Gott, der in keiner Weise in das Gesetz vom Wandel
des Lebens und des Todes, des Lichtes und der Finsternis eingefangen
ist — ebensowenig wie in das geistige Gesetz der Entfaltung des Selbstbewußtseins, der Läuterung des Ethischen, der Heraufführung der
höheren Persönlichkeit. Er kommt aus der unabhängigen, ihrer selbst
mächtigen Freiheit Gottes. Schon dadurch macht er vom Gesetz der
Welt frei. Er offenbart, daß es das Andere gibt — das wahrhaft und
absolut Andere, das keine Dimension der Welt mehr ist. Er ist selbst
dieses Andere, und zwar so, daß man zu ihm kommen kann. Er ist der
heilige Gott, in Liebe uns zugewendet und aus Liebe Mensch geworden. Christus ist vom Bann der Welt frei; ganz im heiligen Willen des
Vaters verwurzelt. In dieser Freiheit lebt er den Zustand der Welt, die
Sünde, durch. Darin sühnt er ihre Schuld und wendet die Abgefallene
wieder zu Gott zurück. So erlöst er sie. Und da er so geartet ist, daß
sein Gottesverhältnis vom Glaubenden mitvollzogen werden kann,
wird ebendarin der einzelne der Erlösung teilhaftig.

Christus offenbart, wer Gott wirklich ist: nicht der Weltgrund, nicht
die unendliche numinose Strömung, nicht die höchste Idee, sondern
der in sich selbst stehende Schöpfer und der Herr der Welt. Der, von
dem wir aus der Welt, obwohl er sich darin ausdrückt, nur verworren
wissen, weil unsere Augen blind und unser Herz widerspenstig ist.
Gott offenbart sich, indem er sich in unser Menschsein übersetzt. Auf
die Frage, wer der Vater sei, lautet die Antwort: jener, den Jesus

meint, wenn er sagt: »mein Vater«. Auf die Frage, wie der Lebendige Gott gesinnt sei, lautet die Antwort: so, wie er sich in den Worten, dem Verhalten, dem Leben und Sterben Jesu gezeigt hat. Christus hat auch den Menschen enthüllt. Auf die Frage, was der Mensch sei, gibt es zwei Antworten. Die eine heißt: er ist jenes Wesen, in dessen Dasein Gott sich übersetzen, die Sprache, in der Gott sich selbst sagen konnte. Der Mensch ist so, daß in Jesus, dem Kinde, dem Helfer der Kranken, dem Lehrer der Ratlosen, dem vor Pilatus Schweigenden, dem am Kreuz Sterbenden sich der Lebendige Gott aussprechen kann ... Er ist aber auch jenes Wesen, das dem ewigen Sohn, da er als ausgesprochenes Wort Gottes in der Welt war und als ewiges Licht in einem Menschenangesicht leuchtete, den Tod gebracht hat.

Wenn der Mensch annimmt, was in Christus zu ihm kommt, gehen ihm die Augen darüber auf, wer Gott ist, und wer er selbst; was er selbst ist, und was die Welt. Das ist die Wahrheit, und dadurch wird er frei.

DIE DASEINSGESTALT JESU (1941)

I

Die Frage nach der Grundgestalt eines Daseins ist um so wichtiger, je stärker der Mensch, dem sie gilt, sich als eigener bezeugt, und je größeren Einfluß er auf die Geschichte ausgeübt hat. Die Person Jesu hatte für eineinhalb Jahrtausende der abendländischen Geschichte kanonische Bedeutung schlechthin, und hat sie für einen großen Teil der Menschheit heute noch. Auch dort aber, wo diese Bedeutung bestritten wird, steht die Bestreitung selbst unter ihrem Einfluß. Wenn man — um nur den repräsentativsten Gegner zu nennen — die Stellungnahme Friedrich Nietzsches genauer prüft, so zeigt sich, daß er in seinen Wertungen und Urteilen ebenso wie in der Gesamthaltung und den Einzelzügen des von ihm verkündeten Menschenbildes durchaus, wenn auch in der Form des Widerspruchs, von der Gestalt Christi bestimmt wird; wie denn der »Zarathustra« ein zum Teil genau konstruiertes Anti-Evangelium ist. Ähnliches gilt weithin für den Kampf gegen das Christliche; ja es darf die Frage gestellt werden, ob es im europäischen Raum überhaupt eine Bestimmung des Menschen gibt, die von Christus wirklich unabhängig wäre.

Bringen wir uns, um den Blick für das Eigentliche zu schärfen, zuerst einige andere geschichtlich bedeutsame Daseinsgestalten vor Augen.

Zuerst die jenes Mannes, der das abendländische Bild des vom Geiste her bestimmten Menschen so stark wie kaum einer sonst beeinflußt hat, des Sokrates. Er ist weder durch vornehme Geburt noch durch Reichtum hervorgehoben; wächst also ganz aus eigener Wurzel. Allerdings in einer Umgebung, die immer noch die stärkste Kulturmacht bildet, in Athen. Ein unbezwingliches Verlangen nach der Wahrheit treibt ihn. Er hat einen mächtigen Verstand und einen ungewöhnlich wachen kritischen Sinn; zugleich eine Macht über den jungen Menschen, die von seiner Umgebung als wunderbar empfunden wird. Er ist fromm; von einem elementaren Bewußtsein göttlicher Wirklichkeit und persönlicher Führung erfüllt. Und wenn er auch über die traditionellen Göttervorstellungen in eine philosophisch geklärte Anschauung hinausstrebt, hat er doch ein so starkes Gefühl vom unmittelbaren Sinn jener Vorstellungen, daß er mit seiner Umgebung nicht in offenen Widerspruch gerät, vielmehr in deren Glauben einbezogen bleibt. So lebt er ein langes Leben philosophischen Suchens und Prüfens, pädagogischen Weckens und Formens. Dieses Tun entspringt seinem innersten Wesen; empfängt aber zugleich die Weihe göttlichen Auftrags, da er sich, wie er am Ende seines Lebens vor dem höchsten Gerichtshof bekennt, ebendazu von Apollon, dem Gott des Lichtes und des Geistes, gesandt weiß. Ein großer Kreis von Schülern umgibt ihn; darunter einer vom Range Platons, dem er zehn Jahre lang sein Bestes geben kann. Schließlich wird er von der Mitte seines Berufes her vor die letzte Entscheidung gestellt und stirbt im Kreise seiner Nächsten einen Tod, der sein Wesen und Werk zu letzter Klarheit bringt.

Setzen wir seiner Gestalt eine andere, ebenfalls dem griechischen Bereich angehörige gegenüber, die zwar nicht der Geschichte, sondern der Sage angehört, aber, weil vom größten Meister geformt, reinsten griechischen Lebenswillen ausdrückt: Achilleus. Er ist kein Denker, sondern ein Mann der Tat, ein Krieger; schön, furchtlos, leidenschaftlich empfindend, in allen kriegerischen Dingen Meister und von verzehrendem Ehrgeiz erfüllt. Er erreicht kein hohes Alter, sondern stirbt jung; ja dieser Tod ist ihm geweissagt, so daß die Erwartung des baldigen Untergangs über seinem Leben liegt. Dieses Leben aber ist voll strahlenden Heldenglanzes. Gefragt, ob er ein langes, aber tatenarmes, oder ein kurzes Leben vorziehe, das ihn jedoch zum Ersten im großen Agon des Ruhmes machen werde, hat er sich für dieses entschieden. So ist sein Leben eine ungestüm brennende Flamme; ebendarin aber herrlich und ein Sinnbild jener Art Schönheit, die sich nicht in Gründung und Bewährung, in Werk und Dauer, im weit ausholenden und voll durchgezogenen Bogen des Lebens, sondern in der Unbedingtheit und Vergänglichkeit der Jugend verwirklicht.

Das Leben des Sokrates wie das des Achill gehen rein aus dem inneren Ansatz hervor und vollziehen sich mit einer Notwendigkeit, die zugleich Freiheit ist, nach dem eigenen Gesetz. Was von außen kommt, muß der Formkraft des inneren Bildes dienen. Ihnen soll eine Daseinsform gegenüberstellt werden, die auf der Gegenseite des Lebensraumes steht, nämlich Epiktet; genauer gesagt jener Mensch, den er als Vorbild gezeichnet hat, der Stoiker. Für Sokrates wie für Achill ist das Dasein in einem letzten Sinn verwandt und vertraut. Ihnen fällt nichts Fremdes zu, und die Entfaltung ihrer Wesensgestalt wird nicht gestört. Anders beim Stoiker. Er rechnet mit der Fremdheit, ja mit der Ungunst des Schicksals und wappnet sich dagegen. Im letzten empfindet er das Geschehene überhaupt als fremd und hat Mühe, mit ihm fertig zu werden. So schließt er sich mit dem Kern seines Wesens zusammen, um von dorther das Geschehene zu überwinden oder wenigstens zu ertragen. Er tut das, indem er sich sagt, daß es ihn zutiefst nichts angehe. Und zwar setzt er dieses Tiefst-Eigene so weit nach innen an, daß ihm gegenüber nicht bloß das äußere Geschehen, sondern auch der eigene, dem Wechsel und dem Verfall ausgesetzte Persönlichkeitsbestand als fremd erscheint. Nicht nur zu Schicksal, Besitz, Familie, Macht und Ehre, sondern auch zu Gesundheit, Begabung, seelischen Eigenschaften usf. spricht er:»das bin ich nicht.« Was übrigbleibt, und worauf er sich als auf das Wesentliche zurückzieht, ist also überhaupt kein»Bild« mehr, sondern ein Punkt. Der Punkt des innersten Innen; das eigenschaftslose Selbst; ungreifbar und unerschütterbar. Alles Geschehende wird zum Schicksal im Sinne des Fremden, das ungerufen und beziehungslos aus dem Unerkennbaren hertritt. So ist der Grundvorgang nicht Entfaltung, sondern Bewährung. Freilich entsteht ebendadurch eine große Gestalt: hart und einsam; scheinbar kühl, aber von verborgener Leidenschaft brennend und männlich bis zur Unsinnigkeit.

Zwischen den beiden Endpunkten der reinen Wesensentfaltung und der bloßen Selbstbehauptung vor dem Fremden steht jene Daseinsform, deren Träger gerade das Schicksal als Inhalt und Sinn seines Daseins erlebt, vorbildlich klar von Vergil im Bild des Aeneas gezeichnet. Dessen Vaterstadt geht unter; furchtbarstes Unheil und schrecklichster Schmerz. Zugleich empfängt er aber die Verheißung, er werde zum Gründer einer neuen Stadt und zum Beginn einer großen Geschichte werden. So zieht er aus und hat Gefahren und Plagen jeder Art zu bestehen. Aber nicht, um, wie Odysseus, als Fahrender die Welt und ihre Wunder zu erleben, sondern um den Ort zu finden, wo nach dem Schicksal die neue Geschichte entspringen soll. Er führt ein Leben voll Kampf; aber nicht, um, wie Achill, Ruhm der Waffen zu erringen, sondern um sich dorthin durchzuschlagen, wo die gesetzte Aufgabe erfüllt und der Grund des Kommenden gelegt werden muß. Seine Persönlichkeit ist weder schöpferisch noch leuchtend. Sie hat etwas eng Umgrenztes, ja Karges. Was sein Dasein erfüllt, ist weder die Selbstentfaltung des Inneren, noch die Begegnung mit der in Entdeckung und Tat sich enthüllenden Weltherrlichkeit, sondern der göttliche Auftrag; Schicksal also im eigentlichen Sinne des Wortes. Und er wird »fromm« genannt, das heißt fähig, das sich Ereignende als göttlichen Auftrag zu verstehen, zu tragen und durchzuführen. Aeneas ist der mythische Anfang der realistischen Macht der antiken Geschichte, des römischen Staates; und seine Vollendung Augustus, der erste Kaiser des Weltreiches.

Endlich noch eine rein religiöse Gestalt, die größte von allen und die einzige, die neben Christus in irgendeinem Sinne ernsthaft genannt werden kann: Buddha. Er ist eigentümlich unpersönlich. Sein Wesen hat weniger den Charakter schöpferischen, sich aus sich selbst entfaltenden Reichtums, als den unerbittlicher Folgerichtigkeit. Fast möchte man sagen, den des Gesetzes, aufgenommen in einen unbeugsamen, dem Sinn der Welt dienenden Willen. Sein Dasein macht den Eindruck, als ob in ihm die Welt zur Klarheit gelange. Aber nicht im bejahenden Sinne, so, daß ihre schöne Fülle sich mikrokosmisch in einem Menschenleben offenbarte, sondern in der Form einer Enthüllung, ja Entlarvung. In ihm wird deutlich, daß die Welt Schein, Schuld und Leid ist. Ihr innerstes Gesetz wird entdeckt, um sie zu bezwingen, ja aufzuheben. Buddha wächst in bevorzugtester Umgebung als Sohn eines Königs auf. Er wird in allem ausgebildet, was den vollkommenen Herrscher ausmacht; vollbringt und genießt alles, was Leben bedeutet. Dann trifft er auf die Gestalten der Fragwürdigkeit, Alter, Leiden, Tod, und erkennt an ihnen die Sinnlosigkeit des Bisherigen. Er bricht also mit allem und macht sich auf die Suche nach dem Eigentlichen. Er durchläuft, auch diesen Bereich der Welt durchprobend, die Reihe der Yoga-Übungen, und erkennt, daß auch sie nicht dorthin führen. Endlich geht ihm die Erkenntnis auf, daß alles Dasein nur Schein ist, der aus dem Lebenswillen entspringt, und findet den Weg, durch dessen Überwindung das Dasein selbst aufzuheben. Diese Erkenntnis kommt nicht aus einer Begegnung, auch nicht als Gnade von oben, sondern als letzte Konsequenz daraus, daß er ist, wie er ist, und vollbracht hat, was er vollbracht hat, wobei sein jetziges Leben selbst das Ergebnis unzähliger vorausgehender Inkarnationen darstellt. Buddha vollzieht das Erkannte; sammelt Jünger um sich und unterrichtet sie so, daß sie fähig werden, ihrerseits die Lehre weiterzugeben; ordnet das Leben der Gemeinschaft; und nachdem er Zeit gehabt hat, alles Erforderliche zu regeln, stirbt er schließlich hochbetagt im Kreise der Seinen, so daß sein Tod die reine Vollendung seines Lebens und, in gewissem Sinn, das Ende von allem überhaupt bildet. Sein Wesen drückt sich wohl am klarsten in den drei Worten aus, die in den Texten immer wiederkehren: er ist »der Erwachte«, »der Vollendete«, »der Lehrer der Götter und Menschen«.

Die gezeichneten Gestalten sind von einander sehr verschieden, haben aber eines gemeinsam: sie tragen alle den Charakter der Größe. In ihrem Bereich kann dem Menschen Furchtbares widerfahren, wie Atreus oder Ödipus: immer aber ist sein Leben herrscherlich gebaut und leuchtet noch im Schrecknis. Er kann Niedriges erfahren wie Herakles; aber er dringt noch auf Erden zum Glanze durch. Die Gestalt seines Lebens ist von den Maßstäben der Größe bestimmt. Nicht alles Mögliche, sondern nur Entsprechendes kann ihnen widerfahren — ist es aber so, daß doch, wie beim Stoiker, »alles Mögliche« an sie kommen kann, dann wird es durch den inneren Kern als wesenlos unterschieden und damit weggetan. Noch im Schlimmsten waltet eine Gemäßheit. Ungemäßes dulden zu müssen, ist Sache der uneigentlichen Menschen, der Geplagten des Alltags oder der Sklaven.

II

Wie ist es bei Christus? Halten wir fest, daß er sich selbst als den Gesendeten einfachhin, den Bringer des Heils, den Gottes- und Menschensohn weiß und behauptet; daß Paulus ihn als die Epiphanie des Vaters, Johannes ihn als den fleischgewordenen Logos bestimmt, und diese Bestimmungen den stärksten Ausdruck von Sinnfülle und Gültigkeitsmacht bedeuten, die zu Gebote stehen. Wenn also ein Leben kanonischen Charakter trägt, dann seines. Welche Gestalt hat es? Jesus wird als später Nachfahre eines abgesunkenen Königsgeschlechts geboren. Diese Geburt bringt ihm aber keinen Vorteil, weder der Macht noch des Besitzes, noch der Bildung, unterstreicht vielmehr seine soziale Stellung eines unvermögenden Handwerkers nur noch stärker. Die Tatsache bedeutet auch nichts Positives in seinem späteren Leben. Weder beruft er sich auf sie, um irgendetwas zu beanspruchen, noch bemüht er sich die alte Macht wiederzugewinnen. Anderseits bildet sie aber auch nicht den Hintergrund, von dem sich ein Leben der Entsagung groß abhöbe. Wenn seine Herkunft irgendeine Bedeutung hat, dann höchstens die, zur Verkennung seiner Absichten beizutragen.
Die ersten dreißig Jahre seines Lebens vergehen in vollkommener Stille. Man vernimmt aus ihnen nur die kurze Episode der Pilgerfahrt nach

Jerusalem, zu welcher der zwölfjährige Knabe zum ersten Mal verpflichtet war. Die Zeit ist also weder durch große Taten noch durch tiefe Studien oder folgenschwere Begegnungen ausgezeichnet. Wir erfahren nicht einmal etwas von besonderen religiösen Ereignissen. So kann man, wenn man nicht der Legende verfallen will, nur sagen, er habe ein Leben geführt, wie es auch sonst unter ähnlichen Umständen geführt wurde.

Dann beginnt er seine öffentliche Wirksamkeit. Er verkündet, das Reich Gottes sei herangekommen und fordere Einlaß; also eine Erneuerung alles Daseins aus dem Geiste, ein Umbruch der Geschichte aus der Schöpferkraft Gottes stehe bevor, von deren Wesen nur die Aussagen der Prophetie eine Ahnung geben können. Zuerst hat er Erfolg; das Volk und manche der Einflußreichen neigen sich ihm zu. Ein Kreis von Jüngern sammelt sich um ihn; sie zeichnen sich aber, menschlich gesprochen, durch nichts Ungewöhnliches aus. Dann setzt eine bis auf den Grund gehende Krise ein. In deren Verlauf finden sich seine verschiedenen, sonst untereinander uneinigen Gegner auf einer gemeinsamen Linie. Unter völliger Verfälschung seiner ganzen Lehrabsicht wird er angeklagt. Die Anklage, in sich selbst widerspruchsvoll, lautet bald auf Gotteslästerung, bald auf Empörung gegen den Kaiser. Der Prozeß wird wider alles Recht geführt und endet mit seiner Verurteilung. Er erleidet — höchstens drei, vielleicht weniger als zwei Jahre nach Beginn seiner Wirksamkeit — einen Tod, der nicht nur qualvoll, sondern für sein Ansehen vernichtend sein soll. Der Zusammenbruch ist so vollständig, daß die Menge, der er geholfen, und die sich für ihn begeistert hat, ebenso aber auch ein großer Teil seiner Jünger von ihm abfällt. Einer aus dem engsten Kreis der Zwölf wird zum Verräter. Bei der Gefangennahme verlassen ihn alle. Jener Jünger aber, den er selbst den »Felsenmann« genannt und überall in den Vorrang gestellt hat, Petrus, verleugnet ihn, und zwar vor der verächtlichen Persönlichkeit einer Türsklavin und in der formellsten Weise, nämlich dreimal unter Eid.

Auf Jesu Tod folgt das alle Maßstäbe sprengende Ereignis der Ostern. Es korrigiert aber die Zerstörung, die das Bild seines Lebens erfahren hat, nicht. Der zur Herrlichkeit und Macht Durchgedrungene rächt sich nicht an seinen Gegnern; zertrümmert nicht, was wider ihn steht; triumphiert in dem Lebensbereich, der ihn abgelehnt hat, nicht. Er schafft nur einen Punkt des Umbruchs; einen Ausgangspunkt neuen Geschehens, der dann durch das Ereignis der Pfingsten gleichsam in Effizienz gesetzt wird. Da erst kommt, im Namen dieser Gestalt, die religiöse Eroberung der Welt in Gang.

Bildet dieses Leben die Entfaltung einer großen Gestalt? Offenbar nicht. Einmal deshalb, weil von einer eigentlichen Entfaltung überhaupt keine Rede ist. In Jesus zeigt sich keine Entwicklung; und nicht nur, weil die Evangelisten kein biographisches Interesse haben, sondern weil sein Wesen nichts mit Entfaltung zu tun hat. Dann aber, weil überhaupt keine wirkliche »Gestalt« herauskommt. Da ist nichts von »Vollendung« in irgendeinem Sinn, sondern ein furchtbares Zerbrechen. Man braucht sich nur vorzustellen, wie es gewesen wäre, wenn Jesus längere Zeit gelebt hätte. Statt dessen waren ihm nach den dreißig Jahren des Schweigens nur drei, vielleicht wenig über ein Jahr gegeben. Das Zerbrechen aber, das dann kommt, trägt nicht den Charakter eines gewaltigen Ansturms; auch nicht den, daß ein übergroßes Wollen an der Kleinheit der Umgebung untergeht. Er weiß selbst und sagt durchaus, daß die Erfüllung an sich möglich wäre, doch nur aus der Freiheit der Angerufenen heraus, diese aber nicht wollen. Hat dieses Leben vielleicht die Grundform der Selbstbehauptung im Sturm des Widrigen? Was ihm geschieht, scheint doch dem Wesen des Sohnes Gottes aufs schärfste zu widersprechen; manche Äußerungen scheinen das anzudeuten, wie die Geschichte vom Fisch und der Steuermünze (Mt 17,24—27). Es ist unbegreiflich, quälend und unwürdig. Das darf nicht durch die absolute Bedeutung seines Lebens überdeckt werden, denn das Kreuz ist wohl auf die Krone der Könige gekommen; war aber damals, was es war. Also wäre für stoische Haltung wohl Anlaß; sie findet sich aber nicht. Nirgendwo eine Bewegung, durch welche die Person sich aus einer sinnlosen, erniedrigenden, zerstörenden Welt herauslöst und das, was sie nicht verhindern kann, als nicht zu ihr gehörig zurückweist. Was Jesus widerfährt, ist »ungemäß« in jeder Weise — er nimmt es aber an; nimmt es, möchte man sagen, ans Herz. Eine Haltung offenbart sich, die es bis dahin nicht gegeben hat und außerhalb des Gültigkeitsbereiches seiner Persönlichkeit nicht gibt. Im Bewußtsein, vom Vater gesendet zu sein und dessen Gebot erfüllen zu wollen, nimmt er alles an, was ihm geschieht. Ein Einvernehmen mit dem Willen Gottes zeigt sich, das alles Geschehende in die tiefste Vertrautheit der Liebe zieht. Dadurch aber, daß alles Geschehene zum Ausdruck oder doch zum Mittel dieser Liebe wird, erhält das Irdische eine Bedeutung für Gott selbst, von der bis dahin kein Mythos eine Vorstellung hatte. Nie und nirgendwo ist die Welt so ernst genommen, wie im Leben Jesu.

Wie ist es aber mit jener Form des Daseins, die sich bei einem Aeneas findet, und in der ein göttlicher Auftrag durch ein langes Leben des Duldens und Kämpfens hindurchgetragen und vollendet wird? In der das Leben als ein Zusammenhang von Geschehnis und Tat erscheint, in dem alles sich von jenem Auftrag her sinnvoll fügt, ja notwendig erweist? Auch sie trifft hier nicht zu. Die Geschehnisse sind vom Gesichtspunkt des zu erreichenden Zieles aus in keiner Weise notwendig.

Das Ziel konnte ebenso, ja vom Standpunkt irdischer Gestalt aus vielleicht sinnvoller anders erreicht werden. Gewiß hat Jesus einen Auftrag von absolutem Gewicht — aber auf was geht der? Im letzten wird man doch wohl nur sagen können: als der zu leben, der er ist. Als der Mensch gewordene Sohn Gottes unter die Menschen und in diesen geschichtlichen Zusammenhang zu treten; sein Menschendasein und das Dasein überhaupt auf sich zu nehmen; die Wirklichkeit in eine Bewegung zu bringen, in der sie alle Konsequenzen aus dem zieht, was sie ist; diese Konsequenzen durchzustehen und ebendadurch einen neuen — absolut neuen — Ausgangspunkt zu schaffen.

Was für Maßstäbe gelten also für dieses Leben? Man ist geneigt zu sagen, wenn schon ein Gesichtspunkt konsequent durchgehe, dann der, die Maßstäbe des Irdisch-Gemäßen zu stürzen. Das deutlich zu machen, was ganz anders ist. Die Gesinnung und Urteilsweise des bis dahin verborgenen Gottes zu offenbaren, die sich von dem irdisch Bedingten so unterscheiden, daß sie sich gerade im Umstürzen der irdischen Maßstäbe kundtun. Als Daseinsbild also das gleiche, was sich in Worten wie den Seligpreisungen, oder im Frohlocken Jesu nach der Rückkehr der Apostel ausdrückt (Lk 10,21—22).

Was kann in dem von hier aus bestimmten Menschenleben geschehen? Wir werden antworten müssen: alles. Nie kann die Antwort auf die Frage, was geschehen oder nicht geschehen könne, daher kommen, daß etwas in sich selbst groß oder klein, verwandt oder fremd, aufbauend oder zerstörend, erfüllend oder entleerend wäre. Alles, auch das dem Heiligen und Göttlichen scheinbar Inkongruenteste kann geschehen. Die Wirklichkeit Jesu — und nach ihm des Christlichen überhaupt — ist so, daß sie das Dasein herausfordert, ja förmlich befähigt, alles zu zeigen, wessen es fähig ist.

Die Daseinsgestalt Jesu ist so, daß durch sie alle Maßstäbe umgeworfen werden. Nicht aber dadurch, daß sie an Stelle bisher bekannter andere setzte. Es wird nicht etwa das Existenzbild eines Idealisten umgeworfen und das des Realisten aufgerichtet; das Kontemplative an die Stelle des Aktiven, der Dienst an die der Selbstdurchsetzung gebracht. Auf dieser Linie wird gar keine Norm erhoben — wie es denn ein »christliches Daseinsbild« in dem Sinne, wie man von einem sokratischen oder stoischen, antiken oder neuzeitlichen redet, überhaupt nicht gibt. Was deutlich wird, ist vielmehr ein Ausgangspunkt, eine Gesinnung, eine Kraft, die alles annimmt, aber auch alles ändert; jede weltliche Daseinsstruktur und jedes Schicksal für möglich hält, aber alles umwandelt. Und nicht nur so, wie Mut oder Resignation oder Verinnerlichung oder religiös-mystische Ablösung es tun, sondern in jenem von der Welt selbst her nicht möglichen Sinne, der eben Erlösung heißt.

DAS HINDURCHGEHEN (1930)

»Solange ich in der Welt bin ...« (Joh 9,5)

Das Leben des Menschen ist ein Gewebe von Ereignissen mannigfacher Art. Dinge und Menschen stehen darin; freundlich und feindselig, nah oder fremd. Sie beeinflussen, sie stören oder fördern. Der Mensch gerät an die Wirklichkeiten der Welt: handelt, schafft, und erfährt Schicksal. Diese ganze Mannigfaltigkeit wird zusammengefügt durch das, was wir das Seinsbild dieses Menschen nennen. Darin ist etwas von besonderer Bedeutung: die Weise, wie dieser Mensch »dasteht«. Sehr verschieden kann diese Weise sein. Das Dasein eines Menschen kann uns etwa vorkommen wie das Dastehen eines Baumes, der aus deutlichem Grunde aufwächst, sich ruhig entfaltet, allmählich sich erfüllt und stirbt. Eine feste, aus der Welt aufwachsende Gegenwärtigkeit ist in ihm ... Einen anderen empfinden wir so, als suche er seine Aufgabe, stelle sich auf seinen Posten, arbeite, kämpfe, und nachdem er das Seine getan, hört es mit ihm auf ... Wieder gibt es den Ruhelosen, ewig Suchenden, immer Fahrenden, der nur in Gefahr und Entdeckung leben kann ... Es gibt den Schicksalsmenschen, der tiefe Beziehung hat zu dem, was im Schoße des Daseins webt: der wartet, getroffen wird, emporwächst oder zerbricht, ausharrt und trägt ... Und andere noch.

Nicht von solcher Art ist die Grundgestalt des Lebens Jesu. Wenn wir die Evangelien im Zusammenhang lesen; den Nachhall aufsuchen, den sein Dasein in der Apostelgeschichte und in den Briefen findet, und uns dann fragen: wie war er denn »da« — so fühlen wir etwas Besonderes; etwas, das sich nicht einordnen läßt. Wir drücken es vielleicht am besten aus in dem Worte: »Er ist hindurchgegangen«. Die Daseinsform Jesu ist ein Hindurchgehen. Das kommt schon darin zum Ausdruck, wie wenig wir von ihm wissen. Johannes sagt am Ende seines Evangeliums, wollte man alles aufschreiben, was er getan und gesprochen habe, so würde die Welt die Bücher nicht fassen können. Der Apostel hat also das Bewußtsein einer ungeheuren Fülle im Dasein Jesu gehabt. Hinter jedem Augenblick, hinter jedem Wort und Geschehnis dieses Daseins stand unendliche Intensität und unermeßlicher Gehalt. Was da aber von ihm überliefert wird, ist nicht viel. Ziehen wir die Berichte der Synoptiker auf das zusammen, was jeweils Neues beigetragen wird; nehmen wir das Besondere hinzu, was Johannes sagt, und das Wenige, was sich noch in der Apostelgeschichte findet — was auf diese Weise zusammenkommt, ist wirklich nicht viel! Aus den ersten Lebensjahren hören wir von einigen Ereignissen seiner Jugend. Dann liegen achtzehn Jahre ganz in Schweigen gehüllt. In hellem Lichte steht seine öffentliche Wirksamkeit. Sie dauert aber nur drei Jahre; manche sagen, wenig über eines. Dann ist alles zu Ende. Aus schweigender Unbekanntheit kommt dieses Leben, leuchtet kurz und gewaltig, und geht in die Unbekanntheit des »Himmels« zurück.

Jesus spricht selbst von diesem Kommen und Gehen. »Dazu bin ich ausgegangen«, sagt er (Mk 1,38), wie davon die Rede ist, daß er nicht am Orte bleiben, sondern auch in »die umliegenden Städte gehen müsse«. Mt 10,34f heißt es dreimal hintereinander: »Ich bin gekommen, um ...« Und so noch oft.

Im Johannesevangelium vor allem tritt dieses Bewußtsein stark hervor. Immer wieder: »Ich bin gekommen ...« Und: »Über eine kurze Weile, und ihr werdet mich nicht mehr sehen« (16,16); »Ich gehe, euch eine Wohnung zu bereiten« (14,2); »Wohin ich gehe, könnt ihr nicht folgen« (13,33).

Noch tiefer wird dies Gefühl, daß er kommt, hindurchgeht und wieder entschwindet, wenn er sagt, woher und wohin: »von oben«, »vom Vater«; und wieder »heim zum Vater«, dorthin, wo die »ewigen Wohnungen« sind. Und: »Ich bin vom Vater ausgegangen und in die Welt gekommen. Nun verlasse ich die Welt und gehe zum Vater« (Joh 16,28).

Jene innere Gestalt drückt sich auch in der Weise seines Lebens aus. Er lebt als Wanderlehrer, wie das damals durchaus nichts Ungewöhnliches war. Ohne eigenes Heim zog er von Ort zu Ort, lehrte, unterredete sich mit den Leuten und wohnte, wo man ihn aufnahm.

Er hat das tief und schwer empfunden. Wie der Jüngling bittet, ihm folgen zu dürfen, antwortet er (Lk 9,58): »Die Füchse haben ihre Höhlen, und die Vögel des Himmels ihre Nester; aber der Sohn des Menschen hat nichts, wohin er sein Haupt lege ...«

Sicher ist er oft freundlich aufgenommen worden. Wir denken da vor allem an das Haus, das er liebte, des Lazarus und seiner Schwestern, in Bethanien. Es ist ihm aber auch wohl anders ergangen. So damals, als der Pharisäer Simon ihn einlud (Lk 7,36ff). Gleich fühlen wir das Lauern rings um ihn. Er ist nicht aufgenommen; er ist umstellt. Wie dann das Weib kommt, und zu seinen Füßen weint, sie mit ihren Haaren trocknet und mit kostbarem Öl salbt, erhebt sich im Herzen des Hausherrn verächtlicher Hohn: »Wenn der ein Prophet wäre, dann wüßte er, was das für eine ist!« Da wendet er sich an den Hausherrn: »Simon, ich habe dir etwas zu sagen ... Ich bin in dein Haus gekommen; aber du hast mir kein Wasser für die Füße gegeben ... du hast mich nicht geküßt ... du hast mir das Haupt nicht mit Öl gesalbt ...« Das heißt also: du hast nicht die einfachste Pflicht der Gastfreundschaft an mir erfüllt.

Die Gesellschaft, würden wir sagen, hat ihn nicht aufgenommen. Und es ist erschütternd zu lesen, wie die aus der gleichen Gesellschaft Ausgeschlossene ihm den Dienst tut.

Aber hat er nicht eine Heimat bei den Seinen gehabt? Im Verstehen seiner Jünger? In der Treue derer, die ihm nachfolgten?

Eines geht aus den Evangelien klar hervor, etwas Schmerzliches, das um so wahrer ist, als die Apostel selbst aus ihrer späteren, erleuchteten Einsicht heraus es bekannt haben: die Jünger haben ihn nicht verstanden. Es steht für viele Fälle, was Lukas sagt: »Sie aber verstanden diese Rede nicht, und es war ihnen verborgen, und sie verstanden es nicht« (9,45). Immer wieder wird das deutlich, bald in Worten, bald in der Haltung, bald im Tun. Nicht umsonst sagt Johannes: »In ihm war das Leben, und das Leben war das Licht der Menschen, und das Licht leuchtete in der Finsternis, aber die Finsternis hat es nicht begriffen« (1,4 f). Aus ihm wollte das Licht strömen, den Menschen das Herz und den Sinn hell machen, aber wie eine Mauer stand um ihn die »Finsternis«, das Nicht-Verstehen. Er war voll des Lebens, bereit, es in die Herzen der Menschen zu gießen, aber die waren zugeschlossen.

Und was die Liebe angeht, die Treue: der eine hat ihn verraten; der andere ihn unter Eid verleugnet; und die übrigen sind alle, als es auf das Letzte ging, geflohen — bis auf Johannes; auch der ließ ihn zuerst im Stich, aber dann kam er zurück und hielt aus.

Nein, auch das Zuhause im bergenden Verstehen, wo Wort und Tun ihre Stätte finden; in der Treue, die unerschüttert dauert, hat er nicht gehabt. Auch da war nicht, »wohin er sein Haupt hätte legen können«. So ist es wie ein Ausdruck dieses Draußenseins, wenn es dann immer wieder heißt, daß er fortgeht, für sich allein zu beten; in die Stille der Nacht; auf einen hohen Berg ... Da steht er dann in jener Sphäre, aus der heraus er seine öffentliche Wirksamkeit begonnen hatte. Denn kaum ist er im Jordan getauft, heißt es bei Markus, »wirft ihn der Geist hinaus in die Wüste«. Er »wirft ihn«, wie mit Gewalt, aus der menschlichen Gemeinsamkeit hinaus, in die »Wüste« ... Und damit wir deutlich spüren, was das ist, sagt der Bericht: »Und er war dort in der Wüste vierzig Tage ... bei den wilden Tieren ...«. Dort in der Einsamkeit, allem menschlichen Zusammenhang fern, sucht ihn der Versucher auf.

Und erschütternd kehrt die Situation wieder nach dem letzten Abendmahl, als er mit seinen Jüngern aus der Stadt hinaus geht über den Bach Kedron, zum Ölgarten hinauf. Da läßt er die Schar zurück, und nimmt nur die drei mit: wieder heißt er auch sie warten, und geht allein noch »einen Bogenschuß« weit vor ...

Das war die Lebensgestalt des Herrn, daß er »hindurchging«. Wenn wir einem Menschen nahe kommen, dann blicken wir ihn an. Und

nicht nur äußerlich, um zu erfahren, wie er aussieht, wie er heißt,
woher er stammt und wie es bürgerlich mit ihm geht, sondern mit dem
inneren Blick: wer bist du? Nicht nur: was bist du? — damit ich erfahre, was ich von ihm zu erwarten habe; sondern das Tiefere: wer bist
du? — damit ich um ihn wisse, damit ich innerlich zu ihm kommen
könne; damit ein Aug' in Auge sein könne.
So müssen wir auch nach dem Herrn fragen: wer bist Du? Wir wissen
noch nicht viel, wenn wir äußerlich die Worte und Vorgänge wissen,
die wir von ihm vernommen haben. Wir wissen nicht viel, wenn er uns
im Sinn steht als jene feierliche, etwas unwirkliche, etwas unbestimmte
Gestalt mit dem langen Haar und dem Faltengewand. Das alles bleibt
ein Schemen. Blut und Klang muß sein Wesen in unserem Herzen
gewinnen. Wir müssen ihm nachgehen. Wir müssen forschend auf ihn
schauen. Wir müssen versuchen, auf sein Eigentliches zu treffen; auf
das, was er ist. Da kommen uns dann Dinge in den Blick, wie wir sie
hier gefunden haben.

DER HERR (1937)

Der Ablauf des Lebens Jesu

Wir sind gewöhnt, den Ablauf des Lebens Jesu für fest bestimmt anzu-
sehen. Weil es so ging, meinen wir, es habe so gehen müssen. Wir
betrachten alles vom Ausgang her, und formen es auf diesen hin. Die
Tatsache der Erlösung ist uns so sehr ein und alles, daß wir vergessen,
wie ungeheuerlich die Weise war, nach der sie sich vollzogen hat, und
daß sie sich vor Gott und den Menschen so nicht hätte vollziehen dürfen. Jene Empfindung, die das Mittelalter hatte, das Entsetzen über
den Gottesmord, haben wir ganz verloren. Wir müssen die Gewohnheit abstreifen und uns nahekommen lassen, wie furchtbar alles war.
Wie verhärtet die Herzen, wie armselig die Aufnahme!
Erst wenn wir uns in all das hineindenken, verstehen wir auch Jesu
Wort: »Dies ist eure Stunde und die Macht der Finsternis« (Lk 22,53).
Er hat gewußt, daß jene einzige, unendliche Möglichkeit der Menschengeschichte im letzten nicht durch Menschenwillen vereitelt
wurde. Dafür waren die Menschen trotz aller Anmaßung und Gewalttätigkeit zu klein.
Man kann nicht begreifen, wie alles so gehen konnte, wenn er doch der
war, der er war! Warum hatte keiner unter den Machthabern einen
offenen Geist und ein großes Herz? Warum war niemand, der ihm das
Volk zuführte? Warum waren seine Jünger, menschlich gesehen, so

unzulänglich? Notwendigkeiten zu verstehen ist oft schwer, doch eben das Notwendig-sein hilft auch wieder. Wenn man aber bloß Tatsachen vor sich hat, die auch anders hätten sein können, doch unabändbar so sind ... Wer ist doch dieser Gott, der nicht die Macht zu haben scheint, seinem Sohn die Aufnahme zu verschaffen, die er braucht? Welch seltsam beunruhigender Eindruck von Schwäche ... Welch böse, zähe Kraft in dem Ding, »Welt« geheißen, daß es imstande ist, sich gegen den Ruf Gottes zu verhärten, und den Gottesboten kaltblütig zu erledigen! Was ist das doch für ein Gott, der davor schweigt? Wir leben in einer solchen Gedankenlosigkeit, daß wir das Unerhörte gar nicht mehr fühlen. Wie denken denn die Menschen, daß es zugeht, wenn Göttliches erscheint? Die Mythen reden von machtvollem strahlendem Hervorbrechen. Buddha ist wohl Asket, aber er thront in überköniglichem Ansehen. Lao-tse ist ein göttlich verehrter Weiser. Mohammed zieht erobernd vor seinen Heeren durch die Welt. Hier aber wird Gott selbst Mensch. Er hat also, um so zu reden, ein göttlich-ernstes Interesse an dieser Menschenexistenz. Seine Ehre ist mit ihr im Spiel, hinter seinem Ernst steht seine Macht — und alles geht so! Die ganze Führung des Alten Testamentes auf den Messias hin bringt als Endergebnis diese Verhärtung des Volkes und dieses Schicksal des Gottgesandten ... Was ist doch Gott, wenn seinem Sohne das widerfährt?

Hier fühlen wir wohl das Andersartige des Christlichen! Jene anderen »Göttlichkeiten« waren Mächte von dieser Welt, und die Welt erkennt und liebt, was von ihr ist. Hier kommt wirklich etwas von anderswoher — da antwortet sie anders! So ahnen wir auch, was das heißen muß, Christ zu sein: ein Verhältnis zu jenem Gott des Geheimnisses zu haben; mitten in der Welt, die ist, wie sie ist. Das muß ein Fremdwerden in der Welt bedeuten, um so größer, je vertrauter man mit diesem Gott wird. Und nicht wahr, »Welt« bedeutet nicht nur das um uns herum! Welt sind auch wir selbst. Uns selbst ist das in uns fremd, was mit diesem Gott vertraut ist. Und wir haben alle Veranlassung zu der christlichen Furcht, es möchte sich in uns wiederholen, was damals geschah; der zweite Sündenfall: daß wir uns vor Gott verschließen.

Der Tod Jesu

Vom Sterben hat Jesus anfangs nicht gesprochen. Hätte das Volk sich geöffnet, so wäre die Weissagung der Propheten in Erfüllung gegangen. Die Erlösung hätte sich durch Botschaft und Glaube vollzogen, und die Geschichte wäre verwandelt worden. So lange diese Möglichkeit offenstand, scheint Jesus von seinem eigenen Sterben nicht oder doch nur in unbestimmter, schwebender Weise geredet zu haben. Dann verhärten sich die Führenden, das Volk versagt sich, und Jesus — wir wissen nicht, in welcher tiefsten Stunde — wendet sich auf den Weg des Todes, um durch ihn die Erlösung zu vollbringen ... Immer aber ist das Bild seines Sterbens verbunden mit dem der Auferstehung. Die Ankündigungen des Leidens binden sie an den Tod, wie den dritten Tag an den ersten. Schon daraus wird deutlich, daß es nicht unser, der zerreißende Tod der Sünde ist, den Jesus stirbt, sondern einer, den er, der vom Tode Freie, aus dem Willen des Vaters entgegennimmt. Er sagt es ausdrücklich: »Ich habe die Macht, mein Leben hinzugeben, und die Macht, es wieder an mich zu nehmen« (Joh 10,18). Aus Macht geht er in den Tod, nicht aus Notwendigkeit. So liegt denn auch auf dem Wege nach Jerusalem das geheimnisvolle Ereignis der Verklärung. Hier dringt als Vorahnung durch, was sich Ostern erfüllen wird. Das Sterben des Herrn ist von vornherein mit der Verklärung verbunden, denn er stirbt aus der Fülle, nicht aus der Schwäche des Lebens.

Das wird auch in der letzten Nacht im Ölgarten deutlich (Lk 22,39-46). Da bricht die Furchtbarkeit des Endes über ihn herein. Er ist geängstet bis zum Sterben, stellt sich aber unter den Willen des Vaters. Der Tod kommt ihm nicht von innen her, als Folge wesenhafter Zerstörtheit. Er hat nicht, wie jeder von uns, schon im Augenblick der Geburt die innere Wunde empfangen, von welcher dann das wirkliche Sterben nur die letzte Auswirkung ist. Christus ist zutiefst unversehrt; ihm kommt der Tod nur aus dem Willen des Vaters, den er in seine eigene Freiheit aufgenommen hat. Damit hat er ihn aber tiefer in sich hineingenommen, als er irgendeinem von uns inne ist. Wir erleiden ihn durch Gewalt; er hat ihn in der letzten Innerlichkeit der Liebe gewollt. Deswegen ist sein Sterben auch so schwer. Man hat gesagt, andere seien furchtbarer gestorben, aber das ist nicht wahr. Niemand ist gestorben wie er. Um so furchtbarer der Tod, je stärker, reiner, zarter das Leben, über das er kommt. Das unsere ist immer todverfallen; was eigentlich Leben heißt, wissen wir wohl gar nicht. Er aber war so ganz und einzig lebendig, daß er sagen konnte: »Ich bin das Leben«. Darum hat er den Tod bis in den Grund ausgekostet — darin hat er ihn aber auch überwunden.

Nach Christus ist der Tod anders als vor ihm. Glauben aber heißt daran Teil haben — wie er selbst gesagt hat: »Wer an mich glaubt, wird leben, auch wenn er stirbt«. Wer glaubt, steht im eigentlichen, im »ewigen« Leben.

In den Abschiedsreden sagt Jesus: »Ich bin der Weg, die Wahrheit und das Leben. Niemand kommt zum Vater, es sei denn durch mich. Hättet ihr mich erkannt, so würdet ihr auch meinen Vater kennen; von jetzt an kennt ihr ihn und habt ihn gesehen.«
Philippus sprach zu ihm: »Herr, zeige uns den Vater, und es genügt uns.« Jesus sprach zu ihm: »So lange Zeit bin ich bei euch, und du hast mich nicht erkannt, Philippus. Wer mich sah, hat auch den Vater gesehen. Wie kannst du sagen: zeige uns den Vater? Glaubst du nicht, daß ich im Vater bin und daß der Vater in mir ist?« (14,6–10).

Ein geheimnisvolles Wort! Wer Christus sehe, der sehe den Vater — was ist damit gemeint? Man könnte denken, das Wort sei in einem übertragenen Sinne zu verstehen, als ob Jesus zu seinen Jüngern gesagt hätte: ich war bei euch; habe euch den Vater verkündet, also müßtet ihr doch wissen, wer er ist! Wirklich hat er ja immer wieder von ihm gesprochen, in Gleichnissen und in offener Rede. Denken wir etwa an die Predigt auf dem Berge, in der er die Botschaft von der Vorsehung verkündet und gesagt hat, der Mensch könne sich so in die Güte des Vaters hineingeben, daß er den Druck der Sorge verliere und in Zuversicht lebe. Oder gesagt, wer fromm sein wolle, der solle sich nicht vor die Leute hinstellen, damit die ihn bewundern, sondern mit seinem Gebet in die Stille gehen. Und dann das schöne Wort: »Der Vater, der im Verborgenen sieht, wird es ihm vergelten« (Mt 6,6).
In der gleichen Bergpredigt steht bei Matthäus auch das Gebet zum Vater. Darin kommt dessen Bild besonders eindringlich vor die Augen, da es aus Worten des Gebetes hervortritt: das Bild dessen, der König des himmlischen Reiches ist; den Namen der Heiligkeit trägt; das tägliche Brot gibt, die Sünden verzeiht und vom Bösen erlöst.

Wer aber mit der Heiligen Schrift vertraut ist, sieht bald, daß er so nicht deuten darf. Wenn Christus hätte sagen wollen: ihr habt aus meinen Worten gelernt, wer der Vater ist, dann hätte er auch so gesagt. Seine Worte lauten aber: »Wer mich sieht, der sieht den Vater.« So müssen wir unseren Rationalismus wegtun, der immer nur mit Begriffen arbeitet. Hier geht es um ein Sehen. Auch wollen wir uns erinnern, daß Johannes — im Unterschied etwa zu Paulus — ein Mann des Auges war und daß in seiner Verkündigung der Gedanke der Epiphanie eine große Rolle spielt.
»Epiphanie« bedeutet, daß etwas »erscheint«, in leibhaftiger Gestalt aufleuchtet. Im Prolog des Evangeliums steht das Wort: »Wir haben

seine Herrlichkeit gesehen, eine Herrlichkeit als des Eingeborenen vom Vater« (1,14). Sie nicht nur gedacht, nicht nur gefühlt, sondern mit Augen geschaut. An der Menschengestalt Jesu ist den Aposteln etwas entgegengeleuchtet, das mehr war als Menschenwesen. Daß an der Gestalt des Herrn offenbar wird, was an sich nicht geschaut werden kann, weil es im Geheimnis Gottes verborgen ist — das ist Epiphanie.

Es gibt eine Entsprechung dazu im menschlichen Bereich. Die Seele als solche kann man nicht sehen, denn sie ist Geist. Sobald sich aber ein Mensch dem anderen in Liebe zuwendet, sieht dieser im hergewendeten Antlitz die Seele. Er denkt sie nicht nur; er folgert nicht nur aus der eigenen Innenerfahrung ihr Dasein, sondern er sieht sie. Ja, man könnte fast sagen, daß in einem solchen Augenblick die liebende Seele das Erste ist, was er sieht, und in ihr erst den Körper.

So sagt das Evangelium: in der leibhaftigen Gestalt Jesu von Nazareth konnte der von der Gnade des Glaubens Erleuchtete den Sohn Gottes, den ewigen Logos, schauen. Im Ersten Johannesbrief aber kehrt die Botschaft mit größter Eindringlichkeit wieder. Da heißt es: »Was von Anfang an war, was wir gehört, was wir mit unseren Augen gesehen haben, was wir schauten und was unsere Hände griffen vom Worte des Lebens ...« Alle Sinne sind wach, aber im Glauben verwandelt, so daß sie mehr vermögen als die natürlichen Organe. Damit der Leser aber nicht über das Große der Botschaft hinweggleite, heißt es gleich nachher noch einmal: »Ja, das Leben offenbarte sich, und wir haben es gesehen und legen Zeugnis ab und verkünden euch ... was wir gesehen und gehört haben, verkünden wir auch euch« (I Joh 1,1 — 3). Wir fühlen die Eindringlichkeit. Wer gläubig, herzensbereit Jesus begegnete, der schaute in ihm den ewigen Sohn.

Nun aber sagt der Herr: »Wer mich sieht, der schaut den Vater.« Was heißt das?

Im natürlichen Leben geschieht es doch, daß einer von einem Menschen sagt: der ist ja ganz sein Vater! Die Ähnlichkeit ist so groß, daß aus seinem Gesicht ein anderes, das väterliche, herausblickt. Es kann sogar sein, daß ein Sohn offenbart, was in seinem Vater verborgen lag: dessen Bestes oder Schlimmstes — zur Freude oder zur Unehre. Und nun sagt das Evangelium: sobald du das Sohn-Sein Jesu richtig siehst, siehst du darin seinen Vater.

Wenn jemand nach dem Wesenszug fragte, der das Innerste von Jesu Persönlichkeit ausdrückt, dann müßte man antworten: das Sohn-Sein. Göttliche Sohnschaft, gewiß, aber Sohnschaft. Jesus ist ganz und gar Sohn. Er steht rein in der Haltung des Sohnes. Niemals könnten wir das Evangelium lesen und dann Jesus mit dem Vater-unser« anreden;

die Worte würden sich sträuben. Wenn wir ihn anreden, nennen wir ihn »Erlöser«, »Meister«, »Herr«; vielleicht in einem Augenblick der Vertrautheit, »Bruder«; Paulus hat uns ja dazu die Lippen geöffnet, als er ihn den »Erstgeborenen« nannte »unter vielen Geschwistern« (Röm 8,29). Nie nennen wir ihn Vater. Geschieht das einmal in einem religiösen Text, dann hat das einen besonderen Anlaß oder es ist eine Gedankenlosigkeit. Jesus ist Sohn in seinem Verhalten, seinem Reden, seinem Denken, in der innersten Gesinnung seines Herzens.

Wo aber ein Sohn ist, da ist ein Vater. Denken wir an jene Haltung, in der sich das Sohnsein Jesu am stärksten ausdrückt: seinen Gehorsam. Gerade im Johannesevangelium begegnet uns das Wort vom »Willen des Vaters« und von Jesu Gehorsam immer wieder. Etwa sagt der Herr: »der Sohn kann nichts von sich selbst tun, sondern nur das, was er den Vater tun sieht« (5,19). Oder: »Ich suche nicht meinen Willen, sondern den Willen dessen, der mich gesandt hat« (5,30). Oder gar: »Es ist meine Speise, den Willen dessen zu tun, der mich gesandt hat« (4,34). Ausdruck eines Gehorsams, der tiefster Wesenswille, reinste Lebensnotwendigkeit ist. In der Stunde von Gethsemane sagt er: »Vater ... nicht wie ich will, sondern wie Du willst« (Mt 26,39). Das letzte Wort aber, das er spricht, lautet: »Vater, in Deine Hände befehle ich meinen Geist« (Lk 23,46).

Dieses Sohn-Sein ist so lebendig, daß wir uns unwillkürlich fragen: was für ein Vater muß das sein, damit einer in solcher Weise Sohn sein kann. Wie machtvoll muß der Gebietende sein, wenn ein solcher Gehorsam möglich sein soll?

Und noch ist nicht genug gesagt. In Jesus findet sich nichts von einem ins Sohn-Sein Gebannten, der sich ergeben und verloren hat. Nichts von der schlimmen Verkümmerung des Lebens, die sich in dem einstellt, der unter der Übermacht einer zu starken Vaterpersönlichkeit in der Sohneshaltung steckengeblieben, nicht zur Mündigkeit gelangt, sondern infantil geworden ist. Aus allem in Jesu Wesen und Haltung aber tritt uns eine wunderbare Freiheit entgegen; eine ihrer selbst mächtige Ruhe, die gehorcht, weil sie sich ebendarin ihrer selbst ganz sicher fühlt — wie ehrfürchig muß da das Gebot sein! Welche Weite, welche Vornehmheit in ihm! Wie kostbar muß dieser Vaterwille sein, wenn der, den wir »Jesus« nennen, sagen kann, diesen Willen zu tun sei ihm Speise und Trank! Und wie nahe dieser Vater, wenn eine solche Innigkeit des Einvernehmens möglich ist!

Hier ist ein Gehorsam, der, als Gehorsam, so groß ist, wie das Gebot als Gebot. Er hat ja selbst in dem Wort voll göttlichen Selbstbewußtseins gesagt: »Was immer (der Vater) tut, das tut in gleicher Weise der Sohn« (Joh 5,19).

Am Schluß des Prologs zum Johannesevangelium heißt es: »Niemand hat Gott je gesehen; der eingeborene Sohn, der an der Brust des Vaters ruht, der hat Kunde gebracht« (1,18). Welche Nähe in dem Wort, das wieder aufnimmt und vertieft, was am Eingang des gleichen Prologs steht. Dort heißt es: »Im Anfang war das Wort, und das Wort war bei Gott, und Gott war das Wort« (1,1). Das wird in den Worten des Endes besiegelt: »Vater, in Deine Hände befehle ich meinen Geist« (Lk 23,46). Diese Sohnes-Innigkeit war in Jesus und hat den Vater fühlen lassen, auch wo er nicht ausdrücklich von ihm sprach.

Im Maße uns Christus deutlich wird, tritt uns der Vater entgegen, wie das Wort der Abschiedsreden es sagt: »Wer mich gesehen hat, hat den Vater gesehen.« Freilich ist das keine Sache geistreicher Psychologie, sondern des inneren Umgangs, des Gebetes.

TEIL 7

KIRCHE ALS WEG IN DIE FREIHEIT

Kirche und Dogma — Weg in die Freiheit (1963)

Der junge Mensch, der ins wissenschaftliche Leben eintritt — besonderes wenn er, wie in meinem Fall, zunächst nicht Theologie, sondern anderes studiert — , prüft naturgemäß seine Stellungnahme zum Glauben. Er macht seine Krisen durch. Er fragt, ob er das, was ihm zu Hause, in der Schule und durch die Predigt gesagt worden ist, glauben könne; ja, ob er es unter dem Maßstab der Wahrheit glauben dürfe bzw. solle. Fragt, ob und wie es ihm Halt für seine Existenz und Führung für sein Leben und Arbeiten geben werde. Vielleicht meint er zuerst um der Ehrlichkeit willen mit ihm brechen zu müssen, dann regt sich aber doch wieder der Wunsch, einen Stand im Religiösen zu gewinnen, und eine neue Bemühung um die christliche Wahrheit setzt ein.
Und nun wollen Sie bitte aus dem, was ich sage, keine allgemeine Theorie darüber heraushören, wie der Weg zum Glauben führen müsse; auch nicht, wie er auf katholischer Seite gewöhnlich führe, sondern wie er in bestimmten Fällen — hier in meinem Fall — geführt hat. Da ich Ihnen aber keine Biographie erzählen will, ordne ich die verschiedenen Bewegungen und Vorgänge auf einen letzten, ihnen zugrunde liegenden geistigen Zusammenhang hin.
Ein Wort aus dem Neuen Testament hatte mich immer in jener Eindringlichkeit angesprochen, welche Zuweisung und Führung bedeutet. Es steht Mt 10,39 und lautet: »Wer sein Leben finden«, d.h. retten, »will, wird es verlieren; wer aber sein Leben um meinetwillen verliert, der wird es finden.« Der Text redet zunächst vom Martyrium; wie es aber so geht, wenn ein solches Wort ins innere Leben fällt, nahm er eine für mich besonders dringliche Bedeutung an; und aus dem Doppelsinn, welchen das griechische »psyche« hat, das ja sowohl »Leben« wie »Seele« meint, sagte es: »Wer seine Seele festhält, der wird sie verlieren; wer sie aber hergibt, der wird sie gewinnen.«
Das Wort redet von dem Grundgeheimnis des religiösen Lebens, wonach der Mensch zu seinem eigentlichen von Gott gemeinten Selbst nur kommt, wenn er von sich, das heißt, von seinem unmittelbaren Ich

weggeht; und sich in der Eigentlichkeit seines Selbst nur gewinnt, wenn er sich hergibt. So war die große Frage: wo geschieht dieses Weggehen und Hergeben? Wer kann mich so rufen und mir meine Seele so abfordern, daß es auch wirklich geschieht? Daß ich nicht doch insgeheim bei mir bleibe und mich festhalte?

Die erste Antwort lautete: das kann nur Gott.

Wer war aber Gott? Wie mußte man ihn denken, damit er richtig gedacht werde? Und vergessen Sie bitte nicht, daß ich aus der Zeit her spreche, die vor dem ersten Weltkrieg liegt und in welcher das intellektuelle Moment eine stärkere Rolle spielte als heute — das aber, wie mir scheint, durchaus nicht nur zum Nachteil für Klarheit und Verantwortlichkeit des Glaubens. Damals beschäftigte mich aufs intensivste das Problem der Strukturierung des Denkens. Die Frage also, inwiefern die Art des Erkenntnisweges und die Ergebnisse der Erkenntnisbemühung von psychologischen Anlagen bedingt seien. Im Zusammenhang mit der religiösen Frage wurde nun etwas Beunruhigendes deutlich. Wenn nämlich einer nur aus eigener Erfahrung und nach eigenen Maßstäben über Gott spricht, so zeigt das, was er »Gott« nennt, eine bedenkliche Ähnlichkeit mit seinem eigenen Wesen, der eine sieht in ihm die erste Ursache alles Geschehens, der andere das reine Sein; der dritte die Idee des Guten; wieder andere den Urgrund der Welt oder das Geheimnis des Lebens, oder den Geist des Volkes, oder die Führung der Geschichte — und so fort, je nachdem die besondere Veranlagung des Fragenden eine Wahlverwandtschaft zu dieser oder jener Seite der Gotteswirklichkeit bewirkte und darüber das lebendige Ganze verlor. Die Ähnlichkeit war manchmal so groß, daß der »Gott«, zu dem die verschiedenen Menschen sich da bekannten, geradezu ein Ideal- und Wunschbild der eigenen Natur war und man aus dem Gottesbild die Veranlagung des Menschen ablesen konnte, der es dachte.

Der Weg zur Wahrheit konnte also nicht der sein, durch eigene Erfahrung und eigenes Denken, wie man gern sagt, »Gott zu suchen«. Denn wenn der Suchende in dieser Weise Gott dachte und sich ihm verband, dann blieb er ja in Wirklichkeit bei sich selbst und hielt sich selber fest — nur in einer viel subtileren und viel tiefer bindenden Weise, als wenn er offen erklärt hätte: ich will von keinem Gott wissen; ich bin mir selbst genug.

Wer war also Gott in Wahrheit? Wie mußte man ihn denken, damit man ihn richtig dachte, wirklich zu ihm gehen und sich ihm verpflichten konnte und bei ihm die Freiheit fand? Hier fehlte offenbar etwas. Hier fehlte eine Instanz, die Gewähr gab, daß man nicht, wenn man »Gott« sagte, in Wahrheit »ich« meinte. Wo war die aber?

Antwortend erhebt sich die Gestalt Christi. Je klarer der Blick sich auf ihn richtet, desto deutlicher wird es, daß sein Anspruch, der Künder des lebendigen Gottes zu sein, berechtigt ist. Er steht in einer Nähe zum wirklichen Gott, die ihn befähigt, über dessen Gesinnung mehr zu wissen als irgend jemand sonst.er lebt in einem Einvernehmen mit Gott, welches macht, daß das, was er spricht, Gott selbst spricht. So hob sich die christliche Grundwahrheit des Mittlers und Erlösers hervor. Es wurde deutlich, wie für Paulus und Johannes »von Gott sprechen« gleichbedeutend war mit »aus Christus heraus von Gott sprechen«. Der Sinn des Wortes wurde deutlich, das Christus im Johannesevangelium sagt: »Ich bin ... die Wahrheit ...« (14,6).

Auf jene Grunderfahrung aber bezogen, von welcher zu Anfang die Rede war, hieß das: der Gott, der imstande ist, die Seele abzufordern und sie neu wiederzugeben, war nur gewährleistet, wenn er nicht durch bloß subjektive Erfahrung und »autonomes« Denken gesucht wurde, sondern in seiner Wirklichkeit und Souveränität aus Christi Wort und Wesen entgegentrat. Wie er selbst sagt: »Niemand weiß .., wer der Vater ist, als nur der Sohn und wem immer der Sohn es will offenbaren« (Lk 10,22). Und mit johanneischer Leibhaftigkeit: »Wer mich gesehen hat, der hat den Vater gesehen« (Joh 14,9).

Und Christus ist nicht nur jener, der allein die Erkenntis des wirklichen Gottes gewährleistet, er ist es auch, durch den die lebendige Hinbewegung zu Gott gehen muß, wenn sie wirklich bei ihm anlangen soll, so wie er es wiederum bei Johannes in aller Schärfe sagt: »Ich bin der Weg ... niemand kommt zum Vater, es sei denn durch mich« (Joh 14,6). Das alles hieß: den »frei zugänglichen« Gott gibt es nicht. Gegenüber dem Anspruch des autonomen Gott-Suchens und Erlebens und Denkens ist er der Unbekannte, der »im unzugänglichen Lichte wohnt« (Tim 6,16). Zu ihm kommt der Mensch nur auf dem Weg der Nachfolge Christi. Er zeigt die Richtung und lehrt die Haltung.

Die Bewegung war aber noch nicht wirklich am Ziel. Das Studium brachte in Berührung mit der Leben-Jesu-Forschung und das Gespräch mit den Vorstellungen, die über Jesus umgingen. Da wurde deutlich, welche Mannigfaltigkeit das Bild von Jesus hatte. Und das nicht nur in dem Sinne, wie sich etwa das Christusbild der Mosaiken von dem der Gotik, oder das romanische vom barocken unterscheidet — Verschiedenheiten also der Begegnung aus verschiedenen zeitlichen Voraussetzungen heraus, wobei aber das Wesentliche immer gleich geblieben wäre, nämlich der Mensch gewordene, dem Vater ebenbürtige Sohn —, sondern Verschiedenheiten, die sein Wesen angreifen.

Immer wieder ging der Kern verloren, den Paulus wie Johannes mit solcher Eindringlichkeit verkündeten: der ewige Gottessohn, der in der Zeit Mensch geworden ist und es bleibt, »sitzend zur Rechten des Vaters«. Etwa erschien er als ein Sternmythus und wieder als ein bloßer Mensch; als ein Weiser von der Art des Sokrates oder ein hellenistischer Mystiker; ein Seelenfreund und Sozialreformer; ein religiöses Genie und ein geistlicher Revolutionär; einer aus der Reihe der Propheten und wieder ein germanischer Lebenskünder; ein Psychopath, schizophren und megalomanisch und so fort und fort. Eine eindringendere Beschäftigung aber zeigte wieder jene beunruhigende Ähnlichkeit der verschiedenen Christusbilder mit jeweils dem, der sie entwarf. Oft war es, als seien diese Christusgestalten die idealisierten Selbstporträts derer, die sie dachten.

Wie konnte man sich angesichts solcher Bilder und ihrer Entstehung auf das Wort verlassen, nach dem »niemand den Vater kennt als er« und »keiner zum Vater kommt, es sei denn durch ihn«? Das heißt: wo war die Instanz, die Christus selbst gewährleistet?

Hier stand, nach der Erfahrung, von der ich spreche, die Kirche.
Jesus wußte, er und seine Botschaft sind das einfachhin Entscheidende. So will er, daß dieses Seinige weitergehen solle, zu »allen Völkern« und bis »an das Ende des Äons« (Mt 28,19. 20). In den Aussagen aber, in denen er von diesem Weitergehen des Seinigen redet, kommt der Begriff eines Buches nicht vor. Wohl spricht er, und immer wieder, vom geschriebenen Wort Gottes; damit ist aber immer das Alte Testament gemeint. Die Vermittlung hingegen, die das Seinige weitergeben soll, ist die lebendige Verkündigung, und zwar durch jene, die er erwählt hat (Apk 1,2). Wie sie diese Verkündigung vollziehen würden, war ihnen anheimgegeben: durch gesprochenes und geschriebenes Wort, durch gedenkende Handlung, ein Zusammenhang, der im Pfingstereignis die Fülle des Geistes empfängt und dann weitergeht bis zum Ende aller Dinge.
Dieser Zusammenhang ist die Kirche.
Christus verbürgt die Wirklichkeit des lebendigen Vaters: Christi Bild selbst aber ist verbürgt durch die Kirche, genauer gesagt, durch den in ihr redenden heiligen Geist. Von ihr sagt Jesus: »Wer euch hört, der hört mich; und wer euch verwirft, der verwirft mich; wer aber mich verwirft, der verwirft den, der mich gesandt hat« (Lk 10,16). Im Reden der Kirche redet er; in seinem Reden redet der Vater.
Was aber die Schrift angeht, so ist sie selbst lebendiges Element der Kirche: aus ihr herausgewachsen; im Laufe des ersten Jahrhunderts vollendet; um die Wende des Jahrhunderts durch eben diese Kirche zum gültigen Kanon zusammengefaßt. Von der Kirche Christi her ergeht an den einzelnen immer aufs neue die Aufforderung, die eigene Seele zu geben, damit sie in ihrer Neuheit und Eigentlichkeit wiederempfangen werde.
Diese Aufforderung ist so, daß sie sich vom autonomen Willen des jeweils Angeredeten nicht formen läßt, sondern sie spricht aus einer

Wirklichkeit heraus, die seinem Belieben entzogen ist. Wenn er die Botschaft mißversteht, korrigiert sie ihn. Wenn er sich Christus nach eigenem Willen zurechtdenkt, verteidigt sie sein Bild. Wenn er aus Christi Gestalt wegstreicht, was ihn ärgert, dann betont sie es. In dieser beständigen Begegnung mit der konkreten, zur gleichen Zeit lebenden Kirche wächst die Gestalt Christi immer wieder zu ihrer unversehrten Souveränität empor und bezeugt den Vater, wie er ist.

Das alles heißt: der Schritt, der wirklich in die Freiheit des Glaubens an die volle Wirklichkeit Christi und durch ihn an die Souveränität des lebendigen Gottes geführt hat, ist der Glaube, daß in der Kirche Christus redet, so daß, wer sie hört, ihn selbst hört (Lk 10,16).
Dieser Satz mag seltsam klingen in einer Zeit, für die es selbstverständlich geworden war, wer sich zur Kirche entschließe, verliere die Freiheit des Evangeliums. Es sind aber nun über fünfzig Jahre her, seit ich erkannt habe, was Kirche ist, und über fünfunddreißig, seit ich mich als akademischer Lehrer um die theologischen Probleme bemühe, und ich bin nie daran irre geworden, daß die Kirche wirklich Erzieherin zur christlichen Freiheit sei. Welche Freiheit natürlich etwas ganz anderes meint als die psychologische Möglichkeit, zu wählen, was sympathisch ist, oder die philosophische Autonomie, zu urteilen, was nach eigenen Maßstäben richtig erscheint. Sie meint, daß der Glaubensbereite von der Bindung durch pyschologische, soziologische, historische und welche Voraussetzungen immer zur vollen Wirklichkeit des sich selbst in Christus offenbarenden Gottes befreit wird, und ich denke, ein solches Zeugnis hat Anspruch darauf, ernst genommen zu werden...
Der Schritt in die Kirche ist ein echter Glaubensschritt und das Stehen in der Kirche ein echtes Glaubensverhältnis. So enthalten sie die ganze Überwindung und Gefahren eines solchen — darüber aber muß noch genauer gesprochen werden.

Zum Verständnis dessen, was Kirche ist, hat mir ein Autor geholfen, dessen Name man in diesem Zusammenhang nicht zu hören erwartet, nämlich der große evangelische Denker Sören Kierkegaard. Lassen Sie mich sagen, wie das geschah. Kierkegaard hat ein merkwürdiges Buch geschrieben, das den Titel trägt: »Philosophische Brocken«, und dazu einen Kommentar mit dem Titel: »Abschließende unwissenschaftliche Nachschrift zu den philosophischen Brocken«. Die »Brocken« umfassen in der Übersetzung von Christoph Schrempf hundert Seiten; der Kommentar beinahe sechshundert. Dieses Werk stellt eine fürs erste seltsam anmutende These auf. Es sagt nämlich: im vollen Sinne Christ kann man nur in der »Gleichzeitigkeit« werden — das Wort im genauen Sinne, als nicht psychologische, sondern historische Gleichzeitigkeit zu Jesus Christus genommen. Denn nur dann geht der Glaubensentschluß durch jenes Wagnis, das mit ihm verbunden sein muß, wenn er echt sein soll. Nur der kann wirklich Christ werden, der in der gleichen Zeit und in dem gleichen Land wie Christus lebt und ihm leibhaftig begegnet. Und zwar geht es nach Kierkegaard mit dieser Begegnung folgendermaßen: da kommt ein Mann des Weges. Aus irgendeinem Grund entspinnt sich ein Gespräch, und im Verlauf dieses Gesprächs sagt er, er sei Gottes Sohn, und verlangt, der Hörende solle das glauben, denn davon hänge für ihn das Heil ab. Die Behauptung klingt aber nicht nur sonderbar, sondern sie reizt zur Empörung — falls nicht zu etwas noch Schlimmerem, nämlich zum Lachen: Du bist gestern geboren und wirst morgen sterben; wohnst in diesem Land; trägst ein Kleid, das da und da gemacht; issest Brot, das in dem und dem Haus gebacken ist — und Du willst Gottes Sohn sein? (Vgl. Joh 8,57). Das Seltsame aber — Kierkegaard nennt die Situation mit ihrer Zumutung »das absolute Paradox« — ist, daß die Behauptung recht hat, denn dieser Mann ist wirklich Gottes Sohn; nur ist das gewissermaßen von der anderen Seite, von der Ewigkeit her gesagt. Wie soll aber der Angeredete, der in der Zeit steht, also in der verhüllten Situation — wie soll er zur Gewißheit kommen, daß der Redende ist, was er zu sein behauptet? Und zwar zu jener einzigartigen Gewißheit, von welcher sein ewiges Heil abhängt, nämlich dem Glauben? Eine ungeheuerliche Entscheidung! Fällt sie richtig, dann findet er durch den Mann da Beziehung zum erlösenden Gott. Wenn aber falsch? Wenn der Begegnende nur ein Mensch wie andere ist? Vielleicht durch diese und jene Gabe ausgezeichnet? Vielleicht einer, der im religiösen Wahn lebt? Dann hat der Angerufene sich nicht nur einfach geirrt, sondern er ist in den absoluten Unsinn geraten. Er hat sich, wie Kierkegaard sagt, in einer schauerlichen Weise lächerlich gemacht — lächerlich vor den ewigen Maßstäben.

Nun könnte man alle möglichen Gründe nennen, auf die hin er das Wagnis des Glaubens vollziehen soll: daß aus den Worten dieses Mannes, der Jesus heißt und aus Nazareth kommt, wunderbare Weisheit spricht; daß er erstaunliche Zeichen vollbringt; daß sein Wesen den Eindruck heiliger Reinheit macht; daß um ihn her geheimnisvolle Nähe fühlbar wird und so fort. Sind das aber »Beweise«, welche die Gefahr des Schrittes aufheben, der sich in dem Wort ausdrückt: ich glaube, daß Du Gottes Sohn bist, und in Dir glaube ich an den Vater? Nein, sagt Kierkegaard, denn was immer mir an Erstaunlichem entgegentreten mag — es ist immer menschlich, eingeschlossen in Raum und Zeit und Menschlichkeit, daher endlich und diskutabel. Jedem Grund für das Ja kann einer für das Nein entgegengestellt werden. Alles, was sich an Erfahrungen darbietet, steht immer außer Verhältnis zur absoluten Größe dessen, worum es geht. So bleibt der Schritt in den Glauben immer etwas Ungeheuerliches, nämlich das Wagnis des »absoluten Paradoxes«: der Entschluß, auf Grund von Gegenwärtig-Endlichem Ewig-Absolutes zu erwarten; das Vertrauen, dieser Entschluß werde ins Einvernehmen mit der aus dem Unerforschlichen kommenden Intention Gottes bringen und zum Heil führen. Alle Wahrscheinlichkeit spricht dafür, daß er die Zumutung empört ablehnen, das heißt Ärgernis, Anstoß daran nehmen wird ... Da hindurchzudringen, sagt Kierkegaard, ist Glaube. Wie steht es aber mit dem Menschen, der später kommt? Jahre, Jahrhunderte später, nachdem das Leben dieses Jesus sich vollendet hat? Nachdem Unzählige den Schritt in den Glauben getan haben und nun mit ihrem eigenen Leben Zeugnis dafür geben können, daß er ins Heil führt? Nachdem kluge, bedeutende, jedes Vertrauens würdige Menschen über Jesus von Nazareth nachgedacht, ihn interpretiert und die Größe seiner Lehre klargemacht haben? Daraufhin zuzustimmen, sagt Kierkegaard, hieße, nicht wirklich glauben, denn die Prüfung der Gleichzeitigkeit wäre nicht auferlegt worden. Dann wäre aber dem später Lebenden gar kein Glaube möglich? Doch, antwortet Kierkegaard; aber er muß sich aus der Situation der Späterkommenden herausheben. Er muß wegtun, was die spätere Zeit gedacht und erfahren hat, und sich in die Gleichzeitigkeit zurückleben. Das ist schwer; und Kierkegaard scheut sich auch nicht, dafür das harte, jegliche Gefühlswärme, jeglichen Enthusiasmus zerstörende Wort zu gebrauchen: »die Einübung ins Christentum«. Diese Einübung muß der Spätere vollziehen; dann erst komme er in die wesenhafte Situation der Glaubensentscheidung.

Diese Gedanken haben mir lange zu schaffen gemacht, denn aus ihnen redete ein tiefer, christlicher Ernst. Das Ergebnis der Auseinandersetzung war aber doch, daß diese »Einübung ins Christentum« unmöglich sei, denn wir können aus der Tatsache, nun einmal später als Jesus Christus zu leben, nicht heraus. Der Gedanke Kierkegaards ist, mit seinen eigenen Worten zu sprechen, ein »verzweifelter« Gedanke; gedacht im Kampf gegen eine rationalistische, moralistische, in die Gewohnheit abgeglittene Christlichkeit. Und dennoch war etwas Wahres darin. Man kommt wirklich in den Ernst des Glaubens nur in der Gleichzeitigkeit zum Boten der Offenbarung. Aber wo? Im Sinne seiner unmittelbar geschichtlichen Wirklichkeit kann mir Jesus von Nazareth nie gleichzeitig werden — wohl aber seine Boten, in denen er je selber »kommt« (Lk 10,16), und der Inbegriff der Botenschaft ist die Kirche. Zu ihr, die durch alle Zeiten geht, steht jede Zeit in der Gleichzeitigkeit. Der Religionslehrer, der mir von Christus und seiner Verkündigung gesprochen, der Pfarrer, der das Wort verkündet und die Taufe vollzieht; die Feier der Eucharistie, zu der sich die Gemeinde um den Altar versammelt; der Bischof und die von ihm ordinierten Lehrer des Glaubens — alles das ist Kirche. Durch sie vernehme ich die Botschaft. Zur Kirche gehört auch die glaubende Familie, in deren Atmosphäre ich Geist und Sprache der Christlichkeit empfange; die Menschen der Gemeinde, in deren Mitte ich am Altar bin; die anderen überall in der Welt, die sich im gleichen Bekenntnis eins wissen. Sie alle, Lebende und Lehrende, sind mir wirklich und ohne weiteres gleichzeitig. Und ihr ganzes Menschentum, Gutes, aber auch Fragwürdiges, redet in die Botschaft mit hinein und verlangt, in die gläubige Verantwortung aufgenommen, im christlichen »Wir« mitgetragen zu werden. In alldem steht Christus und spricht mich an. Nicht als isolierte Gestalt, sondern als Kirche redet er zu mir.

In welchem Unverhältnis steht sie aber zu ihm, der in ihr redet! Wie ist in der Kirche alles von Menschlichkeit aller Art; alltäglicher, banaler, ja schlimmer Menschlichkeit. Wie sehr hat sich alles in Lehren, Vorschriften, Regeln und Ordnungen verfestigt. Was hat sich auf dem langen Gang durch die Geschichte alles an sie angesetzt! Wie lastet auf ihr die Verantwortung für alles das, was in ihrem Namen gesagt und verschwiegen, getan und versäumt worden ist!
So erwacht elementar die Frage: das soll das Zeugnis sein, auf das hin ich glauben kann, soll, darf? Das soll die Gestalt sein, aus der heraus der Heilige Geist redet, der zu Pfingsten in die Geschichte eingetreten ist und uns, wie Jesus verheißen hat, »in alle Wahrheit einführen wird« (Joh 16,13)? Die ganze Härte dessen, was Kierkegaard das »absolute Paradox« genannt hat, stürzt über einen. Aber dahindurch führt der Weg des Glaubens, denn durch das erfahre ich ja von Christus. Zu meinen, man könne direkt von ihm erfahren, ist Illusion, denn schon das Buch des Neuen Testamentes, von dem man annehmen möchte, es bringe den, der es liest, unmittelbar vor ihn, ist ja doch in Wahrheit »Kirche«. Und dafür, wie ungeheuer die Probleme sind, die sich hier erheben, zeugt alles das, was neutestamentliche Wissenschaft heißt — ebenso wie all die Menschen, die sagen, sie könnten in diesen Texten kein verbindliches Wort Gottes sehen. Und dennoch redet hier Gott.
Der erste Schritt war also nicht, was eine banale Polemik meint, die Flucht ins Bequeme; die Abgabe der eigenen Verantwortung an Pfarrer, Bischof und Papst. Das kann im einzelnen der Fall sein; ganz gewiß — genauso wie im einzelnen der Wille, selbst zu entscheiden, subjektivistische Willkür sein kann. Der wahre Sachverhalt aber ist, daß wir von Jesus nur durch die Kirche erfahren; daß die Entscheidung des

Glaubens vor ihr fällt, weil sie allein uns in die Situation der Gleichzeitigkeit bringt.

Ja, diese Entscheidung muß immer neu vollzogen werden. In grundlegender Weise und zum ersten Mal geschieht es dann, wenn man sich zu ihr entschließt. Man erfährt aber immer aufs neue die Wirkung des Allzumenschlichen in der Kirche. Immer aufs neue hört man — und nicht nur von anderen, sondern aus dem eigenen Empfinden heraus — den Einwand: was mir da entgegentritt, kann nicht Kirche im Sinne Jesu sein. Und immer aufs neue muß die Entscheidung erfolgen: sie ist es; ich glaube. Dann erfährt man auch immer aufs neue die vergewissernde, ausweitende, befreiende Wirkung, die von ihr ausgeht.

So war, um den Bericht zu Ende zu bringen, die Kirche zu dem geworden, was die Polemik gegen sie nicht nur nicht sieht, sondern ins Gegenteil verkehrt: die von Christus selbst gewollte Gewähr dafür, daß er aus seiner Freiheit heraus an mich herantreten könne. Das habe ich erfahren, und das wollte ich Ihnen sagen.

Das Erwachen der Kirche in der Seele (1922)

Ein religiöser Vorgang von unabsehbarer Tragweite hat eingesetzt: die Kirche erwacht in den Seelen.

Das will recht verstanden sein. Vorhanden war sie stets, und allezeit hat sie für den Glaubenden Entscheidendes bedeutet. Er hat ihre Lehre aufgenommen und ihre Weisungen befolgt; ihr starkes Sein war ihm Halt und Zuversicht. Als aber die individualistische Entwicklung seit dem ausgehenden Mittelalter eine gewisse Höhe erreicht hatte, wurde die Kirche nicht mehr als Inhalt des eigentlichen religiösen Lebens empfunden. Der Gläubige lebte wohl in der Kirche und war von ihr geführt; er lebte aber immer weniger die Kirche. Das eigentliche religiöse Leben neigte immer mehr in den Bereich des Persönlichen. So wurde die Kirche als Grenzwert dieses Bereiches empfunden, vielleicht sogar als ein diesem Bereich Entgegengesetztes. Auf jeden Fall als ein Etwas, das dem Persönlichen und damit dem eigentlich Religiösen Schranken zog. Und je nach der Gesinnung des einzelnen erschien diese objektive Regelung wohltätig, oder unvermeidlich, oder drückend.

Dies alles ist natürlich einseitig hervorgehoben. In Wirklichkeit wurde es von sehr vielen Ausnahmen unterbrochen; Übergang und Entwicklung machten das Bild noch mannigfaltiger. Auch ihr Großes hatte diese Sinnesart. Sie wird heute mit Schlagworten bekämpft, aber man müßte fragen, was sie im Ganzen des religiösen Lebens Wertvolles hervorgebracht hat. Vielleicht wird es dafür Zeit, gerade weil wir innerlich Abstand von ihr gewinnen.

Worin hatte diese Haltung ihren Grund? Das wurde bereits angedeutet: im Subjektivismus und Individualismus der neuen Zeit.

Die Religion wurde als etwas empfunden, das nur dem Bereiche des Subjektiven angehörte. (Hier ist nicht von bewußten wissenschaftlichen Theorien die Rede, sondern davon, wie die Zeit seelisch gerichtet war.) Die religiöse Gegenständlichkeit, die Kirche, war für den einzelnen vor allem eine Regelung dieses eigentlichen religiösen Gebietes; eine Sicherung gegen die Unzulänglichkeiten der Subjektivität. Was darüber hinausging, das Objektive in seiner zweckfreien Hoheit und die Gemeinschaft als Wert in sich, stand der Persönlichkeit vielfach kalt und seelisch unverarbeitet gegenüber. Selbst die Bejahung und die Begeisterung, die ihm entgegengebracht wurden, war in vielem äußerlich-individualistisch und hatte, psychologisch genommen, manche Ähnlichkeit mit dem früheren »Patriotismus«.

Sehen wir genauer zu, so war man sich oft genug überhaupt nicht mehr bewußt, daß die religiösen Gegenstände wirklich seien. Dieser Zug beherrschte über das religiöse Leben hinaus ganz allgemein die zweite Hälfte des neunzehnten Jahrhunderts und den Anfang des zwanzigsten. Der Mensch fühlte sich in sein Selbst eingeschlossen. Darum war das erkenntnistheoretische Problem seit Kant und besonders im neueren Idealismus so dringlich, ging doch für viele die ganze Philosophie darin auf.

Dem Menschen dieser Zeit war es in Wahrheit fraglich, ob es einen Gegen-Stand gebe. Er hatte kein unmittelbar starkes Bewußtsein von der Wirklichkeit der Dinge, ja im Grunde auch nicht von der eigenen. Gedankengebilde, wie der folgerichtige Solipsismus, ruhten nicht auf logischen Schlüssen, sondern waren Deutungsversuche dieser Selbsterfahrung. Gebilde wie das rein logische Subjekt des neueren Idealismus sind bloß gedankenmäßig nicht zu verstehen. Sie entspringen dem Streben, an Stelle der fraglich gewordenen Gegenständlichkeit der Dinge eine andere im Bereich des Logischen zu finden. So entstand der Begriff des Apriorischen als der wohl empirisch subjektiven, aber logisch objektiven Gültigkeit; der Begriff der vom Subjekt statt vom Ding her aufgebauten Erfahrung u. a. m. Es fehlt das ursprüngliche Erlebnis der Wirklichkeit... Die Wirklichkeit hatte für das Erlebnis keine Masse mehr, keine Wucht. Sie war dünn, matt. Und nicht bloß für die Philosophie; die übersetzte nur in ihre Fragestellung und Sprache, was alle in irgendeiner Weise empfanden. Trotz allen »Wirklichkeitssinnes«, aller Naturwissenschaft, Technik und realistischen Politik sah der Mensch das wirkliche Ding, das gewachsene Gebilde, den Menschen nicht. Er lebte in einer Zwischenwelt zwischen Sein und Nichts, in Begriffen und Mechanismen, in Formeln und Systemen, welche Dinge meinten und zu meistern suchten, aber mit ihm selbst nicht zusammenhingen. Er lebte in einer Welt von abstrakten Formen und Zeichen, die mit jener Wirklichkeit, welcher die Zeichen galten, nicht verbunden war. Man denkt an das Bild eines Großindustriellen, der genau weiß, welche Arbeiter, Beamte, Abnehmer und Lieferer er hat, über all das sorgfältige Angaben in seiner Kartei besitzt, dazu Beschreibungen aller Rohstoffe und Waren nach schärfsten chemischen und physikalischen Untersuchungsmethoden — aber von den Leuten als Menschen nichts weiß, und kein ursprüngliches Gefühl für edlen Stoff und wertvolles Werk hat.

Das macht sich auch im Religiösen geltend. Was nicht unmittelbar psychologisch oder logisch gegeben war, hatte keine zwingende Gewalt, überzeugte nicht ohne weiteres. Sicher war dem einzelnen nur, was er persönlich erlebte, empfand, ersehnte, und andererseits die Begriffe, Ideen und Forderungen seines Denkens. So mußte auch die Kirche nicht als in sich ruhende religiöse Wirklichkeit, sondern als Grenzwert des Subjektiven empfunden werden; nicht als leibhaftiges Leben, sondern als formale Einrichtung.

Auch individualistisch, zersplittert, gemeinschaftslos war das religiöse Leben. Der einzelne lebte für sich. »Ich und mein Schöpfer« war für viele die ausschließliche Formel. Die Gemeinschaft war nichts Ursprüngliches, sondern stand erst in der zweiten Linie. Sie war nicht von vornherein da, sondern wurde bedacht, gewollt, hergestellt. Der eine ging zu den anderen, nahm sich der anderen an, ließ sie zu sich. Aber er stand nicht ursprünglich unter ihnen, nicht mit ihnen in lebendiger Einheit zusammen. Es war keine Gemeinschaft, sondern Organisation; wie überall, so auch im Religiösen. Wie wenig empfanden sich die Gläubigen im Gottesdienst als Gemeinschaft! Wie aufgelöst war dieser innerlich. Wie wenig war der einzelne sich der Pfarrgemeinde bewußt. Wie individualistisch wurde das Sakrament der Gemeinschaft, die »Kommunion«, aufgefaßt!

Etwas anderes kam hinzu und verstärkte diese Haltung: die rationalistische Geistesart der Zeit. Man anerkannte nur, was »begriffen« und »berechnet« werden kann. Die Eigenschaften der Dinge in ihrer unauflöslichen Ursprünglichkeit suchte man durch rechnerisch bestimmte Massenverhältnisse zu ersetzen; das Leben durch chemische Formeln. Statt von Seele sprach man von psychischen Vorgängen. Die lebendige Einheit der Persönlichkeit wurde als ein Bündel von Zuständen und Tätigkeiten angesehen. Unmittelbare Fühlung hatte die Zeit nur mit dem versuchsmäßig Nachweisbaren. Daß etwas hinter dem sinnlich Bemerklichen liege, mußte immer erst durch besondere Überlegung glaubhaft gemacht werden. Schon die geheimnisvolle Tiefe in der Einzelpersönlichkeit, das Strömende, Lebendige in ihr war fragwürdig. Die überpersönliche Einheit der Gemeinschaft vollends wurde überhaupt nicht gesehen. Man faßte sie als bloße Zusammenfügung von Einzelwesen, als eine Ordnung von Zwecken und Mitteln. Unzugänglich lag ihr geheimnisvoller Untergrund, das Schaffende in ihr und die organischen Gesetze des Gemeinschaftswerdens und -wachsens. Dies übte naturgemäß seinen Einfluß auch auf das Bild von der Kirche. Sie erschien vor allem als religiöse Zweck- und Rechtsanstalt. Das Mystische an ihr, alles, was hinter den greifbaren Zwecken und Einrichtungen steht, was sich im Begriff des Reiches Gottes, des mystischen Leibes Christi ausdrückt, wurde nicht unmittelbar empfunden.

Die Kirche ist die ganze Wirklichkeit, gesehen, gewertet, gelebt durch den ganzen Menschen. In ihr allein ist die Ganzheit des Seins; das Große darin und auch das Kleine, seine Tiefe und seine Oberfläche, Adel und Unzulänglichkeit, Armseligkeit und Kraft, Außergewöhnliches und Alltägliches, Einklang und Zerrissenheit. Alle Güter, in ihren Abstufungen, gewußt, bejaht, gewertet, gelebt. Und das alles nicht von einem besonderen Artbild aus, sondern aus der Ganzheit des Menschlichen.
Die Ganzheit des Wirklichen, erlebt und gemeistert durch die Ganzheit des Menschlichen; das ist, von hier aus gesehen, die Kirche.
Die Fragen, um die es sich hier handelt, sind Totalitätsprobleme. Hier kann man keine Stücke herauslösen. Jede Teilfrage ist nur aus dem Ganzen, und das Ganze nur aus der Fülle des einzelnen recht zu sehen. Dazu aber braucht es ein Subjekt, das selbst Ganzheit ist, und das ist die Kirche. Sie ist die einzige in ihrem Kern nicht einseitige Lebenseinheit. Ihre lange Geschichte hat sie zum Sammelbecken der Menschheitserfahrungen gemacht. Vermöge ihrer übervolklichen Größe lebt sie aus dem Ganzen der Menschheit heraus. In ihr denken und leben Menschen verschiedenen Geschlechts, Alters und Charakters. Alle Schichten der Gesellschaft, alle Berufe und Begabungen tragen das ihre bei, die Wahrheit voll zu sehen, die Ordnung des Lebens richtig zu erfassen. Alle Stufen der sittlichen und religiösen Vollkommenheit stehen in ihr, bis zum Heiligen. Und diese ganze Fülle ist zur Tradition gefügt, zur organischen Einheit geworden. Die Tatsachen der Oberfläche sind den tieferen untergeordnet; die Mittenwerte stehen über dem, was nur Randbedeutung hat. Grundfragen der Lebenshaltung sind durch Jahrhunderte erwogen worden; so konnte der ganze Umfang des Seinsbestandes erfaßt, und die Lösung ganz durchgereift werden. Einrichtungen haben sich in verschiedenen Zeitaltern und Kulturweisen bewähren müssen und klassische Vollendung erreicht. So haben wir hier, schon rein natürlich gesehen, eine Erkenntnis-, Wertungs- und Lebens-

ganzheit gewaltigster Art. Darin lebt das Übernatürliche. Der Heilige Geist wirkt in der Kirche und hebt sie über die Bindung des Menschlichen hinaus. Von ihm ist gesagt, daß er »alles erforscht«. Er ist der Geist der Zucht und der Fülle. Ihm ist »alles übergeben«. Er ist der Erleuchter und die Liebe. Er weckt die Liebe, und nur die Liebe sieht richtig. Er »ordnet die Liebe« und macht, daß sie Wahrheit wird, hellsichtig für Christus und sein Reich. Er wirkt das »Wahr-Sein in der Liebe«. So hat die Kirche »eine Höhe über dem Menschen« und über der Welt und kann dem ganzen Menschen und der ganzen Welt gerecht werden.

Lebendiger Ausdruck dieser Lebensganzheit ist das Dogma, die verbindlich ausgesprochene übernatürliche Wahrheit. Darin offenbart sich das richtige Sehen der gesamten Glaubenswirklichkeit durch den ganzen Menschen. Es wiederum bestimmt die katholische Haltung des einzelnen der Wahrheit gegenüber.

Lebendiger Ausdruck dieser Lebensganzheit ist jene Form des religiösen Verhaltens, worin der ganze Mensch zum ganzen Gott in übernatürliche Gemeinschaftsbeziehung tritt, die Liturgie. Sie bestimmt die katholische Haltung gegenüber dem Religiösen im engeren Sinne.

Zwischen zwei Büchern (1965)

Im Jahre 1922, an der Schwelle meiner akademischen Tätigkeit, ist die Schrift »Vom Sinn der Kirche« erschienen. Es ist mir, als schließe sich ein geistiger Ring, wenn ich jetzt, unmittelbar nach meinem achtzigsten Geburtstag, diese zweite Schrift über die Kirche vorlegen darf. Zwischen dem Erscheinen der beiden Bücher liegt eine Geschichte.

Um ihr besser gerecht zu werden, muß ich aber noch weiter zurückgehen, in die Zeit meines theologischen Studiums in Tübingen, vom Herbst 1906 bis zum Frühjahr 1908. (Ich bin mir bewußt, daß es unbescheiden klingen kann, in sachlichen Ausführungen Persönliches zur Sprache zu bringen; da ich aber glaube, das Sachliche werde in solcher Verflechtung mit dem Persönlichen besser zum Ausdruck kommen, hoffe ich auf das Einverständnis des Lesers.) Damals also ist mir zum ersten Mal klar geworden, was »Kirche« ist, und zwei Gedankengänge, denen die Zeit seither nichts von ihrer Bedeutung nehmen konnte, haben mir jene Einsicht immer deutlicher gemacht.

Der erste ging so: die Kirche ist ein Gebilde, das alle Gebiete des Daseins durchgreift und bis in die innerste Tiefe des Menschen wirkt. Sie stellt die naturhafte Sicherheit des Menschen in Frage und mutet seiner

Vernunft wie seinem Willen Schweres zu. Dieses Gebilde ist vor fast
zweitausend Jahren in die Geschichte getreten; ist von allen Konflikten
dieser Geschichte erschüttert worden, und jede menschliche Fragwürdigkeit hat sich in ihm ausgewirkt. Nicht nur das. Die Kirche hat mit
unbeirrbarer Konsequenz eine alle Denkbarkeit übersteigende Gottes-
verkündung, wie die Lehre vom Dreieinigen Gott, herausgearbeitet
und durch mehr als siebzehn Jahrhunderte hin aufrecht erhalten —
ebenso wie die Botschaft von Gottes Liebe, die, sobald sie ihrem vollen
Sinn nach verstanden wird, jegliche natürliche Verständlichkeit
sprengt. Nach allen Regeln der Wirklichkeit wäre ein solches Gebilde
nach kurzer Zeit zerfallen. Die Kirche ist aber nicht zerfallen; damit
hat sich in ihr etwas ereignet, das vor aller Historie und Lebenskennt-
nis unmöglich ist. Diese Tatsache besagt, die Kirche müsse von jenseits
des Menschlichen her begründet und gehalten sein.

Der andere Gedankengang ging so: eine lange Beschäftigung mit dem
Aufbau des Lebendigen hatte mich gelehrt, daß alles Menschliche in
typischen Strukturen steht und von ihnen her bestimmt werden kann.
Solange man die Kirche nicht von vornherein einschränkt — historisch
oder soziologisch oder wie immer —, ist das bei ihr nicht möglich.
Wohl finden sich in ihr alle Typen des Menschlichen, sie geht aber in
keinem von ihnen auf. Immer wieder hat die Gefahr gedroht, daß ein
solcher Typus überwuchere und sie unter seine Herrschaft bringe; die
Geschichte des Häresien zeichnet die Reihe dieser Vorgänge. Sie haben
aber die Kirche in ihrem Kern nicht übermächtigen können. Sie haben
sie manchmal verengt, oder verarmt — wer aber ihre wirkliche Geschichte kennt, weiß, daß ihr Wesen immer voll und einig geblieben
ist. Das heißt: in ihr ist etwas, das über allen Strukturen und deren Gegensätzen steht. Sie geht in keiner Struktur auf, sondern umspannt alle
— Adolf v. Harnack hat dem Ausdruck gegeben, als er von der *coinci-
dentia oppositorum* in der Kirche sprach, freilich darunter eine Ver-
mengung von Widersprüchen verstand. In Wahrheit lebt in der Kirche
etwas, das — der Energie vergleichbar, die im Atom dessen Bestandteile zusammenhält — die zwischen den Strukturen herrschende Spannung überwindet und eine Ganzheit möglich macht, welche nach allen
soziologischen Einsichten vom Irdischen her unmöglich ist. Es ist das
Walten des Heiligen Geistes, der sie »katholisch« macht und befähigt,
die Kirche aller Völker zu werden, »alle Tage bis zum Weltende« (Mt
28,20).

Diese Einsichten haben mich gelehrt, die Kirche als das zu verstehen,
was sie ist: die beständige Verwirklichung von etwas, das aus natürlichen Voraussetzungen allein nicht abgeleitet werden kann. Sie ist von
Christus gewollt, aus dem Heiligen Geist geboren, und sie wird dau-
ern, Schicksal haben, leiden und sich erneuern, immer wieder, bis ans

Ende der Geschichte — um einst in das überzugehen, was die Apokalypse die »himmlische Stadt« (21,2) nennt.

Und nun kehre ich zu dem Buche zurück, von dem zu Anfang die Rede war. Es bezeichnet den Augenblick, in welchem die Kirche »in den Seelen erwachte«.

Vorher war sie weithin nur als objektiv Gegebenes angesehen worden; als »das Haus, das in Glorie steht«, in dem die Glaubenden wohnen und geborgen sind; als die von Christus gestiftete religiöse Autorität, die oft als Herrschaftsmacht empfunden wurde. Dann aber wandelte sich die Situation: die Kirche wurde als etwas erfahren, das im Glaubenden lebt. Es war das, was der paulinische Begriff des *corpus Christi mysticum* meint, in welchem der einzelne Mensch ein Glied — sagen wir in moderner Ausdrucksweise: in welchem jeder Glaubende eine Zelle ist (1 Kor 12,12). Der einzelne erfuhr sich so, daß er aus der Kirche heraus lebte; daß sie in ihm lebte; daß zwischen ihr und ihm ein Verhältnis bestand wie zwischen dem lebendigen Teil des Organismus und dessen Ganzem. Jeder Gläubige stand in diesem Verhältnis, und so lebte er in einer Gemeinschaft, die innerlicher und reicher war, als was kirchenrechtlich mit der Zugehörigkeit zur *societas perfecta* ausgedrückt worden war.

Dann ist die Geschichte aber weitergegangen. Ich weiß noch wohl, wie mitten in der beglückenden Entfaltung der »Kirche in uns« Regungen des Ungenügens erwachten...

Auf Beunruhigungen, Fragen und Wünsche, die nicht aus einem Mißtrauen gegen die Kirche, sondern aus der Innerlichkeit des neugefundenen Verhältnisses zu ihr, aus dem Anspruch der Liebe und des Vertrauens hervorgingen, antwortete die Gestalt des Papstes Johannes XXIII. und das Ereignis des Konzils. Manch einer hat angesichts dieses Geschehens erfahren, was »Charisma«, Leben schaffendes Wirken des Gottesgeistes ist, über bloße Vernunft und Gesetzlichkeit hinweg.

Niemand hätte erwartet, aus der stillen Persönlichkeit dieses Papstes werde die Initiative zu dem, schon rein äußerlich genommen, gewaltigen Ereignis einer solchen Versammlung aus aller Welt hervorgehen. Aber nicht nur das geschah, es vollzog sich auch ein schöpferischer Ausbruch der Erkenntnis und Verkündung. Ein Bewußtsein lebendiger christlicher Wahrheitskraft tat sich kund, das manchen an altbekannte Denk- und Redeweise Gewöhnten beunruhigt haben mag. Und die Gewißheit allzeitlicher Gültigkeit des Glaubens äußerte sich nicht in Angleichungen und Verdünnungen, sondern in der Zuversicht, mit der das Ewige in die gegenwärtige Geschichtsstunde hineingesprochen wurde.

Aus dieser Überzeugung heraus vollzog sich eine große »Öffnung«. Die Kirche begann zu allen zu reden, die sich Christus verpflichtet wissen, auch wenn sie nicht in der katholischen Gemeinschaft stehen, ohne Ängstlichkeit noch Härte, gewiß, gehört zu werden.

Nicht nur das; auch der Weg zu denen, die religiös sind, aber nicht an Christus glauben, war mit einem Mal offen: der Weg zu den für Göttliches empfänglichen Heiden, ebenfalls ohne falsche Anpassung noch relativistische Abschwächung der Wahrheit.

Ja, die Frage führt in noch größere Weite: sind die Nicht-Glaubenden nur »draußen«? Könnte ihre Glaubensferne nicht durch Fehler, oder auch nur durch Gleichgültigkeiten von Gliedern eben dieser Kirche verschuldet sein?

Abermals müßte sich die Ausweitung des Blickes fortsetzen und gefragt werden: gilt das Wort der Väter, die Kirche sei »Erbin der Heiden«, nur in dem Sinne, daß sie Wahrheiten übernimmt, welche das nichtgläubige Denken und Leben herausgearbeitet hat, oder auch so, daß ihre Theologen erkennen: Wahrheiten brauchen ihren Boden, um entwickelt, Werte ihre Atmosphäre, um entdeckt zu werden; daher hier eine Art Arbeitsteilung erkannt werden könnte, wonach zum Beispiel gewisse Wahrheiten und Werte in Indien deutlich geworden wären, die der europäische Blick noch nicht erfaßt hat! So daß sich etwa im Geistesraum der Veden Einsichten finden könnten, die zur Vertiefung, sagen wir, der Trinitätslehre nützlich sind[1] ... oder im Raum des Buddhismus — des strengen, südlichen — Erfahrungen deutlich geworden wären, die für das Problem der »negativen« Gotteserkenntnis von Wert sind?

Und wie liegt die Frage bei den Mythen, dem Mythos überhaupt? Soll es bei der bloßen Ablehnung bleiben und die Aufmerksamkeit des um die Reinheit der Botschaft Besorgten darauf beschränkt sein, diese Botschaft von mythischen Elementen zu befreien? Oder sollte nicht eine Weise des Erfahrens und Denkens, in welcher alle Völker eine Zeit hindurch gelebt haben, Bilder, Erlebnisse und Einsichten enthalten, die zur Vertiefung des christlichen Glaubens dienen könnten?

»Öffnung« vollzieht sich aber auch innerhalb der Kirche selbst, zum Beispiel mit Bezug auf das Verhältnis des Priesters zum Laien. Die neue Möglichkeit, die Eucharistie zum Volke hin zu feiern, ebenso wie der zunehmende Gebrauch der Landessprache, erscheinen wie Symbole dafür, daß die Gemeinde ihrer selbst bewußt wird und als Gemeinde in die Liturgie eintritt. Was wir als »liturgische Erneuerung« verstehen,

---

[1] Dieses Kapitel der Theologie ist doch offenbar in Stillstand getreten, nachdem es Jahrhunderte lang »die Theologie« überhaupt war.

bedeutet, daß der Vollzug des heiligen Dienstes wohl aus dem Amtsauftrag des Priesters hervorgehen, aber zugleich Sache aller sein soll. Und nun sehen wir voll Erwartung den überall einsetzenden Bemühungen zu, das Verheißene zu verwirklichen, und hoffen, daß weder die entgegenstehenden Schwierigkeiten den Willen entmutigen, noch Übereilung oder Neuerungssucht das echte Wachstum verwirren mögen.

Auch hat die Kirche »die Welt« als etwas in den Blick genommen, das nicht nur das Profane und Gefährliche, sondern auch — nein, vor allem — Werk Gottes ist, von ihm geliebt und den Menschen anvertraut. Das bedeutet aber folgerichtig, daß die Kirche jenen, dem die Welt in die Verantwortung gegeben ist, den Laien, in seinem Urteil achtet und hört, und daß sie ihm übergibt, was seine Sache ist.

Das alles ist Ursache der Freude und großer Hoffnung, und es soll nicht Zweifel noch Verkleinerung bedeuten, wenn der, der dieses schreibt, einen Wunsch ausspricht. Er hat ein langes Leben gelebt, und aus dem Studium der Geschichte wie des Menschenwesens etwas von dem Gefälle erkannt, nach welchem gegebene Impulse sich in der Wirklichkeit des Menschlichen vollziehen. So wünscht er, das Geschehen unserer Gegenwart möge zu keiner Verflachung oder Aufweichung der Kirche führen, sondern es möge immer deutlich im Bewußtsein stehen, daß die Kirche »Mysterium« und daß sie Fels ist.

Sie ist Mysterium, weil sie ihrem Kern nach weder aus der Psychologie, noch aus der Soziologie, noch aus irgendwelchen historischen Notwendigkeiten entstanden, sondern aus der Stiftung Christi und der Herabkunft des Heiligen Geistes geboren ist. Weil sie von allem durchwirkt ist, was Welt und Geschichte heißt, aber ihrem Kern nach aus dem Kreuz Christi und dem Walten des Geistes lebt. Weil sie die Wahrheit des heiligen Gottes verkündet, die den Menschen zum Heil führt, aber »über alle Vernunft« ist.

Und die Kirche ist »Fels«, weil Christus sie so gewollt hat (Mt 16,18). Nicht Wirkung von Erlebnissen, die sich mit deren Bewegungen verändert; nicht jeweiliger Ausdruck von psychologischen Bedürfnissen und geistesgeschichtlichen Situationen, sondern allem nur Subjektiven gegenüber objektive Botschaft von Gott her; trotz aller Zeitbindungen unerschütterbar in der Unterscheidung von wahr und falsch. Und das nicht in Nichtachtung gegenüber dem einzelnen wie der Geschichte, sondern gerade aus Achtung vor dem Menschen und seinem Gewissen. Weil nur die Wahrheit und die Zumutung der Wahrheit echte Achtung bedeutet — während Nachgiebigkeit und Auch-Geltenlassen Schwäche ist, die dem Menschen die Majestät des sich offenbarenden Gottes nicht zuzumuten wagt; im Grunde Verachtung dieses Menschen, dessen Würde ja gerade darin besteht, daß er zutiefst aus der Wahrheit existiert.

Die Kirche kann nicht in bloß natürliche Begriffe aufgelöst, ihr kann nicht von bloß natürlichen Forderungen her das Handeln vorgeschrieben werden. Sie lebt vielmehr aus ihrer Sendung und muß sie erfüllen — und wäre es selbst um den Preis des Ärgernisses.

TEIL 8

DIE AUFGABE DER BILDUNG

Die Glaubwürdigkeit des Erziehers (1929)

*In diesem Kapitel sind einige Texte gesammelt, die zeigen, daß Romano
Guardini seine Erkenntnisse nicht als Theorien stehenließ, sondern sie
verwirklichte in der hohen Kunst, Menschen zu bilden; zwanzig Jahre
seines Lebens arbeitete er, neben seiner akademischen Tätigkeit in Berlin, auf Burg Rothenfels am Main mit jungen Menschen.*

I

Wenn ich einen Menschen erziehen soll, dann blicke ich ihn an; suche
ihn zu verstehen; frage nach seinem Wesen, und ob er ist, wie er sein
müßte. Ich stelle ihn also unter eine Kritik. Und ich nehme mir das
Recht, zu sagen: Tue dies! Unterlaß jenes! Entspricht er dem nicht,
dann sage ich: Du hast falsch gehandelt! Jeder aber, der erziehen will,
fühlt irgendeinmal die Frage: wie kommst du eigentlich dazu, einen
andern erziehen zu wollen? Woher nimmst du das Recht zu durch-
blicken, zu beurteilen, zu fordern? Wenn der Mensch eine Person ist,
mit Freiheit und Würde — wie kommst du dazu, diesem Menschen
sagen zu wollen, wie er werden soll?
Jedenfalls kann ich nicht sagen: ich erziehe, weil ich selbst erzogen bin.
Ein Mensch, der so sagte, verdiente, wieder in die Schule geschickt zu
werden. Er hätte nicht begriffen, daß wir nie »fertig« sind, sondern
beständig wachsen und werden. Eine andere Antwort wäre richtiger:
weil ich selbst um das Erzogensein kämpfe. Dieses Kämpfen gibt mir
meine erzieherische Glaubwürdigkeit. Daß derselbe Blick, der sich auf
den anderen richtet, auch auf mich selbst gerichtet ist.
Die Frage geht aber tiefer: was heißt denn erziehen? Nicht, daß ein to-
ter Stoff geformt werde, wie der Stein durch den Bildhauer. Es bedeutet vielmehr, daß ich diesem Menschen Mut zu sich selber gebe. Daß
ich ihm seine Aufgaben zeige, seinen Weg deute, nicht die meinen. Daß
ich ihm helfe zu seiner eigenen Freiheit. Ich habe also ein lebendiges
Geschehen in Gang zu bringen. Wodurch? Wohl auch durch Sagen,

Mahnen, Aneifern, durch »Methoden« aller Art. Das ist aber noch nicht das Eigentliche. Leben wird nur durch Leben entzündet. Die stärkste erziehende Macht ist, daß ich selber voran verlange und mich mühe. Es ist gesagt worden, Pädagogen seien meist Menschen, die mit sich selber nicht fertig werden und sich darum auf andere werfen. Daß die sichersten Urteile und die entschiedensten Forderungen oft von innerlich ratlosen Menschen kommen, ist jedenfalls gewiß. Hier liegt der entscheidende Punkt. Daß ich um mein eigenes Besserwerden ringe, das macht meine pädagogische Bemühung um den anderen glaubwürdig. — Als gläubige Menschen endlich sagen wir: Erziehen heißt helfen, daß der andere seinen Weg zu Gott finde. Nicht nur, daß er auf Erden tüchtig werde, sondern daß dieses Kind Gottes zum »Vollalter Christi« heranwachse. Der Mensch ist dem Menschen Weg zu Gott. Damit er dies aber könne, muß er selbst den Weg gehen. Es hat keinen Sinn, mit einem Menschen über den Weg zu Gott zu reden, wenn man ihn selber nicht hat, wenigstens ihn nicht sucht ...

Wir dürfen nie zufrieden werden mit uns selbst und glauben, wir seien schon geformt. Immer muß die heilige Unzufriedenheit wach bleiben. Wir sind unfertige, skizzenhafte Gestalten. In dem Maß erst sind wir glaubwürdig, als wir wissen: ich stehe mit dem zu Erziehenden unter der gleichen Kritik. Wir beide wollen erst werden, was wir sein sollen.

II

Ich habe von der Verantwortung gesprochen, die wir auf uns nehmen, wenn wir uns mit der Erziehung anderer beschäftigen. In glaubwürdiger und ehrenhafter Weise können wir an den anderen nur herantreten, wenn wir aufrichtig überzeugt sind: ich muß mich selbst bilden. Suchen wir also nach einigen fruchtbaren Blickpunkten, die uns darin helfen.

Wir wissen, daß wir in uns Edles und Unedles, Gutes und Böses haben. Aber nicht so, daß hier eine gute Kraft wäre und daneben eine böse; hier eine edle Anlage und daneben eine niedrige. Was gut ist, steht im Menschen nicht in gesonderten Abteilungen nebeneinander. Sondern ein und dieselbe Kraft trägt die Möglichkeit des Guten und Bösen in sich.

Wir werden keine gute Kraft finden können, die nicht den Keim zum Bösen in sich enthielte. Hat einer den Trieb zur Gerechtigkeit, will er das Rechte wirken, eingreifen, die Waage bewegen — aus diesem Drang droht die Härte. Denn wenn ich Gerechtigkeit will, dann traue ich mir auch die Kraft zu, sie zu schaffen; greife ein; richte; zwinge. Und sogleich kommt die Gefahr der Gewalt. Die gerechtesten Menschen sind oft die härtesten. Oder einer hat den Affekt der Ehre in sich; das Gefühl für Würde; für das, was unantastbar ist; für Wort und Verantwortung — wie weit ist es von da zur Überhebung und zum Stolz?

Umgekehrt aber: es gibt nicht eine Untugend, in der nicht ein Ansatz zum Guten schlummerte. Ist jemand schwach, paßt sich leicht an, wird von der Situation herumgezogen, so liegt auch die Kraft des Verstehens darin; des Rücksichtnehmens; der Güte. Schüttelt einen die Leidenschaft, so lebt darin auch Glut des Erlebens, Begeisterung und Schwung.

Es gibt wohl keine Tugend, die nicht in ihr Böses umschlagen könnte. Es gibt wohl keine Untugend, die nicht fähig wäre, zum Guten zu werden. Die guten und bösen Möglichkeiten liegen nicht nebeneinander, sondern verbunden in der gleichen Kraft. Wir haben nicht gesonderte Tugenden und Laster in uns, sondern wir haben die lebendige Menschenkraft, die gut und böse werden kann. — Zwei Dinge aber sind bloß schlimm: das eine ist die Überhebung, die sich sicher glaubt; das andere die Verzweiflung, die sich preisgibt. Die Überhebung sagt: ich bin unangreifbar, und schon ist der Fall gewiß. Die Verzweiflung aber gibt sich auf und nimmt sich so die Möglichkeit, aufzustehen, nachdem sie gefallen.

Tiefste menschliche Haltung ist diese: daß wir uns nie sicher glauben, vielmehr allezeit, wie der Herr gesagt hat, »wachen und beten«. Aber auch, daß wir nie die Hoffnung aufgeben. In jeder guten Kraft liegt schon der Fall bereit. Und er kommt gewiß, wenn sie selbstsicher wird. In allem Unguten wartet die Möglichkeit des Wiederaufstehens, und die Hoffnung schafft ihr Raum. Das wissen, heißt Mensch sein. Seltsame Schwebe. Wissen, daß wir ein Gewebe sind aus Kraft und Schwäche, und die Hand Gottes brauchen, die uns trägt. —

Was bedeutet nun, von hier aus gesehen, sich selber bilden? In der Kraft die Gefahr entdecken und ihr Zügel anlegen. Und in allem Schlimmen noch den Hebelpunkt finden, wo es aus den Angeln gehoben werden kann.

Wenn ich erfahre, wie stark die Leidenschaft in mir ist, so darf ich nicht den Trieb ableugnen, wegschaffen; diese Unwahrheit würde sich verderblich auswirken. Ich muß entdecken, daß der Trieb Erdboden ist; des Menschen Erdkraft. Er wird häßlich und zerstörend, wenn er den Menschen in seine Gewalt bekommt, statt ihm sein Werk zu tragen. Aber er hat auch seine Schönheit, seinen Adel in sich. Jedoch entfaltet sich der nur in der Zucht. Gerade in dem, was meine Gefahr ist, muß ich die Stärke entdecken. Entdecken, daß der Hebelpunkt zum Guten in jener Kraft selbst liegt, die auch das Böse tut. Bloß böse, bloße Bosheit ist nur der Satan, nicht der Mensch. Solange er lebt, hat der

Mensch immer die Möglichkeit, sich herauszuheben. — Oder wenn ein Mensch schwach ist und immer neu das Gefühl hat: wieder ein Defizit! Eine Niederlage; dieses aufgegeben; das verlassen; jene Ordnung zerbrochen ... Wollte man ihm nun sagen: Du bist ein Schwächling, dann würde man ihm allen Mut nehmen. Vielmehr hätte man zu entdecken, daß in jener Schwäche eine Kraft liegt; die Kraft der Elastizität, jeden Augenblick wieder aufstehen zu können. Da müßte angesetzt werden. Es gibt ja doch verschiedene Arten des Willens. Den groß angelegten Willen, der Hohes aufbaut; wenn er zerbricht, richtet er sich schwer wieder auf. Es gibt auch den leichten Willen, den, der sich leicht biegt, aber auch leicht wieder aufsteht ...

Das aber ist tiefste pädagogische Einsicht: zu sehen, daß der Hebelpunkt zu allem Guten im Menschen selber liege; und daß die Aufgabe darin bestehe, ihn zu entdecken, bei sich und bei dem andern.

III

Gestern sprachen wir davon, wie in uns die Möglichkeit des Guten im Bösen und die des Bösen im Guten mitgegeben ist. Die Grundtugend aber, die von uns gefordert wird, ist, daß wir im Guten die christliche Furcht behalten, das Wissen um die Möglichkeit des Umschlagens; und im Schlimmen die Hoffnung. Daß wir Überhebung und Verzagtheit überwinden.

Dieses Arbeiten aber an sich selbst, dieses Werden des Guten — wie geschieht das? Zwei Weisen gibt es. Die eine wollen wir das Wachsen nennen. Das geht von innen herauf. Es entspringt in einer Mitte; im inneren Gesetz unseres Wesens. Es drängt von innen heran, steigt dann in unser Tun, in die Gestalt, zu allerletzt vielleicht ins helle Bewußtsein.

Dann aber gibt es die andere Weise. Die nimmt ihren Ausgang in der klaren Bewußtheit, indem der Mensch sieht und entscheidet: das soll sein; ich will es tun. Von dort aus, vom Bewußtsein her, senkt es sich in die Tiefe. Diese Weise wollen wir die Übung nennen.

Beim Wachsen müssen wir seine Bedingung kennen: daß es Zeiten der Kraft und Zeiten der Schwäche gibt; Zeiten der Fülle und Zeiten geduldigen Wartens. Daß in unserem Innern Gutes und Schlimmes beieinander liegt, und also aus ihm nicht nur Gutes, sondern auch Nichtsnutziges, ja Böses herauswächst. Also braucht es die Gabe der Unterscheidung für das, was da heraufdrängt.

Reden wir heute von der Übung. Unser lebendiges Sein ist nicht eindeutig bestimmt wie ein Stein. Es ist lebendig; es sind Möglichkeiten da. So sehe ich: dies sollte sein; jenes nicht. Ich sehe etwa: mein Leben ist chaotisch. Es fehlt die innere und äußere Ordnung. Ich muß Ordnung schaffen. Dieser Gedanke aber sitzt erst im Wissen. Er ist einstweilen noch ganz außer mir. Ich beginne mit dem Vorsatz; setze mir die Ordnung vor. Ich binde mich; verpflichte mich zu ihr hin. Ich halte mich daran. So kommt dieses Vorgesetzte allmählich an die lebendige Substanz meines Seins heran. Das aber wehrt sich. Z. B.: ich vergesse meinen Vorsatz. Das bedeutet nicht nur, daß ich nicht daran denke, sondern ich will nicht, und darum vergesse ich; der Wildwuchs unseres Lebens macht auf diese Weise den Vorsatz unschädlich. So wird unsere erste Aufgabe sein, das Vorgesetzte so fest zu verankern, daß wir es nicht mehr vergessen. Oder: die ausdrückliche Gegenwehr; ich habe keine Lust; ich will nicht. Das muß überwunden werden, und das ist Übung.

Wenn diese Übung richtig vollzogen wird, dann senkt sich langsam das Vorgesetzte in unser Wesen. Der Zeitsinn nimmt es an; wir gewöhnen uns. Tiefer: wir fühlen uns wohl darin; wir können es. Und schließlich: es ist ein Stück von uns selbst geworden; es ist eingegangen in die lebendige Faser unseres Wesens. Dann hat die Übung ihr Ziel erreicht: die Tugend. Tugend ist das, worin ich »tauge«; worin ich tüchtig bin und mit mir selbst eins.

Eine andere Auflehnung kann erwachen, die sagt: das ist mir fremd; das paßt nicht zu mir; das ist nicht meine Art. Die Einsicht aber sagt: Du mußt dich hineinfügen, aus Rücksicht auf den Mitmenschen. Also nehme ich es mir vor, und beginne, mit dem Widerwillen zu kämpfen. Da fühle ich: Du wirst ja unwahr! Du zwingst dich zu etwas, was du nicht bist! Die Einsicht aber sagt: es muß sein! Du mußt mit andern leben. Es gibt die Pflicht der Rücksicht auf andere. So harre ich aus, und allmählich durchdringt die Übung die Schicht der Widerstände. Und langsam kommt eine tiefere Wahrheitsschicht herauf. Nicht die primitive Wahrhaftigkeit des ersten Empfindens, sondern die Gemäßheit zu dem, was ist; die Wahrheit, die zugleich Liebe ist. Und dann ist diese Übung aus einem »Vorgesetzten« zu einem Seienden, Gehabten, Besessenen geworden; sobald ich nicht mehr besonders daran denken muß, sondern es von selbst geht.

Das ist das Wesen der Übung, daß sie aus der Klarheit der Erkenntnis hervorgeht, und dann sich langsam ins Sein senkt. Das Erkannte und Gewollte »vitalisiert« sich. Es wird zum Bestandteil unserer lebendigen Faser. Und allmählich ist das Gesollte nicht mehr Gegenstand, Objekt, sondern Subjekt; es gehört zu unserem Sein. Es spricht aus uns selbst her. Zur Übung aber gehört Geduld, Ausdauer.

IV

Gestern dachten wir über die beiden lebendigen Bewegungen nach, wie der Mensch zu dem heranreift, was er sein soll: Wachstum und Übung. Im Wachstum tritt das, was sein soll, aus dem inneren Kern heraus. In der Übung erfasse ich zuerst in meinem Bewußtsein etwas als richtig, und senke es mir dann immer tiefer ins Sein, bis ich es mir nicht mehr vorzusetzen brauche, sondern es in meinen lebendigen Bestand eingegangen ist. Im Ineinanderspiel dieser beiden Bewegungen wird das Gute.

Heute wollen wir über einen andern Gegensatz sprechen: Erfüllung und Überwindung.

Erfüllung: unser ganzes Leben ist vom Trieb getragen. Trieb nach Speise, nach Ruhe, nach Schlaf; Trieb der Sinne ... bis zu dem höchsten geistigen Drang, nach Verwirklichung geistiger Werte, nach persönlicher Begegnung ... Diese Triebe fordern ihre Erfüllung.

Die Welt ist von Gott geschaffen; auch wir. Also soll das, was in uns treibt, seine Erfüllung finden. Diese Erfüllung macht das Leben reich, trägt es, bringt die Freude hinein.

Sehen wir aber genauer zu, so bemerken wir, daß der Trieb nicht zuverlässig ist. Wir können ihm nicht einfachhin vertrauen. Wir sind nicht wie das Tier. Dessen Trieb trägt sichere Regel in sich; bleibt es sich selbst überlassen, so geschieht alles, wie es geschehen soll. Wir aber sind anders. In uns ist eine Unordnung. In uns droht aus jedem Trieb die Tyrannei. Er strebt, seine Schranken zu durchbrechen, sich zu zerstreuen und zu vergeuden; oder aber sich zu verhärten und zu erstarren. Jeder Trieb will den anderen — die doch auch ihren Sinn haben — den Raum wegnehmen. Er will den ganzen Menschen in Beschlag nehmen, damit der diesem einen Trieb allein diene. Immer wieder entstehen menschliche Existenzformen, die einen bestimmten Trieb zur einseitigen Auswirkung bringen. Von dem nach Nahrung angefangen bis zu den höchsten geistigen. Und wenn hier auch ganz erlesene Einzelerfüllungen zustande kommen, so bedeutet das auf der andern Seite doch Knechtschaft, Verbogenheit.

So muß der Erfüllung etwas anderes entgegenkommen: die Überwindung. Im Menschen ist die Sünde. Was unsere Existenz tragen sollte, wird ihr auch zur Zerstörung. Wir können uns selbst nicht trauen. So wird das Gegenspiel zur Erfüllung: Versagung, Überwindung nötig.

Der erste Sinn der Überwindung heißt: Freiheit. Da jeder Trieb die Kräfte des Menschen an sich zieht, eine Tyrannei aufrichtet, so muß ihm ein Nein entgegengestellt werden. Und nicht erst dem einzelnen, wirklich überwuchernden Trieb gegenüber; sondern in der ganzen Disziplin des Lebens muß die Übung des Nein enthalten sein; der Verzicht um der Freiheit willen. Nicht also erst Entsagung, sobald Gefahr droht; sondern Entsagung, damit darin immer wieder die Freiheit aufgerichtet werde. Damit immer wieder der einzelne Trieb in seine Schranken zurückverwiesen und Raum geschaffen wird für die andern.

Wenn ich dem Drang nach Arbeit, nach Betätigung die Zügel schießen lasse, dann bleibt kein Raum für Innerlichkeit und Stille. Wenn ich Bewußtsein und Denken überwuchern lasse, dann bleibt kein Raum für ursprüngliches inneres Wachstum. So gilt es immer aufs neue Raum zu schaffen für das, was gefährdet ist.

Der zweite Sinn der Entsagung liegt darin, daß der Trieb selbst zu seiner tieferen Erfüllung geführt werde. Ein Drang kommt in mir nicht zur Erfüllung, wenn er ungebändigt hinaustreiben kann. Dann wuchert er, übersteigert sich, vergröbert sich. Die Überwindung erst befähigt den Trieb zu seiner tiefsten Möglichkeit. Die Tiefenbereiche in uns sind verborgen. Der Mensch aber hat einen Hang, aus bequemeren Bereichen heraus zu leben. So muß er die tieferen, edleren Bereiche heraufheben. Das geschieht, indem der Trieb in seinem ersten Drang bezwungen und genötigt wird, gesammelter, besonnener, innerlicher zu werden, seine Kraft auf edlere Gegenstände zu richten ...

Das aber kann nur in der Überwindung geschehen. Immer wieder suchen wir auf möglichst glatten Bahnen eine möglichst leichte Erfüllung. Darüber aber bleibt das Tiefere ungehoben.

Erst im Gegenspiel der Erfüllung und Überwindung wird der vollkommene Mensch.

V

In jedem Menschen liegt eine Wesensgestalt. Es ist jenes Bild, das ich meine, wenn ich in einer bestimmten Weise von ihm spreche. Wenn ich etwa sage: ich halte etwas von ihm; oder: ich stehe in Gegensatz zu ihm — dann meine ich diese Wesensbestimmtheit. Sie ist es, bei welcher die Hochschätzung einsetzt; bei welcher die Freundschaft, die Liebe den andern erfaßt. Sie muß ich erfaßt haben, wenn ich wissen soll, woran ich mit ihm bin. Damit ist also nicht gemeint, daß einer begabt oder bedeutend sei. Vielmehr, daß der Mensch nicht einfach als ein Haufen von Eigenschaften dasteht, sondern daß ein Gesetz seines Wesens in ihm ist.

Zur Entfaltung eines Menschen gehört, daß er seiner selbst sicher werde; daß er in seiner Gestalt Fuß fasse. Das geschieht einmal durch Selbstbegrenzung. Bei vielen Gelegenheiten zeigt sich mir: da kann ich mit; dort nicht. Und da offenbart sich also eine Grenze. Ich erfahre: so weit reicht meine Kraft. Aber jede Grenze ist zugleich auch Gestalt, Kontur, in der das Wesen geborgen ist. Jenes Fußfassen geschieht auch durch Selbstbejahung; durch das ruhige Wissen: so bin ich. Und so stehe ich zu mir selber.

So groß die Gefahr der Überhebung ist, ebenso groß ist die andere: daß ich nicht an meine Wesensgestalt glaube. Jeder Mensch hat eine Gestalt; auch der durchschnittliche. Jeder Mensch ist mit einer Prägung gekommen aus Gottes Hand. Ihrer sollen wir sicher und bewußt werden; denn in ihr stehen wir.

Aber nicht nur die eigene Gestalt ist für den Menschen bedeutungsvoll. Es gibt nichts Wichtigeres für seine innere Bildung, als daß er einem großen Menschen begegne, und unter den Eindruck von dessen Gestalt komme. Sie prägt sich ein; wirkt in ihm; befruchtet; klärt. Sie ruft auch einen Kampf hervor. Jenes Große wird zugelassen; zugleich erwacht ein Kampf um die eigene Selbständigkeit.

Diese Auseinandersetzung gehört in das Leben des Menschen hinein. Hineingehört, daß er irgendwo einer großen Menschengestalt begegne. Der natürlichen Größe; und der übernatürlichen, dem Heiligen; dem Menschen, der nicht nur menschlich groß ist, sondern in dem sich Gottes Fülle ausgedrückt hat.

Einer solchen großen Gestalt muß der Mensch sich hingeben; ihr nachgehen; sich von ihr prägen lassen. Im Anfang vielleicht nachahmend; dann reifer; tiefer. Die Gestalt soll in den Geist und das Herz hineingehen und von innen heraus wirken. Dann aber, und in aller Liebe, regt sich auch die Abwehr der Übermacht des Fremden. Und im Abwehren löst sich langsam das eigene Wesen wieder heraus: so sehr ich dich liebe, ich bin doch nicht du; ich muß mich behaupten als der ich bin.

Diese Gestalt kann auch ein lebendiger Mensch sein, der fähig ist, die Aufgabe der großen menschlichen und göttlichen Repräsentation zu übernehmen. Das ist dann ein großes Glück.

Immer aber kommt der Augenblick, wo die Abwehr und die Bestimmung des Eigenen einsetzen muß.

Und wichtig ist die rechte Wahl dieser Gestalt. Daß es die rechte sei. Eine, die nicht verführt; verstiegen macht, irreführt; sondern hilft, weitet, stärkt, voranbringt.

VI

Wir haben in diesen Tagen über die Erziehung nachgedacht: wie wir uns und die Anvertrauten heranbilden; wie wir helfen zu der möglichen Vollendung.

Dabei haben wir eines immer voraussetzen müssen: das Geheimnis der Geburt. Was immer wir gesagt haben, hatte nur seinen Sinn innerhalb der Tatsache: daß dieser lebendige Mensch da ist. Sein Da-Sein ist der

Erziehung entzogen. Er tritt ein in die Wirklichkeit, mit seinem Schicksal in sich. Er tritt ein mit Gesetzen, Kräften, Forderungen. Das alles ist da. Wir fassen es nicht, was mit uns war, »bevor« wir waren. Wir können uns nicht vorstellen, daß ein Augenblick hinter uns liegt, mit dem wir an das Nichts grenzen. Aber es ist so.

Es ist ein Geheimnis, daß wir einmal begonnen haben, zu sein; als diese Menschen. Da empfingen wir unsere Wirklichkeit in uns; Möglichkeit und Grenze. Und was da wurde, begann sich zu rühren und zu schaffen.

Das ist unser Glück und unsere Last. Und alles, was Erziehung heißt, bedeutet nur, dienend, helfend, heilend innerhalb dieses Geheimnisses bleiben. Darin hat es seine Sicherheit.

Und wir müssen darauf vertrauen können, daß diese Welt Raum hat für uns; uns trägt. Wir haben wohl Veranlassung, daran zu zweifeln. Es sind auch nicht wohlwollende Mächte da. Mächte, die im guten Fall sich um uns nicht kümmern; im bösen Fall uns mißbrauchen, uns zerstören. Hier kann Erziehung nur hoffen, daß Aussicht sei, sich zu behaupten.

Das sind Voraussetzungen. Erziehung heißt das Wohltätige stärken und gegen das Zerstörende wappnen.

Wir haben uns an den Nachmittagen gefragt nach der Erziehung bei anderen. Am Morgen uns gesagt, daß jene Erziehung nur möglich ist, wenn wir selbst erzogen, geformt sind.

Wir haben dabei meist von dem Leben gesprochen, das in der natürlichen Geburt hervortritt. Wir wollen aber unser Zusammensein nicht schließen, ohne uns daran zu erinnern, daß es noch ein anders Leben gibt; von dem Johannes sagt, daß es aus Gott geboren ist. Der Prolog seines Evangeliums sagt: es ist möglich, daß der Mensch aus Gott geboren werde; daß eine zweite Geburt geschehe, daraus ein wirkliches Leben entspringt.

Aber dieses Leben kommt von oben. Unser Bewußtsein reicht an unsere natürliche Geburt nicht heran. Die liegt für uns im Dunkeln. Und das ist gut so. So ist es auch hier. Auch die Geburt unseres göttlichen Lebens liegt im Dunkeln; im Geheimnis der Taufe, der Gnade, im Schoße Gottes. Und wir erfahren nur, wie dieses Leben sich von Zeit zu Zeit ins Bewußtsein hebt. Wir merken seinen Anruf, seine Mahnungen und Gebote. Wir ahnen seine ewigen Möglichkeiten. Und wir sollen glauben, daß dieses Leben wirklich ist; wirklicher noch als das andere. Und sollen das göttliche Leben auch im anderen sehen und als Erzieher um es besorgt sein.

Das Erste, wozu der Erzieher dem Zögling hilft, ist der Glaube, daß er ein Schicksal hat und eine Möglichkeit. So ist es auch mit dem göttlichen Leben.

Von Gott ist dieses Leben in unser Leben hineingeboren, und wir glauben, daß dieser Gott ihm helfen und es zur Freiheit führen werde. Daß er die Dinge auf uns zuführen werde, die ihm gut tun; uns bewahre vor der Versuchung; ablenke, was diesem Leben schadet. Dazu gehört aber auch der Glaube, daß diese Welt keine starre Maschine ist, sondern in Gottes Hand liegt. Daß immerfort das Geheimnis des göttlichen Waltens durch die Welt geht.

Und das soll ein letzter Klang sein zu unserem Zusammendenken: alles natürliche Erziehen hat seinen guten Sinn. Das Eigentliche aber ist, daß eine Geburt von Gott her in uns geschieht. Eine Wirklichkeit ist in uns, auf die wir achten müssen, an die wir glauben und für die wir bitten müssen, daß Gott sie führe.

Das Vaterunser ist die große Bitte für dieses Leben.

THULE ODER HELLAS?
KLASSISCHE ODER DEUTSCHE BILDUNG? (1920)

Im schroffsten Gegensatz zur humanistischen Bildung fordert tatsächlich eine ganze Reihe von Erziehern, daß die Antike aus dem Bildungsbereich der Jugend ausgeschlossen und diese lediglich an deutschem Kulturgut gebildet werde.

Es ist zu verstehen, wie eine solche Richtung als Reaktionserscheinung kommen konnte. Sie wird auch im Gesamtkomplex der Kulturökonomie ihre Bedeutung haben. Allein ruhig betrachtet, erweist sie sich als verfehlt. Einmal tut sie, wenn auch in anderer Weise das gleiche, was sie dem Renaissancehumanismus vorwirft: sie zerschneidet, um eines Programmes willen, in uralter Geschichte gewachsene Lebensverknüpfungen. Und dann scheint das oben entwickelte Ideal einer rein deutschen Kultur und Erziehung auch nicht zu übersehende innere Grenzen zu haben.

Germanische Lebensform und Werkgestalt ist »nicht-klassische«. Dieser Begriff ist zunächst in einem absoluten, nicht in historischem Sinne gemeint. »Klassisch« ist die Gestaltung von Werk und Leben, die aus einem Gefühl klarer Ausgeglichenheit hervorgeht, wie sie geschichtlich bisher am vollkommensten in der griechisch-römischen Kultur gegeben ist. In ihr offenbaren sich angebbare, allgemeingültige Regeln; sie ist voll ruhiger, weil aus vernünftiger Ordnung erwachsender Sicherheit. Klassische Formung ist von durchsichtiger Typik. Germanische Gestaltung dagegen ist von anderer Art. Denken wir an die Kunst. Mag sie nun realistisch sein wie die Saga, sehnsuchtsvoll ins Unendliche drängen wie die gotische Kathedrale oder visionär-urgewaltig aufsteigen wie Grünewalds und Rembrandts Bilder —: immer wurzelt sie ungleich tiefer als die Klassik im Irrationalen, sei es nun in Wille und Tat oder in der Sehnsucht und den schöpferischen Tiefen des Gemütes. Sie steht, primär, nur in losen Beziehungen zur deutenden Vernunft. In ihr tritt ohne weiteres Gefühl und innerlich aufsteigende Vision in die Erscheinung, gewissermaßen souveränes Fühlen und Leben. Germanische Kunst schafft elementar, wie die Natur.

So ist das Verständnis dieser Kunst in weit höherem Maß auf das Erlebnis gestellt als das der klassischen. Die Voraussetzungen für das Verständnis eines griechischen Werkes sind zum großen Teil rationaler Natur, oder haben doch mit rationaler Einsicht nahe Beziehungen. Daher können sie durch einen, der selber versteht, verhältnismäßig leicht in anderen erzeugt werden. Vom klassischen Werke kann ziemlich viel erklärt werden. Vom germanischen hingegen viel weniger. Die Voraussetzungen sind hier weniger rationaler, mehr irrational-erlebnismäßiger Natur. Und ein solches läßt sich durch Erklärung kaum auch nur viel erleichtern, höchstens durch eigenes Ergriffensein entzünden. Aber auch dafür kommt die Stunde, oder sie kommt nicht. Es kann geschehen, daß jemand lange neben einem solchen Werke lebt, und es bleibt stumm. Bis irgendwann und irgendwie die günstige Stimmung da ist, und es leuchtet in ihm auf. Dann freilich machtvoll, wie nicht leicht anderswo. Unter klassischen Werken kann man wandeln; unter germanischen nicht. Gewiß bedürfen auch jene immer einer besonderen seelischen Disposition, um sich voll zu erschließen. Aber irgendwie sprechen sie stets, weil auch Vernunft und Auge an ihnen großen Teil haben. Selbst ihre Stimmung ist leichter zugänglich, denn sie haben einen ruhigen, allgemeinnatürlichen Seelenton, der zum mindesten kaum einmal ganz fremd bleibt. So kann man mit ihnen zusammenleben. Sie üben eine beständige, leise Wirkung aus, können zu einer steten Gewohnheit werden. Germanische Werke hingegen kann man nur zu guter Stunde erleben. Dann aber tun sie sich strahlender auf als jene.

Noch verstärkt wird diese Schwierigkeit durch einen anderen Umstand. Das Äußere, Sicht- und Hörbare am Kunstwerk ist ja nur Verständigungsmittel für das Eigentliche, für die innere Anschauung im Geiste des Künstlers. Auf die kommt es an; die muß auch in der Seele dessen aufgehen, der das Werk in sich aufnehmen will. Allein das innere, eigentliche, und das äußere, uneigentliche Kunstwerk decken sich nicht. Immer bleibt eine Kluft zwischen beiden. Im klassischen Werk ist diese auf ein Minimum beschränkt. Da geht die innere Anschauung in sehr hohem Maß in die äußere Bilderscheinung ein. Sie ist zu einem sehr großen Teil ausgesprochen. Beim nordischen Werk hingegen bleibt das Äußere weit hinter dem Inneren zurück. Wie der nordische Mensch gegenüber dem wortreichen, ausdrucksgewandten südlichen einsilbig erscheint, so auch sein Werk. Vom klassischen Außenwerk kann das Innere mit hoher Sicherheit abgelesen, es kann mühelos »betrachtet« werden. Das nordische »Innenwerk« aber muß erraten, es muß vom Beschauer — diese Bezeichnung paßt übrigens gar nicht — herauserschaut werden. Das klassische Werk kann man kontemplativ aufnehmen; eine einigermaßen konzentrierte Aufmerksamkeit und Versenkung wird ihm schon sehr nahe kommen. Das nordische dagegen verlangt eine ungleich höhere Leistung des Nachschaffens. Es verlangt, daß, von den verhältnismäßig geringen äußeren Verständigungszeichen angeregt, die innere Vision des Werkes in der Phantasie des Betrachtenden aufsteige. Hier viel mehr als vor dem klassischen Werk heißt Schauen Schaffen. Vom griechischen Werk hat fast jeder etwas, zum mindesten den Eindruck einer schönen Harmonie und natürlichen Vollkommenheit. Das nordische hingegen sagt dem gar nichts, der es nicht zum Leben aufzuwecken vermag. Es ist stets Dornröschen, das im verzauberten Schlaf liegt und die Augen nur aufschlägt, wenn der Berufene kommt.

»Bildung« ist nun aber vor allem Arbeit. Nicht nur Entbindung schöpferischer Kräfte, wie man manchmal meint, sondern zielbewußte Übung, schrittweises Vordringen. Alltagsarbeit, Werktagsmühe ist auch hier die Grundlage wirklich solider Ergebnisse, besonders in der Schule. Sträubt sich aber nicht die Eigenart germanischer Schöpfungen — was über die Kunst gesagt wurde, gilt auch für Literatur, Sage usw. — gegen methodische Behandlung? Gegen Erklärung, Darbietung, arbeitsmäßige Aneignung? Wenn schon an klassischen Werken uns oft die Freude durch die notwendig rationalisierende »Erklärung« verdorben wurde — um wieviel unerträglicher muß sie bei solchen werden, die ihrem Wesen nach belehrenden Erläuterungen schwerer zugänglich sind?

Einen gewissen Mechanismus wird die Schule stets behalten. Immer wird sie ihren Stoff in etwa herabziehen; das verträgt aber nicht jeder gleich gut. Klassische Kunst ist stets irgendwie »human« und steht dem Bezirk des Bürgerlichen nicht allzu fern. Nordische hingegen ist stets irgendwie »geweiht«. Jene kann ohne allzu großen Schaden in Akademie und Schule eintreten, denn sie ist ja in deren Nähe geboren. Diese aber scheut davor zurück. Sie gehört ins Heiligtum oder in die Verborgenheit des Hauses.

Die neuesten Strömungen ziehen ja daraus die Konsequenz und bekämpfen das bisherige Schulsystem. Sie wollen eine kleinere intime Arbeitsgemeinschaft schaffen. Allein das wird immer nur für die ausgewählte Zahl möglich sein. Für den Durchschnitt und die große Menge der Jugend — und der Lehrerschaft — wird die Schule im großen und ganzen wohl Lernschule bleiben müssen und kaum imstande sein, in wesentlich höherem Maße Erlebnis und schöpferische Gestimmtheit in ihre Arbeit einzustellen.

Vielleicht sind bei den bisherigen Ausführungen die Schwierigkeiten überschätzt. Die Tatsache, daß es sich um wesensverwandte Kulturstoffe handelt, erleichtert die Darbietung und Aneignung vielleicht doch mehr, als es mir scheinen will. Jedenfalls wird es nicht schaden, diese Bedenken auszusprechen und so ein wichtiges, in der Technik des Lehrens begründetes Argument gegen die völlige Ausschaltung klassischen Lehrstoffes zu formulieren.

Außer dieser praktischen hat die Sache aber auch noch eine höchst bedeutungsvolle prinzipielle Seite. Das Problem der Kultur läßt sich in diesem Zusammenhang etwa folgendermaßen formulieren. Ist alles Menschenwerk (Erkenntnis, Kunst, Staats- und Rechtsgebilde, Gesellschaftsform usw.) etwas Nur-Geschichtliches? Etwas, das wie die Individuen und Völker selbst wird und verschwindet? Ist es nur die seelisch-intellektuelle Spiegelung ihres physisch-psychischen Zustandes? Oder aber erhebt es sich aus dem Bereich des Geschichtlich-Wechselnden in die Ordnung des Bleibenden? Hat die Kultur nur Bedeutung als Ausdruck bestimmter individuell-völkischer Seeleninhalte, oder hat das einmal geschaffene Werk, wenn recht geschaffen, eine in sich ruhende Gültigkeit? M. a. W.: Gibt es nur subjektive oder auch objektive Kultur?

Wenn das erste zutrifft, dann hat das Werk eines Volkes nur Sinn für sich selbst und etwa für seine nächsten zeitlich-örtlichen Nachbarn. Dann ist es für ein anderes Volk schlechthin Zeitverlust, sich darum zu bemühen, und es kann nichts Besseres tun, als sich mit einseitigster Konzentration an die Aussprache nur seines eigenen Wesens zu machen. Allein der tiefste Sinn der Kultur ist ja gerade der, daß ein Menschenwerk sich aus konkreten historisch-völkischen Vorbedingungen ins ideell und menschlich Allgemeingültige erhebt. Dann steht es über der Geschichte und hat Bedeutung für alle Zeiten und Völker. Dann ergibt sich daraus die Idee eines aus dem Bereich des Einzelvolkes in den Besitz der Menschheit übergehenden Gesamterbes, das zu hüten und zu mehren Sache aller ist. Kultur ist nicht nur etwas stets Werdendes, etwas Ruhelos-Fließendes, sondern auch ein Bestand fester Gewinne, vollendeter Schöpfungen, gesicherter geistiger Größen. Und die weltgeschichtliche Sendung eines Volkes liegt auch darin, dies Gemeingut neu zu erwerben und es durch das zu vermehren, was es allein seiner Sonderart nach schaffen kann. Es gibt, trotz aller Relativitäten, eine philosophia perennis, eine ars perennis, ein opus humanum perenne, das von Hand zu Hand geht. Gewiß darf keinem Volke, am wenigsten einem mündig gewordenen, zugemutet werden, daß es sich in die Knechtschaft einer fremden Kultur gebe. Allein es ist auch keinem gestattet, das gemeinsame Menschheitsgut auf sich beruhen zu lassen, um einseitig sich selbst auszuleben. Vielmehr besteht gerade das höchste Problem wirklich souveräner und durch keine Parteilichkeit befangener Kulturpädagogik darin, wie ein Volk zu lehren sei, frei die eigene Art zu entfalten und doch zugleich das Erbe der Vergangenheit neu zu erringen und am gemeinsamen Werk mitzuschaffen. Dadurch allein wird erfüllt, was der Sinn des Volk-Seins ist: ein durch völkische, geschichtliche und Landeseigenart in sich ruhende, von dem übrigen abgehobene Einheit zu sein, und doch zugleich sich als Organ des großen Menschheitskörpers, als Mitarbeiter am Menschheitswerk zu wissen.

Ist das aber so, dann wird das obengenannte Problem sich bald weiter präzisieren: sind alle Bezirke dieses Menschheitserbes für ein Volk gleich wichtig? Oder bestehen hier gewisse Beziehungen natürlicher Wahlverwandtschaft, bzw. natürlicher Ergänzung und Befruchtung?

Und hier liegt in der Verknüpfung deutscher Kultur mit der griechisch-römischen doch wahrlich mehr als nur ein geschichtliches »Verhängnis«, oder bloße sinnlose Verblendung humanistischer Schulmeister.

Das »Chaotische« — es soll dies keine wertende, sondern nur eine beschreibende Bezeichnung sein — gehört bis zu einem gewissen Grade zum Wesen germanischer Art, ebenso sehr wie Formklarheit zu griechisch-römischer. So war es ein tiefer Instinkt, der den Deutschen immer wieder nach dem Süden führte und ihn mit so inbrünstiger Liebe klassische Kultur umfassen ließ. Es war das Verlangen nach der beruhigenden, klärenden, befreienden Wirkung der Form. Verhängnisvoll war freilich, daß er zu ihr ging und im Eigenen noch nicht fest und bewußt genug war. So unterlag er ihr und verfälschte seine eigene Art. Er verwechselte die bleibenden Werte klassischer Kultur mit dem Gesamtkomplex ihres geschichtlichen Bestandes und meinte, es gelte, sie nachzuahmen.

Wir müssen und können heute eine andere Haltung ihr gegenüber einnehmen. Wir sind ihr gegenüber frei und können daher verstehen, daß es zweierlei ist: eine geschichtlich gegebene Kultur in ihrer konkreten Erscheinung nachahmen — und sich an ihrem bleibenden Gehalt befruchten und anregen. Das erste wird niemand wollen, der die Frage genauer prüft. Das deutsche Volk und seine Jugend soll sich fest in sich selber stellen. Aber zugleich soll es das andere suchen. Gerade das weckt zur vollen Eigenbewußtheit und hilft, die Gefahren und Einseitigkeiten der eigenen Art zu überwinden. So soll die Antike erfaßt wer-

210

den, daß man sie dann im eigenen Werk nirgendwo als Fremdkörper nachweisen kann, sondern daß sie nur eine gewisse Klarheit, eine gewisse Freiheit im eigenen Wesen, eine gelöste Leichtigkeit gerade in der eigenen Art bewirkt. Das ist möglich und wird wahrscheinlich kein Schaden sein.

BRIEFE ÜBER SELBSTBILDUNG: STAAT IN UNS (1924)

Der Staat darf uns keine Maschine sein, die blind läuft. Kein starres Haus, das dasteht, und drinnen passiert allerhand, keine bloße Betriebsordnung, in welche das Leben eingespannt wird. All das ist er ja vielfach, wir wollen uns darüber nicht täuschen. Nicht umsonst wehrt sich ja das lebendige Leben in uns gegen ihn. Und doch dürfen wir uns nicht von ihm zurückziehen. Schon deshalb nicht, weil er dann ganz in die Hände derer gerät, die ein Geschäft aus ihm machen oder ein Werkzeug für ihren Ehrgeiz. Aber auch ganz abgesehen davon: er soll etwas anderes sein, selber etwas Lebendiges: der große Gegen-Stand, der unserem persönlichen Einzelsein gegenübersteht. Jener gewaltige Bau, jenes ungeheure wirkende Leben, in welchem sich nicht der einzelne, auch nicht ein kleiner Kreis von Freunden oder eine Familie auswirkt, sondern das Volk. Solcher Staat wird aber erst lebendig, wenn wir ihn nicht bloß dastehen und von selbst laufen lassen, wenn wir ihn nicht den Beamten und Soldaten ausliefern, sondern wenn wir ihn schaffen, wenn er lebendig hervorgeht aus Deiner Haltung, wenn er ist »Staat in Dir«.

Damit sprechen wir von staatsbürgerlicher Aufgabe und wie sie zu erfüllen sei: also von staatsbürgerlicher Bildung. Das Wort ist zerredet. Meist will man damit sagen, die Leute müßten lernen, was Verfassung ist, welche Gesetze es gibt, welche Behörden und was der Staatsbürger zu tun hat. Das alles ist gut, und es wäre sehr unreif, solches Wissen zu verachten. Ein Mann, bei dem ich zum ersten Male gespürt habe, was eigentliche Arbeit am Staate bedeutet, hat mir einmal gesagt: »Ich finde es empörend, wenn Leute den Staat reformieren wollen, die nicht einmal wissen, was ein Landrat zu tun hat!« Das Wort fällt mir oft wieder ein, wenn ich politische Auslassungen der Jugend — und nicht nur der Jugend — lese. Damals habe ich mit besonderer Beschämung gefühlt, welch windiges Zeug schon aus lauter »schöpferischem Gespür« geredet worden ist. Manch einer täte wahrlich besser, seine Rede ungeredet zu lassen, und statt dessen zu lernen, was »ein Landrat zu tun hat«! Aber in diesem Briefe meine ich staatsbürgerliche Bildung doch anders. Etwa so, wie in meinem Buche von »liturgischer Bildung« die Rede ist ...

Der tiefste Sinn des Staates ist nicht, zu nützen, sondern Hoheit zu sein. Gewiß soll er Sorge tragen, daß es seinen Zugehörigen wohl gehe. Das heißt, für sein Wohlergehen sorgen soll jeder selbst, der Staat hat ihn weder zu betreuen, noch zu bevormunden. Aber er soll den einzelnen unterstützen; soll übernehmen, was der einzelne und freie Zusammenschlüsse einzelner nicht vermögen. Und er soll sorgen, daß Ordnung im Lande sei, damit jeder sein Werk tun könne. Das alles ist der Zweck des Staates. Aber damit ist sein Wesen noch nicht erschöpft. Außer dem Zweck hat der Staat einen Sinn, und der ist viel tiefer: Hoheit zu sein. Nicht aus Eigenem heraus, sondern von Gott; er soll im natürlichen Leben, unter all seinen Notwendigkeiten, Kräften, Leidenschaften, Interessen und Ereignissen Gottes Majestät vertreten. Das bedeutet nicht, daß er Sittlichkeit und Religion aufrechtzuerhalten hat. Das ist Sache des Gewissens und der Kirche. Der Staat ruht auf der Sittlichkeit; er schützt sie, soweit sie in der Öffentlichkeit zur Geltung kommen soll; aber er vertritt sie nicht. Was er vertritt, ist in den irdischen Dingen die Hoheit des höchsten Herrn. Einfach dadurch, daß er ist, daß er anerkannt wird. Und er bringt diese Hoheit zur Geltung im Recht. Auch das Recht hat einen Zweck: es schützt Freiheit, Leben und Eigentum. Aber tiefer als diesen Zweck hat das Recht einen Sinn: daß eben in allem Handeln und in allen menschlichen Beziehungen Recht geschehe. Ohne allen weiteren Zweck; einzig deswegen, weil es Recht ist; gottgewollte Ordnung im Handeln freier Persönlichkeiten. Sobald die Hoheit des Staates schwindet und man in ihm nur öffentlichen Nutzen, Sicherheit und wirtschaftliche Förderung sieht, nicht mehr die bejahte Hoheit, stirbt wesenhafter Staat. Dann wird aus ihm ein großer Handels-und Industriebetrieb, eine Versicherungsgesellschaft, eine Wach- und Schließgesellschaft ... Wer politischen Sinn hat, spürt mit Bangen, mit einer zornigen Angst, wie die Hoheit des Staates sinkt. Er fühlt, eine Welt kommt herauf, in der man nicht mehr atmen kann. Eine Welt, in welcher das Zerrbild der Hoheit regiert: rechnende Gewalt. Und das Zerrbild des Rechtes: bürgerliche Ordnung, die Geld schützt, aber die Würde preisgibt ...

Wem das im Blute sitzt, daß der Staat nie auf einzelnen Menschen ruht mit ihrer Einseitigkeit, nie auf einer Partei allein mit ihrer besonderen Richtung, daß er vielmehr jenes eigentümliche Etwas ist, jene Wölbung, die sich gerade aus dem Widerspiel der Spannungen und Gegensätze erhebt; wer weiß, daß Volk nie aus einem einzelnen allein spricht, sondern aus der Mannigfaltigkeit lebendiger Anschauungen überzeugter Menschen; wer weiß, daß »Staat« jenes Große, Weite, Starke ist, das durch schöpferische Tat aus den Gegensätzen emporwächst; »Volk« jenes Tiefe, Umfassende, das sich in ihnen entfaltet und von bauender Kraft in die Einheit des Staates zusammengefaßt sein will — wer jedem anderen so gegenübertritt, daß sofort in ihnen beiden »Volk« lebt, »Staat« wächst — der hat politische Haltung.

Liturgische Bildung: Die Aufgabe (1923)

In der Liturgie geht es nicht um ein Wissen, sondern um Wirklichkeit. Es gibt ein Wissen von ihr, die Liturgik. Es gibt auch ein Wissen in ihr: der liturgische Vorgang enthält eine Erkenntnis. Darüber zu reden ist heute nicht leicht, denn sie ist unserem religiösen Bewußtsein weithin entschwunden. Aber die Liturgie selbst ist nicht bloßes Wissen, sondern eine volle Wirklichkeit, die neben dem Erkennen noch vieles andere umfaßt: ein Tun, eine Ordnung, ein Sein.

Wenn wir nun fragen, welche Aufgaben die Liturgie stellt, so handelt es sich dabei nicht um wissenschaftliche Forschung, also Liturgik. Es handelt sich auch nur zum Teil um geistliche Unterweisung und Lehre, sondern vor allem um Bildung, das Wort in seinem wesentlichen Sinn genommen. Es geht darum, daß Einzelner und Gesamtheit zu jener Weise religiös-kultischen Verhaltens geführt werden, wie sie das Wesen liturgischen Lebens ausmacht.

Diese Aufgabe drängt sich jetzt auf. Daß die Liturgie keine Liebhaberei schöngeistiger Kreise ist, sondern ein Kernstück ungebrochenen katholisch-kirchlichen Lebens; daß die »Liturgische Bewegung« nicht künstlich »gemacht«, sondern notwendig aus dem überall erwachenden Willen zu voller christlich-katholischer Lebensführung entspringt, wird im Ernst wohl nicht mehr bezweifelt. Nun aber geht es darum, wie wirkliches liturgisches Leben erstehen könne. Und zwar nicht nur dort, wo es durch günstige Verhältnisse gefördert wird, bei besonders dazu Veranlagten oder im Geistesbereich einer benediktinischen Abtei, sondern im Alltag der Pfarrgemeinde.

Gerade hier aber droht eine Gefahr. Wer die Liturgie liebt, freut sich gewiß über jeden Versuch, ihre Schätze aufzuschließen. Aber vor so mancher Veröffentlichung wird er sich sagen, daß der Liturgie nur wirklich nützt, was aus ihrem Kern und Wesen kommt.

Wenn reichere Kenntnis über liturgische Dinge vermittelt und Freude an den gottesdienstlichen Handlungen geweckt wird; wenn liturgisches Gedankengut in religiöse Übungen gelangt, die ihm bisher fremd gegenüberstanden, so ist damit manches, doch nicht viel getan. Die grundsätzliche Frage lautet: worin liegt das Wesen liturgischen Verhaltens? Wie muß der Mensch beschaffen sein, wie die Gemeinschaft, wenn sie wesensgerecht in der Liturgie stehen sollen? Welche Kräfte gehören dazu, welche Organe? Ja, welches Sein? Denn um ein ganz bestimmtes Können handelt es sich hier, um ein Werden und Wachsen, wirklich um ein Sein. Das heißt also, um ein Problem der »Bildung« im eigentlichen Sinn des Wortes.

Die Kräfte, die ein solches Können voraussetzt; die Organe, in denen diese Kräfte entspringen, das ganze Sein, das solche Organe trägt — alles das ist seit dem Anbruch der Neuzeit immer mehr verkümmert. Gewiß, damit wird sofort der Einwand hervorgerufen, durch eine derartige Anschauung werde das liturgische Verhalten an bestimmte zeit- und kulturpsychologische Voraussetzungen gebunden. Das aber dürfe nicht geschehen, wenn anders es sich um katholische, das heißt allen Zeiten und Kulturstufen offene Religionsübung handeln solle. Nun steht auch tatsächlich liturgisches Leben bis zu einem gewissen Grade jenseits solcher Voraussetzungen. Schlicht an der Eucharistiefeier teilnehmen und die Sakramente empfangen kann jeder, auch z. B. der subjektiv und individualistisch Gerichtete. Mehr noch: die letztvergangenen Jahrhunderte haben Werte ins Licht gehoben und Kräfte entfaltet, die wir aufrichtig bejahen und die auch dem liturgischen Leben zugute kommen; manche seelische Verfeinerung, dazu ein stärkeres Bewußtsein vom Eigenstand der Person, von deren Wert und Verantwortung u.a.m. Darüber hinaus gibt es aber ein tieferes Eingehen auf Wesen, Form und Geist der Liturgie, und wohl niemand wird bestreiten, daß solches Eingehen auf einer »Bildung« beruht, diese Bildung sich aber seit dem Mittelalter immer mehr verloren hat. Nur soviel kann gefragt werden: ist jene Bildung derart an bestimmte Zeiten gebunden, daß sie mit ihnen endgültig versinkt, oder handelt es sich um gemeinmenschliche Wesensmöglichkeiten und -kräfte, die immer wieder erwachen, sobald die Vorbedingungen dafür gegeben sind?
Das aber ist die Überzeugung, auf welcher diese Schrift ruht. Und blicken wir tiefer, so wird deutlich: was Zukunft schafft, was wir als Hervordrängen einer kommenden Zeit empfinden, sind zum großen Teil gerade Kräfte dieser Art. Sie suchen zu jenem Leben hin; sie mühen sich, verlernte Haltungen wiederzugewinnen, verkümmerte Organe neu zur Entfaltung zu bringen. Ein neuer Bildungstrieb lebt in all dem Gären, ein Sichregen neuer Lebendigkeit und ein Wille zu neuem Geformtsein. Es erwachen darin alle jene Organe, Kräfte und Haltungen, deren Fehlen auch unser katholisches Leben so dünn und rationalistisch gemacht hat. Wir wollen gewiß nicht zum Mittelalter zurück, wir wollen unsere eigene Gegenwart und Zukunft. Aber wir

verlangen danach, daß jene Kräfte, durch die das Mittelalter so bild-
mächtig war, nun wieder erwachen, freilich in unserer Zeit und für uns
Heutige. Und was uns trotz aller Zerstörung vertrauen läßt, ist, daß sie
wirklich sich zu regen beginnen.

Unter den genannten Kräften sind nun gerade jene, die lebendig sein
müssen, wenn wirkliches liturgisches Leben möglich werden soll. Aus
innerer Notwendigkeit wird unsere Zeit reif zur Liturgie. Mehr: es
gehört zu den letzten Entscheidungen, die uns gestellt sind, ob jenes hervordrängende Leben sich zur Liturgie erhöht und damit hineingezogen
wird in die große Eingestaltung von »allem unter ein Haupt, Christus«
(Eph 4, 15) — oder ob es seine Formung in einer bloßen Kultur der
Kraft und des Ausdrucks, in einem rein naturhaften, von nur natürlichen Frömmigkeitsgefühlen erfüllten Menschen- und Welt-Sein findet.

So ist das liturgische Problem, im rechten Rahmen gesehen, eines der
dringlichsten unserer geistlichen wie kulturellen Zukunft ...

Der ganze Mensch trägt die christliche Frömmigkeit. Keine »rein geistige« Frömmigkeit — wie die ist, wissen wir nicht. Wir sind keine reinen
Geister, sollen es nicht sein und — darüber darf uns die aus dem Kampf
gegen Körper-Übermacht entspringende Freiheitssehnsucht nicht täuschen — wir wollen es auch gar nicht. Die erste Wahrhaftigkeit besteht
darin, sich ganz auf das eigene Wesen zu stellen. Unser Wesen aber heißt,
Mensch zu sein; verkörperter Geist, durchseelter Leib.

Alles, was wir sind, ist menschlich, und was wir tun, gleichfalls. So hat
Gott uns gewollt. Der Wille zur Vollkommenheit bedeutet nie, daß
einer aus seinem Wesensbild hinaus in ein anderes strebe. Es wäre Un-
gehorsam und Torheit zugleich, denn nur das eigene Sein kann man
leben. Vollkommen sind wir vielmehr, wenn wir unser Wesen erfüllen,
in dem allein wir Ebenbild Gottes sind. Unser Ziel kann nur sein, ganz
Menschen zu werden. Was freilich »Mensch-Sein« heißt, läßt uns der
auferstandene Christus ahnen, der »dies alles leiden und so in seine
Herrlichkeit eingehen mußte« (Lk 24, 25). Unsere irdische Leiblichkeit
kann gewiß die Fülle des Geisteslebens nicht ausdrücken. Wir wissen
auch, wie tief die Verstörung in uns sitzt; darum lehnen wir jeden
oberflächlichen Fortschrittsglauben ab, der meint, durch erzieherische
Arbeit oder soziale Neuordnung einen vollkommenen Lebensstand auf
Erden schaffen zu können. Trotzdem haben wir noch unerschöpfte
Möglichkeiten der Erziehung vor uns, des einzelnen wie der Gemein-
schaft, für persönliches Sein wie für alle Weisen des Ausdrucks- und
Werklebens, und wir glauben, daß Gott uns diese Aufgaben stellt.
Darüber hinaus hoffen wir auf die Ewigkeit. Daß unser Leib »von den
Toten auferstehen« soll, ist uns tief vertraute, fast selbstverständliche

Wahrheit. Erst im »ewigen Leben« werden wir volle Menschen sein. Jetzt »ist noch nicht offenbar geworden, was wir sein werden« (1 Joh 3, 2); aber manches Wort der Heiligen Schrift läßt uns ahnen, mit welcher Lauterkeit einst der »geistliche Leib« der Verklärung die mit Gott geeinte Seele offenbaren soll. Wird doch das ewige Leben »Lied« genannt und Lobgesang. So haben wir auch keine Religion der bloßen Innerlichkeit. Schon das Laut-lose, innere »Wort« in dem sich der erste Gedanke formt, bedeutet Verleiblichung. Kann er voll sich entfalten, so wird er auch äußeres Wort, wird Gebärde, Handlung, körperliches Sein. Offenbarwerdende Innerlichkeit also, von innerer Tiefe erfüllte, in inneres Schweigen hinein verlaufende Äußerlichkeit.

Nun gibt es gewiß religiöse Haltungen, bei denen der Ton auf dem »Geistigen«, der »Innerlichkeit« liegt; so das schweigende Gebet, in welchem der Mensch still zu Gott strebt oder vor ihm steht oder auch nur offen bleibt und wartet. Die Liturgie setzt hingegen von Anfang an und bis zuletzt den ganzen Menschen als Träger ihres Tuns und ihrer Haltung ein. Wird sie vollkommen, so führt das nicht dazu, den betenden Menschen zu entkörperlichen, im Gegenteil, er wird — in jenem letzten Sinne — immer menschlicher. Will sagen, daß im liturgischen Akt seine Körperlichkeit sich immer tiefer verinnerlicht, vergeistigt; daß seine Seele sich immer voller ausdrückt, verleiblicht.

Dieser Vorgang hat eine doppelte Sinnrichtung: von innen nach außen und von außen nach innen. Er bedeutet ein Ausdrücken des Inneren im Äußeren und ein Ablesen des Inneren am Äußeren. Bedeutet ein Geben des Inneren durch das Äußere und ein Empfangen des fremden Inneren aus dessen Äußerem. Es ist das Symbolverhältnis in seinem doppelten Aspekt: offenbarend und erkennend, gebend und empfangend.

Symbol ist nicht Allegorie. Diese knüpft irgendeine Bedeutung an ein durch Übereinkunft oder Gewohnheit gesetztes Äußeres, etwa die Gerechtigkeit an ein Wägen mit verbundenen Augen. Solche Verknüpfung ist aber willkürlich, das Ganze hätte ebensoguten Sinn, wenn die Augen der Wägenden weit offen stünden. Im Symbol hingegen ist Inneres derart an Äußeres geknüpft, daß es nicht anders[1] geschehen könnte; daß eines auf Grund innerer Notwendigkeit wirklich zum anderen gehört.

Das Symbolverhältnis schlechthin ist das von Leib und Seele. Der menschliche Leib ist die Analogie[2] der Seele in der sichtbar-körper-

---

[1] Man kann freilich keine scharfe Grenze ziehen. So hängt es am Empfinden des einzelnen, ob er zum Beispiel die Übergabe der Stadtschlüssel an den Feind zur ersten oder zweiten Gruppe zählen will.

[2] Das Wort »Analogie« im alten, genauen Sinn genommen. Danach stehen die Ordnungen des Seins, z.B. die des toten, des organischen, des geistigen Seins je in einem Ent-

lichen Ordnung. Wollte man, was die Seele im Geistigen ist, körperlich-sichtbar ausdrücken[3], dann käme eben der Menschenleib zustande. Das meint letztlich die Formel: anima forma corporis. Im Leib übersetzt sich die Seele ins Körperliche als in ihr lebendiges Symbol. Darum erkennt der wache Blick aus dem Körper die Seele des anderen. Nicht indem er sich an den Selbstausdruck in den eigenen Zügen und Gebärden erinnert, sondern unmittelbar, weil jede leibliche Linie, Bewegung und Gebärde Seelisch-Innerliches ins Körperlich-Sichtbare, d. h. in dessen Symbol, übersetzt.[4]
Menschliche Haltung ist also symbolfähige Haltung. Vom Träger aus gesehen aktiv-symbolisch, offenbarend, mitteilend; rezeptiv-symbolisch, verstehend und empfangend vom Schauenden aus.
Symbolschaffend und symbolschauend steht der Mensch in der Liturgie. Er betet und tut mit Leib und Seele in einem. Mit dem beseelten Körper; mit der im Körper sich ausdrückenden Seele. Schon im Wort geschieht das. Darin vollzieht sich die erste Verleiblichung der Innerlichkeit: der Mensch spricht und hört. Es geschieht in jeder Gebärde und Handlung; die Handlung ist entwickelte Verleiblichung der Innerlichkeit; der Mensch drückt aus und versteht.

Damit zeichnet sich die erste Aufgabe der liturgischen Bildungsarbeit ab: der Mensch muß wieder symbolfähig werden.
Seit dem Mittelalter hat sich die wesensgemäße Verbindung von Leib und Seele fortschreitend gelockert. Diese Lockerung ist nicht irgendwelcher Askese entsprungen. Wahre Askese will nie den Leib zerstören oder ihm die Seele entfremden, sondern ihn immer voller unter die seelische Formkraft bringen. Sie stellt das rechte Verhältnis im Menschen her, und damit vergeistigt sie fortschreitend den Leib. Was mit der Neuzeit einsetzt, bedeutet etwas ganz anderes. Sie erstrebte »reines« Geistwesen, und bewirkte eine der furchtbarsten Verwechslungen, die je den Abfall von menschlich-ganzheitlicher Haltung gerächt haben: sie suchte das »rein-Geistige« und geriet ins Abstrakte. Verleiblichung und damit das Symbol wurden abgelehnt, unmerklich aber schob sich an die Stelle des »Geistigen« das Abstrakte, der Begriff. Die allein Leben bedeutende Einheit von Leib und Seele zerging. An die Stelle

---

sprechungsverhältnis zueinander. In ihm ist eine Ordnung mit der anderen trotz wesentlicher Verschiedenheit verwandt. Der positive Gehalt der übergeordneten Stufe bildet sich in der tieferen ab; der Gehalt von dieser hingegen wird von jener wieder in den höheren Zusammenhang aufgenommen.

[3] Soweit das geschehen kann, denn das Höhere geht nicht voll in das Niedere ein. Nicht die ganze Seele, wenn ich so sagen darf, geht in das Verhältnis der formatio ein.

[4] Ein Symbol im besonderen kulturschaffenden Sinne erscheint, sobald eine solche Verleiblichung von Innerlichem in einer Gebärde oder in einem Ding so rein und notwendig gerät, daß sie von Volk oder Menschheit als in etwa endgültig anerkannt wird.

einer Welt, in der das Geistige sich unmittelbar körperlich aussprach, in Bild, Gebärde und Bau, in sinngefüllten Handlungen, Sitten und tausend Formen des Ausdrucks, in der alles Geist und Innerlichkeit offenbarte und mit Gehalt gesättigt war, trat eine vermeintlich »geistige« Welt. Wir sehen jetzt, wie un-geistig sie war: nämlich die Welt der Begriffe, der Formeln, der Apparate, Mechanismen und Organisationen. Das Erstrebte, der »Geist«, verschwand, erstickte im Mechanismus, und der Leib, von seiner forma verlassen, wurde bloß-biologisch verstanden.

Wie armselig die Kultur der Neuzeit, an den Maßstäben echten Geistes gemessen, geworden ist, kann uns aufgehen, wenn wir eine alte Stadt, ihre Bauart, ihre Sitten und Ordnungen, mit unserer heutigen Großstadt vergleichen. Hier ist für »menschliches« Verhalten, für das Symbol, kein Raum. Auf der einen Seite ein Denken und Wollen, das den Anspruch erhebt, geistig zu sein, in Wahrheit aber abstrakt, d. h. so ungeistig wie möglich ist; auf der anderen Seite stoffliche Körperlichkeit, die nicht menschlich, weil nicht mehr durchseelt, in-human ist.

Die geheimnisvollen Organe, durch die Geistiges in seine körperliche Entsprechung übersetzt und jede Form und Gebärde zum Ausruck des Geistes wird, um selbst wiederum den Geist zu bereichern; durch die der Körper durchseelt und der Geist leibhaftig wird, verkümmern. Die Fähigkeit, schaubar zu machen und zu schauen, auszudrücken und Ausgedrücktes zu verstehen, nimmt ab. Man verlernt das Bilden. Man versteht nur noch zu »lernen« und das Gelernte zu »verwenden«. Es verschwindet, was auf solchem musischen Können ruht: Bildhaftigkeit der Sprache; ausdrucksvolle Körperhaltung; formkräftige Kleidung und Wohnung; geformte Umgangsweisen, Spiel und Tanz. Es verschwindet die Kunst als Deutung des Daseins und Erhöhung des Lebens, als Schule des Schauens und der Weisheit. Verloren geht, mit einem Wort gesagt, lebendige »Bildung«, das Geformtsein der Körperlichkeit durch den Geist und das Offenbar-werden des Geistes im Körper[5]; »gebildete« Menschlichkeit, menschliche Kultur. Ja, es verschwindet Kultur, wie wir sie bisher verstanden haben, überhaupt.

---

[5] Was verstehen wir heute unter »Bildung«? »Gebildet« erscheint uns, wer über sein Fachwissen hinaus einen Blick ins Übrige tut; bei dem das Wissen ins Schauen, Fühlen, Urteilen gedrungen ist. Also eine Haltung und ein Besitz, die letztlich im Wissen wurzeln; Rationalismus, das Erbe der Aufklärung.
Wesenhafte Bildung aber bedeutet mehr. Ein Baum, in dessen freiem und starkem Dastehen das Wesen klar hervortritt; ein Bussard — sieh ihn fliegen, fühle die Bildkraft seiner Kreise! — sie können uns ein Gleichnis sein für das, was wir hier meinen. Wir wissen: der Mensch steht nicht auf einer Linie mit Baum und Vogel. Er ist frei. Ob sein Wesensbild verwirklicht, ist in seine Hand gegeben. Mit einem Teil seines Wesens steht er jenseits der Welt, er soll von dorther diese Welt formen. Er kämpft, er sucht,

Damit mußte aber auch die natürliche Fähigkeit zu liturgischem Verhalten untergraben werden. Hier sind tiefe Zusammenhänge: im Maße die alte Haltung von der neuen abgelöst wird, verkümmert lebendige Liturgie. An ihre Stelle tritt eine vorgeblich »innerliche«, »geistige« Frömmigkeit, und dazu eine mehr und mehr als »Feiertagswerk«, als »Zeremonie« empfundene Liturgie. Das religiöse Leben zieht sich ins vermeintlich rein-Geistige zurück, wird aber in Wahrheit abstrakt, formelhaft, schematisch, »rituell«. Es verliert den Zusammenhang mit der innersten Struktur des Lebens, es »bildet« nicht mehr. Andererseits wird das Körperhafte von Religion, Kult, Ritus, Symbol immer weniger verstanden; wird nicht mehr unmittelbar geschaut, gelebt; wird immer mehr abgeleistet, als äußere Form »persolviert«. Mit jenen von unmittelbarer Beseelung verlassenen Zeichen muß oft mühsam ein Sinn verbunden werden; dabei werden Erklärender wie Hörender das Gefühl nicht los, eigentlich gehe es doch einfacher ohne alles das.

Nun aber kündigt sich eine tiefe Wandlung an. Die »Neuzeit« ist zu Ende. Ein Wille zeigt sich, der zur inneren Richtung der letzten Jahrhunderte im Gegensatz steht: in den Erneuerungsbewegungen, der Kunsterziehungs-, der Frauen-, der Pädagogischen, vor allem in der Jugendbewegung dringt der Wille zur Ganzheit konkreten Menschentums vor. Eine Abkehr von der unwahren, weil wirklichkeitsfremden »Geistigkeit« des neunzehnten Jahrhunderts! Wir sind verleibter Geist, konkrete Menschen. Abkehr aber auch von der naturalistischen Stofflichkeit, dem Materialismus des gleichen Jahrhunderts, dem es eine so

und trägt allen Zwiespalt, alles Ringen und Versagen des Kampfes und Suchens in sich. Das alles ist wahr. Trotzdem ist auch für ihn Bildung zutiefst eine Sache lebendigen Seins, nicht des Wissens oder überhaupt einer Leistung.
Gebildet im wahren Sinne des Wortes ist, wer aus einem inneren Wesensbilde heraus geformt ist, in Sein, Denken und Tun; wer in einer Gemeinschaft, in einer Werkumgebung lebt, in welchen sich das nämliche Bild offenbart — denn niemand kann für sich allein gebildet sein; er kann es nur in Gemeinschaft, wenn Luft und Bau und Lebensweise und Menschen um ihn her es gleichfalls sind. Kein unerfreulicheres Ungebilde als der »Gebildete« unserer Tage von Gnaden der Aufklärung. Das Mittelalter war die letzte abendländische Epoche, die ein tiefes, reiches und eindeutiges »Bild« besaß. Bereits mit der Renaissance ist Bild und Bildung im umfassenden, ganzheitlichen Sinne zergangen. Gewiß hat auch diese Zerstörung ihren Sinn. mit ihr wurde vieles bezahlt, was uns wichtig und kostbar ist, vor allem das Gefühl für Würde und Verantwortung der Person. Auch ist Bildung kein letzter Wert; Pflicht, Ehre, Liebe, jede Weisung des Gewissens stehen über ihr. Wir dürfen keine Schöngeister und Genießer werden, sondern müssen dort aushalten, wohin wir gestellt sind. Das alles ist wahr. Aber die Zerstörung hat so tief gefressen, daß sie unser geistiges Leben bedroht. Es handelt sich nicht mehr um eine Angelegenheit des Geschmacks, sondern des Daseins; und unsere Hoffnung darauf, daß ein neues Bild im Werden sei.

widerliche Freude machte, vom Tier »abzustammen«! In unserem Körper lebt eine geistige, gott-unmittelbare Seele.

Eine neue Haltung ist im Werden, die eine neue Kultur schaffen wird — allerdings nur, wenn sie zunächst Gott findet und festhält. Jetzt erst wird Nietzsche verstanden, und der Kampf, den er dem Christlichen angesagt hat, hebt an, denn jetzt erst leben Menschen — und nicht wenige —, die auf seine Gedanken seinshaft ansprechen. Oft ist das Katholische als »heidnisch« empfunden worden. Es ist im tiefsten »menschlich«. Ob das Menschliche durch die Gnade in Christus erhöht, oder aber sich selber zum »Übermenschen«, zum »Gott« steigern soll; ob wir, in Gott uns verlierend, in ihm wiedergeboren werden zum »neuen Menschen«, oder aber uns in uns selbst stellen, autonom sein, aus uns selbst »sein wollen wie Gott « — darum geht es.

»Heidentum« und katholisches Christentum stehen in tiefer Entsprechung zueinander. Jenes ist der allem Natürlichen offene Naturzustand, der freilich die Natur als Norm nimmt und von keinem überweltlich-personalen Gott weiß; dieses das volle, wohl allem Sein offene, aber alles Natürliche übernatürlich verwandelnde Christentum. Sie haben verwandte Haltung; sie stehen allem Wirklichen offen; beiden fehlt das subjektiv-eigenwillige Auswählen aus dem Wirklichen. Beide sehen auch, daß es um den Menschen geht, und wollen den Fragen standhalten, die er stellt.[6]

Nun aber kommt ein neues Heidentum herauf. Die christliche Tradition hat für weite Kreise alle Bedeutung verloren. Es scheint, daß sich vielen das christliche Erbe im eigenen Seinsbestand verflüchtigt hat und sie nun wieder seinsmäßig als »Heiden« dastehen — sofern das nach so vielen Jahrhunderten christlicher Geschichte überhaupt möglich ist. Dieses Heidentum ist nicht mehr nur Verfall, Gleichgültigkeit oder Religionsfeindschaft, wie so oft in den letzten Jahrhunderten. Es wird von Menschen verkörpert, die hochgesinnt, rein und durchaus frommgewillt sind. Es ist ein Heidentum, das offene Augen und den Willen zu einer graden Seele in einem graden Leibe hat; das ein volles Menschentum in einer ganz gesehenen Welt leben will. Dieses Heidentum trägt eine Seele, die durch die Schule von zwei christlichen Jahrtausenden gegangen und darin vertieft und verfeinert worden ist. Eine große Entscheidung steht uns bevor, Goethe und Nietzsche haben sie vorbereitet: ob wir »Rom und Athen« wollen, oder aber das »Kreuz«, das für »Juden ein Ärgernis, für Heiden aber eine Torheit« (1 Kor 1,23) ist.

---

[6] Damit ist nichts übersehen, was sich an falscher Spiritualität oder übersteigerter Askese und allzuoft auch Kümmerlichkeit und Enge im christlichen Leben findet; hier geht es um die Grundhaltung.

Der Gegner katholischen Christentums ist das Heidentum. Beide wollen — mit den Einschränkungen, die soeben gemacht wurden — Ganzheit. Beide stehen der Weite gegenüber und umspannen das natürliche Sein. Der katholische Christ vermag aber die Welt in Christus zu überwinden und zu überformen. Welt, Ganzheit der Dinge, Ganzheit des Menschen sind für ihn Grundlagen, Reich Gottes zu bauen, nachdem im Kreuz alles erlöst ist. Für den »Heiden« wird die Welt in irgendeiner Form »göttlich«; er kennt nicht, ja leugnet den personalen Gott und Schöpfer, leugnet das Faktum des »Kreuzes«…

Damit ist auch die erste praktische Aufgabe gezeichnet: getragen von dieser inneren Umformung unserer Zeit müssen wir wieder lernen, als volle Menschen im religiösen Verhältnis zu stehen. Müssen lernen, auch mit dem Leibe zu beten. Die Haltung des Körpers, Gebärde und Handlung müssen unmittelbar, in sich, religiös werden. Wir müssen lernen, unser Inneres im Äußeren auszudrücken und aus Äußerem das Innere abzulesen. Mit andern Worten: wir müssen wieder symbolfähig werden.

Wächst der junge Mensch in der rechten Weise und im lebendigen Zusammenhang mit der Natur auf und bildet seinen Körper in Wanderung, Spiel und Leibesübung; übt er neben der Kopfarbeit auch Werkarbeit; lehrt ihn die Forderung der Wahrhaftigkeit, wieder das Gewicht des Wortes zu fühlen; zu empfinden, was Sitte und Umgangsform bedeutet; lernt er, Kleid und Gegenstand des Gebrauches und der Umgebung selbst zu formen; wird er in sinngemäß geübter rhythmischer Bildung wieder Herr über den Körper; und wächst in die Zusammenhänge von Seele und Leib, von Form und Bewegung, von Maß und Sein hinein — dann bringt er die natürlichen Voraussetzungen zur richtigen liturgischen Haltung mit. Insbesondere, wenn die Erfahrung einiger Generationen das richtige Maß in allem dem gefunden und die ersten Verworrenheiten überwunden hat; wenn diese Übung schon in früher Jugend einsetzt und so das Sein bereits im ersten Wachstum ergreifen kann; wenn endlich durch eine Reihe von Generationen hindurch dies geübt und ein in Sein und Instinkt gedrungenes gesichertes Erbe geschaffen ist. Gerade aus tief verstandenem christlichen Sinn heraus werden wir diese neuen Strömungen nicht ablehnen. Werden ihnen gegenüber besonnen sein, sie am Geist und an den Grundsätzen von Glaube und Überlieferung messen; zugleich aber erkennen, was in ihnen gerade unserem christlichen Wollen Verwandtes lebt, dieses pflegen und in die liturgische Kultur einbauen.

Zu solcher allgemeiner musischer Bildung muß dann die besondere kommen: die unmittelbare Erziehung zur richtigen leib-seelischen, symbolmäßigen Haltung. Sie muß früh, schon beim Kinde einsetzen.

Es muß lernen — und wie leicht gelingt das! — alle Kräfte des Schauens und Gestaltens in das religiöse Verhalten einmünden zu lassen. Seine Erzieher müssen ihm die liturgischen Handlungen und Vorgänge derart nahebringen, daß es den natürlichen Bewegungs- und Handlungssinn der betreffenden Gebärde versteht, zugleich den betreffenden religiösen Inhalt in seiner ganzen Wesensbestimmung und Kraft; daß es lebendig spürt, wie es sich in äußere Gestalt umsetzt.

Dabei wird man von den liturgisch elementaren Gebärden ausgehen, von den einfachen Bewegungen und Handlungen, die — ich kann der Frage hier nicht weiter nachgehen — zum Teil allgemein menschlicher Natur sind, aber in der Liturgie ihre eigentliche Erfüllung finden.

Solche Einführung muß in einem wirklich empfänglichen Augenblick vollzogen werden, wenn die Seele wach, der Körper feinfühlig und bildkräftig ist. Wenn eine Mutter wirklich mit ihrem Kinde lebt; ein Lehrer wirklicher Lehrer ist, dann werden sie diesen Augenblick treffen.

Das meiste geschieht durch lebendiges Beispiel in Familie und Gemeinde; darin wächst das Kind in Sinn und Ordnung der liturgischen Vorgänge ganz selbstverständlich hinein.

Praktische Hinweise habe ich in der Schrift »Von heiligen Zeichen«[7] gegeben. Was hier folgt, sind Versuche, von denen ich selbst weiß, wie fragmentarisch sie sind. Wahrscheinlich wird alles viel organischer in das Ganze der Entwicklung eingebaut werden müssen. Immerhin werden sie vielleicht zu Besserem anregen. Etwa sagt man dem Kinde: »Gott ist so groß, und wir Menschen sind klein und arm vor ihm. Wenn man sich so breit vor ihn hinstellte, wäre das, als ob man zu ihm sagte: › Ich bin was Rechtes; grad soviel wie Du! ‹ Da muß man bescheiden sein, muß sich klein machen — sieh, so!« — und nun läßt man das Kind niederknien. War die Stunde gut und der Lehrende wirklich selbst überzeugt, dann vergißt das Kind dies nicht mehr. Gottes Größe, die eigene Kleinheit, die Gesinnung der Demut und das Knien verschmelzen zu einer lebendigen Einheit.

Ähnlich kann man den Unterschied zwischen dem Gruß von Gleichstehenden und dem Gruß der Kniebeugung vor Gott in der Kirche zu Bewußtsein bringen.

Oder: »Wenn ein Mensch spricht, dann reden auch seine Hände mit. Gib einmal acht, ganz von selbst sprechen sie mit. Die Hände sagen so viel! Auch wenn du zum lieben Gott sprichst, müssen die Hände mitreden. So ...« und faltet sie. »Ganz fest und innig können sie sprechen — merkst Du es?« — man verschränkt die Finger. »Oder ganz streng« — man legt die Hände flach ineinander. »Ist das nicht schön?« Und

[7] Mainz ¹⁷1965.

222

nun zeigt man ihm lässig herabhängende oder flüchtig gefaltete Hände —
»Merkst Du, wie ungezogen die Hände sind? Wie faul und böse?«

Ein Urphänomen der leib-seelischen Entsprechung ist folgendes: was
am Geistigen »mehr« oder »weniger wertvoll« bedeutet, setzt sich im
Körperlichen um in die Vorstellung von »höher« und »tiefer«. Ebenso
drückt sich die Vorstellung des Vollkommeneren, des Gott näher Stehenden ohne weiteres in der des Höheren aus. Wenn nun die Mutter
das Kind in einer guten Stunde mit zur Kirche nimmt, langsam mit ihm
die Stufen hinaufgeht und sagt: »Jetzt gehen wir hinauf ... hinauf in die
Kirche ... zum lieben Gott« — dann verbindet sich das Bewußtsein des
körperlichen Steigens mit dem geistigen der Annäherung zu Gott.

Zu einem Erlebnis tiefster Art kann das Kreuzzeichen werden. Die
Mutter spricht dem Kinde vom Heiland, davon, was er für uns am
Kreuz gelitten, weil er uns liebte. »Im Kreuzzeichen ist der Heiland. Da
neigt er sich zu dir, und nimmt dich in seine Arme, weil er dich so ganz
lieb hat. Mach es einmal ... ganz langsam ... ganz groß ... von der
Stirn zur Brust, von einer Schulter zur anderen — der Heiland segnet
dich, alles, dein Haupt und dein Herz und deine Glieder, deinen Leib
und deine Seele, er macht, daß du ihm ganz gehörst, ganz heilig will er
dich machen.«

So kann man noch vieles zum liturgischen Erlebnis bringen: das Schrei-
ten in der Kirche als feierliches Sich-Bewegen vor Gott; das Stehen vor
Gott als Bereitschaft; das Klopfen an die Brust, darin der Sünder für
Gott gegen sich selbst Partei ergreift und sich straft, weil er gegen Gottes Liebe gefehlt hat, und vieles noch.

Vom Einfachen aufsteigend kann man dann zu verwickelteren Handlungen vorschreiten; dazu gehören die Prozession, als Handlung höchster, feierlicher Freude, oder als Bekenntnis vor der Welt, oder als
Geleit Gottes durch sein Eigentum; die Gebärden des Empfangs bei
der heiligen Speise; das Verhalten bei der Beichte; bei der Eucharistiefeier und so fort.

Immer kommt es auf das gleiche an: es gilt, den Inhalt der betreffenden
heiligen Handlung ganz klar, in seiner eigensten Wesenhaftigkeit herauszuheben und, dem entwicklungsmäßig bedingten Fassungsvermö-
gen des Kindes angepaßt, zu Bewußtsein zu bringen; es gilt ferner, die
betreffende Gebärde, Körperhaltung oder Handlung in ihrer ganz
besonderen Struktur, in ihrer Statik und Dynamik und spezifischen körperlichen Qualität bewußt zu machen, sie ganz schön und klar und
ausgereift vollziehen zu lassen und beides zu verschmelzen.

Dann muß man freilich darauf achten, daß die einzelne Handlung
immer langsam, vollkommen und wissend ausgeführt werde. Und das
darf nicht allzu häufig geschehen, sonst verschleift sie. Sie darf nicht im
falschen Augenblick ausgeführt werden, sonst paßt der klar erfaßte

Wesensgehalt der Handlung nicht zur Umgebung oder zum Anlaß. Das Kind empfindet dann entweder eine Verwirrung und widerstrebt, oder aber es fügt sich, muß jedoch dazu die klare innere und äußere Gestalt der Handlung in seinem Bewußtsein und in der Ausführung verschleifen. Dann ist gerade das zerstört, worauf es ankommt, nämlich der wesensgemäße Ausdruck. Letzteres hängt aber nicht mehr allein, ja in erster Linie nicht vom Erzieher, sondern von der Gestaltung des Gottesdienstes in der Gemeinde ab. Hier liegen sehr dringliche Aufgaben, die höchste Aufmerksamkeit verlangen.

Burg Rothenfels — Rückblick und Vorschau (1949)

In diesem Jahre haben wir daran zu denken, daß nun dreißig Jahre vergangen sind, seit wir auf Burg Rothenfels einzogen. So soll es denn jetzt geschehen, in Dankbarkeit und Hoffnung.
Der Wunsch, ich möge dieser dreißig Jahre gedenken, ist erst gestern spät am Abend ausgesprochen worden; so ist das, was ich sagen werde, recht zufälliger Art. Denn wenn man sich auf etwas zurückbesinnt, das so reich an Geschehen und Erleben, an Gedanke und Werk ist wie diese Jahre, dann drängt sich Bild um Bild vor, so daß man kaum Ordnung in die Fülle bringt — vielleicht auch Zeiten und Tatsachen verwechselt, und Kleinigkeiten, die einem persönlich ans Herz geraten sind, vor Dinge stellt, die viel wichtiger wären. Aber das müßt ihr nun in Kauf nehmen.

I

Ich muß weit zurückgreifen, bis ins Jahr 1915. Da hatte ich in Mainz eine Vereinigung der Schüler höherer Lehranstalten zu leiten. Die war ursprünglich eine Marianische Kongregation gewesen. Wir aber hatten etwas anderes gesucht, was, wußten wir selber nicht genau, und aus ihr jenes »Jugendreich« geformt, von welchem nachher meine kleine Schrift gleichen Namens erzählt hat. Es sollte Ordnung sein und doch Freiheit; eigenes Schaffen und doch Respekt vor der Tradition. Dabei war allerhand Schönes entstanden, aber richtig zufrieden waren wir doch nicht.
1919 waren nun einige von uns auf Fahrt gewesen und erzählten nach ihrer Rückkehr von einer alten Burg am Main, Rothenfels, wo aufregende Dinge geschähen. Da kommandiere keiner, sagten sie, und doch sei großartige Ordnung; es werde gearbeitet und gefeiert, aber alles

komme aus den Leuten selbst; Jungen und Mädel seien da beisammen, in Ernst und Fröhlichkeit, aber alles schön und sauber. So bin ich denn 1920 zu Ostern selbst hinaufgegangen, und das hat für mich Folgen gehabt wie wenige Dinge sonst. Denn damals ist in meinem Leben eine starke Welle von dem eingeströmt, was Jugendbewegung heißt, und ich war doch selbst schon gar nicht mehr so jung.

Diese Bewegung war vom Anfang des Jahrhunderts an durch das deutsche Volk gegangen, und es ist merkwürdig zu sehen, wen sie erfaßte und wen nicht. Das hing nicht von Begabung noch von sozialer Schicht ab, sondern von einer bestimmten Art zu fühlen und zu denken; von einem angeborenen Willen, unmittelbar an Dinge und Menschen heranzukommen, echter und einfacher im Leben zu stehen, als es im alternden Bürgertum Regel war. Mitten im Individualismus war ein Gefühl für den anderen aufgegangen; daraus kam Freude an der Gemeinschaft und Verantwortung für sie. Andererseits war aber noch nicht die Gleichmacherei und Gewalttätigkeit der späteren Kollektivierungen, sondern überall lebte ein waches Gefühl der Freiheit und bewirkte, daß man sich seine eigene Unabhängigkeit bewahrte und die des anderen achtete. Es war wirklich eine Scheitelstunde im Fortgang der Geschichte; eine Stunde »zwischen den Zeiten«, deren innere Fülle einen heute ganz unwahrscheinlich anmutet.

Aus diesen Lebensströmungen heraus waren die verschiedensten Zusammenschlüsse entstanden, der Wandervogel und eine Mannigfaltigkeit anderer Bünde. 1919 hatten sich auch die bereits an verschiedenen Orten bestehenden Gruppen des »Quickborn« zusammengeschlossen, und der Bund gleichen Namens hatte seine Verfassung bekommen, ruhend auf einer glücklichen Verbindung von Ordnung und Freiheit; und ich muß sagen, was Demokratie ist, gelebte, nicht geredete, habe ich hier gelernt. Dieser Bund, richtiger gesagt, der juristisch ihn vertretende »Verein der Quickbornfreunde«, hatte Burg Rothenfels gekauft, und sie wurde zu seinem Heim.

II

Bund und Burg waren eine Einheit. Hier lernten die Burgfahrer aus allen Gauen sich kennen; hier wurden sie sich in Gottesdienst, Arbeit und Fröhlichkeit ihrer Gemeinschaft bewußt. Hier wurden die allgemeinen Tagungen gehalten, die verbindenden Erkenntnisse gefunden und die inneren Kämpfe ausgefochten. Hier habe ich auch zuerst verstanden, was es um Staatsführung ist: daß Rheinländer und Schlesier, Norddeutsche und Bayern einander sehen und achten und in gemeinsamer Verantwortung eine Ordnung schaffen, in welcher alle zu ihrem Recht kommen.

Das Leben der Burg war echte Jugendbewegung in Freiheit und selbstgesetzter Ordnung. Die gemeinsamen Angelegenheiten wurden erörtert; man sagte einander ehrlich die Wahrheit, aber in Achtung, und niemand brauchte verletzt zu sein ... Die Gottesdienste waren vom ganzen Volk getragen, so ernst und schön, daß man noch lange nachher davon zehrte. Manch einer hat da wieder zu Glauben und Kirche hingefunden, der sich wegverloren hatte; und der Einfluß, den Rothenfels auf den zweiten Abschnitt der liturgischen Bewegung gehabt hat, als sie aus den Abteikirchen ins Volk ging, ist kaum abzuschätzen... Mit Ernst und Offenheit wurden die religiösen und ethischen Fragen erörtert. Das schönste theologische Kolloquium, das ich je erlebt habe, hat dort, in der Ecke des Rittersaales, stattgefunden. Wir hatten zuerst in meinem Zimmer gesessen, eng wie Sardinen in der Büchse; dann waren wir hierher gegangen, hatten Bänke ins Geviert gestellt, eine Kerze auf den Boden, und dann ging das Gespräch über das Geheimnis der heiligsten Dreieinigkeit. In solchen Unterredungen war es oft, als ob die Wahrheiten des Glaubens neu entdeckt würden.

Hier — und an vielen Orten im Land — ist die christliche Wahrheit, die Leben gebende und ordnende Kraft der Kirche in die Jugendbewegung eingeströmt. Die anderen Richtungen haben uns oft den Vorwurf gemacht, wir seien nur halbbewegt; aber bei uns war ein Element, das ihnen fehlte: die Kraft der Ordnung und die Fähigkeit des Dauerns. Der Erfolg hat es bewiesen. Erst im Herbst 1939 ist die Burg gefallen, und auch da nicht durch innere Schwäche, sondern durch Gewalt von außen.

Nicht zu vergessen all die Fröhlichkeit auf der Burg! Lied und Reigen, Spiel und befreiende Ruhe. Manchmal war sie wie der singende Berg im Märchen. Und wie oft ist man aus dem Rittersaal gekommen, Geist und Herz von Schönheit voll.

Das ist so einige Jahre hindurch gegangen, dann kam von innen heraus eine Krise. Die vorher ganz jung gewesen waren, wurden älter, und verlangten von der Burg mehr und anderes, als sie ihnen bis dahin gegeben hatte. So erwachte die Frage: sollte das hier oben geschehen? Und wie?

Manche waren der Meinung, die Burg müsse der Ort bleiben, wo die Jugend zu Hause sei und immer aufs neue ihre Versuche unternehmen könne. Die Älteren sollten hinaus in ihr Leben gehen und sich dort bewähren. So dachte vor allem der erste Burgleiter, Dr. Strehler — dessen wir hier dankbar gedenken wollen ... Andere meinten, auf der Burg müßten auch die Älteren Heim und Werkstätte haben; an ihre Gestaltung wie an ihre Leistungen müßten daher alle Anforderungen sachgerechten Arbeitens gestellt werden, womit von selbst eine ganz andere Strenge der Planung und Fortführung gegeben war. Ich persönlich bekannte mich zu dieser Ansicht.

226

Innerhalb derer aber, die so dachten, zeigte sich ein weiterer Unterschied. Die eine Gruppe meinte, auch als Werkstätte der Älteren solle die Burg ganz Bundessache sein, damit sich auf ihr die Art des Quickborns in sorgfältiger Tradition fortsetze. Andernfalls müsse man befürchten, sie würde überfremdet werden, und diejenigen, die Anspruch auf sie hätten, würden ihre Heimat verlieren ... Andere hingegen waren der Ansicht, sie habe eine Aufgabe gegenüber dem deutschen Lebensganzen; darum solle sie ihre Tore für alle aufmachen, die bereit seien, sich in ihre Atmosphäre zu fügen. Und sie vertrauten, ihre innere Gestaltkraft sei so groß, daß sie in aller Ausweitung ihrem Wesen treu bleiben werde. Ich selbst überzeugte mich immer mehr, daß dieser der richtige Weg sei.

Die Situation spitzte sich zu. Ich kann hier nicht auf einzelnes eingehen. Jedenfalls schien eine Entscheidung unausweichlich.

Im Jahre 1926 fragte ich eine Reihe von Leuten, die meine Anschauungen teilten und über ein gutes Können verfügten, ob sie verantwortlich mittun wollten, falls mir die Leitung der Burg übertragen würde, und sie sagten zu. 1927 wurde ich vom Eigentümer der Burg, dem »Verein der Quickbornfreunde«, als geistiger Leiter der Burg gewählt.

III

Damals hatte sich an der Art, wie die Burgdinge geführt wurden, etwas geändert. Als ich ihre Führung übernahm, habe ich den Leuten gesagt: »Auf der Burg herrscht Demokratie, so ehrlich und echt als irgendwo. Allein nur dort, wo sie hingehört. Ihr wählt den Burgleiter, und der arbeitet in eurem Auftrag. Wenn ihr ihn nicht mehr wollt, sagt es, und er geht. Im Werk aber gibt es keine Demokratie. Da redet keiner herein, der nicht dazu befugt ist.«

Das wurde angenommen und ein neuer Abschnitt in der Geschichte der Burg begann.

In ihm wurde viel geschaffen.

Der Rittersaal wurde gestaltet; die Kapelle zu dem gemacht, als was sie so vielen ins Gedächtnis geprägt ist; die Bibliothek eingerichtet; Wohn- und Arbeitsräume verschiedenster Art hergestellt; die Verwaltung wurde straffer und einfacher organisiert und vieles Technische verbessert. Die Zahl der Tagungen, Werkwochen, Arbeitskreise stieg. Möglichkeiten der Erholung für Einzelne, Familien, Gruppen, Schulen usw. wurden geschaffen bzw. weiterentwickelt.

Die Burg blieb das Heim des Bundes; aber die Türen wurden geöffnet, und auch von außerhalb des Bundes konnte jeder kommen, der sich dem Geist der Burg fügte. Oft haben wir uns gefragt, ob dieser Geist stark genug sein werde, dem Einströmenden standzuhalten, ja es zu formen; aber wir hatten Vertrauen in ihn, und der Erfolg hat uns recht gegeben.

Die Burg ist immer mehr zu einer Kraft geworden, die am Leben des christlichen Deutschland mitgeformt hat. Ihr Einfluß war nie laut; von Werbung und Reklame hat sie nie viel gehalten. Ihre Wirkung ging davon aus, daß das, was droben getan wurde, richtig war, und daß es um der Sache willen getan wurde. Damit sollen Fehler gewiß nicht geleugnet werden; welche Arbeit, die durch so lange Zeit und auf so verschiedenen Gebieten getan wird, hat keine? Aber zehn Jahre Abstand — und was für Jahre! — geben klaren Blick. Aus diesem Abstand sehen wir: Weg und Werk waren gut.

Die Burg war eine richtige Werkstatt, wo im Laufe von zwanzig Jahren die verschiedensten Dinge ausgeprobt worden sind.

Vor allem eine Weise, in Freiheit und Ordnung, in Fröhlichkeit und Ernst, in offener Begegnung und guter Form miteinander zu leben. Daß die liturgische Bewegung ihren Weg so tief ins Volk genommen hat, ist zu einem nicht geringen Teil der Art zu danken, wie hier jahraus jahrein, in festlichen und stillen Zeiten der Gottesdienst gefeiert wurde ... Wichtige Formen der geistmenschlichen Gemeinschaftsarbeit sind hier ausgedacht und erprobt worden. So hat zum Beispiel die erste Werkwoche hier stattgefunden. Und wenn einmal eine Geschichte der deutschen Jugendbewegung und Jugendarbeit geschrieben wird, wird sie auch sagen müssen, welch ein tiefer, beständiger Einfluß von Rothenfels ausgegangen ist — auch in Bereiche, die ihm ablehnend gegenüberstanden.

IV

Eine neue Krise kam von außen, im Jahre 1933. Da griff der Staat nach der Burg. Im Frühjahr wurde ein Lager des Arbeitsdienstes hergelegt, und wir mußten die frühere Westfalenscheune für seine Zwecke einrichten.

Wieder fragten wir uns, ob die innere Gestalt der Burg, ihr lebendiger Geist stark genug sein werde, um standzuhalten. Nicht nur ihr eigenes Leben, sondern auch die ganze Arbeit der Tagungen, Ernst wie Frohsinn, Geist und Gottesdienst standen ja unter einem beständigen feindlichen Druck. Was wir denen verdanken, die während dieser Zeit hier oben gearbeitet und ausgeharrt haben, ist nicht vielen bekannt.

Tatsächlich ist Burg Rothenfels denn auch eins der ganz wenigen Gebilde dieser Art, die sich gehalten haben, bis der Ausbruch des großen Brandes 1939 alles vernichtete. Das heißt nicht nur, daß die Burg fortgefahren hat zu arbeiten, sondern daß sie sich selbst in Geist und

Arbeit treu geblieben ist. Es war ein wirklicher Sieg, nur mit der Kraft des Geistes ausgefochten; andere hatten wir ja nicht.

Im August 1939 war es aber auch für sie zu Ende. Die Gewalt brach ein; Recht und Freiheit hörten auf. Die Burg wurde konfisziert, und manch einer von denen, die für sie gestanden hatten, mußte viel Bedrängnis aushalten. Das schöne Leben erlosch. Geist und Freude verstummten.

So blieb es, bis die furchtbare Zeit vorüber war. Ihre Nachwirkungen halten aber noch an; denn noch immer gehört die Burg nicht denen, deren Eigentum sie durch Recht, Arbeit und Liebe ist.

V

Wer von uns hier die Burg aus früheren Jahren kennt, muß mit Verwunderung bemerkt haben, wie genau und selbstverständlich die Arbeit nach zehn Jahren der Zerstörung wieder dort einsetzt, wo sie abgerissen worden ist.

Das soll nicht bedeuten, daß sie stehengeblieben sei. Es wird ja nicht einfach das gleiche weitergetan, denn die Jahre dazwischen sind Wirklichkeit gewesen und stecken in allem, was wir tun. Es bedeutet aber, daß die Art der Rothenfelser Arbeit richtig war; so richtig, daß sie mit ruhiger Sicherheit neu beginnen kann.

Wie sie sich entwickeln wird, muß sich zeigen. Es hat immer zur Rothenfelser Art gehört, nicht aus Programmen, sondern aus dem Willen zur Wahrheit und aus den Anforderungen der jeweiligen Stunde zu leben — auf die Kraft der inneren Gestalt vertrauend, die auf Rothenfels wirksam war. Das soll weiter geschehen.

Worum geht es heute?

Darum, ob der Mensch Mensch bleiben darf — oder die anonymen Mächte, die überall am Werke sind: Staat, Sozialgefüge, Wirtschaft, Doktrinen, Schlagworte, öffentliche Meinung und wie sie sonst noch heißen mögen, ihn fressen. So Gott will, bleibt Rothenfels eine Stätte, wo der Mensch hinkommen und in Freiheit atmen; nach der Wahrheit suchen und im Bewußtsein gläubiger Gemeinschaft beten; ernst und fröhlich sein kann.

Ob das geschieht, wird freilich davon abhängen, ob überall im Land Menschen sind, welche die Burg weiter tragen. Viele von euch ahnen nicht, in welcher Liebe und Treue das geschehen ist. Von all dem, was hier in Dankbarkeit angeführt werden könnte, will ich nur eins herausgreifen, obwohl es schon weit zurückliegt. Ihr kennt das große Kreuz in der Kapelle, links vom Altar. Das hat mir gehört, und ich weiß, wie schwer es ist. Nun, das haben vier Jungen von meiner damaligen Wohnung im Rheinland hier heraufgebracht. Das war nichts Bequemes, schon der Last wegen; aber auch, und noch mehr des Bekenntnisses wegen. Ich habe das immer als ein Gleichnis empfunden. Gebe Gott, daß es auch für die kommende Zeit bleibt!

Die Tore der Burg sind offen. Alle können kommen, wenn sie bereit sind, sich ihrem Geist aufzutun und ihrer Ordnung zu fügen. Die Gestalt der Burg hat schon wieder begonnen, ihre »sanfte Gewalt« auszuüben. Möge das in Frieden weitergeschehen.

BEGEGNUNG (1954)

Der Mensch ist so geschaffen, daß er sich selbst zunächst in einer Anfangsform gegeben ist; in einem Entwurf auf Kommendes hin. Hält er fest; bleibt er bei sich; wagt er sich nie in die Hingabe hinein, dann wird er immer enger und dürftiger. Er hat »seine Seele festgehalten« und dabei immer mehr »verloren«. Öffnet er sich aber, gibt er sich an etwas hin, dann wird er zum Raum, in welchem das andere hervortreten kann: das Land, das er liebt; das Werk, dem er dient; der Mensch, dem er sich verbunden hat; die Idee, die ihm aufgeleuchtet ist — und ebendarin wird er immer voller und eigentlicher er selbst.

Dieses Heraustreten aus sich selbst kann sogar religiöse Intensität gewinnen. Denken wir daran, daß der Audruck für eine sehr hohe Form religiöser Ergriffenheit »Ekstase« heißt, »ekstasis«, Hinausgetretensein aus sich, Stehen außerhalb seiner selbst — auf das Absolute zu. Dabei müssen wir bei allen Bezügen daran denken, daß der Bezug nicht einseitig ist; nicht nur den Menschen betrifft, der um des Entgegentretenden willen aus sich selbst heraustritt, sondern auch den Gegenstand, dessen Wesen aus der Verhülltheit in ihm selbst heraustritt, auf den Menschen zu und ihm offen wird.

Hier ist ein Grundgesetz des Daseins. Die Weise, wie es sich verwirklicht, ist so vielfältig wie das Leben. Bei jedem Menschen sehen die Bezüge anders aus; das Grundverhältnis ist das gleiche: der Mensch geht über sich hinaus auf das Andere, das Wesenhafte zu, und kommt ebendarin erst wirklich zu sich selbst.

Die Begegnung ist der Anfang davon — kann wenigstens zu solchem werden. In ihr geschieht das erste Betreffen des Entgegentretenden, wodurch der Betroffene aus seinem unmittelbaren Selbersein herausgerufen und zum Weggehen von sich in das Anrufende hinein aufgefordert wird.

... Der Mensch wird er-selbst, indem er selbst-los wird. Aber nicht in der Form des Leichtsinns, oder der Daseinsleere, sondern auf etwas hin, welches wert ist, daß auf es zu dieses Sich-Weggeben gewagt werde.

GRUNDLEGUNG DER BILDUNGSLEHRE (1928)

Woraus geht das pädagogische Tun hervor? Ist es etwas dem Menschen Äußerliches? Durch Anforderungen der Umgebung auferlegt? Um gewollter Zwecke willen übernommen? Oder entspringt es einer inneren Bedingung? Gar einer Notwendigkeit?
Letzteres trifft zu. Wohl wirken die verschiedensten äußeren Veranlassungen mit. Im wesentlichen aber geht bildendes Tun, am eigenen Sein wie an dem des andern, mir anvertrauten Menschen, aus einem Antrieb hervor, der im Tiefsten des menschlichen Seins entspringt. Alles Leben, das wir kennen, besteht in der Form des Werdens. Der Glaube weiß von einem vollendeten Leben, das nicht mehr wird, sondern seine Fülle in einem stehenden Akt besitzt. Solches Leben ist für uns Hoffnung, und auch Geheimnis. Stehendes Leben hat seinen vollen Sinn nur im absoluten Dasein Gottes und in der Teilnahme des Geschöpfes an seinem Leben.
Unser Leben besteht in der Form des Werdens. Das, was zu sein mein Wesen ausmacht, bin ich nicht von vornherein, sondern ich werde es im Lauf der Zeit. Dabei ist freilich etwas vorausgesetzt, was sofort über bloßes Werden hinausreicht: ich habe lebend die Kraft, das, was da in der Zeit aus mir hervortritt, an mir wird, von mir gewonnen wird — das alles festzuhalten, in meinem lebendigen Besitz zu halten. Andererseits aber: was ich da werde, ist nichts mir Fremdes. Es ist nicht so, daß ich, wenn ich es bin, gerade so gut denken könnte, ich wäre es nicht. Vielmehr liegt es in irgendeiner Weise bereits in mir vorgegeben, so daß, wenn es geworden ist, ich weiß: ich bin ich selbst geworden.
Das ist die erste Dialektik des lebendigen Werdens: die Selbigkeit des werdenden Individuums ist gespannt aus der eigenen Möglichkeit in die eigene Wirklichkeit. Diese Spannung entläßt ein zielgerichtetes Geschehen, das heißt eben: ein Werden aus sich. Darin gelangt es zum Ausgleich.
Eine zweite dialektische Spannung liegt im werdenden Leben: werdend will ich ich selbst werden. Ich habe das Bewußtsein, nichts in der Welt vermag mir Ersatz zu leisten, wenn ich dieses verfehle. Dieses Bewußtsein kann mir die Kraft geben, alles um dieses Einen willen wegzuwerfen. Dennoch, wenn ich innerlich wach und frei genug bin, sehe ich ein: ich kann nicht ich selbst werden, wenn ich mich nicht hingebe an

das, was ich nicht bin, an den Gegenstand. Leben ist immer »etwas leben«. Es gibt kein Leben einfachhin. Ich kann mich selbst lebend nur verwirklichen, wenn ich über mich hinausgehe zu dem, was ich nicht bin; zum Seienden mir gegenüber: zu den Dingen, zu den Menschen, zu den Ideen, zu den Werken und Aufgaben. Ich werde ich selbst nur, wenn ich dieses Seiende zum Gegenstand, zum Inhalt meines Lebens nehme, und an ihm, in ihm, aus ihm lebe. Welches Seiende mir wirklicher »Gegenstand« im vollen Sinne des Wortes nur dadurch werden kann, daß ich es zum Inhalt meines Lebens mache. Wenn ich es also nicht objektiv stehen lasse, sondern »subjektiviere«, in mein Leben hereinziehe. Damit wird aber wieder das dialektische Gegenüber deutlich.

Auch diese Spannung entläßt eine Bewegung aus sich: jene nämlich, in welcher ich mich verlasse; über mich selbst hinweg zum Gegenstand gehe; in ihm »bin« — Erkennen, Werten, Wollen, Erfühlen ist ja, seiner Intention nach, ein Hinübergehen zum Gegenstand und ein Weilen in ihm. Jene Bewegung, in welcher ich den Gegenstand erfasse; an ihm und für ihn arbeite. Eben darin komme ich zu mir selbst.

Auf dieser doppelten Dialektik und ihren Bewegungsrichtungen ruht der Bildungsimpuls in seiner Ganzheit: er ist der Antrieb, jenen Übergang aus dem Lebendig-Möglichen ins Lebendig-Wirkliche zu fördern; sein Wesen und die Weisen seines Vollzugs zu verstehen. Zu verstehen, inwiefern der Weg zur Selbstwerdung durch die Hingabe an die Gegenstände geht; zu erkennen, welche Gegenstände im Chaos der Gegenständlichkeiten die »richtigen« sind. Zu erkennen, wie Werde-Bewegung und Hingabe-Bewegung einander bedingen und tragen usf.

Die besondere Struktur des Lebens, aus welcher jene Spannungen hervorgehen, gibt dem Werdevorgang einen eigenen Charakter: er ist nicht selbstverständlich. Er ist gefährdet; und zwar eben durch die Qualität seines Wesens. Wir haben bisher von »Leben« im allgemeinen gesprochen. Tatsächlich liegt bereits im rangtiefsten lebendigen Wesen etwas von jener Dialektik und der daraus hervorgehenden Werdebewegung. Jedes lebendige Wesen wächst erst in der Zeit zur Fülle seiner Gestalt heran. Und eben darin, daß es zu dem, was es nicht ist, seiner Umgebung, in Beziehung tritt. Dieser doppelt gespannte lebendige Vorgang trägt einen grundsätzlich anderen Charakter als die Vorgänge der leblosen Welt, des chemisch-physikalischen Geschehens. Dieses geht mit starrer Notwendigkeit vor sich. Der Effekt kann aus den wirkenden Komponenten eindeutig errechnet werden. Auch bei den kompliziertesten Vorgängen fehlt der schöpferische Faktor; eben damit aber auch der gefährdende. Dieser ist hingegen schon bei der einfachsten Form des Werdens vorhanden. So ist das Lebendige verletzlich, zerstörbar. Der Ausgleich jener Spannung kann falsch vor sich gehen; falsch, gemessen an der inneren Teleologie des Lebendigen. Es kann krank werden, sterben.

Diese Gefährdung wird um so größer, je höher der Wertrang des Lebendigen ist. Je höher, desto verletzlicher.

Es enthält Sicherheitsfaktoren: die Organe der Orientierung, der Auswahl, des Selbstschutzes, der Anpassung und des Ausgleiches. Ihre »von selbst« sich regenden Antriebe nennen wir Instinkte. Das Instinktive entspricht auf der Ebene des Lebens der mechanischen Eindeutigkeit auf der Ebene des Leblosen. Es stellt eine Naturnotwendigkeit dar; etwas »von selbst« Geschehendes. Aber auch in ihm liegt der Faktor der Werdespannung, der Produktivität, und damit das Moment der Zerstörbarkeit. Und außerdem: je ranghöher das Lebendige, desto komplizierter die Instinktgefüge; damit desto geringer ihre Sicherheit.

Einen qualitativ neuen Charakter erhält menschliches Werden im Unterschied zum Pflanzlich-Tierischen dadurch, daß es in der Hand der Freiheit liegt.

Die Freiheit ist kein »Problem«, sondern eine Tatsache. Das Bewußtsein, daß ich frei bin, ist nicht Ergebnis eines Beweises, sondern unmittelbarer Inhalt von Erfahrung. Falls nicht ein Teil des Bewußtseinsbestandes zugedeckt oder sinnwidrig gedeutet wird, kann ich nicht sagen, ich sei nicht frei. Erst sobald ich frage, wie diese Freiheit zu den ebenso zweifellos vorhandenen Bedingtheiten stehe, beginnt das Problem.

Freiheit ist Selbstgehörigkeit. Sie wird in doppelter Form erfahren. Einmal in der Selbstgehörigkeit der Wahl: in jenem Vorgang also, worin ich mich über meinen Seinsbestand erhebe und aus Überschau, aus wägendem Vergleich für eine Möglichkeit des Handelns entscheide.

Dann in der Selbstgehörigkeit des Wesensausdrucks. In jenem Vorgang, worin ich unbeirrt, unbehindert und unverfälscht mein innerstes Wesenssein in Akt und Seinsgestalt ausdrücken kann. Der Freiheitscharakter liegt im ersten Falle darin, daß ich aus souveräner Initiative entscheide. Im anderen Falle darin, daß ich mein eigenstes Wesen rein ausdrücke. Beide Male also darin, daß die Handlung nicht durch mich hindurchgeht, sondern in mir, aus mir entspringt; daß sie darin in einer spezifischen Weise mir gehört, die eben mit dem Wort »Freiheit« benannt wird und ihren besonderen Ausdruck in der die sittliche Existenz begründenden Tatsache der Verantwortung findet.

Der Impuls zum Selbstwerden, von dem oben die Rede war, wird aus dieser Freiheit bestimmt. Jenes Werden ist, der Möglichkeit nach, frei; soll es, der Aufgabe nach, werden. Es soll immer reiner aus der Initiative der Wahl hervorgehen; und immer lauterer den Ausdruck des inneren Wesens vollziehen. Es ist denn auch tatsächlich von der Freiheit bestimmt. Nicht immer, nicht in allen Schichten seines Verlaufes; aber in entscheidenden Augenblicken und in entscheidenden Bereichen. Und im ganzen so, daß die Möglichkeit, Freiheit zu realisieren, immer da ist und ihm seinen Charakter gibt.

Ebendamit aber wird jenes Werden in einer neuen Weise gefährdet: wählend kann ich über mein eigenes Wesen auch falsch entscheiden. Ich kann sogar, als Grenzfall, und sei er auch durch Verblendung verdeckt, meinen Untergang wollen. Andererseits: jenes Wesen, in dessen reinem Ausdruck ich mich frei fühle — ist das eindeutig gut? Sagt tiefste Selbstbesinnung mir nicht, daß es in sich gespalten ist? Daß also die Freiheit des Wesensausdrucks nicht auch ohne weiteres Behauptung im richtigen Eigensein ist; daß sie vielmehr die Möglichkeit in sich schließt, zu irren; aus dem tiefsten Innern den eigenen Untergang zu vollbringen?

Und was die Wirkungen der Instinkte anlangt, so haben sie im freien Wesen nicht die natürliche Sicherheit des Tieres. Die Freiheit durchbricht den selbstverständlichen Triebzusammenhang. Wohl hat sie die Aufgabe, ihn nicht zu zerstören, sondern auf höhere Ebene zu heben. Das aber ist erst Ziel. Bis dahin beunruhigt sie ihn auch, ja macht ihn unsicher. Der sichernde Schutz der Instinkte ist im freien Wesen in Frage gestellt.

An der Freiheit erwacht das Gegenphänomen: die Erfahrung des Unabänderlichen. Unabänderlichkeit ist der durchschaubare Sinnzusammenhang; die Notwendigkeit. Unabänderlichkeit ist auch das Faktum, von dem nicht einzusehen ist, daß es sein müsse; nachdem es aber ist, ist es unauslöschlich und wirkt.

Nur die Freiheit erfährt das Unabänderliche. Das unfreie Wesen ist bloß da und erfüllt seinen Trieb. Und erst die Erfahrung des Unabänderlichen gibt der Freiheit das volle Bewußtsein ihres eigentlichen Sinnes. Dieses Bewußtsein kann aber auch die Freiheit erschüttern; kann die Gewißheit, frei zu sein, in Frage stellen. Die Freiheit erlischt dann gleichsam im Erlebnis des Müssens, des Eingebettet-Seins in metaphysische oder naturhafte Schicksals-Notwendigkeit. So kann es geschehen, daß erst die Freiheit des Triebzusammenhanges aufgehoben ist, und der Mensch sich auf jenen Punkt im Leeren gestellt hat, den das Wort Selbstgehörigkeit bezeichnet — und dann, wenn er alle Festigkeit des Herzens zusammenhalten müßte, um sicher zu stehen, wird ihm durch die Erfahrung des Unabänderlichen dieser Stand erschüttert.

Fragen wir uns weiter: was muß im Seinsgesamten des Menschen vorausgesetzt werden, damit ein solches Verhältnis möglich sei? Eins ist vor allem klar: das aus Freiheit und Unabänderlichkeit bestimmte Verhältnis kann nicht naturhaft sein. Es hebt sich von allem Naturhaften als etwas Andersartiges ab. Es ist ein Verhältnis, das aus Geist hervorgeht.

Freiheit setzt einen Standort voraus, von dem aus die — naturhafterweise unmögliche und unsinnige — Entscheidung der Wahl möglich und sinnvoll wird. Setzt einen inneren Bereich voraus, aus welchem, dem Naturzusammenhang entzogen, ein neues Wesensgesetz in die Natur hineinwirken kann. Das, was in dieser Weise sich selbst gehören kann, ist der Geist.

Nur Geist wiederum kann die Tatsache des Unabänderlichen mit ihrem Sinngehalt erfahren; nicht als die einfache Negation der Freiheit, was gleichbedeutend mit Naturhaftigkeit wäre, sondern als den positiven Gegenpol; kann sie annehmen und sich auf sie stellen. So ist jenes Werden geistgetragenes Werden. Und der Bildungsimpuls geht im letzten aus dem Geiste hervor und ist vom Geiste bestimmt.

Ebendamit aber gefährdet. Von der Seinsweise der Natur aus gesehen, ist er ins Leere gestellt. Er ist aus den tragenden Zusammenhängen des Naturverlaufs, aus dem sichernden Triebgewebe herausgehoben; wenigstens der Möglichkeit nach; wenigstens an entscheidenden Punkten. Er ist stützelos auf sich selbst gestellt; den Möglichkeiten der eigenen Unzulänglichkeit ausgeliefert.

Wie sehr das Moment des Geistigen den Werde- und Bildungsimpuls aus aller naturhaften Selbstverständlichkeit herausrückt, wird in jenem Moment deutlich, in welchem das Geistsein sich gleichsam vollendet: in der Person[8].

Person ist sich selbst besitzender Geist. Sich selbst besitzend in der Eigengehörigkeit des Bewußtseins und der Freiheit; in der Eigengehörigkeit des einmaligen Soseins. Person ist Einmaligkeit. Ebendamit aber erhebt sich die Frage, wie Person in Zusammenhang stehen könne: in Zusammenhängen der Struktur und des Geschehens; in den soziologischen Gegebenheiten; in geschichtlichen Entwicklungen; in Wirkverhältnissen. Inwiefern das, was für das Werden der einen Person gilt, auch für das der andern gelten könne. Inwiefern Person von Person erkannt; Person von Person beeinflußt; geführt und geformt werden könne?

Die letzte Entsicherung des Bildungsimpulses geschieht vom Religiösen her.

[8] Dazu »Über Sozialwissenschaft und Ordnung unter Personen«, in: »Unterscheidung des Christlichen«, S. 23 ff; ferner: »Welt und Person« Würzburg ²1951.

Ich kann hier dem Religiösen in seiner allgemeinen, natürlichen Form nicht nachgehen und fasse es sofort in seiner entscheidenden Gestalt, das heißt, im Verhältnis zur positiven Gottesoffenbarung, also zum Christlichen.

Zu Eingang wurde gesagt, daß die heutige Pädagogik sich um ihre Autonomie bemühe. Das drückt sich vor allem im Streben aus, jede überweltliche, positiv-religiöse Zielsetzung auszuschalten — welche Zielsetzung eine eigentümliche Abwertung erfährt, indem sie mit »Konfession« bezeichnet wird. Dem liegt die Auffassung zu Grunde, es gebe eine rein-pädagogische Teleologie, in sich geschlossen und vollendbar — an welche dann, je nach persönlicher Neigung, religiöse Werte angeknüpft werden können. Diese autonome natürlich-pädagogische Welt existiert aber nicht, ebensowenig, wie eine geschlossene natürlich geistige Welt existiert. Vollends aber gibt es jene pädagogische Autonomie nicht für den, der glaubt.

Wenn es den lebendigen Gott gibt, dann gibt es ihn auch für die Bildung. Gibt es ihn, und man läßt ihn aus dem Wirklichkeitsgefüge, auf welches jenes Bildungstun aufgebaut ist, aus, dann wird dieses falsch, und zwar falsch an der bedeutungsvollsten Stelle. Die materialistische Medizin der vergangenen Jahrzehnte hat den Körper als eine geschlossene Welt angesehen, mit einer sich selbst genügenden Teleologie. Sie hat den Geist aus ihr ausgeschaltet; getan, als gebe es ihn nicht. Das Ergebnis war ein Bankerott. Denn es gibt den Geist; und da es ihn gibt, wird er im menschlichen Sein wirksam, überall; und wer auf dieses Sein wirken will, muß mit dem Geiste rechnen. Es ist ein groteskes Spiel, anzunehmen, Gott sei, aber pädagogisch zu tun, als sei er nicht. Er ist; und eine Bildungslehre, die von ihm absieht, endet in einem mehr oder weniger verschleierten Bankerott. Ist Gott in die Geschichte eingetreten; ist Christus der Sohn Gottes; geht von ihm eine neue Wirklichkeits- und Wertordnung der Gnade aus, dann gilt das alles auch für die Bildungswelt. Dann steht das alles in jenem Werden darin, auf welches der Bildungsimpuls gerichtet ist. Das Augustinische Wort drückt diese Teleologie aus: »Zu Dir hin hast Du uns geschaffen, o Gott, und unser Herz ist unruhig, bis es ruht in Dir.«

Durch die Wirklichkeit des lebendigen Gottes, durch das Faktum der Offenbarung und Menschwerdung ist eine absolute pädagogische Autonomie endgültig gesprengt. Damit ist pädagogisches Tun nicht aufgehoben, aber relativiert. Es gibt eine Bildung, aber nicht die selbstgenügende des Humanismus, oder des natürlichen edlen Menschen der Klassik, oder des Menschen der Zukunft der neueren Pädagogik. Alles bildende Tun steht in der gleichen Krisis, in welcher die ganze Schöpfung steht.

Daraus erwächst die Frage: was ist, christlich gesehen, das Ziel des Werdens? Was ist christliche Bildung? Wir können hier auf diese Frage nicht eingehen[9].

Der Gang der Darlegung hat gezeigt, wie Schritt um Schritt der Vorgang des menschlichen Werdens aus der Selbstverständlichkeit des Naturhaften herausgehoben wurde; wie, im Maß der innere Rang dieses Vorganges hervortrat, seine Struktur immer gespannter, gefährdeter, zerstörbarer wurde.

Wie es infolgedessen immer weniger möglich wurde, den Bildungsvorgang mit naturalistischen Begriffen zu fassen und aus naturhaften Maßstäben zu beurteilen. Das Problem der Pädagogik ist aus dem Biologischen bis ins Theologische gespannt. Sie ist eine jener Wissenschaften, die durch alle Bereiche des Seienden hindurchgelagert sind.

[9] Zur Problematik dieses Verhältnisses siehe »Gedanken über das Verhältnis von Christentum und Kultur«, in »Unterscheidung des Christlichen«, S. 177ff.

TEIL 9

INTERPRETATION

WAS IST DENN EIN WORT? (1951)

Was ist denn ein Wort? Man sagt wohl, es sei »geistig«, und meint, ihm damit eine Ehre anzutun. In Wahrheit verflüchtigt man es dadurch, denn es ist menschlich, innigste Einheit von Geist und Körper. Es ist ein Gebilde von Tönen und Geräuschen, gegliedert durch die Verschiedenheit seiner Laute, den Grad ihrer Stärke und den Rhythmus seines Ganges. In dieses Gebilde gibt der Mensch hinein, was verborgen in seinem Geist und Herzen lebt. Ich denke etwas, und niemand weiß davon. Dann aber bilde ich ein solches aus Lauten sich formendes Wort und gebe meinen Gedanken hinein, richtiger gesagt, das Wort entsteht, indem der Gedanke lauthaft wird, und im Ertönen des Wortes wird mein Inneres offen. Offen im Raum, der zwischen mir, dem Redenden, und dem anderen, dem Hörenden, ist.

Damit ist nicht bloß der physikalische Raum gemeint, sondern der menschliche; selbst körperlich-geistig, gebildet aus der äußeren Meßbarkeit der Abstände und der personalen Beziehung zwischen unser beider Ich und Du. Das erste Element ist immer da; das zweite hingegen ersteht durch unsere gegenseitige Zuwendung in Aufmerksamkeit, Wahrheitswillen, Ehrfurcht, Liebe, und dauert so lange wie sie. In diesem Raume steht das Wort, und solange es ertönt, ist darin mein Gedanke offen. Rasch verklingt es; Stille tritt ein, und der Gedanke ist wieder verborgen; aber nun nicht mehr nur in mir, sondern der andere hat ihn gehört und trägt ihn im eigenen Geiste. Dann antwortet er — wie schön ist der Ausdruck: er ant-wortet, bildet das Gegen-Wort —, und der geheimnisvolle Vorgang vollzieht sich von ihm zu mir herüber. Ich wiederum spreche, nun als neue Antwort, und so entfaltet sich der Gedanke. Im Austausch von Person zu Person vollzieht sich Mitteilung und Gegenmitteilung, drückt sich Übereinstimmung und Widerspruch aus, und jedesmal wird der Sinn des Gemeinten zwischen uns weiter offenbar: es vollzieht sich Wahrheit und Gemeinschaft in der Wahrheit.

So viel ist schon das Wort. Aber wir müssen richtiger sagen: der Satz. Denn das Erste sind ja nicht Worte, die dann zu größeren Einheiten zusammengefügt würden; so zu denken, wäre Mechanismus. Sondern das Erste sind Aussagen, Erkenntnishandlungen, das aber heißt Sätze. Das Wort ist ein Element der Erkenntnishandlung; so steht es von vornherein im Satz, ist wesentlich Satzglied...

Und nun ist dem Menschen etwas Wunderbares gelungen — wieder eine der Urformen, in denen er das Chaos bezwingt; diesmal jenes Chaos, welches »Vergessen« heißt: er vermag in Zeichen, die bleiben, das verhallende Wort festzuhalten. Schon im Lautgebilde des Wortes hatte der Geist seinen Leib gefunden. Doch der Laut bestand nur im Vorübergang, so verging mit ihm dieser Leib. Nun schafft ihm der Mensch gleichsam einen zweiten Leib, der nicht mehr der Welt des Ohres, sondern jener des Auges angehört. Jeder Laut wird zu einer schaubaren Figur, einem Schriftzeichen; das gesprochene Wort wird zum gedruckten, und die Rede steht jetzt auf den Blättern des Buches.

So ist das Buch zum Stehen gekommenes Sprechen: der Leser vermag aus den dauerfähig gewordenen Zeichen immer wieder das Wort hervortreten zu lassen. Freilich wird damit auch klar, was Lesen eigentlich sein müßte: eben ein Erwachenlassen des ursprünglichen Sprechens. Wenn der antike Mensch ein Buch — genauer gesagt, eine Schriftrolle; das Buch hatte für ihn eine andere Gestalt als für uns — zur Hand nahm, las er nicht nur mit den Augen, sondern bildete die Worte halblaut mit der Stimme. Dadurch hatte er die Gewähr, daß jedesmal das volle Wort- und Satzgebilde erstand. Er sprach und hörte zugleich, und das Hören überwachte das Lesen. Wir Heutige lesen schweigend, und dabei besteht die Gefahr, daß wir die Worte nicht vollziehen. Das Auge gleitet dann von Zeichen zu Zeichen, der Verstand richtet sich unmittelbar auf die von ihnen gemeinten Bedeutungen; das Leibhaftige fällt aus. Hier liegt eine Aufgabe für das Lesen-Lernen, besonders, wenn es sich um Bücher handelt, in denen der Klang des Wortes wesentlich ist; um geformte Sprache, sei es Prosa oder Dichtung.

Über das Wesen des Kunstwerks (1947)

Ein echtes Kunstwerk ist nicht, wie jede unmittelbar wahrgenommene Erscheinung, ein bloßer Ausschnitt aus dem, was es gibt, sondern ein Ganzes. Der Stuhl da vor mir etwa befindet sich in einem nach allen Seiten weitergehenden Zusammenhang. Sobald ich ihn mit dem photographischen Apparat aufnehme, kommt der Ausschnitt-Charakter scharf zur Anschauung. Wenn aber Vincent van Gogh ihn sieht, dann setzt schon im ersten Sehen ein eigentümlicher Vorgang ein: der Stuhl wird zur Mitte, um die sich alles übrige im Raume sammelt; zugleich formt er sich so, daß seine Teile sich um eine Mitte in seinem eigenen Bestand ordnen. Dadurch erscheint das, was sich auf dem Bilde zeigt, als ein Ganzes.

Diese Forderung kann im einzelnen sehr verschiedenen Charakter haben. Die Komposition kann durchsichtig wie eine geometrische Figur, oder scheinbar ganz zufällig sein. Sie kann mehr in den Maßen der auf dem Bilde sich zeigenden Körper oder aber in der Atmosphäre, mehr in den dargestellten Bewegungen oder in der Stimmung liegen. Immer handelt es sich um jenen Vorgang, durch welchen die Erscheinungen, die sonst in den allgemeinen Zusammenhang der Wirklichkeit eingewoben sind, sich zu einer lebenerfüllten Einheit zusammenschließen.

Daran wird etwas fühlbar, das weit über den dargestellten Gegenstand hinausliegt, nämlich das Ganze des Daseins überhaupt. Dieses Ganze bekomme ich nie unmittelbar vor die Augen. Ich selbst bin ja doch nur ein winziger Teil eines unabsehlichen Zusammenhangs; jeder Gegenstand, auf den ich treffe, desgleichen; und mein Leben ist immer nur eine Beziehung von Fragment zu Fragment. Hier aber, im Vorgang der künstlerischen Formung, geschieht etwas Eigentümliches: jene Einheit, welche aus dem Ding, das da erfaßt wird, und dem Menschen, der es erfaßt, hervorgeht, hat eine aufrufende Macht. Um sie her wird das Ganze des Daseins gegenwärtig: das All der Dinge, die Natur, und das All des Menschenlebens, die Geschichte, beides lebendig in einem.

Nicht so, wie es die Programmatiker, also schlechte Künstler versuchen, indem sie Gesamtüberblicke, Enzyklopädien des Daseins geben, sondern durch die Weise, wie die Einzelerscheinung im Formungsvorgang verwandelt wird. Es geschieht durch das Wie, nicht durch das Was des Werkes. Einem Riesenbild, auf welchem Jahreszeiten und Lebensalter, Ackerbau und Industrie, Geschichtsepochen und leitende Persönlichkeiten dargestellt wären, fehlt diese Kraft der Vergegenwärtigung; der Stuhl van Goghs auf dem ärmlichen Ziegelboden hat sie. Um ihn klingt der Ton des Alls.

So entsteht in jedem Kunstwerk »Welt«. Sie hat in den verschiedenen Künsten jeweils einen anderen Charakter; ihrem letzten Wesen nach ist sie aber in allen Künsten — gegenüber den übrigen Weisen der Weltwerdung, der Wissenschaft, der Staatskunst, der Menschenbildung — die gleiche. Die musikalische Welt ist anders als die malerische oder architektonische. Das Erstgegebene einer Symphonie sind Zeit und Ton, darin die musikalischen Themen und ihre Beziehung zueinander. Das eines Gemäldes sind Fläche, Linie und Farbe. Das einer Kathedrale Raum und Maße und, in ihnen sich entfaltend, der Zusammenhang, den der Architekt zwischen dem christlichen Kult und bestimmten Bauformen sieht. Diese Kunstbereiche sind voneinander tief verschie-

240

den, im letzten wollen sie aber das gleiche: der Einheit von Welt- und Menschenwesen einen Ausdruck geben, den sie in der Wirklichkeit nicht hat, und an ihm die Ganzheit des Daseins anklingen lassen...

Was daher beim Auffassen des Kunstwerks gefördert wird, ist nicht nur ein Sehen oder Hören, wie bei den Gegenständen der Umgebung sonst; gar ein Genießen und Sich-Vergnügen, wie bei irgendeiner Erfreulichkeit. Das Kunstwerk öffnet vielmehr einen Raum, in welchen der Mensch eintreten, in dem er atmen, sich bewegen und mit den offen gewordenen Dingen und Menschen umgehen kann. Darum muß er sich aber bemühen — und damit wird, an einem besonderen Punkt, jene Aufgabe deutlich, die für uns Heutige so dringlich ist, wie kaum eine sonst, nämlich die der Kontemplation. Wir sind Aktivisten geworden und stolz darauf; in Wahrheit haben wir verlernt, still zu werden, uns zu sammeln, zu öffnen, zu schauen und die Wesenheiten in uns aufzunehmen. Darum haben auch, trotz allen Redens von Kunst, so wenige ein echtes Verhältnis zu ihr. Die meisten fühlen wohl irgendetwas Schönes; oft kennen sie Stile und Techniken; manchmal suchen sie auch nur nach stofflich Interessantem oder sinnlich Anreizendem. Das echte Verhalten vor dem Kunstwerk hat damit nichts zu tun. Es besteht darin, daß man still wird, sich sammelt, eintritt, mit wachen Sinnen und offner Seele schaut, lauscht, miterlebt. Dann geht die Welt des Werkes auf.

In ihrem Raum erfährt der Betrachtende aber auch, daß mit ihm selbst etwas geschieht. Er kommt in einen anderen Zustand. Die Verschlossenheit, welche sein Wesen umgibt, lockert sich — mehr oder weniger, je nachdem, wie tief er in das betreffende Kunstwerk eingeht, wie lebendig er es versteht, wie nahe er ihm zugeordnet ist. Er wird sich selber deutlicher; nicht theoretisch reflektierend, sondern im Sinne unmittelbarer Aufhellung. Die Schwere des eigenen undurchlebten Vorhandenseins leichtet sich. Er wird tiefer der Möglichkeit inne, selbst echt, rein, erfüllt und ausgeformt zu werden.

SINN UND WEISE DES INTERPRETIERENS (1957)

Als der Verfasser im Jahre 1923 an die Berliner Universität berufen wurde, lautete sein Lehrauftrag auf Religionsphilosophie und christliche Weltanschauung.

Die Arbeit an dieser Frage hat einen eigenen Charakter. In ihr steckt eine Theologie, die aber anders aussieht als dort, wo sie Gegenstand der Fachwissenschaft ist. Hier bezieht sie sich auf jene Probleme, die aus dem Gang des Menschenlebens, aus den Geschehnissen der Geschichte und aus dem Werden der Kultur hervorgehen. Umgekehrt werden diese Probleme nicht für sich allein, sondern als Fragen an die Offenbarung verstanden. Daraus ergeben sich eigene Weisen des Verfahrens — freilich auch besondere Schwierigkeiten. Die Fragen laufen auf verschiedenen Ebenen und verlangen eine Vielfalt von Perspektiven; dadurch bringen sie die Gefahr mit sich, die Gesichtspunkte zu vermengen und unsachlich zu urteilen.

Wenn aus dieser Arbeit kein abstraktes Begriffswerk, sondern etwas Lebendiges, Wirklichkeitshaltiges entstehen sollte, dann war eine beständige Begegnung mit dem gefordert, was im weitesten Sinne »Welt« heißt: mit dem Menschenleben, der Geschichte, den Vorgängen und Werken der Kultur. Eine besondere Bedeutung im Bereich der Kultur aber hat die Sprache und das aus der Sprache erwachsende Kunstwerk, die Dichtung. So war die Aufmerksamkeit des Verfassers von Anfang an auch auf Dichtwerke gerichtet. Es entstanden umfassendere Arbeiten über Dante, Hölderlin, Dostojewskij, Rilke, Mörike — zwischen ihnen eine Reihe von Einzelstudien.

Diese Studien haben nicht die Absicht, in die Literaturwissenschaft als solche einzugreifen. Der Fachgelehrte wird gegen sie den Einwand erheben können, ihnen fehle jene methodologische Eindeutigkeit, wie er sie fordert — ebenso wie den von der Theologie herkommenden Arbeiten jene Bestimmtheit fehlen muß, die der Theologe für seine Untersuchung verlangt. Immer handelt es sich um Ergebnis von Begegnung: um Deutung der »Welt« vom Glauben her; um Fragen, welche die Welt an die Offenbarung richtet. Um eine Bemühung also, die den oben genannten Gefahren ausgesetzt ist, aber geleistet werden muß, weil die Probleme, denen sie zu genügen hat, da sind und immer dringlicher werden. Je weiter seit dem Beginn der Neuzeit der Bereich des Glaubens und der des Weltlebens auseinandertraten; je entschiedener ein autonomes Weltdasein sich herausarbeitete, desto notwendiger wurde die Arbeit an einer christlichen Weltanschauungslehre. Notwendiger freilich auch ein immer wacheres Verantwortungsbewußtsein nach beiden Seiten hin ...

Wer interpretiert, sucht in eigener Weise zu klären, was ein anderer in der seinen gestaltet hat — warum tut er das?

Er kann von historischem Interesse geleitet sein. Dann nimmt er die Dichtung als Quelle und sucht durch ihr Verständnis mit der Persönlichkeit, dem Leben und Wirken des Menschen, der sie geschaffen hat, in Fühlung zu kommen — um dann, über ihn hinaus etwas über seine ganze Epoche zu erfahren: wie sie die Natur, den Menschen und sein

Werk gesehen habe; welche Motive in ihr wirksam gewesen; was ihr schön und was ihr schlimm erschienen sei. Homers Dichtung sagt dem, der sie richtig liest, Bedeutungsvolles über das griechische Mittelalter — so deutlich, daß ein Schliemann daraufhin gegen die Skepsis seiner Zeit die berühmt gewordene Ausgrabung Trojas unternehmen konnte.

Umgekehrt ist dem historisch Unterrichteten klar, daß der ganze Reichtum eines Gedichts letztlich doch nur aus dem Zusammenhang seiner Zeit heraus verstanden werden kann. So entfaltet Dantes »Göttliche Komödie« erst dann ihre volle Lebendigkeit, wenn der Lesende weiß, hier redet ein Mann, der seiner Wesensart nach schon über das Mittelalter hinausgeschritten ist; der sich aber, von seinem Schicksal gewiesen, ins Vergangene zurückwendet und nun die bereits sinkende Zeit mit einer Eindringlichkeit, ja Leidenschaft zu zeichnen vermag, die einem ihr unmittelbar Zugehörigen versagt geblieben wäre.

Die Neigung zum Interpretieren kann aber auch anzeigen, daß die ursprüngliche Werkkraft nachläßt. Der geistige Drang, nicht mehr fähig, selbst hervorzubringen, beschränkt sich dann darauf, zu verstehen, was andere hervorgebracht haben, und daran den eigenen Scharfsinn zu üben. Wir kennen den Zustand unter dem Namen des Alexandrinismus; jener emsigen Bemühung, mit welcher die spätgriechische Zeit die Werke der Vergangenheit gesammelt, die Texte geprüft, die Dichtformen untersucht, Maßstäbe für den literarischen Rang ausgearbeitet und so ein Bewußtsein von dem gebildet hat, was die großen Jahrhunderte vorher geschaffen hatten. Daß darin die Gefahr der Unselbständigkeit und Nachahmung, des Epigonentums liegt, und die noch schlimmere, eigene Unfruchtbarkeit durch Pedanterie im Nebensächlichen und Überheblichkeit im Urteil aufzuwiegen, versteht sich von selbst. Sobald man von Alexandrinertum im schlimmen Sinn spricht, meint man eben das.

In unserer Zeit hat die literarische Forschung Großes geleistet. Ausgaben aller Art vermitteln jedem die Werke der Früheren. Das Bewußtsein vom Erbe der Vergangenheit ist sehr wach. Kritische Bemühung aller Art sucht es zu verstehen, Baugesetze und Wertmaßstäbe herauszuarbeiten. Anderseits ist aber auch eine literarische Geschäftigkeit am Werk; Verlage, Publizistik, Rundfunk, Bildungsbestrebungen überschwemmen uns mit einer solchen Flut von Gesprochenem und Gedrucktem, daß wir eine neue Art des Alexandrinertums nahe fühlen und uns fragen, wie wir Empfänglichkeit und Urteilskraft schützen können, damit sie heil bleiben.

Kommt uns dann vollends die Massenhaftigkeit des heutigen Bildungsangebots zu Bewußtsein, getragen von einer Kulturindustrie, für die alles zur Ware wird, dann fühlen wir einen Verschleiß alles Wertvollen vor sich gehen, der mutlos machen kann.

Noch etwas anderes kann aber der Drang zum Interpretieren bedeuten, und das wäre die günstige Seite des Bildungsbetriebs, von welchem die Rede war. Unsere Zeit ist voll von Kräften, die ins Werk drängen, aber nicht wissen, wie das in gültiger Weise geschehen könne. Möglichkeiten größten Maßes öffnen sich. Die Geschichte fordert Gestaltung auf einer Weite des Feldes, die nie geboten war. Das Bild vom Menschen und das von der Welt sind in einem Umbau begriffen, der bis auf den Grund geht. Die Frage nach den letzten Wirklichkeiten und Sinngebungen, nach Gott und seiner Offenbarung, hat alle Bedenken abgeworfen und fühlt sich zu jeder Antwort berechtigt. Werke werden möglich und wollen geleistet sein, die noch nie ins menschliche Blickfeld gekommen sind. Durch alles das ist aber auch der Zusammenhang mit der Vergangenheit schroffer abgerissen, als der Gang der Geschichte das seit langem mit sich gebracht hat. Weithin besteht keine Tradition mehr, aus der heraus das eigene Tun in ruhigem Bewußtsein von Richtung und Maß voranschreiten könnte. So ist ein Chaos durchgebrochen, von dem man hoffen darf, es werde sich als schöpferisch erweisen — ohne daß man doch sicher sein dürfte, ob es nicht ein Ende ansage.
In dieser Situation hat es einen besonderen Sinn, wenn der geistige Mensch den Weg zu den Werken der Vergangenheit sucht, um sie nicht nur historisch zu verstehen, sondern an ihnen für sein eigenes Werk zu lernen. Vor allem den Unterschied von echt und unecht, von groß und gering zu lernen, und den Sinn für das zu gewinnen, was Vollendung heißt. Vielleicht darf man annehmen, dieses sei es, was das heutige Interesse am Interpretieren zutiefst bestimmt.

Was geschieht nun, wenn das Interpretieren in der richtigen Weise geübt wird?
Vor allem muß der Wortlaut der Dichtung vorliegen. So gehört an den Anfang jeder Auslegung, was wir Textkritik nennen — ob nun der Interpret selbst sie leiste, oder andere für ihn. Eine Arbeit von einer Breite der Materialbasis, einer Strenge der Methode und einer Mühsal der Durchführung, die dem Laien weithin unbekannt sind. Damit verstanden werden könne, was Hölderlin gemeint hat, haben Norbert von Hellingrath und nach ihm die Editoren der großen Stuttgarter Ausgabe zuerst den echten Wortlaut seiner Schriften herstellen müssen — die vielen Entwürfe und Varianten nicht zu vergessen, die oft für das Verständnis des endgültigen Wortlauts wichtig sind.

Auf Grund gesicherter Texte kann die eigentliche Interpretation beginnen und fragen: was hat der Dichter gemeint, als er das und das sagte? Der Interpret wird also Sätze und Worte durcharbeiten — zuerst muß man den Satz nennen, dann erst das Wort, denn der Satz ist vor dem Wort. Er wird den Bildern nachgehen: wie sie gebaut sind, sich zueinander verhalten und den begrifflich ausgesprochenen Gedanken bestimmen. Er wird Rhythmus und Reim untersuchen; die Weise, wie die Formeinheiten sich zum Ganzen zusammenfügen, und so fort — wobei er, je nach der besonderen Absicht der Interpretation, den Hauptton mehr auf dieses oder jenes Moment richten mag.

Nach alledem haben die Humanisten der Renaissance gefragt und sind dadurch zu Lehrern der Interpretationskunst geworden. Sie liebten die Antike und wollten ihr nahekommen; wußten aber auch, daß es dahin nur einen einzigen zuverlässigen Weg gebe, nämlich die Quellen zum Reden zu bringen. So mühten sie sich zuerst darum, die Texte herzustellen, um sie dann mit Sorgfalt und Spürsinn nach ihrem Sinn zu fragen. Sie wurden zu Philo-logen, Liebhabern der Rede, voll wacher Empfindlichkeit für die Vielfalt, die Kraft, die Tiefe und Feinheit des Wortes. Die Sprache ist ja nicht nur das Verständigungsmittel, durch das der einzelne dem anderen mitteilt, was er in sich trägt, sondern eine Welt lauthafter Sinngestalten, in denen sich Daseinsverhältnis und Lebensverständnis der Vergangenheit aufgesammelt haben; der einzelne aber wird in sie hineingeboren, wächst in ihr heran und erfährt durch sie einen Einfluß, der um so tiefer geht, als er nur selten ins Bewußtsein tritt. Auch für die Schule bleibt die Formung von der Sprache her Grundlage aller echten Bildung, so daß die heutige Neigung, an ihre Stelle »die Realien« zu setzen, den Kern der persönlichen wie der werklichen Kultur in Gefahr bringt. Das Gedicht aber ist, was sein Name sagt: Verdichtungsstelle der Sprachwelt, bewahrend und schaffend. So ist der bildende Einfluß des Gedichtes von großer Bedeutung; das haben, am besonderen Fall der antiken Dichtung, die Humanisten gezeigt.

Dabei ist zu bedenken, daß der Sinn eines Satzes mancherlei Schichten haben kann; denn die Begriffe spielen in verschiedenen Bereichen des Daseins, das ja Dingliches und Personales, Empirisches und Metaphysisches, Profanes und Religiöses enthält. Wenn etwa zwei Menschen über Land gegangen sind, haben miteinander gesprochen, und schließlich sagt einer von ihnen: »das war heute ein heller Tag« — dann kann das bedeuten, die Sonne habe strahlend über dem Land gestanden. Es kann aber auch bedeuten, in der Beziehung der beiden habe es Unklarheiten gegeben; nun aber sei ein gutes Gespräch zustande gekommen, und der Gang werde in ihrer Erinnerung mit dem Verschwinden der Schatten verbunden bleiben.

Schon die tägliche Sprache enthält diese Mannigfaltigkeit der Bedeutungen, und sie wird um so reicher, je lebendiger der ist, der sie spricht. Für die Weisheit bildet sie oft das Mittel, das eigentlich Gemeinte zu sagen. Wenn es aber eine Redeform gibt, die polyphon genannt werden muß, dann die des Dichters, und die Interpretation hat die Aufgabe, diese Vielstimmigkeit herauszuholen.

Das Gedicht ist Aussage und Ausdruck; so hat der Interpret zu zeigen, was da ausgesagt und ausgedrückt wird.
Ein Gedicht spricht von Erfahrungen, von Dingen, Vorgängen und Beziehungen. Diese werden einer Interpretation um so weniger bedürfen, je einfacher sie sind. Von dunkel gewordenen mythengeschichtlichen oder kulturellen Einzelheiten abgesehen, bedarf ein Gesang der Odyssee der Erläuterung viel weniger als eine Ode Pindars. Über Goethes Lieder ist vom Inhaltlichen her überhaupt nichts zu sagen; was sie meinen, steht ganz im Licht. Es gibt aber Dichtungen, die eine solche Erklärung fordern, weil ihre Gedanken nicht nur ins Tiefe, sondern auch ins Verwobene führen. Der Sinn einer Hymne Hölderlins wird nur durch intensives Eindringen in die Meinung des Dichters, durch beharrlichen Vergleich des endgültigen Textes mit den Entwürfen, wie auch mit anderem aus seinem Gesamtwerk erkannt. Von Gedichten wie den »Pisaner Gesängen« Ezra Pounds nicht zu reden, vor denen auch ein respektvoller Leser in Versuchung kommt, nach der Grenze zu fragen, wo die in alle Kulturbereiche greifenden Anspielungen zu einer Revue des Bildungsstoffes, die »Chiffren« zu Rätselaufgaben, und die Haltung dem Leser gegenüber einfach zur — sagen wir, Rücksichtslosigkeit werden.

So viel über die Aussage. Das Gedicht ist aber auch Ausdruck. In ihm tritt das Fühlen des Dichters ins Wort; die Weise, wie er Dinge und Geschehnisse erfährt und wie er selbst ist, der er ist. So hat der Interpret die Aufgabe, das deutlich zu machen: etwa das Erleben, wie es sich in einer Ode von Hölderlin und wieder in einer von Leopardi offenbart. Jedesmal ein anderer Mensch, ein anderes Schicksal, eine andere Art, den Dingen zu begegnen — ebendamit aber überhaupt eine andre Welt; denn »die Welt« im eigentlichen Sinn ist ja nicht nur die Summe der objektiven Dinge und Geschehnisse, sondern das, was ersteht, wenn ein Mensch den Dingen begegnet und von den Geschehnissen berührt wird; wenn er erkennt, Stellung nimmt, Schicksal erfährt. Wo diese Aufgabe nicht durch unmittelbare psychologische Verwandtschaft erleichtert wird, kann sie erhebliche Mühe machen. Einen, der bei Stifter oder Mörike zu Hause ist, wird es viel Eindenken und Einfühlen kosten, bevor er versteht, welches Menschentum aus Eliots

»Vier Quartetten« spricht. Leichter wird die Aufgabe dort, wo es sich um weiter Zurückliegendes handelt, das durch längere Tradition in eine Art Normativität gebracht worden ist. Der Weg von Goethe zu Kleist ist für uns kürzer als der von Rilke zu Benn.

Dabei muß noch etwas weiteres bedacht werden. Was ein Gedicht aussagt und ausdrückt, ist von anderer Art, als was etwa den Inhalt eines philosophischen Textes bildet. Dieser kann meistens von seiner ersten Form abgelöst werden. Ich sage »meistens«; bei einem Philosophen wie Platon zum Beispiel ist das nur bis zu einer gewissen Grenze möglich, weil seine philosophischen Schriften einen konkreteren Charakter tragen als etwa die des Aristoteles. So treten sie unter ähnliche Gesichtspunkte wie das Gedicht; wenigstens in den Schriften der Frühzeit und der Reife wird man den Philosophen Platon vom Dramatiker nicht trennen können.

In einer Dichtung aber ist das, was sie sagt, und die Weise, wie sie es sagt, ganz eins. Das Wie, die Form, gehört in das Was, den Inhalt, mit hinein, und der Inhalt liegt schon in der Weise, wie er zum Ausdruck gelangt. Ja, die Form ist der Inhalt. Das Geschehen, von welchem Odysseus im Saal des Phäakenkönigs erzählt, ist nur in der Form der homerischen Gesänge, in der Weise des Gedichtetseins da. Homers Held mitsamt seinen Schicksalen besteht, wenn man so sagen darf, aus den Hexametern, den Rhythmen, den kompositorischen Bewegungen und Strukturen der Odyssee, so daß jedes formale Moment für ihn bedeutsam wird. Wenn Gustav Schwab in seinen »Sagen des klassischen Altertums« von Odysseus erzählt, dann hat er nicht bloß den Inhalt des Epos in eine neue Vermittlungsweise gebracht, sondern in seiner Erzählung sind der Mann und sein Geschick zu etwas anderem geworden, als in den Gesängen Homers.

Von hierher wird die Aufgabe deutlich, welche dem Interpreten selbst durch jene einfachen und darin so vollkommenen Gedichte gestellt ist, von denen schon die Rede war. Ja durch sie sogar besonders, da sie so wenig ablösbaren Inhalt haben; in ihnen vielmehr, um mit Goethe zu sprechen, der Stoff ganz zu Inhalt und der Inhalt ganz zu Form geworden ist. Jede Wortwahl, jede Schwingung des Rhythmus, jedes Gewichtsverhältnis der Komposition ist selbst der Vorgang, das Bild, das Gefühl, und der Interpret hat ihm nachzuspüren.

Damit kommen wir aber zu einer anderen, viel umstrittenen Frage.

Man betont heute gern, das Gedicht habe mit gedanklich ausdrückbarer Wahrheit nichts zu tun. Angesichts eines dichterischen Satzes könne man nie zum Urteil gelangen, was er meine, sei in sich wahr oder falsch — ebensowenig wie zu dem, es sei sittlich gut oder verwerflich. Das Dichtwerk stehe vielmehr in einem Bereich außerhalb des Erkenntnismäßig-Wahren und des Sittlich-Guten; autonom in einer ihm eigenen Gültigkeit. Wer also etwa auf Grund der Duineser Elegien urteile, was Rilke über das Wesen der echten Liebe sage, sei falsch, denn diese stehe zur menschlichen Person in einer anderen Beziehung, als sie dort verkündet wird, der verfehle das Wesen der Dichtung und mache sich eines Übergriffs von der Philosophie her schuldig.

Sofern damit ein Rationalismus abgewehrt werden soll, der das Dichtwerk wie einen theoretischen Text behandelt, kann man nur zustimmen. Noch entschiedener zustimmen, wenn er aus der Tatsache, daß ein Gedicht sachlich anfechtbare Aussagen macht, etwas über dessen künstlerischen Wert folgert. Indessen meint die Behauptung offenbar mehr. Sucht man aber zu verstehen, was sie meint; läßt man sich durch den Ton esoterischer Eingeweihtheit nicht einschüchtern und verlangt klare Antwort, dann wird man eine solche kaum bekommen. Es ist denn auch nicht einzusehen, inwiefern die dichterische Aussage jenseits von Wahr und Falsch, von Gut und Böse stehen sollte; zumal wenn man in Betracht zieht, daß die Antike von einer solchen nichts wußte, das Mittelalter und die deutsche Klassik ebensowenig, der unbefangene Mensch aber — und damit ist ein durchaus anderer gemeint als der Banause — auch heute nichts von ihr weiß. Es ist vielmehr die Meinung jedes ursprünglich Denkenden, wenn der Dichter sage, »Liebe« sei das und das, dann habe der Hörende nicht nur das Recht, sondern auch die Pflicht — Pflicht im Namen der Wahrheit — das Gesagte ernst zu nehmen und zu prüfen, ob es zutreffe. Mit aller Behutsamkeit natürlich, achtend auf Anlaß und Zusammenhang, Vordergründigkeit und Kern, seelische Schichtung und Tonart, immer aber als entschiedene Würdigung redlicher Aussage.

Ein Phänomen, auf welches die angeführte Meinung zuzutreffen scheint, gibt es nun tatsächlich. Es besteht aber nicht in einer Unabhängigkeit gegenüber den Maßstäben des Wahren und Rechten, sondern in der Tatsache, von welcher die Rede war: daß das vom Dichter Gemeinte eben zu »Dichtung«, zu gestaltetem Wort geworden ist. Dadurch ist es in die Freiheit des rein Ausgesprochenen, in den Glanz des Schönen gelangt — und das kann geschehen, welcher Art der Gehalt auch sein möge, der sich da verwandelt hat. Deshalb hat aber nach wie vor die Frage Recht wie Pflicht, ob das, was ausgesprochen worden, wahr und gut sei. Ja, sie wird nur noch um so dringender, weil die dichterische Aussage gewichtiger ist als die alltägliche. Und es erhebt sich die weitere Frage, was aus der dichterischen Vollkommenheit werde, wenn sie durch ihren Glanz Unwahres und Unrechtes in den Schein der Gültigkeit setzt und ihnen dadurch eine verhängnisvolle Kraft der Überredung gibt.

Von daher erwächst der Interpretation eine weitere Aufgabe, um so dringlicher, als das Wort des Dichters, wie schon gesagt, nicht nur einfache, sondern »verdichtete« Aussage ist und zum Dasein in einem so viel näheren Verhältnis als das des Alltags steht. Die Ehrfurcht, welche der natürliche Sinn dem dichterischen Wort entgegenbringt; die Bereitschaft, es in Tiefen einzulassen, in welche die tägliche Rede nicht gelangt, wird ebendamit zum Recht, von dem, der es spricht, wirkliche Wahrheit zu erwarten.

Wie jedes Wort, so steht auch das des Gedichts im Dialog und vollendet sich erst aus dem Geiste dessen heraus, der es vernimmt. Damit scheint eine Selbstverständlichkeit ausgesprochen — daß es keine solche ist, wird deutlich, wenn man etwa Rilke sagen hört, eine Dichtung wende sich ihrem eigentlichen Sinn nach nicht dem anderen Menschen zu. Ihr gehe es nicht darum, gehört, ins Herz aufgenommen, am Leben des anderen zur Wirkung gebracht zu werden, sondern sie gleiche dem Naturding, das sich verwirkliche, gleichgültig, ob jemand es sehe und würdige, oder ob es in der Blicklosigkeit des Weltraums stehe. Das Gedicht sei nichts als ein »Ding« höherer Art, in welchem das Weltsein sich aus dem Herzen des Dichters heraus vollende, um ganz es selbst zu werden und, ohne Gegenüber, im eigenen Licht zu strahlen[1].
Dazu wäre manches zu sagen. Schon daß das Naturding in beziehungsloser Unabhängigkeit bestehen soll, ist ja doch falsch. Von einer reinen, allein in sich gestellten »Natur« wissen wir nichts. Womit wir es zu tun haben, ist die »Welt« gewordene Natur; der Inbegriff der Dinge, die von uns gesehen und vernommen, gedacht und zum Raum unseres Lebens gemacht sind. Diese Welt ist also selbst schon Ergebnis von Begegnung; Anruf und Antwort.
Dann aber: das Gedicht ist »Wort«, und Wort ist immer einem Hörenden zugesprochen. Das einsame Wort gibt es gar nicht, es sei denn in der Notform des Monologs; immer ist es Gespräch — und selbst der Monolog ist ein solches, das in der geheimnisvollen Zweiheit des seiner selbst bewußt werdenden Ich vor sich geht. Das Wort wird sogar erst in Geist und Herzen des Hörenden voll und fertig. Das gilt auch, und in erhöhter Weise, vom Wort des Dichters. Hermann Kunisch weist in diesem Zusammenhang[2] auf den so viel mächtigeren Hölderlin hin, der den Sinn des Dichterwortes gerade im Anruf an den Menschen gesehen — ja der das Wesen des Menschen überhaupt von hierher bestimmt und in der Hymne: »Versöhnender, der du nimmer geglaubt« gesagt hat, der Mensch führe nicht nur, sondern er sei Gespräch[3]. Den

---

[1] »Briefe aus Muzot« (Ausgabe 1935), S. 48; 129.
[2] »Rainer Maria Rilke, Dasein und Dichtung« 1944, S. 74ff.
[3] Stuttg. Ausg. II 130.

radikal einsamen Menschen gibt es nicht und nie, sondern er steht von Wesen in der Beziehung des Ich und Du; um wieviel mehr gilt das vom Dichter. Immer ist sein Wort zum anderen unterwegs. So hat jeder, der es vernimmt, Recht und Aufgabe, sich, im Maße seines Vermögens, angeredet zu wissen und es antwortend zu vollenden. Sein Verständnis ist selber die Antwort. So oft erfolgt Antwort, als es den verstehenden Menschen gibt.

Das führt aber zu einer weittragenden Folgerung. Wer interpretiert, holt etwas früher Geschaffenes in die eigene Gegenwart herein. Er stellt etwas, das sich aus sich selbst heraus gestaltet und so dem Wandel enthoben hat, wieder in die Zeit, indem er es — wie das gar nicht anders möglich ist — von den Voraussetzungen seiner eigenen Gegenwart heraus versteht.

Das kann natürlich verhängnisvoll werden. Es kann dazu führen, aus Homer einen Nietzsche-Vorläufer, oder aus Aischylos einen Existentialisten zu machen. Das früher Geschaffene kann aber auch zu einer Wirkungsgestalt werden, die sich im Heute aufrichtet, es beleuchtet und von ihm beleuchtet wird. Friedrich Gundolf hat gezeigt, wie die Persönlichkeit Julius Cäsars sich in den verschiedenen geschichtlichen Epochen dargestellt hat. Immer war es der große Römer, der da erschien, jeweils aber von einer anderen Epoche gesehen und verstanden; so war es auch jeweils diese Epoche, die in ihm sich selbst sah.

An das vorhin Dargelegte anknüpfend, könnte man sagen, das Gespräch zwischen dem Gedicht und dem Hörenden vollziehe sich hier auf breiterer Ebene, sofern der Dichter als berufener Sprecher seiner Zeit durch sein Werk eine andere anrede und sie auffordere, in ihrer Antwort sich selbst auszudrücken. Diese Antwort zu geben, ist ebenfalls Aufgabe der Interpretation. Freilich bedarf sie dabei jener Tugend, in welcher Platon den Charakter der Reife sieht: der Sophrosyne, der Wachheit geistiger Verantwortung.

Endlich ein Letztes, ebenso wichtig, wie schwer auszudrücken. Wenn im täglichen Leben jemand etwas sagt, ist er es, der es sagt, und niemand sonst. Beim Dichter scheint das anders zu sein. In seinem Wort scheint mehr zu sprechen als nur seine unmittelbare Individualität. Damit steht er nicht außerhalb jedes Vergleiches. Etwas Ähnliches — und damit berichtigen wir uns — gilt schon von jedem Menschen, denn in jedem redet ja auch sein Land, sein Volk, seine Zeit. Je größer ein Mensch, desto voller offenbart er das Allgemeine um ihn her. Beim Dichter aber zeigt sich dieser Sinnverhalt in einer besonderen Weise — so, daß man versteht, wie die Antike in ihm einen Seher erblicken konnte.

Rainer Maria Rilke sagt in einem Brief an Witold von Huléwicz: »Und bin ich es, der den Elegien die richtige Erklärung geben darf? Sie rei-

chen unendlich weit über mich hinaus.« Über die »Sonette an Orpheus«
schreibt er an seine Frau: »Wo ein Dunkel bleibt, da ist es von der Art,
daß es nicht Aufklärung fordert, sondern Unterwerfung.« Dazu wäre
wieder mancherlei anzumerken. Es war Rilkes Unrecht und, ebendamit,
Unheil, sich mit einem Propheten zu verwechseln, und es hat manche
gegeben, die ihn darin bestätigten — es gibt sie heute noch. In Wahrheit
gehört es zur Selbstbescheidung des echten Dichters, die Ergriffenheit des
Schaffens für das zu verstehen, was sie ist. In ihr spricht mehr als seine
empirische Individualität; aber von dem, was im wirklichen Propheten
redet, ist es um ein Unendliches verschieden. Doch soll das nur voraus-
geschickt sein, um den Sinn des Satzes zu klären, das Wort des Dichters sei
mehr als der bloße Ausdruck seiner Persönlichkeit.
Von einem solchen »mehr« hat man immer gewußt und daher im
Gedicht tiefere Weisheit gesucht als in den Aussagen eines bloß Lebens-
erfahrenen und Denktüchtigen. Irgendwie ist es das Dasein selbst, das in
ihm redet. Wenn Goethe den Dichter mahnt, er solle ein Organ aus
sich machen, so meint er, dieser solle so rein empfänglich und so frei
von Absichten werden, daß jenes Mächtigere zum Wort gelangen
könne. Das Gedicht ist größer als sein Urheber; daher geht die Aufgabe des Interpreten auch darauf, dieses Größere herauszuholen. Wer
in Dantes Göttliche Komödie tiefer eingedrungen ist, weiß, daß sie
mehr sagt, als der Mann aus Florenz wissen konnte, der 1265 geboren
wurde und 1326 starb — denken wir etwa an den neuen Sinn, welchen
das von ihm gezeichnete Weltbild gewonnen hat, seitdem es astrono-
misch widerlegt worden ist.
In solcher Bemühung darf der Interpret nicht eigenmächtig vorgehen.
Also nicht etwa sagen: das Gedicht sagt zwar das und das, ich aber
berichtige es da und dahin. Die Instanz, auf die er sich beruft, um über
das unmittelbare Wort hinausgehen zu dürfen, ist keine persönliche
Ansicht, sondern das Werk selbst, das wirklich »über den Dichter hinausreicht«. Von ihm her darf er sagen, es enthalte etwas, das dem
historischen Dante nicht bekannt war, aber dennoch, aus innerer Folgerichtigkeit heraus, seinem Werk zugehört. So verstanden, hat der
Interpret Fug und Aufgabe, für den Dichter in seiner Eigentlichkeit
gegen den einzutreten, der er zufällig ist.
Man braucht nicht besonders zu betonen, wie gefährlich diese Befugnis
ist. Sie kann zum Freibrief für jede Willkür werden. Was sie wirklich
meint, ist ein geheimer Auftrag an den Interpreten, der ihn zugleich zur
höchsten Sophrosyne auffordert. Um ihm zu genügen, muß er sich der
Dichtung ganz zur Verfügung stellen, ihre Bewegungen in sich eindringen lassen, aus ihr heraus denken, ihre Sinnlinien verfolgen.
Je reiner er das tut, desto größer wird die Aussicht, jenes »mehr« ins
Wort zu bringen.

Es gibt ein echtes und ein unechtes religiöses Sprechen. Echt ist es, wenn der Redende von eigener Erfahrung her spricht — oder doch so, daß er die eines anderen Anteil nehmend mitvollzieht. Unecht ist es, wenn der Redende religiöse Wörter zu gesellschaftlichen, ästhetischen, politischen Zwecken handhabt; wenn er mit ihnen scheinreligiöse Empfindungen ausdrückt, beziehungsweise weckt ...

Dann: zum Wesen alles Sprechens gehört, daß es auf das Schweigen bezogen ist. Erst beide Verhaltensweisen zusammen bilden das volle Phänomen. Sie bestimmen einander wechselseitig, denn wirklich sprechen kann nur, wer schweigen kann — ebenso wie wirkliches Schweigen nur dem möglich ist, der zu reden vermag. Das echte Schweigen bedeutet nicht das bloße Negativum, daß nicht gesprochen werde, sondern ein lebendiges Verhalten; eine in sich schwingende Bewegtheit des inneren Lebens, in welcher dieses seiner selbst mächtig wird. Erst aus dieser bewegten Ruhe kommt dem Wort jene stille Kraft, die es voll macht. Darüber hinaus ist das Schweigen ein Offenwerden vor der Sinngestalt, die sich dem inneren Blick darbietet. Erst in solchem Offensein wird deren Bedeutungsmacht erfahren, und erst aus solcher Erfahrung gewinnt das Wort seine ganze Ausdrucksenergie.

Ohne den Zusammenhang mit dem Schweigen wird das Wort zum Gerede; ohne den Zusammenhang mit dem Wort wird aus dem Schweigen Stummheit. Sie bilden zusammen ein Ganzes, und es ist eine nachdenklich machende Tatsache, daß es für dieses Ganze keinen Begriff gibt. In ihm existiert der Mensch.

Das gilt in besonderem Maß vom religiösen Wort, denn das Schweigen bildet — wenn wir von außergewöhnlichen Phänomenen absehen — die erste Voraussetzung für jedes religiöse Erfahren. Ein solches kommt nicht zustande, wenn die Zuwendung zum Inneren fehlt — wobei der Begriff des »Inneren« sich nicht nur auf das Psychologische im Unterschied zum Dinglichen, sondern auch auf jenes bezieht, das sich durch alle Gegebenheiten der empirischen Welt hindurch bezeugt: auf die Innerlichkeit des Seins. Die Zuwendung zu diesem Inneren ist aber nur im Schweigen möglich — ebenso wie nur im Schweigen der Mensch sich der Intention zu stellen vermag, mit der das Religiöse sich an ihn wendet.

Daß im Gerede und Gedröhn unserer Zeit das Schweigen sich verliert, bildet eine der Ursachen, warum die religiöse Erfahrung verblaßt und, ebendamit, das religiöse Sprechen an Echtheit und Inhalt verliert. Man hört es ihm an, wenn es, statt aus dem Schweigen und dem inneren Gegenüber, Worte aus Worten hervorbringt.

Die religiöse Erfahrung bildet eine Grundmöglichkeit des Menschen. Diese scheint irgendwie bei jedem gegeben zu sein. Manchmal in einer Intensität, die das ganze Leben beherrscht; dann abnehmend bis zu einem verschwindenden Maß. Zuweilen in ursprünglicher, ja schöpferischer Form, so daß von religiöser Genialität gesprochen werden kann; meistens so, daß sie eine Fähigkeit zum Nachvollzug fremder Erfahrung bildet. Ob sie ganz fehlen könne, und ebenso, ob methodische Zerstörung imstande sei, sie zum Verschwinden zu bringen, muß dahingestellt bleiben.

Die religiöse Aussage ist nun jene, welche diese Erfahrung bzw. ihren Inhalt zum Ausdruck bringt und vom Hörenden als solche verstanden wird. Wie kann das aber geschehen, wenn das Gemeinte anders ist als alles Welthaft-Erfahrbare, die verwendeten Wörter hingegen notgedrungen aus dem Material der Welt stammen, da wir ja doch über andere nicht verfügen?

Zunächst scheint dem Redenden weiter nichts möglich zu sein, als an die Erfahrung des Hörenden zu appellieren; ihn aufmerksam zu machen, in der Erwartung, daß auch bei ihm das Numinose sich bekunde und dadurch eine Gemeinsamkeit entstehe.

Die Sprache vermag aber mehr und leistet auch tatsächlich mehr, zu allen Zeiten und in allen Kulturen. Sie kann Welt-Inhalte in einer Weise gebrauchen, daß diese, nicht direkt und einffachhin, sondern auf indirektem, dialektischem Wege aussagefähig werden. Das Numinose ist nicht ganz, sondern nur relativ anders als das Welthafte. Es sagt zu diesem Nein und Ja zugleich — das gleiche Verhältnis wiederholt sich in der Struktur der religiösen Aussage selbst.

Das Religiöse hat die Möglichkeit, sich im Welthaften auszudrücken, zugleich aber sich von ihm zu unterscheiden; es zu vertiefen, sofort aber auch zu beunruhigen; es zu einer letzten Sinnfülle zu bringen, ebendamit aber in Frage zu stellen. So wird die religiöse Aussage in besonderer Weise verfahren. Sie wird dem Hörenden zuerst etwas Welthaftes, unmittelbar Bekanntes zeigen; ihn aber darauf aufmerksam machen, daß sie dieses Welthafte als Ausdruck eines Nicht-Welthaft-Anderen, Eigentlichen meint, und ihn veranlassen, daß er es auf dieses hin überschreite.

TEIL 10

EPILOG

Wahrheit und Ironie (1965)

Der achtzigste Geburtstag ist ein Datum, das dazu drängt, zurückzublicken und so etwas wie eine Bilanz zu ziehen. Um zu sehen, was sich dabei ergeben könnte, lassen Sie mich annehmen, jemand fragte: »was steht Dir eigentlich als letzter Ertrag dieser langen Zeit im Bewußtsein?«

Darauf wäre natürlich vielerlei zu erwidern. Man könnte von Schwierigkeiten sprechen, die überwunden; von Erfahrungen, die gemacht worden sind; von Vorlesungen, die gehalten, von Büchern, die geschrieben, von Einsichten, die gewonnen worden sind, und mehr der Art. Das alles wäre wichtig, aber doch noch nicht das Eigentliche; noch nicht der letzte Extrakt sozusagen aus so langer Zeit und so vielfältigem Bemühen.

Was sich mir selbst bei genauerer Besinnung als dieses Eigentliche dargestellt hat, möchte ich durch den — natürlich nur höchst flüchtigen — Hinweis auf ein platonisches Phänomen sagen; ein Phänomen, das sowohl Platons Philosophie wie auch seine Persönlichkeit angeht. Es kommt nur langsam zu Bewußtsein, bildet aber dann den Schlüssel zu vielem: die platonische Ironie.

Die Skizze dieses eigentümlichen Phänomens würde, glaube ich, etwa folgendermaßen vor sich zu gehen haben:

Zuerst wäre von der geistigen Energie zu reden, mit der Platon sich der sophistischen Zerstörung aller echten Werte und Normen entgegengeworfen hat. Vor allem der Zerstörung dessen, was »Wahrheit« heißt, dadurch geschehen, daß die Sophisten als obersten Zweck alles Denkens und Sagens den Nutzen verkündet hatten, den Erfolg im sozialen Leben, den Gewinn von Geld und Einfluß.

Dem hat Platon entgegengestellt, daß es echte, gültige Wahrheit gibt; und nicht nur mit Bezug auf wissenschaftliche Sachprobleme, sondern auch auf die Fragen nach dem Sinn des Daseins und der rechten Führung des Lebens, des einzelnen wie der Gesamtheit.

Platon muß ein ungeheures Erlebnis von Wahrheit gehabt haben — also nicht bloß der Feststellung von Richtigkeit, sondern der Innewerdung von Wahrheit, mit all der Sinnhoheit und Sinnfülle, die das unverdorbene Wort aussagt. Das offenbaren alle seine Schriften, in besonderer Weise der große Siebente Brief.

Dabei kommt aber dem nicht nur abstrakt, sondern, wenn man so sagen darf, im Ernst existentieller Beteiligung Mitdenkenden etwas Eigentümliches zu Bewußtsein: daß nämlich »Wahrheit« für Platon nicht nur die Richtigkeit und Klarheit der Einsicht bedeutet, sondern daß für ihn jeder echten Erkenntnis eine den jeweiligen konkreten Inhalt transzendierende Überwertigkeit eignet.

Wahrheit ist etwas Absolutes. Sie ist eine Sinnmacht, aus der heraus der Mensch nicht nur ein wertvolles Leben führen, sondern auch mit Zuversicht den Tod bestehen kann. Das wird vor allem aus dem deutlich, was Platon »Idee« nennt; das heißt, dem geistig durchdrungenen Wesenszusammenhang eines Seienden, in welchem Wesensbild der Maßstab für den Wert nicht nur, sondern auch für die Wirklichkeit des betreffenden Seienden liegt.

Diese Erfahrung drückt sich durch das ganze platonische Werk aus. Denken wir an die mächtigen Gedankengänge des »Symposion«, an den »Phaidon«, an das sechste Buch der »Politeia« — den Siebenten der Briefe wieder nicht zu vergessen.

In welcher Weise hat aber Platon diese Erfahrung ausgedrückt — er, der nicht nur Philosoph, Denker, sondern auch, was bei der Interpretation seiner Gedanken oft vergessen wird, Künstler, Dramatiker, Gestalter von menschlichen Charakteren war? Er hätte es in dem seherischen Ton eines Heraklit tun können; in der Form eines Lehrbefehls, dessen Autorität jeden Einwand hätte vernichten müssen. Vielleicht hat er das auch getan. Wir wissen ja, daß die uns erhaltenen Schriften gewissermaßen die populäre Seite seiner Lehrtätigkeit darstellen; während über die Art, wie er im Kreise seiner Schüler, in der Akademie, gesprochen hat, nur Vermutungen möglich sind. Wie hat er es aber in diesen Schriften getan, Lesern gegenüber, die nicht zum Kreise derer gehören, die sich um den Kult des Apollon und der Musen scharten — sagen wir, wenn er zur geistigen Öffentlichkeit sprach? Hier hat er es in einer Weise getan, die das Wort »Ironie« nahebringt.

Platon hat seine Lehre einer lebendigen Persönlichkeit, seinem Lehrer Sokrates, in den Mund gelegt — einem Mann, der ein unersättliches Verlangen nach der Wahrheit, ein unermüdbares Denken und höchsten persönlichen Mut mit einem seltsamen persönlichen Wesen verband — derart seltsam, daß es ihn zum Gegenstand des Spottes machte. Die beiden Seiten waren in seinem Bilde unlöslich verbunden — so sehr, daß im »Symposion« Alkibiades ihn mit den kleinen Kunstwerken vergleichen darf, die einen häßlichen Silen darstellen, aber geöffnet

werden können und in ihrem Innern ein goldenes Götterbild bergen
(215 b).

Wenn man bedenkt, um was es in den Reden des »Symposion« geht, so
drückt das schöne, heftige Bild eine Ironie aus, die sich allem mitteilt,
was in dem Buche gesagt wird; und man liest es nur dann ganz richtig,
wenn man diesen Ton zu allem Gesagten hinzunimmt.

Aber Platon verstärkt sie noch. Denn er läßt seinen Meister, den unablässig denkenden und diskutierenden, immer wieder erklären, er sei
gar kein Lehrer; keiner, der etwas zu wissen und darzulegen vermöge.
Ebenso wie der gleiche Sokrates, der im »Phaidon« sagt, die Erkenntnis der Wahrheit, das Durchdringen zur Idee mache den Menschen
selbst »ideehaft«, das heißt, in seinem Wesenskern unzerstörbar, so,
daß er mit vollkommener Ruhe in den Tod gehen könne —, derselbe
Mann sich auf das entschiedenste dagegen wehrt, selbst so zu sein, daß
die Schüler sich auf ihn verlassen dürften.

Das scheint durch die Haltung der Hörer bestätigt zu werden. So wenn
an einem Gipfelpunkt der Gedankenführung in der »Politeia« der
Hörer, Glaukon, seine Zustimmung *mala geloiōs,* »in höchst komi-
schem Ton« gibt (509 c); oder wenn Phaidon über den letzten Tag im
Gefängnis sagt, eine »seltsame« Stimmung habe im Kreis der anwesen-
den Jünger des Sokrates geherrscht: »bald lachten wir, bald weinten
wir wieder« (58 e). Man braucht sich zur richtigen Einschätzung der
Worte nur vorzustellen, wie ein Bericht über die letzten Stunden des
Heraklit gelautet hätte.

Was bedeutet das, wenn eine so unerschütterbare Wahrheitszuver-
sicht, eine so strenge Verpflichtung zum Denken mit so seltsamer
Ungemäßheit verbunden wird?

Auf jeden Fall keine Skepsis, so daß eigentlich Sokrates — wie das
Nietzsche gemeint hat — selbst zu den Sophisten gerechnet werden
müßte, sondern sie folgt aus dem tiefsten Wesen dieses Wahrheits-
erlebnisses selbst.

Platon hat die Sinn-Macht der Wahrheit offenbar in einer Weise erlebt,
welche die Erkenntnis absoluter Gültigkeit der Idee mit der Erfahrung
menschlicher Unzulänglichkeit verband. Und die Ironie des Erkennens
besteht darin, daß der Denkende erkennt, was über sein Vermögen der
Realisierung des Erkannten hinausgeht. »Wahrheit« ist, wie ein Augu-
stinianer des hohen Mittelalters, etwa Bonaventura, sagen würde,
keine rationalistische Simplizität, sondern ein *excessivum,* und die
Situation des erkennenden Menschen ist dadurch charakterisiert, daß
er erfährt: es gibt wohl die absolute Wahrheit, er aber kann sie, da er
selbst nicht absolut ist, mit seiner endlichen Geisteskraft nicht adäquat
realisieren. Er fühlt sich in einem Zustand der Ungemäßheit, die nicht

Skepsis ist, sondern deren Gegenteil: eine Sinn-Erfahrung, die sich selbst durchschaut und beurteilt.

Ich weiß nicht, ob diese wenigen Sätze das Gemeinte vor die Augen bringen konnten: ein Wissen um die Wahrheit und zugleich ein Wissen um die Inkommensurabilität der eigenen Kraft ihr gegenüber; eine Erkenntnis der eigenen Ungemäßheit, aus der aber nicht Skepsis, sondern höchste Zuversicht hervorgeht.

Es wäre, glaube ich, gut platonisch, zu sagen, der Mensch verrate seinen Adel, wenn er sich von dem her verstehe, was unter ihm ist. Vielmehr lebe er erst dann richtig, wenn er von dem herab lebe, was über ihm ist — auch wenn er nicht fähig ist, es zu begreifen, und er dabei sich selbst manchmal sonderbar vorkomme, *mala geloiōs,* wie es in der »Politeia« von dem jungen Glaukon heißt.

Ursprüngliche Veranlagung, aber wohl auch die Tatsache, daß ich in Italien geboren, in Deutschland aufgewachsen und zu beiden Kulturbereichen in Beziehung geblieben bin, haben schon früh meine Interessen auf die Probleme des Zusammenhangs zwischen den verschiedenen Lebens- und Ideenbereichen gelenkt. Ich habe mich zuerst mehrere Semester hindurch in Natur-, Sozial- und Geisteswissenschaften umgesehen und mich dann der Theologie zugewendet. Nach einigen Jahren praktischer Tätigkeit promovierte ich 1915; kehrte aber in die Praxis zurück, um mich 1922 für systematische Theologie zu habilitieren.

1923 wurde ich auf den soeben eingerichteten Lehrstuhl für Religionsphilosophie und christliche Weltanschauung in Berlin (Breslau) berufen. Diese Aufgabe wirkte gewissermaßen als Kristallisationspunkt für die seit langem drängenden geistigen Motive und brachte die Frage zur Entwicklung, wie christliche Offenbarung und kulturelles Leben einander wechselseitig erschließen bzw. unter Urteil nehmen. Daraus entstand eine Reihe von Studien über philosophische und literarische Werke: Platon, Augustinus, Dante, Pascal, Hölderlin, Dostojewski, Rilke; andererseits Arbeiten zur biblischen und liturgischen Theologie, sowie zur Psychologie religiöser Phänomene.

Hinzu kam, daß ich durch rund 25 Jahre in der Bildungsarbeit besonders der Jugendbewegung tätig war. Dieses Element ist ebenfalls in das Problem der Weltanschauung eingemündet. Es hat zu Untersuchungen pädagogischen und kultur-kritischen Charakters veranlaßt und auch meine akademische Tätigkeit beeinflußt. Das pädagogische Interesse hat sich dann ausgeweitet und zu kulturkritischen Problemen geführt, besonders zu solchen, die sich um das Phänomen der menschlichen Macht sammeln.

Auf die Frage, wie ich heute (1961) zu der genannten Arbeit stehe, kann ich nur sagen, daß sie sich weiter vertieft und entwickelt. Ebenso bin ich der Überzeugung, daß sie für die Zukunft immer wichtiger wird. Worauf es heute sowohl in der Begründung des Glaubens, wie umgekehrt in der religiösen Vertiefung des kulturellen Bewußtseins ankommt, sind nicht so sehr abstrakte Gedanken als vielmehr eine wechselseitige Interpretation von Glaube und Kultur, Theologie und Geisteswissenschaft.

Romano Guardini

Nachbemerkung: *Romano Guardini mußte zu Beginn des Wintersemesters 1962 seine Vorlesungen an der Münchner Universität aus Gesundheitsgründen aufgeben; er starb am 1. Oktober 1968 in München und wurde auf dem kleinen Friedhof der Oratorianer bei St. Laurentius in München-Gern begraben.*

QUELLENNACHWEIS

Die Jahreszahlen in Klammern hinter den Titeln im Text geben das Erscheinungsjahr der Erstausgabe (oder der Abfassung) an. Als Quellennachweis ist hier jeweils die Ausgabe angeführt, der der Abdruck entnommen ist.

ZU TEIL 1: EINHEIT IN DER VIELFALT

Europa und Christliche Weltanschauung. Aus der Dankrede bei der Feier meines siebzigsten Geburtstags am 17. 2. 1955, in: Stationen und Rückblicke, Werkbund-Verlag (kurz: WBV) Würzburg 1965, S. 11—22.

Der Friede und der Dialog. Rede bei der Verleihung des Friedenspreises des Deutschen Buchhandels 1952, in: Sorge um den Menschen, Bd. II, WBV Würzburg 1966, S. 33—39.

Das Konkret-Lebendige, und wie es erkennend gefaßt werden könne, in: Der Gegensatz, Matthias-Grünewald-Verlag (kurz: MGV) Mainz 1955², S. 15—26; 30; 174; 183f. Neuauflage ist 1985 vorgesehen.

Person
a. Person im eigentlichen Sinn, in: Welt und Person, WBV Würzburg 1940², S. 94—103.
b. Person als Gemeinschaftsbeziehung, in: Vom liturgischen Mysterium, in: Liturgie und liturgische Bildung, WBV Würzburg 1966, S. 152—156.
c. Die Erschaffung der Personalität im Anruf, in: Die Existenz des Christen, F. Schöningh Paderborn 1976, S. 475—478.

Existentielles Denken, in: Die Existenz des Christen, F. Schöningh Paderborn 1976, S. 5—9.

Die Lebensalter und die Philosophie, Ethik-Vorlesung am 16. 2. 1955, Manuskriptdruck, WBV Würzburg 1955, S. 6—16.

ZU TEIL 2: DAS GLÄUBIGE SELBST UND DIE WELT

Die Welt ist nicht fertig, in: Tagebuch aus Oberitalien, in: In Spiegel und Gleichnis, MGV Mainz 1953⁵, S. 19f.

Angerufen von dem, was noch nicht ist, aus Caussade, Ewigkeit im Augenblick, in: Zeugen des Wortes, 21, Herder Freiburg 1940, 1955⁴; hier nach 1947², S. 17ff.

Der Sinn der Macht, in: Freiheit, Gnade, Schicksal, Kösel München, 6. Aufl. 1979; hier nach 1948, S. 295; 300ff.

Das Ende der Neuzeit, WBV Würzburg 1950², S. 114—123.

Die Verantwortung des Menschen, in: Die Macht, WBV Würzburg 1951, S. 89—97.

ZU TEIL 3: NUR WER GOTT KENNT, KENNT DEN MENSCHEN

Nur wer Gott kennt, kennt den Menschen, WBV Würzburg 1952, S. 11—17; 19—24.

Zwei Kapitel zur Gotteslehre, in: Die Schildgenossen, Jg. 15, Heft 5/Juli 1936, S. 396—408.

Der Ort Gottes: die innere Transzendenz, in: Die Entfernung des Andromeda-Nebels, in: In Spiegel und Gleichnis, MGV Mainz 1953⁵, S. 172; 174; 175—177.

Vom lebendigen Gott: Die Vorsehung, in: Topos-Taschenbuch 104, MGV Mainz 1981, S. 17—22.

Gottes Nähe und Ferne, in: Den Menschen erkennt nur, wer von Gott weiß, WBV Würzburg 1965⁴, S. 44ff.

Mystik, in: Vom Leben des Glaubens, Topos-Taschenbuch 124, MGV Mainz 1983, S. 71f.

Religiöse Erfahrung — Gottverlassenheit, in: Theologische Briefe an einen Freund, F. Schöningh Paderborn 1976, S. 25—28.

Der angefochtene Glaube, in: Der neue Mensch in der Sicht des Theologen, in: Lehner, Im Brennpunkt — der neue Mensch, Cranach, München 1961, S. 270—288.

ZU TEIL 4: DAS ZENTRUM DER MENSCHLICHEN EXISTENZ

Die Annahme seiner selbst, WBV Würzburg 1960, S. 13 f; 16; 19; 22; 25 f.

Das Zentrum der menschlichen Existenz, in: Die Existenz des Christen, F. Schöningh Paderborn 1976, S. 44 f.

Die Sammlung, in: Vorschule des Betens, MGV Mainz 1948², S. 21—31.

Der Raum des Gebets, S. 32—37. Gottes Angesicht, S. 37—41.

Das Wesen der Meditation, in: Wille und Wahrheit, MGV Mainz 1950, S. 27—36.

Christliche Innerlichkeit, in: Wille und Wahrheit, MGV Mainz 1950, S. 138—146.

Das Einverständnis mit Gott im Gewissen, in: Das Gute, das Gewissen und die Sammlung, MGV Mainz 1952, S. 49—56; 74—76. Neuauflage unter dem Titel: Der Raum der Meditation, Topos-Taschenbuch 92, Mainz 1980.

ZU TEIL 5: BEGEGNUNG MIT DER LITURGIE

Die epiphanische Bedeutung der Liturgie, in: Die Sinne und die religiöse Erkenntnis, WBV Würzburg 1958², S. 46—52; 56 f; 69 f.

Vom liturgischen Mysterium, in: Liturgie und liturgische Bildung, WBV Würzburg 1966, S. 137—144.

Der Primat des Logos über das Ethos, in: Vom Geist der Liturgie, Herder Freiburg 1918, hier nach: Herder-Bücherei 2, Freiburg 1957¹⁹, S. 129—143 (heute: Herder-Bücherei Bd. 1049, Freiburg 1983).

Liturgie als Spiel, in: Vom Geist der Liturgie, Herder Freiburg 1918, hier nach: Herder-Bücherei 2, Freiburg 1957¹⁹, S. 89—105 (heute: Herder-Bücherei Bd. 1049, Freiburg 1983).

Der Kultakt und die gegenwärtige Aufgabe der liturgischen Bildung, in: Liturgie und liturgische Bildung, WBV Würzburg 1966, S. 9—17.

ZU TEIL 6: JESUS CHRISTUS, HEILBRINGER UND EPIPHANIE GOTTES

Das Wesen des Christentums, WBV Würzburg 1958⁵, S. 7—12; 81 f.

Der Heilbringer in Mythos, Offenbarung und Politik, Topos-Taschenbuch 84, MGV Mainz 1979, S. 37—43.

Die Daseinsgestalt Jesu, in: Unterscheidung des Christlichen, MGV Mainz 1963², S. 611—620.

Das Hindurchgehen, in: Geistliche Schriftauslegung, Topos-Taschenbuch 98, MGV Mainz 1980, S. 58—63.

Der Herr, WBV Würzburg 1937, zit. nach: F. Schöningh Paderborn 1980¹⁴, S. 113 ff; 153 ff.

Des Vaters Epiphanie in Christus, in: Johanneische Botschaft, Herder-Bücherei 886, Freiburg 1981, S. 52—56.

ZU TEIL 7: KIRCHE ALS WEG IN DIE FREIHEIT

Kirche und Dogma, in: Kraft und Ohnmacht, Kirche und Glaube in der Erfahrung unserer Zeit, Knecht Verlag Frankfurt 1963, S. 335—351, mit Korrekturen nach der überarbeiteten Ausgabe WBV Würzburg 1965, in: Die Kirche des Herrn.

Das Erwachen der Kirche in der Seele, in: Vom Sinn der Kirche, MGV Mainz 1955⁴, S. 19—24; 90—92.

Zwischen zwei Büchern, in: Die Kirche des Herrn, WBV Würzburg 1965, S. 11—13; 15—19.

ZU TEIL 8: DIE AUFGABE DER BILDUNG

Die Glaubwürdigkeit des Erziehers, in: Die Schildgenossen, 1929/3, S. 240—246.

Thule oder Hellas? Klassische oder deutsche Bildung?, nach dem Nachdruck in: Gymnasium Moguntinum vom 29. 12. 1969, S. 23 f.

Staat in uns, in: Briefe über Selbstbildung, 9. Brief, MGV Mainz 1978[12], Sonderdruck S. 5 f; 10 f; 23.

Liturgische Bildung: die Aufgabe, in: Liturgie und liturgische Bildung, WBV Würzburg 1966, S. 25—28; 35—52.

Burg Rothenfels — Rückblick und Vorschau, in: Burgbrief, 1949/2, S. 11—14.

Begegnung, in: Begegnung und Bildung, WBV Würzburg 1956, S. 23 f; 20.

Grundlegung der Bildungslehre, in: Unterscheidung des Christlichen, MGV Mainz 1935, S. 75.

Zu TEIL 9: INTERPRETATION

Was ist denn ein Wort?, in: Lob des Buches, MGV Mainz 1963, S. 20—22.

Über das Wesen des Kunstwerks, Rainer Wunderlich Verlag Tübingen 1947, S. 22—24; 28 f.

Sinn und Weise des Interpretierens, in: Gegenwart und Geheimnis, WBV Würzburg 1957, S. 7 f; 161—174.

Die religiöse Sprache, in: Religiöse Erfahrung und Glaube, Topos-Taschenbuch 28, MGV Mainz 1974, S. 80 f; 84 f.

ZU TEIL 10: EPILOG

Wahrheit und Ironie, Dankrede bei der Feier des achtzigsten Geburtstags in der Münchener Universität am 17. Februar 1965, in: Stationen und Rückblicke, WBV Würzburg 1965, S. 44—50.

Autobiographie aus dem Jahrbuch 1961, Nobelstiftung und Pour Le Mérite, des Stifterverbandes für die Deutsche Wissenschaft, Essen, S. 34.

Für weitere bibliographische und biographische Daten vgl. die Bibliographie Romano Guardini, erarbeitet von Hans Mercker, F. Schöningh Paderborn 1978.

Allen Verlagen, die Abdruckerlaubnisse für dieses Lesebuch erteilt haben, sei hiermit gedankt.